V///12
J.2.

¶

à conserver

TRAITÉ

THÉORIQUE ET PRATIQUE

DE

L'ART DE BÂTIR.

TRAITÉ

THÉORIQUE ET PRATIQUE

DE

L'ART DE BÂTIR,

Par J. RONDELET,

ARCHITECTE DU PANTHÉON FRANÇAIS,
ET MEMBRE DU CONSEIL DES BATIMENTS CIVILS
AUPRÈS DU MINISTRE DE L'INTÉRIEUR.

TOME PREMIER.

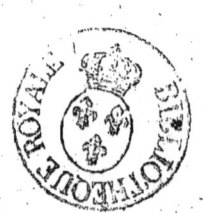 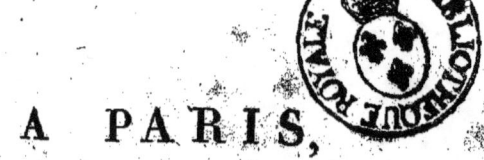

A PARIS,

CHEZ L'AUTEUR, ENCLOS DU PANTHÉON.

AN XI — MDCCCII.

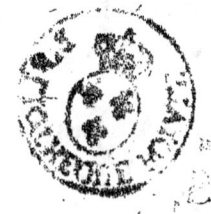

AVANT-PROPOS.

Le véritable moyen de contribuer au progrès des arts et d'en retirer tous les avantages dont ils sont susceptibles, doit être de considérer le but qu'ils se proposent. C'est en les dirigeant directement à ce but que l'on peut espérer de les perfectionner utilement; en examinant si rien ne les en éloigne et s'ils y tendent par les moyens les plus simples.

Le but essentiel de l'art de bâtir est de construire des édifices solides, en y employant une juste quantité de matériaux choisis et mis en œuvre avec art et économie.

Cet art comprend deux parties principales, qui sont la *théorie* et la *pratique* : la perfection de l'art de bâtir dépend de la réunion de ces deux parties.

La pratique, qui est la plus ancienne, est l'art d'extraire les matériaux, de les transporter, de les façonner et des les mettre en œuvre pour l'exécution d'un ouvrage quelconque.

La théorie est une science qui dirige toutes les opérations de la pratique. Cette science est le résultat de l'expérience et du raisonnement, fondé sur les principes de mathématiques et de physique appliqués aux différentes opérations de l'art. C'est par le moyen de la théorie qu'un habile constrc-

teur parvient à déterminer les formes et les justes
dimensions qu'il faut donner à chaque partie d'un
édifice, en raison de sa situation et des efforts qu'elle
peut avoir à soutenir, pour qu'il en résulte perfection, solidité et économie. C'est par la théorie
qu'il peut rendre raison de tous les procédés qu'il
emploie pour l'exécution d'un ouvrage; elle sert
aussi à le guider dans les cas difficiles et extraordinaires : mais comme on ne peut raisonner juste
que sur les choses que l'on connaît à fond, il en
résulte qu'un théoricien doit joindre à la connaissance des principes et de l'expérience celle des
opérations de la pratique et de la nature des matériaux qu'elle met en œuvre. Ce sont ces différentes connaissances que j'ai tâché de réunir dans
mon ouvrage, afin d'en former un traité qui renferme tout ce qui est essentiellement utile à un architecte, et en général à tous ceux qui sont chargés de
faire exécuter des travaux relatifs à l'art de bâtir.

Cet ouvrage ne doit pas être considéré comme
une simple compilation de ce qui se trouve épars
dans différents auteurs qui ont écrit sur l'architecture; c'est un ouvrage sur un plan nouveau, qui
est le résultat de plus de trente ans d'études, d'expériences et de recherches faites sur toutes les parties de l'art de bâtir, tant dans les auteurs anciens,
dont plusieurs passages ont été mal interprétés par
les traducteurs et commentateurs, que par des ob-

servations particulières sur les constructions antiques et modernes, que j'ai eu occasion de faire
dans plusieurs voyages, dont un en Italie fait aux
frais du gouvernement, pendant les années 1783
et 1784.

Ce nouveau traité est divisé en sept Livres ; le
premier commence par un exposé général de l'architecture dans lequel on fait voir comment cet art
peut contribuer à rendre une nation illustre et florissante ; combien il a été en honneur chez les Grecs
et les Romains, et toutes les connaissances qu'il
exige de la part des artistes qui veulent entrer dans
cette carrière.

On donne ensuite un précis sur la nature des
pierres en général, et une description détaillée des
granites, des porphyres, des marbres antiques et
modernes ; une notice des principales pierres de
taille dont on fait usage pour la construction des
édifices, tant en France qu'en Italie. Ces descriptions font connaitre leurs qualités, leurs propriétés,
leurs pesanteurs spécifique et leurs forces.

A l'occasion des granites, on a ajouté une notice
historique sur les obélisques et autres ouvrages formés d'un seul bloc d'une grandeur considérable,
avec l'indication des moyens qui ont pu être employés par les anciens, pour les extraire des carrières
et les transporter, comparés à ceux employés par
les modernes, pour le même objet.

Le second Livre traite des compositions et des préparations que l'art a imaginé pour suppléer aux pierres dans les pays où elles sont rares ou difficiles à travailler : telles sont les briques cuites, les briques crues et le pisé, et enfin le mortier servant à lier les pierres naturelles et artificielles, sur-tout celles qui par la petitesse de leur volume ou l'irrégularité de leurs formes, ne pourraient pas, sans cet intermède, former des constructions solides et durables. Il est question des matières qui servent à la composition du mortier, telles que la chaux, le sable, la pouzzolane, le ciment ; de la manière de le préparer; du mortier des anciens Romains ; des méthodes proposées par Loriot et M. de Lafaye. Après avoir fait connaître les avantages et les inconvénients de ces préparations ; on indique le moyen le plus propre à faire un excellent mortier; on ajoute le résultat d'un grand nombre d'expériences faites pour parvenir à connaître la meilleure manière de le préparer; sa force, sa dureté, son adhérence et sa pesanteur spécifique.

On donne ensuite une explication des différentes espèces de maçonneries pratiquées par les anciens et les modernes ; de celles appelées par les Grecs *Isodomon*, *Pseuisodomon*, *Emplecton*, de celles indiquées par les Romains sous les noms d'*Opus incertum* ou *infertum* et de *Reticulatum ;* de la maçonnerie ordinaire appelée limosinage ; de celle en moilons piqués, en briques, en cailloux, en blocages et mixtes. On fait une comparaison des ouvrages en plâtre avec ceux en mortier ; enfin on parle des aires antiques, des enduits et des stucs.

Le troisième Livre traite des constructions en pierres de taille posées sans mortier, à la manière des anciens, et avec du mortier comme les modernes : on y trouve des observations sur l'abus des cales, des démaigrissements et des grands joints. On propose un moyen qui réunit les avantages des deux manières sans en avoir les inconvénients.

On donne une nouvelle méthode d'appareiller les grands massifs en pierres de taille, pour que toutes les pierres qui les composent tendent à ne former qu'une seule masse solide. On indique les meilleurs procédés pour former les revêtements en grandes pierres pour les murs de terrasses, de remparts et autres, à plomb, en talus, avec des contreforts ou sans contreforts, lorsqu'on ne peut pas les faire tout en pierres de taille : on cite à ce sujet plusieurs exemples d'édifices antiques et modernes. Il est ensuite question de la construction des voûtes, de leur appareil et de la manière de tracer les épures, c'est-à-dire, de l'art de la coupe des pierres. Cette partie essentielle de l'art de bâtir est traitée d'une manière nouvelle, plus générale et plus méthodique que celles des différents Auteurs qui ont écrit sur cet objet important.

Après les voûtes en pierres de taille, on parle des voûtes mixtes, de celles en moilons, en briques posées de champ et de plat ; des voûtes en tuyaux et en poteries creuses; de celles en tufs, en pierres ponces, maçonnées en plâtre ou en mortier, et enfin de celles en bois.

Le quatrième Livre a pour objet, la solidité des édifices. Il commence par l'exposition des principes sur lesquels elle doit être fondée. On rapporte un grand nombre d'expériences et d'observations pour servir de base à l'application des principes de la théorie. Cette partie essentielle qui est une des plus difficiles de l'art de bâtir, n'avait pas encore été traitée dans son ensemble et d'une manière convenable. C'est une de celles qui a exigé le plus de travail et de recherches, afin de parvenir à ne présenter que des résultats sûrs et des opérations faciles, à la portée de tous les constructeurs. On fait voir par des applications faites sur plusieurs édifices antiques et modernes, que les architectes qui les ont construit, n'ont suivi aucune règle ni principe, et que dans la plupart des édifices il se trouve des parties où l'on a employé une fois plus de matières que dans d'autres qui avaient de plus grands efforts à soutenir, sans qu'il en résulte une plus grande solidité.

On indique la manière de fonder les édifices en raison de la nature des terreins sur lesquels ils doi-

vent être construits, et les précautions à prendre
pour établir les fondements de toutes leurs parties
d'une manière solide, en raison des matériaux que
l'on a à sa disposition, afin d'éviter les tassements
inégaux et les autres accidents graves qui peuvent
résulter des moindres négligences ou défauts d'expérience.

L'application des principes de la théorie aux différentes parties des édifices et à un grand nombre
d'expériences, m'ont fait trouver des méthodes simples qui n'exigent que les premiers éléments de calcul et de géométrie, pour déterminer les dimensions
de toutes les parties d'un édifice quelconque, relativement à la solidité et à l'économie. Je fais l'application de ces règles, d'abord à des murs et points
d'appui isolés; à des murs qui forment des angles
ou une enceinte quelconque; à ceux qui portent
des planchers, des toits pour les édifices qui ne sont
pas voûtés.

Je donne ensuite une méthode sûre et facile pour
trouver la poussée de toutes sortes de voûtes, et
déterminer l'épaisseur qu'il faut donner aux murs
ou piédroits qui les soutiennent pour y résister.

L'exactitude de cette méthode fondée sur des
principes de statique très-simples, est constatée par
un grand nombre d'expériences qui ont toujours
donné des résultats conformes à ceux de cette méthode. J'en fais la comparaison avec les différentes

règles prescrites par plusieurs auteurs ; et je fais
voir que les unes n'étant fondées sur aucuns principes
certains donnent des résultats faux qui n'ont aucun
rapport entre eux ni avec l'expérience. Je fais voir
que les autres, quoique fondées sur des principes de
mathématiques, donnent des résultats différents de
l'expérience, parceque les hypothèses sur lesquelles
les calculs sont établis s'éloignent de la vérité, et
je prouve que toutes les fois qu'au lieu d'hypothèses,
on n'admet que des faits, les résultats de la théorie
sont conformes à l'expérience.

Je fais voir les limites du plus ou moins de courbure que l'on peut donner aux ceintres des voûtes
surhaussées ou surbaissées. J'indique les courbes
géométriques qui leur conviennent le mieux, et la
manière de les tracer ou de les imiter par des arcs
de cercle : j'examine la forme d'extrados la plus
avantageuse, et l'épaisseur à donner aux voûtes en
raison de la courbure de leurs ceintres et de leurs
diamètres.

Je fais connaître les endroits faibles des voûtes,
les moyens de les fortifier et de diminuer leur
poussée. J'indique toutes les précautions qu'il faut
prendre pour construire ces différentes espèces de
voûtes; je fais voir que leur solidité dépend autant
de la manière dont elles sont construites, que de
la forme de leurs ceintres et de l'épaisseur des murs
qui les soutiennent. Je prouve qu'une voûte peut

tomber quoique ses murs et points - d'appui soient plus épais qu'il ne faut, pour résister à l'effort de sa poussée; je prouve que les voûtes bien cons truites poussent peu et que souvent il est possible de détruire entièrement leur effort. Ce livre est terminé par des tables où se trouvent les épaisseurs à donner aux voûtes et à leurs piédroits ou murs, en raison de leurs ceintres, de leur forme d'extrados et de leurs diamètres, depuis quatre mètres jusqu'à trente-six.

Le cinquième Livre traite des ouvrages de charpente ; on y parle des différentes espèces de bois dont on peut faire usage dans la construction des édifices; de leurs qualités, de la manière de calculer leurs forces, de les débiter et de les mettre en œuvre. On y parle des planchers, des pans de bois des combles, des étaiements, des ceintres, des voûtes en bois. On donne des nouvelles méthodes pour tracer toutes sortes de fermes d'assemblages, d'après les principes de mécanique statique.

Dans le sixième Livre, il est question de la couverture, de la menuiserie, de la serrurerie. On y trouve des observations sur la nature et l'emploi du fer dans la construction des édifices ; sur ses propriétés et la manière d'évaluer sa force. On présente des idées sur la manière de diriger les grands travaux, pour que tous les ouvrages soient exécutés avec l'ordre, la perfection et l'économie dont ils sont susceptibles, afin d'éviter les doubles emplois, les fausses tentatives et les dépenses superflues ; sur la manière de mesurer et d'évaluer ces ouvrages.

Le septième et dernier Livre contient, comme pièces justificatives, le détail des opérations analytiques et géométriques citées dans le cours de l'ouvrage, de même que les principes de mécanique sur lesquels sont fondées ces opérations.

Indépendamment de ces preuves, chaque règle ou procédé se trouve appuyé par des exemples tirés des édifices antiques et modernes : ainsi il sera parlé des temples, des palais, des théâtres, des amphithéâtres, des naumachies, des maisons publiques et particulières, des ponts, des chemins, des canaux, des aqueducs, des digues et même des fortifications, relativement à l'art de les exécuter avec solidité, précision et économie.

Cet arrangement diffère un peu de celui qui se trouve dans le Prospectus que j'ai publié. Le premier Livre qui a été beaucoup augmenté, a obligé de renvoyer au second la suite de la description des matériaux et la préparation du mortier. Les objets qui devaient être traités dans le troisième Livre ont été renvoyés au quatrième, parce qu'ils supposent la connaissance de ce qui a été expliqué dans les trois premiers. Les cinquième, sixième et septième Livres ont été augmentés sans rien changer à l'ordre des objets qui y sont traités.

L'indication que nous venons de donner étant trop générale pour faire connaître tout ce qui se trouve dans cet ouvrage, nous avons placé à la tête de chaque Livre un sommaire de ce qu'il contient de particulier avec le renvoi aux pages, afin d'en faciliter l'usage.

SOMMAIRE DU PREMIER LIVRE.

Ce Livre est divisé en deux Sections. La première présente une idée générale de l'art de bâtir perfectionné par les Grecs qui lui donnèrent le nom d'architecture ; étendue de cette science ; son véritable objet ; sa division en trois classes, sous les noms d'architecture civile, architecture militaire et architecture navale ; objet de chacune de ces classes, pages 1, 2 et 3.

Les Egyptiens, les Grecs et les Romains se sont illustrés par la grandeur, la magnificence et la solidité de leurs édifices ; estime que les Grecs et les Romains ont fait de l'architecture ; connoissance que cette science exige ; abus qui résulte du défaut de ces connaissances, pages 3, 4, 5 et 6.

Manière de bâtir des anciens Romains, plus simple et plus économique que la nôtre ; fausse idée qu'on paraît avoir de l'architecture ; en quoi elle diffère de la peinture et de la sculpture ; quel est son véritable but ; comprend trois parties principales, qui sont la distribution, la décoration et la construction ; définition de chacune de ces parties, pages 7 et 8.

Causes qui contribuent à rendre la construction des édifices extrêmement coûteuse ; avantage qui résulterait pour le gouvernement de favoriser également ceux qui se distinguent dans les trois parties de l'architecture ; d'établir un professeur pour chacune, et des concours qui pouraient être alternativement sur la décoration, la distribution et la construction, pages 7, 8, 9 et 10.

La seconde section est divisée en seize articles. Le premier traite des pierres en général, distinguées en quatre classes, pages 10 et 11.

Le second, des pierres argilleuses, page 11.

colonnes de granite du Panthéon de Rome, de St. Paul hors
les murs, des Thermes de Caracalla; colonne de Florence;
pays d'où les anciens tiraient leurs colonnes de granite. C'est
à la quantité de colonnes de toutes grandeurs qui arrivaient
à Rome, qu'il faut attribuer le grand usage qu'ils en faisaient pour leurs portiques, péristiles et grandes salles :
c'est la quantité de colonnes qui se trouvaient à Rome, à
l'époque où l'on commença à bâtir des églises, qui fit adopter la forme de Basilique ; avantage des colonnes comme
points d'appui, par leur solidité, leur forme et le peu de place
qu'elles occupent : usage qu'on en a fait à Milan, à Florence,
et qu'on pourrait en faire à Paris, pages 85 et 86.

Figures colossales de granite des Egyptiens ; de la statue
de Memnon; architraves et plafonds d'une seule pièce, pages
85 et 86.

Article VIII. Granites d'Europe les plus connus; granites
d'Italie, de France; expériences pour connaître la dureté des
granites. Il se trouve des granites en Suisse, en Angleterre,
en Allemagne, en Danemark, en Suède, en Russie, etc.
Rocher de granite qui a servi de soubassement à la statue
de Pierre le Grand à St. Pétersbourg ; ses dimensions, son
poids et moyens dont on s'est servi pour le transporter; évaluation de la force mise en œuvre comparée au poids; pesanteur de différentes espèces de granite, pages 89 à 103.

Article IX. Des porphyres et marbres antiques ; nature
du porphyre et de ses différentes espèces; lieux d'où les anciens le tiraient; sa dureté; si les anciens avaient un secret
pour le travailler; moyen trouvé par Côme de Médicis pour
donner aux outils une trempe assez dure ; emploi du sang
de bouc, insufisance de tous ces moyens prouvée par l'ou-
bli; réflexions à ce sujet; époque où l'on paraît avoir commencé à travailler le porphyre; des colonnes, des tom-

beaux, des cuves les plus remarquables faits avec cette matière, pages 104 à 108.

Du verd antique appelé ophite ou porphyre verd; colonnes faites de cette matière à Rome et à Venise; figure et buste en porphyre rouge; définition des marbres : ce nom convient à toutes les pierres qui peuvent recevoir le poli. Des marbres verds antiques tirés de Laconie, du mont Taigette, de ceux qui portaient les noms d'Auguste et de Tibère: du *verdello*, du *Cipolino antico*, appelé par les anciens *Lapis Phrygius*; du jaune antique d'une seule couleur qui venait de Lacédémone; de la bréche jaune antique; colonnes de l'intérieur du Panthéon de Rome; autre bréche jaune imitant la Brocatelle Portor; colonnes de ce marbre; *Rosato antico*, bréche antique de Rome; marbre rouge appelé *Egiptium*, *Sinadicum* ou *Docingénum*; les marbres africains, ceux appelés par les Italiens, *Nero Bianco*, *Lumachello*, *Pidochioso*, *Imboscato*, *porta santa* : le marbre appelé Cynite, le Numidique; vasques des fontaines de la place du palais Farnèse à Rome; marbres qu'on tirait de la haute Egypte, appelés Thébaïques, des isles de Chio; colonnes de Ste. Marie Majeure; d'une seule pièce de Rhodes, d'Eubée, de Proconèse, dans la Propontide appelée mer de Marmara à cause de la quantité de marbre qu'elle fournissait. Les marbres blancs de Luna, de Paros, du mont Himète, de l'isle de Bratia dans la Dalmatie, le Thasien, le *Lygdinus*, le *Coraliticus*, l'Arabique, le Capadocien qui était transparent; du temple de la Fortune *Seïa*; des marbres noirs et des basaltes antiques; cuves et tombeaux; de ceux de Stolpen de la chaussée des Géants, pages 110 à 119.

Des albatres antiques d'Arabie, de Syrie, d'Egypte, de Damas, de celle appelée *Onix*; colonnes et statues faites de cette matière, pages 119 et 120.

Albâtres modernes d'Italie, de France ; porphyres, jaspes et serpentins, pages 119, 120.

ARTICLE X. Marbres de France, rangés par séries, d'après leurs couleurs ; marbres blancs d'une seule couleur ; autres marbres où le blanc domine ; de deux couleurs, de trois, de quatre, page 125.

Deuxième série des marbres bleus mélangés de deux, de trois, de quatre couleurs, page 127.

Troisième série des marbres bruns, page 128.

Quatrième série des marbres gris de deux et trois couleurs, page 128.

Cinquième série des marbres jaunes de deux et trois couleurs, page 130.

Sixième série des marbres noirs d'une seule couleur, mélangés de deux, trois et quatre couleurs, page 131.

Septième série des marbres rouges mélangés de deux, trois et quatre couleurs, page 132.

Huitième série des marbres verds de deux et trois couleurs, page 136.

ARTICLE. XI. Marbres d'Italie, rangés de même. Des marbres blancs et autres où cette couleur domine, page 137.

Marbres bleus, page 137, 139.

Marbres jaunes à deux et trois couleurs où le jaune domine, page 141.

Marbre à fond olive et olivâtre de différentes nuances, page 143.

Marbres noirs et autres où le noir domine, page 144.

Marbres rouges, roses et roux mélangés, page 145.

Marbres verds et autres où cette couleur domine, page 147.

Marbres violets, Brocatelles, Diaspres, Lumachini, de différentes nuances, page 149.

ARTICLE XV. Des principales Pierres dont on se sert pour bâtir en Italie; pierres dures, page 196.

Première table dans laquelle se trouve la pesanteur spécifique, le poids du pied cube et celui porté par des cubes de 25 centimètres et de 4 pouces de superficie de base, exprimés en kilogrammes et en livres, page 208 et suivantes.

Autre table comprenant les basaltes, les porphyres, les granites et différents marbres, page 212.

Observations sur les deux tables précédentes, pour faire voir le rapport des pesanteurs spécifiques avec les poids portés, page 215.

Table comprenant les pierres de Charenton, de Creteil,
de St. Maur; d'Yvri, de Vitry; de St. Nom, de Fécamp,
de St. Denis; de St. Cloud; de l'Abbaye du Val, de l'isle
Adam; de Vernon, de Senlis; de Verbery, de St. Pierre
d'Aigle, Gamelon; de Tonnerre, de Conflans St. Honorine;
Lambourde de Gentilly, de St. Maur, de Vergelé.

ERRATA.

Pages.	lignes.	au lieu de.	lisez.
38,	13,	racourci,	racourcie.
Idem.	19,	avait,	a.
40,	24,	étant,	était.
72,	22,	208 kilogram.	208000 kilogrammes.
94,	9,	dures,	durt.
105,	3,	ont été,	a été.
116,	6,	de marbre,	du marbre.
122,	1,	maçon,	Mâcon.
123,	4,	corello,	covello.
129,	22,	jaune de sang,	jaune couleur de sang.
134,	10,	Haute Garonne,	Haute-Loire.
142,	13,	Fia me,	Eiume.
144,	20,	palciano,	pulciano.
163,	27,	facilement,	difficilement.

TRAITÉ
THÉORIQUE ET PRATIQUE
DE
L'ART DE BÂTIR.

LIVRE PREMIER.

SECTION PREMIERE.

Idée de l'architecture.

Les noms des arts et des sciences ont eu des significa-
tions qui ont varié à différentes époques, en raison de leurs
progrès. Ainsi l'art de bâtir ne fut, jusqu'au temps où il
fut perfectionné chez les Grecs, que les résultats des moyens
de travailler les divers matériaux qui servent à la construction des édifices, de les transporter et de les mettre
en œuvre.

Les Grecs, accoutumés à raisonner sur toutes sortes d'objets, en firent une science à laquelle ils donnèrent le nom

d'*architectonia*, que nous avons traduit par celui d'architecture. Le véritable sens de ce mot indique une science
dont l'objet est de diriger les opérations des arts, pour
l'exécution d'un édifice quelconque, afin de réunir la convenance, la solidité et la beauté des formes. Mais il n'en
résulte pas que l'architecture soit seulement, comme l'ont
pensé plusieurs auteurs, l'art de dessiner et de profiler les
ordres Grecs et Romains ; c'est une science vaste qui a
pour objet la sûreté, la commodité et la magnificence des
villes et des pays où elles sont situées. Sous ces trois points
de vue, on peut dire qu'elle contribue beaucoup à ce qui
peut rendre une nation illustre et florissante. Pour satisfaire à ces trois objets principaux, elle se divise en trois
classes, qui sont, l'architecture civile, l'architecture militaire et l'architecture navale.

L'architecture civile a pour objet les édifices publics
et particuliers considérés relativement à l'utilité, la commodité et la magnificence: tels sont les temples, les palais, les
colléges, les théâtres, les arcs de triomphe, les fontaines,
les aqueducs et autres monuments et édifices publics et particuliers ; les ponts, les quais, les places publiques, les rues,
les chemins et les promenades, etc.

L'architecture militaire s'occupe des moyens de défen-
dre les villes et les frontières des états et des empires par
des remparts formidables et par une infinité d'autres ouvrages capables de les mettre à l'abri des surprises de l'enne-
mi ; elle dirige aussi la construction de tous les bâtiments
nécessaires pour les logements, approvisionnements et ar-
mement des troupes.

L'objet de l'architecture navale est la construction des
vaisseaux. On sait que c'est à l'invention admirable et

ingénieuse de cette espèce de bâtiment mobile que l'on doit attribuer l'état florissant du commerce, et que c'est par son moyen que les nations des plus éloignées ont entre elles une correspondance facile. Cette partie de l'architecture a encore pour objet la construction des ports, canaux, bassins de construction, arsenaux et autres édifices qui ont rapport à la marine et à la navigation.

Les Egyptiens, les Grecs et les Romains se sont rendus fameux par la grandeur, la solidité, la belle disposition et la somptuosité de leurs édifices, qui les ont fait regarder successivement comme les premiers peuples de la terre. On admire encore aujourd'hui avec étonnement les vastes débris de leurs grands édifices, dont quelques-uns subsistent depuis un si grand nombre de siècles, qu'on ne trouve dans les plus anciens historiens que des conjectures hazardées et des fables sur leur origine et le nom de leurs auteurs. Ce que ces historiens rapportent de leurs temples, de leurs palais, de leurs théâtres, de leurs cirques, de leurs canaux, de leurs acqueducs, de leurs ports, de leurs chemins, nous paraîtrait incroyable, s'il n'en existait encore des vestiges et des restes précieux.

Les Grecs ont marqué l'estime singulière qu'ils faisaient de l'architecture par le nom qu'ils ont donné à cette science, qui prouve la supériorité et la surintendance qu'ils lui accordaient sur les autres arts. Ils en avaient une si haute idée que le fameux Platon, qui mérita le surnom de divin, par la sagesse de sa doctrine, disait, en parlant de cette science, que la Grèce entière, toute savante qu'elle était alors, aurait eu de la peine à fournir un architecte accompli. Cicéron, voulant donner une idée d'une science vaste nomme l'architecture. Vitruve, qui vivait dans un siècle où l'architecture florissait également chez les Grecs et les Romains ; qui avait vu les plus beaux monuments de la Grèce et de Rome ; qui avait consulté plusieurs auteurs Grecs dont les ouvrages n'existent plus, confirme l'idée que Platon et Ciceron avaient eue de cette science, en faisant l'énumération des connaissances qu'il croyait nécessaires à un architecte pour en mériter véritablement le titre.

Il est certain qu'une science aussi étendue exige, de la part d'un architecte habile, beaucoup de connaissances et des principes sûrs, dont il puisse déduire des règles générales et particulières pour se guider dans les détails infinis dont les arts qu'il met en œuvre sont susceptibles. Ces connaissances sont principalement le dessin et les mathématiques qui le mettront en état de fixer ses idées et de raisonner juste sur toutes les parties de son art, de juger avec discernement de ce qui convient le mieux en raison de l'usage et des circonstances. C'est à l'aide du dessin et de la géométrie qu'un architecte vient à bout de produire ses idées et de tracer sur le terrein, sur le papier et sur toutes sortes de matières les ouvrages qu'il propose de faire exécuter. C'est par le calcul qu'il parvient à évaluer la quantité de matériaux nécessaires à la construction d'un édifice, le travail des ouvriers, la durée de l'ouvrage et enfin la dépense.

Mais pour parvenir à des résultats justes, il faut qu'un architecte se soit appliqué à connaître la nature des différents matériaux dont on fait usage pour la construction des édifices, leur propriété, la manière de les travailler et de les mettre en œuvre. Il faut de plus qu'il ait suivi pendant quelque temps le travail des ouvriers, afin de pouvoir se rendre raison de leur manière d'opérer et se mettre dans le cas de juger lui-même de la possibilité d'un ouvrage, des difficultés qui peuvent se rencontrer dans son exécution, et d'indiquer les moyens les plus propres à réaliser ses projets, lorsqu'ils ne sont pas susceptibles de l'être par les moyens ordinaires, et enfin de rectifier les procédés vicieux.

Une des principales causes qui rendent notre manière de bâtir si coûteuse, est l'inexpérience des architectes. Il est certain que la plupart des architectes négligent trop l'étude de la distribution et de la construction pour se livrer exclusivement à la décoration; ils semblent avoir fait de cette dernière partie, qui n'est qu'un accessoire, un objet principal. L'origine de cet abus vient peut-être de ce qu'à l'époque du renouvellement de l'architecture, vers le milieu du quatorzième siècle, les premiers architectes furent des peintres ou des dessinateurs qui n'eurent en vue que la décoration, parce que cette partie était plus de leur ressort que la distribution et la construction, pour lesquelles il faut des connaissances particulières.

La plupart des productions de ces architectes ne présentent que des massifs ornés, dont la décoration ne faisant point partie essentielle de l'édifice, il en résulte une architecture lourde et dispendieuse, où tout est assujetti au caprice du décorateur; de manière que si l'on supprimait de plusieurs de leurs édifices, les colonnes, les pilastres et les autres ornements superflus, il ne resterait que des masses informes, auxquelles on a sacrifié la commodité, la convenance et l'économie. On voit que ces artistes, en étudiant les beaux édifices antiques qu'ils se proposaient pour modèles, n'ont pas assez fait attention que les

colonnes, les pilastres, les frontons et les principaux ornements dont ils étaient décorés, faisaient partie essentielle
de la distribution et de la construction, et que c'est l'union
de ces trois parties qui leur donne un caractère de grandeur
et de convenance qui excite encore notre admiration. En
considérant ces édifices dépouillés de la plus grande partie
de leurs ornements, on ne peut s'empêcher de convenir
que les architectes célèbres de l'antiquité n'étaient pas de
simples décorateurs, mais d'habiles artistes qui entendaient
également les trois parties de leur art, qui s'y livraient tout
entier et qui bâtissaient en moins de temps, et avec beaucoup moins de dépense, des édifices beaucoup plus vastes,
plus solides et plus magnifiques que les nôtres, et que
la manière de bâtir des anciens Romains était en même
temps plus simple, plus solide et plus économique que celle
que nous employons. En parcourant les ruines des édifices antiques, on est surpris de voir que la majeure partie
de leurs plus grands édifices ne sont construits qu'avec
des petites pierres informes, dont la plupart n'excèdent
pas la grosseur du poing, et que nous rebuterions pour
nos constructions les plus communes. C'est cependant de
cette manière qu'ont été bâtis les plus beaux édifices de
Rome, tels que le palais des empereurs, la fameuse maison
Dorée de Néron, le temple de la Paix qui, dit-on, en faisait
partie, le Panthéon, les Thermes, dont quelques-uns occupent jusqu'à quarante arpents de superficie, les cirques,
les naumachies, la plus grande partie de leurs théâtres
et amphithéâtres, les aqueducs et une infinité d'autres édifices dont on trouve des restes dans toutes les parties de
leur empire.

La plupart des architectes modernes étant plus décorateurs que constructeurs, connaissent à peine les procédés des arts qu'il faut mettre en œuvre pour exécuter leurs projets, il en résulte que lorsqu'ils se trouvent chargés de l'exécution de quelques édifices importants, ils sont indécis sur les moyens; ils changent et varient sans cesse, en faisant faire et refaire plusieurs fois un même ouvrage, sans parvenir à se satisfaire eux-mêmes. Souvent, après plusieurs tentatives aussi dispendieuses qu'inutiles, ils finissent par se confier à des entrepreneurs qui ne cessent de leur tendre des pièges, pour les faire entrer dans leurs vues intéressées, en prodiguant la matière et les ouvrages superflus. Delà une infinité d'abus qui ruinent les particuliers les plus riches et épuisent l'état sans rien produire.

Les gens en place et les amateurs n'ont pas assez réfléchi sur le véritable objet de l'architecture.

L'architecture n'est pas, comme la peinture et la sculpture, un art dont l'unique objet soit de plaire et dans lequel l'artiste, exécutant lui-même son projet, peut se livrer à tout le feu de son imagination. L'architecture est une science dont le but essentiel est de construire des édifices solides et commodes qui réunissent sous les plus belles formes toutes les parties nécessaires à leur destination.

Ce n'est pas toujours la dépense qui rend un édifice plus beau, plus commode et plus solide. Une idée heureuse, une disposition simple et bien entendue produit souvent un plus bel effet et rempli mieux l'objet proposé qu'un projet plus dispendieux et plus compliqué.

Pour qu'un architecte réussisse à faire un projet agréable et utile, qui n'occasionne pas de dépenses superflues, il faut qu'il connaisse bien toutes les parties de son art et de plus les dispositions particulières qu'exige l'objet pour lequel on se détermine à bâtir.

C'est pour parvenir à remplir ce but que l'architecture se divise en trois parties principales, qui sont, la distribution, la décoration et la construction.

La distribution est l'art de disposer toutes les parties d'un édifice ou d'un ouvrage quelconque, relativement à l'usage auquel il est destiné.

La décoration a pour objet la beauté et la régularité des formes et le choix des ornements, qui doivent être analogues au genre de l'édifice.

L'objet de la construction est d'exécuter toutes les parties d'un ouvrage projeté avec toute la solidité et la perfection dont elles sont susceptibles, en y employant les matériaux les plus convenables, mis en œuvre avec art et économie.

Une des causes qui ont contribué à rendre la construction des édifices extrêmement coûteuse, sans être ni plus solide ni plus commode, peut être attribuée à la protection particulière que le gouvernement paraît avoir accordé jusqu'à présent aux élèves d'architecture qui se livrent exclusivement à la décoration, tandis qu'il n'a rien fait pour la distribution et la construction, qui sont cependant les parties les plus essentielles, relativement à l'utilité et à la dépense. Delà tous les projets chimériques, ruineux et souvent inexécutables qui résultent des concours, où l'on voit que l'objet principal est toujours sacrifié à de vains accessoires; où l'on ne fait aucune attention à l'usage auquel un édifice est destiné; où l'on voit que c'est le genre de décoration à la mode qui décide le plus grand nombre des concurents. Tantôt c'est l'ordre de Pestum ou l'Egyptien, tantôt le Gothique ou l'Arabesque qu'ils adoptent sans discernement.

Dans ces projets, comme dans la plupart de ceux qui se font pour les particuliers ou pour le gouvernement, toutes les dispositions qui ne se prêtent pas au genre qu'il plaît à l'architecte d'adopter, sont rejettées, quelques convenables qu'elles puissent être. Tant pis pour l'administration ou le particulier qui tombe dans les mains d'un architecte qui aspire à se faire une réputation en ce genre, parce qu'il sacrifiera la commodité, la solidité, la convenance et l'économie au caprice du jour.

Puisque l'architecture comprend trois parties aussi essentielles les unes que les autres, ne serait-il pas juste et même avantageux pour le gouvernement d'accorder à ceux qui se distinguent dans chacune de ces parties les mêmes avantages et les mêmes considérations, afin d'engager les élèves à se perfectionner dans chacune?

Au lieu d'un seul professeur qui ne parle que de décoration, ne serait-il pas utile qu'il y en eût un pour chaque partie, et que les concours pour le prix de mois fussent alternativement sur la décoration, la distribution et la construction?

Le grand prix de chaque année ne devrait être accordé qu'à celui qui dans son projet aurait le mieux satisfait à ces trois parties réunies. Ce serait le moyen de parvenir à former d'habiles architectes, également instruits dans toutes les parties de leur art, dont les projets pourraient réunir la beauté, la commodité, la solidité et l'économie. Les dépenses que le gouvernement ferait pour cet objet seraient bien compensées par les avantages qui résulteraient de la perfection d'un art qui a des rapports avec toutes les parties de l'administration publique, à cause des dépenses considérables qu'occasionnent la construction et l'entretien des édifices publics et une infinité d'autres ouvrages de ce genre.

SECTION DEUXIEME

Des principaux matériaux qu'on emploie à la construction des édifices,

ARTICLE PREMIER.

Des pierres en général,

LES pierres sont composées de substances, ou terreuses, ou sablonneuses, endurcies au point de ne plus s'amollir dans l'eau. Les parties qui les composent sont plus ou moins étroitement liées les unes aux autres, selon qu'elles sont plus atténuées et homogènes.

Il paraît que les pierres doivent leur origine à l'affluence, aux dépôts et aux couches successives et externes des particules intégrantes de la terre ou du sable. Il entre quelquefois dans leurs compositions, d'autres particules hétérogènes. Le véhicule de ces différentes parties qui concourent ensemble à former les pierres, est un liquide. Les principes moteurs sont l'air et le feu. La cause de leur liaison est la pression des autres corps, et la cohésion et l'attraction des parties similaires, qui croissent en raison du contact des surfaces. Toutes les pierres se forment par juxta-position.

Les différentes espèces de pierres peuvent se diviser en quatre classes, savoir :

Les pierres argilleuses,

Les pierres calcaires,

Les pierres gypseuses,

Les pierres scintillantes, ou qui font feu avec l'acier.

ARTICLE II.

PREMIÈRE CLASSE.

Des pierres argilleuses.

Les caractères distinctifs des pierres argilleuses, sont de ne pas faire effervescence avec les acides, et de durcir au feu ordinaire; de ne pouvoir se réduire ni en chaux, ni en plâtre. Elles sont douces au toucher, composées de filamens, d'écailles ou de lames qui peuvent se séparer. Tels sont les asbestes ou amyanthes, les micas, les vrais talcs, les pierres ollaires, les schistes ou différentes espèces d'ardoises, et les roches appelées *de corne*.

Quelques-unes de ces pierres, telles que les ardoises, remplacent avantageusement les tuiles pour la couverture des édifices; d'autres servent dans plusieurs pays à faire des contrecœurs de cheminée, des chenets, des vases qui peuvent aller sur le feu. Les basaltes, les pierres de touche, les pierres à rasoir sont comprises dans cette classe, et une infinité d'autres qui se trouvent détaillées dans les ouvrages de minéralogie, mais qui ne sont pas d'usage dans l'art de bâtir.

ARTICLE III.

DEUXIÈME CLASSE.

Des pierres calcaires.

LES pierres calcaires sont celles dont on fait le plus grand usage dans la construction des édifices. On les appelle ainsi, parce qu'étant exposées à l'ardeur du feu pendant un certain temps, elles se réduisent en chaux. On les distingue encore parce qu'elles sont presque entièrement dissolubles dans les acides, avec lesquels elles font une forte effervescence ; c'est-à-dire que si l'on verse une goutte d'eau-forte sur une pierre calcaire, elle réduit en bouillie la place sur laquelle elle est tombée, en faisant un bruit semblable à celui d'un fer chaud qu'on trempe dans l'eau. Ces pierres étant frappées avec un briquet, ne donnent point d'étincelles.

Les carrières de pierres calcaires sont formées de bancs ou assises naturelles, placés les uns au-dessus des autres, presque toujours horisontalement. La largeur et la hauteur des bancs varie selon la quantité de matière, la profondeur, l'étendue et la nature de la carrière. L'opinion des naturalistes est que les pierres calcaires tirent leur origine des corps organisés et durs provenant du règne animal, tels que les coquilles, les madrepores, etc.

Toutes les pierres à bâtir des environs de Paris et de presque toute la France, sont calcaires.

ARTICLE IV.

TROISIÈME CLASSE.

Des pierres gypseuses.

Les pierres gypseuses ne font point d'effervescence avec les acides, c'est-à-dire que si l'on verse dessus de l'eau-forte ou un acide quelconque, ils ne produisent aucun effet; ces pierres, frappées avec l'acier, ne produisent aucune étincelle; mais si on les expose pendant un certain temps à l'action du feu, elles se réduisent en une espèce de chaux qu'on appelle plâtre, dont il sera question dans un article particulier.

Les gypses se trouvent assez souvent par lits ou couches, sous différentes formes qui servent à les distinguer en cinq espèces, savoir, le gypse commun ou pierre à plâtre, le gypse feuilleté; le gypse strié ou filamenteux; le gypse écailleux et l'alabastrite ou faux albâtre.

Les gypses communs ou pierres à plâtre des environs de Paris sont d'un blanc grisâtre. Leurs fractures présentent une texture plus ou moins irrégulière, mêlée de particules brillantes, semblables à celles d'un marbre à gros grains.

Cette pierre n'a pas assez de consistance pour être employée comme moilons dans la construction des murs ; elle s'écrase sous le fardeau et se décompose à l'humidité, c'est pourquoi il est défendu de l'employer à Paris pour cet usage, sur-tout pour les bâtiments. On l'emploie cependant quelquefois pour des murs de clôture.

On trouve en Sicile, aux environs de Girgenti, beaucoup de pierres à plâtre, semblables à celles des environs de Paris. Cependant elles sont un peu plus dures, on les emploie comme moilons pour les murs des bâtiments qui sont maçonnés en plâtre fait avec la même pierre.

Du gypse feuilleté.

Le gypse ou sélénite feuilleté, qu'on appelle aussi pierre spéculaire, ou miroir d'âne, passe pour le plus pur de tous les gypses. Cette espèce de sélénite que les ouvriers appellent improprement talc, parce qu'elle est composée de même de lames minces et brillantes, qui sont cependant plus cassantes et plus difficiles à séparer; mais le vrai talc est plus pesant: c'est une espèce de pierre réfractaire qui ne peut être réduite en chaux, ni en plâtre, et qui résiste à la plus grande violence du feu ordinaire, sans en être sensiblement altérée; à peine y perd-elle de son poids et de sa couleur.

La sélénite ou le faux talc se trouve par morceaux qui affectent une forme rhomboïdale, composés de feuilles très-minces, et plus ou moins transparentes. Celles qu'on trouve dans les carrières de Montmartre ont la figure d'un coin un peu épais, avec une ligne de suture dans le milieu.

Cette matière devient opaque par la calcination et produit une espèce de plâtre beaucoup plus beau que le plâtre commun ; les artistes et les ouvriers qui l'emploient le désignent sous le nom de talc ; on ne s'en sert que pour les stucs, les figures, modèles d'architecture et autres ouvrages précieux. Les Italiens désignent cette espèce de gypse par le mot *scagliola*.

Les gypses écailleux, et les gypses striés ou filamenteux ont à-peu-près les mêmes propriétés que les gypses feuilletés transparents ; mais on en fait moins d'usage, parce qu'ils sont plus difficiles à calciner et qu'ils produisent des plâtres moins beaux. Les gypses écailleux sont opaques ou à demi-transparents, leur couleur est blanche ou grise, on en trouve dans les Alpes et les Pyrénées, sur le flanc des montagnes, par blocs lamelleux, dont quelques-uns sont traversés par des crystaux gypseux, d'une figure pentagone. Les gypses striés ou filamenteux se trouvent abondament à la Chine, en Espagne, en Suède, en Suisse, en Savoie, en France ; dans les Départements du Bas-Rhin et de la Côte-d'Or.

Du gypse appelé alabastrite ou faux albâtre.

Ce gypse est une espèce de marbre tendre et demi-transparent, ordinairement blanchâtre et quelquefois coloré comme l'albâtre calcaire, dont il a l'apparence. Il se travaille facilement et reçoit le poli du marbre tendre ; mais il n'a ni les propriétés, ni l'éclat de l'albâtre qui est un véritable marbre. On trouve de ce faux albâtre en plusieurs endroits de l'Allemagne, de la Suisse, de l'Italie et de la France. On n'en fait usage que pour les enduits intérieurs, les plafonds ; pour des cloisons, des voûtes en briques et

autres ouvrages intérieurs , mais on ne l'emploie point
pour la maçonnerie des gros murs , parce qu'il est moins
abondant que le plâtre commun , et qu'il n'est pas aussi
fort.

ARTICLE V.

QUATRIÈME CLASSE,

Des pierres scintillantes.

LES pierres scintillantes ou ignescentes sont celles qui
produisent des étincelles de feu lorsqu'on les frappe avec
l'acier. Ces pierres ne font aucune effervescence avec les
acides ; les unes résistent au feu le plus violent, telles que
les grès purs , les pierres à briquets et les pierres de meulière , les autres se vitrifient à un très-grand feu comme les
granites , les porphires et les laves.

Des grès.

Cette espèce de pierre paraît formée de particules homogènes plus ou moins grossières ; ce sont des grains de sable quartzeux , de différentes figures liées ensemble à l'aide
d'un gluten particulier. Le grès se partage ou se débite
facilement en gros cubes, qui servent à paver les rues , ou
en blocs de tout autre forme pour différentes sortes d'ouvrages. Il suffit d'étonner à petits coups dans une direction
déterminée, les parties de la masse de grès : on se sert pour

cela de marteau ou de pics tranchants. Les grès se trouvent en masses ou rochers informes, quelquefois par bancs ou couches de différentes épaisseurs. On observe dans les carrières de grès ou grésières, que les masses en sont moins dures, à proportion de la profondeur où elles se trouvent, et que plus le grès est dur, plus il est aisé de le diviser en morceaux d'une figure déterminée. Cette espèce de pierre, n'ayant pas de lit, se débite sur tous sens de la grandeur que l'on veut.

La taille du grès est dangereuse pour les ouvriers qui le piquent; ce travail exige de leur part des précautions particulières à cause d'une poussière extraordinairement fine qui en sort. Cette poussière est si subtile qu'elle passe au travers des pores du verre. On a éprouvé qu'une bouteille bien bouchée et cachetée, posée auprès d'un tailleur de grès, avait son fond couvert de cette poussière, au bout de deux ou trois jours.

Cette poudre cause aux piqueurs de grès une toux très-fâcheuse, sur-tout lorsqu'ils ne travaillent pas en plein air. Pour s'en garantir, les ouvriers, accoutumés à ce travail, ont la précaution de se placer de manière que le courant d'air chasse cette poussière en dehors.

On se sert des pierres de grès pour bâtir dans plusieurs pays où il s'en trouve de propres à cet usage. Employée comme pierre de taille, elle fait de bonnes constructions, quand cette pierre est bien choisie; mais il n'en est pas de même lorsqu'elle est employée comme moilons, parce que le mortier, qui fait la principale force de ce genre de construction, ne se lie pas bien avec le grès. C'est une des raisons qui en avaient fait proscrire l'usage à Paris; d'ailleurs la bonne pierre et le bon moilon y sont assez abondants, et souvent coûtent moins.

TOM. I.

Des pierres quartzeuses appelées pierres à briquet ou à fusil, et des pierres de meulière.

On trouve dans plusieurs pays des pierres à briquet en morceaux assez gros pour former des pavés , et pour être employés en construction, mais l'expérience a fait connaître que leurs surfaces sont trop lisses pour que le mortier ou le ciment puisse s'y attacher fortement et former un ouvrage solide.

La terrasse au-dessus de l'observatoire de Paris , avait été pavée avec des cubes de cette espèce de pierre , enchassés dans une forte couche de ciment. Cet ouvrage fait avec le plus grand soin n'ayant pu garantir cet édifice des filtrations qui détruisaient les voûtes , Germain Soufflot avait le projet de remplacer ce pavé par une forte couche du ciment Loriot; mais sur les observations que je lui fis , il s'était déterminé à une couverture en pierres à recouvrement dont je lui avais présenté les détails, qui différait de celle qui a été exécutée depuis.

En visitant l'ancien pavé avec cet habile architecte, dans le temps où l'on travaillait à le supprimer , je lui fis remarquer que ces pavés n'adhéraient presque pas au ciment, et que lorsqu'ils n'étaie t pas retenus par leur forme dans l'espèce d'alvéole où ils se trouvaient placés, on les en retirait sans qu'il restât aucune trace de mortier sur les faces de ces sortes de pavés , et que celles de l'alvéole restaient lisses.

De la pierre de meulière.

Cette pierre est un composé de concrétions quartzeuses et grossières dont le tissu est criblé de trous; on en distingue de deux espèces, l'une qui se trouve par bancs ou grandes masses, propre à faire des meules de moulin d'une seule pièce, et l'autre en roches ou morceaux isolés et épars dans les campagnes, avec lesquels on forme des meules de plusieurs pièces. Il y en a qui se débitent en petits morceaux pour être employés comme moilons dans les ouvrages de maçonnerie.

On trouve des carrières de la première espèce, aux environs de la Ferté-sous-Jouarre, à Montregard en Bourgogne, près de Monthoron en Poitou, et en plusieurs autres endroits ; on en trouve de la seconde espèce dans les environs de Paris, et à Houlbec près de Pacy en Normandie.

Les pierres de meulière, débitées en moilons, étant employées avec du mortier, forment une excellente maçonnerie, parce que le mortier s'y attache fortement et s'insinue dans toutes les cavités de manière à former une liaison solide.

La meulière qu'on emploie à Paris vient des environs de Corbeil, où elle se trouve, à un ou deux pieds de profondeur en terre ; les paysans l'extraient en labourant leurs champs, et en font des tâs qu'ils vendent à la voiture à des marchands qui la transportent à Paris.

Des roches composées.

Ces espèces de roches sont formées d'un mélange de différents débris de pierres de diverses natures, fortement unis entre eux et composant des masses d'une très-grande dureté, tels sont les granites et les porphyres.

ARTICLE VI.

DES GRANITES ANTIQUES ET DE LEUR EMPLOI CHEZ LES ANCIENS.

On désigne en général sous le nom de granites, une espèce de pierre fort dure, composée de petites parties ou grains, de nature et de couleurs différentes qui sont fortement réunis. Ce nom est moderne, il vient de l'italien *granito* : c'est l'apparence qui résulte de ces grains différemment colorés, qui l'a fait appeller ainsi. Plusieurs auteurs écrivent granit; mais cette orthographe ne répond ni à l'étymologie de ce mot, ni à la manière dont il se prononce.

Les Grecs nommaient cette espèce de pierre *pyropœcilon*, et les Romains la désignaient sous le nom de *marbre syénite* ou *thébaïque*.

Les granites paraissent composés de trois matières principales, que les minéralogistes distinguent sous les noms de *quartz*, de *pétrosilex* et de *mica*. La première est de la nature des pierres de meulière, la seconde de celle du caillou, la troisième est la partie brillante en forme de paillette, qui se trouve mélangée aux deux autres.

La dureté du granite varie en raison des parties qui le composent; le plus beau et le plus dur est celui où le quartz et le pétrosilex dominent, comme dans le granite d'Egypte appelé oriental.

Les Egyptiens sont de tous les peuples connus, ceux qui paraissent avoir fait les premiers usage du granite, pour élever des temples et des monuments, qui, par la solidité de leur construction et la dureté de la matière, ont résisté, depuis plusieurs milliers d'années, à toutes les intempéries de l'air et aux dévastations des différents peuples qui ont successivement fait la conquête de l'Egypte.

C'est probablement au desir de perpétuer la mémoire de quelques grands événements, ou de quelques hommes célèbres, qu'il faut attribuer l'art de travailler une matière aussi dure que le granite, dans un pays où les habitations ordinaires n'étaient qu'en terre couverte de roseaux ou de paille.

En consultant ce qui nous reste des annales des anciens Egyptiens, on trouve que les premiers essais de cet art sont dus à un des rois de Memphis, nommé Tosorthrus, qui vivait plus de douze mille ans avant l'ère vulgaire, d'après le calcul d'Hérodote, et près de quinze mille ans d'après celui de Diodore de Sicile, c'est-à-dire plus de seize mille ans avant l'ère de la république française.

Les anciennes carrières de granite se trouvent depuis Syene ou Assuan jusqu'aux cataractes du Nil, elles sont situées sur le flanc des montagnes. On y voit encore des blocs ébauchés d'une très-grande longueur, qui paraissent avoir été préparés pour des obélisques et des colonnes. Cette espèce de roche, qui n'a point de lits, se trouve par masses d'une très-grande dimension, dont on peut extraire des morceaux d'une grandeur considérable. Ces ébauches font voir comment les anciens Egyptiens s'y prenaient pour trancher dans la masse des blocs assez grands pour former des obélisques, des colonnes et même des édifices d'une seule pierre.

Ils commençaient à tailler dans la masse le devant et le dessus de la pierre dont ils avaient besoin; ils faisaient en-

suite avec des outils minces des tranchées d'environ un décimètre ou trois pouces de largeur et des trous plus pro-
fonds espacés d'environ un mètre pour y enfoncer des coins
de bois sec, qu'ils mouillaient pour les faire renfler et détacher la pierre. Il est bon de remarquer que c'est à très-peu
de chose près la manière dont on exploite encore dans les
carrières, les pierres qui n'ont pas de lits, c'est-à-dire qui
ne se trouvent pas par bancs ou couches.

Des Obélisques en granite tirés d'Egypte.

Pline l'ancien, qui avait consulté plusieurs auteurs dont
les ouvrages n'existent plus, attribue l'invention des obélisques ou plutôt l'usage de les dédier au soleil, à un roi
d'Egypte qu'il nomme Mestrès; il ajoute que ce fut d'après
un avertissement que ce roi prétendait avoir eu en songe,
qu'il fit élever le premier, qui fut placé devant le temple
d'Héliopolis; il dit que ce fait est exprimé par les hiéroglyphes qui sont gravés dessus.

Diodore de Sicile parle de deux obélisques que le fameux Sésostris fit élever à Thèbes, qui avaient chacun cent
vingt coudées de hauteur, et sur lesquels il fit graver le
dénombrement de ses troupes, l'état de ses finances et
les noms des différents peuples qu'il avait soumis. Son
fils et son successeur, en fit ériger deux autres devant
le temple du soleil d'Héliopolis, formés d'une seule pièce
de granite. Hérodote et Diodore s'accordent à dire qu'ils
avaient chacun cent coudées de haut, et que leur grosseur
par le bas était de huit coudées.

Sothis un des successeurs de Mestrès, fit élever quatre
obélisques de chacun 48 coudées de haut.

Ramisès ou Rhamessès, qui régnait en Egypte du temps

de la prise de Troye, en fit faire un de quarante coudées
de hauteur, et un autre de quatre-vingt-dix qu'il fit placer
au-devant du palais royal de Mnevis. Pline dit que ce
roi employa vingt mille hommes pour le transport et l'é-
lévation de cet obélisque, et qu'afin d'obliger les architectes
chargés de ce transport à imaginer les machines et les moyens
les plus propres à réussir, il avait fait attacher son propre
fils au sommet. Cet obélisque que tout le monde admirait à
cause de sa hauteur et de sa forme, fut épargné par Cam-
byses, lorsqu'après le siège de Thèbes, il fit détruire et
incendier les plus beaux édifices de cette ville.

Deux autres rois d'Egypte nommés par Pline, Smarès
et Eraphius, érigèrent chacun un obélisque de 88 coudées de hauteur sans hiéroglyphes.

Ptolomée Philadelphe en fit élever un de 80 coudées
à Alexandrie, qui était aussi sans hiéroglyphes; il avait
été fait sous le règne de Nectanébis. L'architecte qui fut
chargé de le transporter de la haute Egypte, fit creuser un
canal depuis le bas de la carrière, où il avait été taillé,
jusqu'au Nil. Il introduisit ensuite sous l'obélisque, posé en
travers du canal, deux forts bateaux liés ensemble, et chargés d'une quantité de briques, dont le poids était double
de celui de l'obélisque. Lorsque ces bateaux furent placés
d'une manière convenable, on les déchargea du poids de ces
briques, alors en se mettant à flots, ils enlevèrent l'obélisque, qui fut conduit sur ces bateaux jusqu'à Alexandrie,
où il fut élevé au-devant du tombeau d'Arsinoë, femme et
sœur de Ptolomée.

Il y avait deux autres obélisques sur le port d'Alexandrie, érigés au-devant du temple de César. Ces obélisques
qui avaient chacun quarante coudées de haut, passaient
pour être l'ouvrage de Mestrès.

Le premier obélisque qui fut transporté d'Egypte à Rome, avait été fait par les ordres de Semnesertée, qui régnait dans le temps que Pythagore voyageait en Egypte. Pline dit que la hauteur de cet obélisque, sans la base, était de 125 pieds romains, et qu'Auguste, qui l'avait fait venir, le plaça dans le grand cirque.

Le second obélisque fut celui que ce même Empereur fit élever au champ de Mars pour servir de gnomon, il avait 9 pieds de moins que le précédent; Pline l'attribue à Sésostris, et il prétend que les hiéroglyphes dont ces deux obélisques sont chargés, contiennent l'interprétation des phénomènes de la nature selon la philosophie Egyptienne.

Le troisième était placé au milieu du cirque, bâti par Caligula et Néron, auprès du mont Vatican. Pline dit que cet obélisque est un de ceux que Nuncoreus, fils de Sésostris avait consacré au soleil, dont la hauteur était, comme nous l'avons déjà dit, de cent coudées; mais il se rompit en l'élevant.

Ces trois obélisques existent encore à Rome; le premier, c'est-à-dire celui qu'Auguste avait érigé dans le grand cirque, est l'obélisque que le pape Sixte-Quint a fait transporter et élever au carrefour de la place du peuple. Il fut trouvé, avec celui de l'empereur Constance, dans les ruines du grand cirque, à plus de 24 palmes de profondeur. Ces deux obélisques étaient brisés chacun en trois morceaux; leurs bases étaient renversées sens dessus dessous, et hors de leur place. Les trois fragments de celui de la place du peuple, formaient ensemble une longueur de 110 palmes, qui valent, à très-peu de chose près, 82 pieds ¼ romains antiques, tandis que Pline lui donne 125 pieds ¾. Une si grande différence porterait à croire, que cet obélisque n'est pas celui d'Auguste, ou qu'il n'en est qu'un fragment. Quelques savants ont pensé, et entr'autres Nardini, que l'obélisque d'Auguste était peut-être celui qu'on attribue à Constance, dont les trois morceaux réunis formaient une longueur de 111 pieds ½ romains, mais il s'en faudrait encore de 14 pieds ¼ qu'elle n'atteigne la mesure de Pline. De plus, ni l'un ni l'autre de ces obélisques ne sont susceptibles d'une aussi grande augmentation, parce que leur forme pyramidale exigerait une base plus grande que celle sur laquelle est gravée l'inscription d'Auguste. Ainsi il est probable que cette différence ne vient que d'une faute de copiste dans le texte de Pline, où l'on a mis 125 pieds ¾ au lieu de 82 ½, comme le pense Stuard, dans sa lettre sur l'obélisque du champ de Mars.

Obélisque d'Auguste élevé sur la place de la porte du peuple.

L'obélisque de la porte du peuple qui, d'après tout ce que nous venons de dire, paraît être celui qu'Auguste avait fait dresser au milieu du grand cirque, est élevé sur un piédestal dont la partie inférieure jusqu'à 15 (1) palmes de hauteur, est en pierre travertine. Le dé de ce piédestal est formé, par le tronc, de granite, qui lui servait de base dans le grand cirque, sur lequel est gravée l'inscription d'Auguste, la corniche au-dessus est en pierre travertine. La hauteur totale de ce piédestal est de 38 palmes ou 26 pieds 1 pouce 5 lignes du pied de Paris, qui répondent à 8 mètres 591 millimètres.

L'obélisque placé au-dessus est en trois morceaux, ce-

---

(1) 10 pieds 3 pouces 9 lignes, ou 3 mètres 350 millimètres.

lui du bas avait 52 palmes (1); mais les angles de la base
étaient tellement ruinés, qu'on fut obligé d'en retrancher
environ 3 (2) palmes pour lui donner une base suffisante,
et d'incruster des morceaux de granite pour former les
angles; le morceau au-dessus a 32 (3) palmes, et le troisième,
qui comprend la pointe, 26 (4); ce qui donne pour la hauteur
de cet obélisque, tel qu'il existe, un peu plus de 97 palmes
ou 65 pieds 9 pouces, qui valent 21 mètres 682 millimètres.

Sa grosseur par le bas est formée par un quadrilatère,
dont deux côtés ont chacun 10 (5) palmes $\frac{3}{4}$ et les deux autres
(6) 9 palmes $\frac{1}{2}$; par le haut à l'endroit où commence la pointe,
les deux grands côtés sont de (7) 6 palmes $\frac{2}{3}$ et les petits de
(8) 5 palmes $\frac{3}{4}$; ce qui donne une grosseur moyenne par le
bas de 10 palmes $\frac{1}{3}$, (7 pieds ou 2 mètres 273 millimètres)
et par le haut 6 palmes $\frac{1}{4}$ (4 pieds 3 pouces $\frac{1}{2}$ ou un mètre
399 millimètres.)

La hauteur entière compris le piédestal est de 135
palmes, (92 pieds 10 pouces $\frac{1}{2}$ ou 30 mètres 273 millimètres) sans y comprendre la croix qui a 17 pieds $\frac{1}{2}$.
C'est Fontana qui fut chargé par Sixte-Quint du transport et de l'érection de ce monument à la place du
peuple en 1589.

---

(1) 35 p. 9° ou 11 m. 613.

(2) 2 p. 9, ou 0, 667.

(3) 22 p. 0 0, ou 7, 346.

(4) 17 p. 10 6, ou 5, 806.

(5) 7 p. 4 8, ou 2 m. 400

(6) 6 p. 6 4½, ou 2, 121.

(7) 4 p. 7 0, ou 1, 489.

(8) 3 p. 11 5, ou 1, 284.

Obélisque horaire du champ de Mars, élevé par Pie VI, sur la place de mont Citorio.

Le second obélisque de Rome dont parle Pline, est celui qu'Auguste avait fait élever au champ de Mars pour servir de gnomon. Cet obélisque est resté enseveli sous les décombres des anciens édifices du champ de Mars, jusqu'en 1748, que Benoît XIV le fit retirer et placer dans la cour d'une maison voisine de l'église de St. Laurent Lucine, avec la base ou tronc de granite sur lequel il était placé. Cet obélisque était brisé en cinq morceaux et fort endommagé. La longueur des cinq morceaux, mesurés par Bandini avec un pied égal à celui de Statilius, s'est trouvée de 75 de ces pieds qui font 68 pieds 4 pouces de Paris. Stuard trouve 67 pieds 10 lignes; l'ayant mesuré moi-même, j'ai trouvé 67 pieds 6 pouces 4 lignes, qui font 73½ pieds romains antiques, de chacun 10 pouces 11 lignes ⅚, au lieu de 116¾ de ces pieds, qu'il devrait résulter de la mesure qui se trouve dans Pline, en ôtant 9 pieds de 125 pieds [2]. Mais, j'ai déjà observé que si on prolongeait la longueur de cet obélisque, jusqu'à 116 pieds ¾, en suivant l'inclinaison des faces, sa grosseur par le bas aurait 10 pouces de plus que la base ou tronc de granite sur lequel il était posé, où se trouve gravée l'inscription antique de la dédicace de ce monument par Auguste. Ainsi la forme de cet obélisque est une nouvelle preuve de l'erreur qui se trouve dans le texte de Pline, et de ce qu'il faut substituer 82 ⅘ à 225 ¾ pour la mesure de l'obélisque qu'Auguste fit placer au champ de Mars.

On ne sait d'après quelle autorité Pline attribue cet obélisque à Sésostris; on ne connaît de ce prince que les deux obélisques cités par Diodore de Sicile, dont la hauteur était de 120 coudées, ainsi il ne pourrait tout au plus en

être qu'un fragment; il est cependant probable que Sésostris en avait fait élever quelques autres, dont les anciens
auteurs ont negligé de parler, parce qu'ils étaient de
moindre importance. Cette conjecture se trouve appuyée
par Pline lui-même, qui dit, que les hiéroglyphes des
obélisques d'Auguste contenaient l'interprétation des phénomènes de la nature, tandis que ceux cités par Diodore,
étaient des monuments de la puissance de Sésostris, qui
présentaient le dénombrement de ses armées, celui de
ses conquêtes et de ses finances.

Obélisque de la place de St. Pierre.

Le troisième obélisque de Rome cité par Pline, est
celui du Vatican. Il était placé au milieu du cirque de Néron, d'où il a été transporté et élevé au milieu de la place
de St. Pierre, par ordre de Sixte-Quint. C'est le seul
obélisque de Rome qui ne fut pas renversé par les Goths,
lorsqu'ils saccagèrent cette ville en 547, sous leur roi Totila.
Cet obélisque qui est d'une seule pièce, est le plus grand
morceau de granite qui existe; sa longueur est de
113 palmes ½ ou 78 pieds de Paris, qui valent 25 mètres
135 millimètres. Sa base est formée par un quadrilatère
irrégulier dont le plus grand côté mesuré en

	PALMES romains.	PIEDS DE Paris.			MÈTRES.
		P.	P.	LIG.	m.
est de.	— 13 ½	9	3	4 ½	3,015
le 2ᵉ. de	— 13	8	11	3 0	2,903
le 3ᵉ. de	— 12 ½	8	7	1 ½	2,791
le 4ᵉ. de	— 12	8	3	0 0	2,680
Somme des 4 côtés. . .	51 0	35	0	9 0	11,389

Prenant le quart de cette somme pour la grosseur moyenne de cet obélisque par le bas, on aura 12 palmes $\frac{3}{4}$ (1); la grosseur par le haut où commence la pointe est de 8 palmes (2); la hauteur de la pointe qui termine cet obélisque, est de 6 palmes (3).

Dominique Fontana qui fut chargé par Sixte-Quint de déposer cet obélisque, de le transporter et de l'élever au milieu de la place de St. Pierre, évalue son cube à 11204 palmes, qui répondent à 3640 pieds de Paris ou 129 mètres $\frac{79}{100}$.

Ayant ensuite éprouvé qu'un palme cube de l'espèce de granite dont cet obélisque est formé, pesait 86 livres romaines, il en conclut que son poids devait être de 964538, de ces livres qui répondent à 694005 $\frac{1}{2}$ livres poids de marc, et à 339723 kilogrammes $\frac{1}{4}$. Mais avec les armatures de fer, les moufles, les poulies, cordages et autres agrets qu'il fallut pour l'élever, il trouva que le poids à élever, était d'un million 43 mille 537 livres romaines ou de 751844 $\frac{1}{2}$ livres de Paris, qui font 367,910 kilogrammes.

On employa pour élever ce poids 40 cabestans, 140 chevaux et 800 hommes. L'opération coûta 37975 écus romains, équivalant à 200,000 francs monnaie actuelle de France.

Plusieurs auteurs ont donné des descriptions très-circonstanciées des moyens employés par Dominique Fontana pour le transport et l'élévation de cet obélisque, entre autres Charles Fontana et Zabaglia.

---

(1) 8 pieds 9 pouces 2 lignes $\frac{1}{2}$, ou 2 mètres 847 millimètres $\frac{1}{2}$.

(2) 5 pieds 6 pouces, ou 1 mètre 786 millimètres.

(3) 4 pieds 1 pouce 6 lignes, ou 1 mètre 339 millimètres.

Pline ne parle pas de deux obélisques qui étaient placés devant le mausolée d'Auguste, ni de plusieurs autres qui existaient à Rome de son temps. Mercati * prétend qu'ils furent élevés par l'empereur Claude, l'an 47 de l'ère vulgaire et le cinquième de son règne. Ammien Marcellin est le premier auteur qui en ait fait mention ; après avoir parlé de deux obélisques d'Auguste, il dit que dans les âges suivants, on fit venir d'autres obélisques à Rome, dont un fut placé au Vatican, un dans les jardins de Saluste et deux devant le mausolée d'Auguste.

* De gli obelischi di Roma. page 254.

Dans la notice des régions de Rome de P. Victor, qui vivait sous le règne des empereurs Valentinien et Valens, il est fait mention de six grands obélisques ; savoir : deux dans le grand cirque, à l'un desquels il donne 132 pieds romains et à l'autre 88 pieds ½ ; un au Vatican de 72 pieds, un au champ de Mars de même grandeur, et deux devant le mausolée d'Auguste, qui avaient chacun 42 pieds ½. Mais il faut observer que cette notice n'est qu'un fragment incorrect dont les exemplaires diffèrent entre eux pour les mesures et qui ne s'accordent point avec les grandeurs des obélisques existants. Il ne porte la hauteur de celui du Vatican qu'à 72 pieds romains, tandis qu'il en a plus de 85, et celle des obélisques du mausolée d'Auguste qu'à 42 pieds ½ tandis qu'elle est de 49 pieds ½.

Obélisque du Mausolée d'Auguste.

Les fouilles faites dans les ruines du mausolée d'Auguste ont fait connaître que chacun des obélisques érigés au-devant de ce monument, étaient placés sur un premier soubassement en marbre blanc, dont la hauteur était de 8 (1) palmes ;

(1) 5 pouces 6 ª 0, ou 1 mètre 786 millimètres.

sur ce soubassement était le tronc ou dé de granite de 17 (2)
palmes ½ de haut, sur 10 (3) palmes ½ de grosseur. L'obélisque
ne posait pas immédiatement sur ce dé, il était élevé au-
dessus d'environ 5 (4) palmes, placé sur un noyau moins
grand que la base de l'obélisque; ce noyau était caché par
des ornements de bronze dorés et des lions qui paraissaient le soutenir. L'un de ces obélisques dressé derrière l'é-
glise de Ste. Marie Majeure, s'est trouvé avoir 66 palmes (5)
de hauteur sans y comprendre la pointe qui paraît avoir
été retranchée pour y placer une statue ou quelqu'autres
ornements de bronze. Ces deux obélisques furent renversés
par les Goths et brisés en plusieurs morceaux.

Obélisque de Ste. Marie Majeure.

Sur le fondement solide préparé pour recevoir ce monument, est placé un premier soubassement en pierre
travertine formant par le bas un carré, dont chaque côté
est de 14 (6) palmes ½, sur dix palmes de hauteur. Au-dessus
de ce soubassement qui forme la base du piédestal, est
placé le dé ou tronc de granite de 17 palmes ½ de haut
sur 10 palmes ½ de grosseur, dont il a été ci-devant parlé;
ces mesures répondent pour la hauteur à 12 pieds 4 lignes ½
de Paris, ou à 3 mètres 908 millimètres, et pour la grosseur à 7 pieds 2 pouces 7 lig. ½ ou 2 mètres 344 millimètres.
Le dé de ce piédestal est couronné d'une corniche en
marbre blanc avec un piédouche au-dessus, sur lequel pose

---

(2) 12 p. 0° 4 ½, ou 3 m. 908 mi.   (5) 45 p. 4 ° 6, ou 14 m. 740 mi.
(3) 6 p. 10° 6, ou 2 m. 232 mi.   (6) 9 p. 11° 6 ¼, ou 3 m. 237 mi.
(4) 2 p. 9 ° 0, ou 0 m. 893 mi.

l'obélisque. Ces deux parties forment ensemble 8 palmes $\frac{2}{3}$ de haut, en sorte que la hauteur du piédestal entier est de 36 palmes 2 onces, qui répondent à 24 pieds 10 pouces 4 lignes $\frac{1}{2}$, valant 8 mètres 77 millimètres.

L'obélisque placé au-dessus avait, comme nous l'avons déjà dit, 66 palmes de hauteur ou 45 pieds 4 pouces 6 lignes qui valent 14 mètres 740 millimètres.

Lorsque cet obélisque fut découvert, il était brisé en quatre morceaux, le plus grand qui était celui du bas, évalué en

	PALMES romains.	PIEDS DE Paris.			MÈTRES.
		P.	P.	LIG.	m.
s'est trouvé de	— 45$\frac{1}{2}$	31	3	4 $\frac{1}{2}$	10,161
le 2ᵉ, de.	— 5	3	5	3	1,117
le 3ᵉ. de. . , . . , , .	— 12	8	3	0	2,680
le 4ᵉ. de. . , . . , . , ,	— 3$\frac{1}{2}$	2	4	10 $\frac{1}{2}$	0,782
Hauteur entière. . . .	66	45	4	6	14,740

Ces pièces ont été si bien réunies, que leurs joints ne paraissent presque pas, et qu'elles forment un tout très-solide.

Les angles de la pièce du bas étaient tellement dégradés vers la base, qu'on a été obligé d'y incruster des morceaux de granite de même espèce avec des crampons scellés en plomb. Cet obélisque qui n'avait pas de pointe, est terminé par un ornement de bronze, figurant trois monts surmontés d'une croix.

La hauteur entière de ce monument, sans y comprendre son couronnement de bronze, est, en palmes, de 102 $\frac{1}{2}$, en pieds de Paris, — 70 pieds 2 pouces 10 lignes, en mètres, ... — 14,977.

Obélisque de Monte Cavalo.

L'autre obélisque du mausolée d'Auguste qui était de même dimension que le précédent, est resté enseveli sous les ruines jusqu'en 1782, qu'il en a été retiré pour être érigé sur la place de Monte Cavalo, entre les deux groupes qui lui ont donné ce nom. L'architecte Antinori chargé de cette opération, retourna les piédestaux qui portent ces groupes, tout d'une pièce sans les démonter. Ces piédestaux ont plus de 12 pieds ou 4 mètres de grosseur, et les figures sont colossales.

Obélisque des jardins de Saluste.

Il paraît que cet obélisque est le plus ancien de Rome après ceux dont il vient d'être question. Quelques auteurs pensent que c'est un ouvrage de Sethos, et que ce fut l'empereur Claude qui le fit venir d'Egypte après la mort de Caligula, et qui le fit ériger dans les jardins de Saluste. Mercati, qui a fait un ouvrage sur les obélisques de Rome du temps de Sixte-Quint, donne une description détaillée de cet obélisque, qui diffère de celles qui ont été données depuis. Il dit que de son temps, cet obélisque se trouvait dans une vigne, près la porte Salara, appartenant alors au cardinal Fulvio Orsino, son ami; il était couché à côté de sa base, rompu en deux pièces et couvert de terre jusqu'à moitié de sa grosseur; ses faces étaient chargées d'hiéroglyphes. Ayant fait découvrir cet obélisque et la base qui était à côté, il trouva que cette dernière était sans inscription; elle était composée d'un premier socle de marbre blanc, qui avait environ 8 palmes de haut (1) ; sur ce socle était le tronc de granite qui servait de base à l'obélisque, sa hauteur était de 6 palmes (2). La longueur de l'obélisque était de 59 palmes ½ (3) jusqu'à la naissance de la pointe, laquelle avait 6 palmes ½ (4), de sorte que sa longueur entière était de 66 palmes (5), comme ceux du mausolée d'Auguste. Il était élevé sur sa base au-dessus de quatre astragales de bronze de chacun un palme de haut. Ainsi la hauteur de ce monument depuis le sol jusqu'à l'extrémité de la pointe, devait être de 81 palmes (6). La base de cet obélisque était un rectangle, dont les deux grands côtés avaient 6 palmes ½ (7) et les deux petits 5 palmes ¼ (8). Sixte-Quint avait eu l'intention de le faire élever dans la place qui est au-devant des thermes de Dioclétien.

L'obélisque que les auteurs modernes, qui ont écrit depuis Mercati, donnent pour celui des jardins de Saluste, vient de la Villa Ludovisi. Lalande dit qu'il fut cédé par la princesse Hypolita-Ludovisi Buon Compagni, au Pape Clément XII qui le fit conduire sur la place de St.-Jean de Latran, où il voulait le faire élever lorsque la mort le surprit en 1740. Il était resté, depuis ce temps, couché sur cette place et brisé en trois morceaux, qui formaient ensemble une longueur de 28 pieds 3 pouces, mesure de Paris. C'est celui que le pape Pie VI vient de faire élever au haut du grand escalier qui communique de la place d'Espagne, à celle de la Trinité du Mont. Cet obélisque dont les faces sont chargées d'hiéroglyphes, est probablement un reste de celui dont parle Mercati.

---

(1) 1 mèt. 172 milli. ou 5 p. 6 po.

(2) 1 m. 340 mi. ou 4 p. 1 po. 6 lig.

(3) 13 m. 284 mi. ou 40 p. 10 ° 10 l. ½.

(4) 1 m. 451 mi. ou 4 p. 5 po. 7 l. ½.

(5) 14 m. 740. mill. ou 45 p. 4 po. 6 l.

(6) 18 m. 089 mil. ou 55 p. 8 po. 3 l.

(7) 1 m. 451 mil. ou 4 p. 5 po. 7 l. ½.

(8) 1 m. 172 mil. ou 3 p. 7 po. 3 l. ½.

*Deuxième Obélisque du grand cirque élevé par l'empe-
reur Constance, et depuis par Sixte-Quint, sur la place
de St. Jean de Latran.*

Nous avons déjà dit, en parlant du premier de ces deux
obélisques élevé près de la porte du peuple, qu'ils furent
découverts du temps de Sixte-Quint, ensevelis sous les
ruines du grand cirque à 24 palmes (1) de profondeur,
brisés chacun en trois morceaux, et leurs bases renversées
sans dessus dessous ; que les trois fragments réunis de l'o-
bélisque de Constance, formaient ensemble une longueur
de 148 palmes (2). La base de cet obélisque était absolument ruinée ; mais ses faces prolongées font connaître
qu'elle était formée par un quadrilatère, dont les deux
grands côtés opposés étaient de 13 palmes ½ (3) et les deux
autres de 12 palmes ½ (4). La grosseur par le haut, à l'endroit où commence la petite pyramide qui forme la pointe,
est de 9 palmes ½ (5) sur 7 palmes ¾ (6), la pointe a
14 palmes (7) de haut. De toutes ces dimensions, il résulte que la masse entière de cet obélisque devait être de
15880 palmes ½ cubiques (8), et comme la pesanteur d'un
palme cube de cette espèce de granite fut trouvée de

---

(1) 5 mètres 36 centimètres ou 16 pieds 6 pouces.
(2) 33 mètres 52 millimètres ½, ou 101 pieds 9 pouces.
(3) 2 mètres 977 millimètres ½, ou 9 pieds 2 pouces.
(4) 2 mètres 791 millimètres, ou 8 pieds 7 pouces 1 ligne ½.
(5) 2 mètres 065 millimètres, ou 6 pieds 4 pouces 3 lignes ½.
(6) 1 mètre 730 millimètres, ou 5 pieds 3 pouces 11 lignes ½.
(7) 3 mètres 126 millimètres, ou 9 pieds 7 pouces 6 lignes.
(8) 176 mètres $\frac{116}{1000}$ cubes, ou 5160 pieds ½ cubes.

86 livres romaines (1), il s'ensuit que le poids de cet obélisque devait être, lorsque l'empereur Constance le fit élever, d'un million 365 mille 709 livres romaines (2).

Cet obélisque qui était placé au milieu de l'épine du grand cirque, était élevé sur une base de granite rose de 13 palmes ⅓ de haut, sur 16 palmes en carré ; elle n'était pas formée d'un seul bloc, comme celle des autres obélisques, mais de six morceaux réunis. Au-dessous de cette base était un socle de marbre blanc dont la hauteur, compris celle de l'épine, était de 10 palmes ⅓. L'obélisque ne posait pas immédiatement sur cette base, il était soutenu au-dessus par quatre astragales ou osselets de bronze d'un palme et ¼ de haut, de sorte que la hauteur entière de ce monument, depuis le sol du cirque, jusqu'à l'extrémité de la pointe, était de 172 palmes ¾ qui font un peu plus de 130 pieds romains antiques. On trouve dans la notice de Rome, de Publius Victor, que la grandeur de cet obélisque était de 131 pieds ⅓ ou de 132 pieds (car les exemplaires ne sont pas d'accord) ; d'autres notices ne la portent qu'à 122 pieds. Mais les différences que nous avons déjà trouvées entre les grandeurs réelles des obélisques du Vatican et du mausolée d'Auguste, et celles indiquées par P. Victor et les autres notices de Rome, font voir qu'on ne peut pas toujours compter sur les mesures indiquées dans les anciens auteurs, dont les expressions sont souvent corrompues par les copistes qui, pour la plupart, n'avaient aucune connaissance des arts.

---

(1) Le mètre cube de cette espèce de granite pese 2722 kilogrammes 344 grammes, et le pied cube 190 livres 10 onces 29 grains.

(2) 481,520 kilogrammes, ou 983,678 livres, poids de marc.

Ce fut encore l'architecte Dominique Fontana qui fut chargé par Sixte-Quint de le transporter, et de l'ériger sur la place de St. Jean de Latran. Il eut beaucoup d'obstacles à surmonter pour retirer cet obélisque de l'endroit où il avait été découvert, à cause de la profondeur et de la nature du sol bas et humide, pénétré de toutes les eaux qui s'écoulent du mont Palatin et de plusieurs conduites d'eau interceptées. On fut obligé, pour dégager les fragments de cet obélisque, d'employer jusqu'à cinq cents hommes, dont trois cents occupés jours et nuits à vider l'eau avec différentes machines. Une des grandes difficultés venait moins des décombres dans lesquels il se trouvait enterré, que de la quantité de fumier dont le sol supérieur était couvert, et qui y avait été amené depuis plusieurs années, pour servir à la culture des jardins formés sur cet emplacement. Un aussi mauvais sol faisait que les cabestans s'enfonçaient et se dérangeaient à chaque effort que l'on faisait pour mouvoir des masses aussi considérables.

Le plus grand des fragments de l'obélisque dont il s'agit, avait, selon Mercati, 65 palmes ½ (1) de longueur, sa base qui était mutilée, devait avoir, comme nous l'avons déjà dit, 13 palmes ¼ (2) sur 12 palmes ⅛ (3). La grosseur se réduisait par le haut à 11 palmes ⅓ (4) sur 10 palmes (5); d'après ces dimensions, sa solidité aurait dû être de 9191 palmes cubes, mais elle peut-être réduite, à cause des dégra-

_____

(1) 14 mètres 628 millimètres, ou 45 pieds 4 lignes ⅔.
(2) 2 mètres 977 millimètres ½, ou 9 pieds 2 pouces.
(3) 2 mètres 791 millimètres, ou 8 pieds 7 pouces 1 ligne ¼.
(4) 2 mètres 530 millimètres, ou 7 pieds 9 pouces 6 lignes.
(5) 2 mètres 232 millimètres, ou 6 pieds 10 pouces 6 lignes.

dations de la base, à 8861 palmes cubes (1), lesquels à raison de 86 livres romaines (2) trouvées pour chaque palme,
donneraient pour le poids de ce fragment, 762,046 de ces
livres (3).

Les angles de la base étaient tellement ruinés qu'elle
ne présentait plus qu'une pointe obtuse. On fut obligé,
pour lui procurer une assiette convenable , d'en retrancher 4 palmes ; de sorte que cette première partie n'a actuellement, en place, que 61 palmes $\frac{1}{7}$ (4) , qui réduisent
son cube à 8631 palmes (5), et son poids à 73,666 livres
romaines.

La seconde pièce ou fragment a été restauré, sans être
raccourci ; sa hauteur est de 43 palmes $\frac{1}{2}$ (6). Par le bas sa
grosseur se raccorde avec la partie supérieure de la première, et par le haut elle se réduit à 10 palmes (7) pour
la grande face, et à 8 palmes $\frac{2}{3}$ (8) pour la petite. Son
cube est de 4376 palmes $\frac{7}{10}$ (9), et son poids, en livres
romaines, de 378,888 $\frac{2}{3}$ (10).

Le troisième fragment, comprenant la pointe , avait

---

(1) 98 mètres cubes $\frac{7}{10}$, ou 28,793 pieds cubes.

(2) 30 kilogrammes 321 grammes , ou 61 livres 15 onces 52 grains. La livre
romaine vaut 453 grammes ou 6638 grains , c'est-à-dire , 11 onces 4 gros et 14
grains , poids de marc.

(3) 268,681 kilogrammes $\frac{1}{2}$, 548,878 livres, poids de marc.

(4) 13 mètres 735 millimètres , ou 42 pieds 3 pouces 4 lignes $\frac{1}{2}$.

(5) 251,618 kilogrammes $\frac{1}{3}$, ou 514,021 livres poids de marc.

(6) 9 mètres 715 millimètres , ou 29 pieds 10 pouces 10 lignes $\frac{1}{4}$.

(7) 2 mètres 233 millimètres , ou 6 pieds 10 pouces 6 lignes.

(8) Un mètre 925 millimètres , ou 5 pieds 11 pouces 6 lignes.

(9) 48 mètres cubes $\frac{744}{1000}$ ou 1,422 pieds $\frac{1}{2}$.

(10) 133,588 kilogrammes ou 272,901 livres poids de marc.

39 palmes (1) de haut ; sa grosseur à l'endroit où commence la pointe, est de 9 palmes $\frac{1}{2}$ (2) sur 7 palmes $\frac{1}{2}$ (3). La pointe qui s'est conservée entière, a 14 palmes (4) de haut. Cette dernière partie contient en solidité 2811 palmes(5), et devait peser 198,746 livres romaines (6).

Cet obélisque, actuellement élevé sur la place de Saint-Jean de Latran, est le plus grand obélisque connu ; sa hauteur est de 144 palmes (7) de haut. Le cube des trois parties réunies dont il est formé, est de 15218 palmes (8), et le poids de 1,308,748 livres romaines (9). Les calculs, faits du temps de Mercati, ne portent ce cube qu'à 15129 palmes (10), et le poids qu'à 1,301,094 livres romaines (11).

Dominique Fontana trouve 15383 palmes (12), et 1,322,938 livres (13). Le père Kircher évalue le poids à 1,310,494 livres (14) ; mais il paraît que ces différents auteurs n'ont pas eu égard à l'irrégularité de la figure de cet obélisque. Il ne forme pas en élévation une pyramide tronquée régulière, dont les faces prolongées abouti-

---

(1) 8 mètres 709 millimètres, ou 26 pieds 9 pouces 9 lignes.
(2) 2 mètres 065 millimètres, ou 6 pieds 4 pouces 3 lignes $\frac{1}{4}$.
(3) 1 mètre 730 millimètres, ou 5 pieds 3 pouces 11 lignes $\frac{1}{4}$.
(4) 3 mètres 126 millimètres, ou 9 pieds 7 pouces 6 lignes.
(5) 25 mètres cubes $\frac{14}{100}$, ou 750 pieds $\frac{11}{100}$ cubes.
(6) 78073 kilomètres $\frac{1}{2}$, ou 148,250 livres.
(7) 32 mètres 159 millimètres, ou 99 pieds.
(8) 169 mètres cubes $\frac{1}{2}$, ou 4945 pieds cubes.
(9) 461,437 kilogrammes $\frac{1}{2}$, ou 942,650 livres $\frac{1}{4}$.
(10) 168 mètres cubes $\frac{1}{4}$, ou 4911 pieds cubes $\frac{3}{4}$.
(11) 458,732 kilogrammes $\frac{1}{4}$, ou 938,223 livres.
(12) 171 mètres cubes $\frac{1}{2}$, ou 4998 pieds $\frac{1}{4}$.
(13) 466,439 kilogrammes $\frac{1}{2}$, ou 952,871 livres $\frac{1}{2}$.
(14) 461,946 kilogrammes, ou 943,691 livres $\frac{1}{2}$.

raient à un même point ; car les deux grandes faces con-
tinuées ne se réuniraient qu'à 430 palmes (1), tandis que
les deux autres, qui ont plus d'inclinaison , se rencon-
treraient à 350 palmes (2) de cette même base; de manière
qu'au lieu de se terminer par une pointe , il finirait par
une arête qui aurait deux palmes $\frac{20}{43}$ (3) de longueur.

Le piédestal sur lequel cet obélisque est actuellement
élevé dans la place de Saint-Jean de Latran, est tout en
pierre travertine. On n'a pu faire aucun usage de l'ancienne base de granite sur laquelle il était placé dans le
grand cirque , parce que les six pièces dont elle était
composée, se trouvaient en trop mauvais état pour être
ré-employées. Ce piédestal a 38 palmes de hauteur depuis
le pavé jusques sous l'obélisque; sa largeur est de 16
palmes $\frac{1}{2}$: il est placé sur un double socle orné d'une
fontaine.

On se servit, pour élever l'obélisque sur ce piédestal,
des mêmes moyens que pour celui de la place de Saint-
Pierre du Vatican , élevé par le même architecte. On fit
aussi construire une forte tour de charpente; mais comme
ce dernier obélisque avait 30 palmes $\frac{1}{2}$ de hauteur de plus
que celui du Vatican , on fut obligé de donner à cette
tour une plus grande élévation ; et comme cet obélisque
était composé de trois grands fragments de granite qui
devaient être placés immédiatement les uns sur les autres,
il fallut aussi donner au vide intérieur de la tour une
largeur double de l'obélisque par le pied , afin qu'après

---

(1) 98 mètres 224 millimètres , ou 287 pieds 3 pouces 6 lignes.
(2) 78 mètres 164 millimètres , ou 240 pieds 7 pouces 6 lignes.
(3) 552 millimètres ou 1 pied 8 pouces 4 lignes $\frac{1}{4}$.

avoir dressé et mis en place le premier fragment qui formait la partie inférieure, il restât encore un espace suffisant pour dresser le second, et l'élever au-devant du premier jusqu'au-dessus de sa partie supérieure.

L'architecte fut quelque temps embarrassé sur la manière de lier les autres fragments pour les élever, à cause de leur forme pyramidale qui exigeait que les armatures ou liens passassent en dessous; mais ce moyen aurait empêché de les poser immédiatement les uns sur les autres; il ne pouvait pas non plus fier d'aussi grands fardeaux à des crampons ni à des louves plantés dans la masse. Après avoir bien réfléchi à tous ces inconvénients, il lui vint en idée de former dans les parties qui devaient se joindre, deux entailles en forme de croix, qui aboutissaient aux parements opposés. Ce moyen simple, mais qu'il fallait trouver, lui procura les avantages de pouvoir, sans inconvénients, faire passer les liens en-dessous; de les en retirer facilement, et de réunir avec solidité ces fragments. Pour cela, il fit faire ces entailles plus larges dans le fond qu'à la surface du joint; ensuite il fit tailler avec du granite de même espèce des morceaux à doubles queues d'aronde, pl. I, fig. A, qui remplissaient en même temps les deux entailles, et qui s'enfonçaient par les quatre parements. Ces morceaux taillés bien justes étaient reliés entre eux à l'intérieur avec des crampons scellés en plomb. Ce procédé réunissait les fragments avec tant de force, qu'il aurait été possible d'enlever l'obélisque ainsi restauré, comme s'il eût été d'une seule pièce.

Cet obélisque qui est le plus grand de tous ceux qui existent, paraît être celui que Pline attribue à Ramisès ou Rhamessès; le nombre considérable d'hommes qu'il em-

ploya pour le transporter; le moyen extraordinaire dont il
s'avisa, d'attacher son fils au sommet, afin d'engager les
architectes à prendre les plus grandes précautions, pour
que cet obélisque ne fût pas rompu en le dressant; l'admiration qu'il excitait dans tous ceux qui le voyaient,
qui le fit épargner par le furieux Cambises, quand il sac-
cagea Thèbes, prouvent qu'il était déjà à cette époque
un des plus grands obélisques, et qu'il devait avoir au
moins 90 coudées, au lieu de 90 pieds romains qui se
trouvent peut-être par erreur dans la plupart des exemplaires de Pline. Cependant, comme cet auteur ne donne
que quatre coudées de largeur à la base de cet obélisque,
sa proportion qui serait de quinze fois sa base pour sa hauteur, ne s'accorderait avec aucuns de ceux qui nous sont
parvenus, dont la base n'est que la dixième ou onzième
partie de la hauteur : ainsi il faudrait encore corriger le
texte de Pline, en mettant huit coudées au lieu de quatre.

Peut-être serait-il encore plus probable de dire qu'il
se trouve en cet endroit une lacune qui fait confondre
l'obélisque de Thèbes avec celui de Ramisès; car il ne
paraît pas naturel de croire que Pline finisse le huitième
chapitre du trente-sixième livre par les mesures de l'obélisque de Ramisès, et qu'il commence le neuvième par le
nombre d'hommes qu'on avait employés pour le transporter et le dresser. On peut très-bien supposer que c'est de
l'obélisque de Thèbes dont il s'agit, et que la lacune indi-
quait le nom du roi auteur de cette entreprise.

Obélisque de la place Navone.

Cet obélisque fut tiré du cirque de Caracalla, en 1649,
sous le pontificat d'Innocent X, où il était à moitié

enseveli dans les débris, et rompu en plusieurs morceaux.
Le cavalier Bernin fut chargé de le restaurer, et de l'é-
lever au milieu de la place Navone, en face de l'église
de Ste. Agnès; sa hauteur en place est de 75 palmes (1),
sa grosseur par le bas de 6 palmes (2), et par le haut de
4 palmes (3).

Quelques auteurs prétendent qu'il est l'ouvrage d'un
roi d'Egypte, nommé Ramessès, qui vivait 1500 ans avant
l'ère vulgaire, et qu'il fut transporté, par ordre de Caracalla, vers l'an 249 depuis cette même ère. Le père
Kircher a fait sur cet obélisque un très-grand ouvrage,
où il essaie d'expliquer les hiéroglyphes dont il est couvert.

Obélisque Barberini.

Cet obélisque, couché dans une des cours du palais Bar-
berini, est brisé en trois morceaux. Sa longueur est de 41
palmes (4), sa grosseur par le bas de 4 palmes (5), et par
le haut de 3 palmes (6); il est chargé d'hiéroglyphes. Il a
été tiré des ruines d'un cirque, construit par l'empereur
Héliogabale, et terminé par Aurélien, qui l'y fit placer.
On dit que cet obélisque est un de ceux que Ramessès ou
son père Sothis avaient fait faire. Il n'a jusqu'à présent été
ni restauré ni élevé nulle part.

Obélisque de St. Mahuto, actuellement érigé sur la place du Panthéon ou de la rotonde, à Rome.

Cet obélisque n'est qu'un fragment d'un plus considérable, qui fut trouvé auprès des ruines du temple de Minerve

---

(1) 16 mèt. 749 mil. ou 51 p. 6 po. 9 l.   (4) 9 mèt. 156 mil. ou 28 p. 2 po. 3 l.
(2) 1 m. 340 mil. ou 4 p. 1 po. 6 lig.   (5) 0 m. 893 mil. ou 2 p. 9 po.
(3) 0 m. 893 mil. ou 2 p. 9 po.   (6) 0 m. 690 mil. ou 2 p. 0 po. 6 lig.

ou d'Isis. Mercati dit qu'en réunissant deux autres fragments de cet obélisque, qui se voyaient, de son temps,
employés comme pierre dans des fabriques voisines, sa longueur devait être de plus de 45 palmes (1). La partie élevée
sur la place de la rotonde, est de 27 palmes ½ (2); sa grosseur par le bas est de 3 palmes ½ (3). Il est chargé d'hiéroglyphes.

Obélisque Mathei.

Cet obélisque est situé dans les jardins d'une maison de
plaisance de Rome, appelée Villa Mathei, il est composé
de deux fragments. La partie du haut est chargée d'hiéroglyphes, et celle du bas est tout unie; sa hauteur est de
36 palmes (4), et sa grosseur par le bas de 4 palmes (5).
C'est un présent que le peuple romain fit à un duc Mathei,
qui le fit élever en 1582. Ces deux fragments étaient cou-
chés dans un jardin derrière l'église de l'*Ara cœli*.

Obélisque Medicis.

L'obélisque, placé dans les jardins de la Villa Medici,
a 22 palmes (6) de hauteur; la grosseur de sa base est de
3 palmes ¼ (7): il est placé au-dessus de son piédestal sur
quatre tortues de bronze doré. Cet obélisque provient du
cirque de Flore, où l'empereur Claude l'avait fait élever.
Ses faces sont chargées d'hiéroglyphes.

Obélisque de la place della Minerva.

L'obélisque dont cette place est décorée, fut trouvé dans

(1) 10 mèt. 050 mil. ou 30 p. 11 po. 3 l.
(2) 6 m. 141 mil. ou 18 p. 10° 10 l. ½.
(3) 0 m. 781 mil. ou 2 p. 4 po. 10 l. ½.
(4) 8 m. 040 mil. ou 24 p. 9 po. 6.
(5) 0 m. 893 mil. ou 2 p. 9 po. 0.
(6) 4 m. 913 mil. ou 15 p. 1 po. 6 lig.
(7) 0 m. 725 mil. ou 2 p. 2 po. 9 l. ½.

le jardin du couvent des Dominicains ; il est couvert d'hiéroglyphes. Sa hauteur est de 24 palmes (1), sa grosseur au
droit de la base a 3 palmes ½ (2), et par le haut de 2 palmes ¼ (3). Ce fut le cavalier Bernin qui fut chargé de l'é-
lever au milieu de cette place. Il a imaginé de le faire supporter par un éléphant placé sur un piédestal. Le père
Kircher a essayé d'en expliquer les hiéroglyphes. On croit
qu'il était placé au-devant d'un temple de Sérapis.

Les obélisques de Rome que nous venons de décrire,
sont tous en granite rouge d'Egypte ; ils sont au nombre
de treize, dont huit depuis 111 pieds romains jusqu'à 50,
et cinq depuis 34 jusqu'à 18. Pline qui ne fait mention que
des grands, n'en compte que trois ; Ammien-Marcellin qui
vivait en 370, compte six grands obélisques, et P. Victor,
que l'on place à-peu-près dans le même temps en comptait
six grands et 42 petits. Mais l'inexactitude qui se trouve
dans les mesures qu'il donne des grands obélisques , soit
qu'elle vienne de lui ou des copistes, est telle qu'on ne
peut pas plus se fier à cet auteur pour les grandeurs que
pour le nombre.

Il est certain qu'il en reste encore à découvrir, que plusieurs ont été détruits pour faire d'autres ouvrages, et qu'il
s'en trouve encore à Rome des fragments que l'on débite
pour des pavés, des revêtements et des restaurations.

Obélisque de Constantinople.

La place où se trouve cet obélisque , était autrefois un
cirque appelé par les Grecs *hippodrome*. Plusieurs auteurs

---

(1) 5 mètres 360 millimètres, ou 16 pieds 6 pouces 9.
(2) 0 mètre 707 millimètres, ou 2 pieds 2 pouces 1 ligne ½.
(3) 0 mètre 613 millimètres, ou 1 pied 10 pouces 8 lignes ½.

croient que ce fut Constantin qui le fit venir d'Egypte
pour le placer au milieu de cet *hippodrome*, et qu'ayant
été renversé par un tremblement de terre, ou quelque
autre accident, il fut relevé par l'empereur Théodose. Mais
comme dans les anciennes descriptions de Constantinople,
faites avant Théodose, il n'est pas fait mention d'obélisques
dans l'hippodrome, et que cependant on y parle d'un obélisque placé dans la cinquième région de cette ville, on
peut présumer que Constantin avait eu le projet d'y placer
le grand obélisque qu'il avait fait conduire de Thèbes à
Alexandrie, et qu'il était sur le point de faire transporter
à Constantinople lorsqu'il mourut. Nous avons déjà dit
que son fils Constance fit conduire cet obélisque à Rome,
et qu'il le fit élever dans le grand cirque. Ainsi on peut
croire que l'hippodrome de Constantinople resta sans obélisque jusqu'à ce que l'empereur Théodose y fit placer
celui qui existe, qu'il tira de la cinquième région, selon
l'opinion de Panvinius. Il est même probable qu'il y avait
plusieurs autres obélisques à Constantinople: car Petrus
Gyllius qui y avait été deux fois, dit qu'à son premier
voyage il vit deux obélisques de granite d'Egypte, un dans
l'hippodrome, et l'autre couché auprès de la cour royale;
ce dernier avait 35 pieds de long (1), et 6 pieds de grosseur par le bas. Il fut acheté par un Vénitien, appelé Antoine Prioli, et transporté à Venise pour être élevé au
milieu de la place Saint-Etienne.

Quant à l'obélisque de l'hippodrome, il est élevé sur
quatre astragales de bronze de chacun un pied et demi,
placés sur une base cubique ornée de bas-reliefs. Gyllius
prétend qu'au-dessous de cette base, est un grand socle

---

(1) On ne connaît pas l'espèce de pied dont Gyllius s'est servi.

élevé sur deux gradins; le premier a un pied de haut sur
autant de large: la hauteur du second est de 2 pieds (1), et
le dessus a 4 pieds ½ de largeur. Les joints de ce gradin supérieur indiquent qu'il n'est qu'appliqué contre le grand
socle ; ce socle a 12 pieds en carré sur 4 pieds ½ de haut.
Il forme en-dessus une retraite d'un pied et demi, de sorte
que la base cubique qui pose sur ce socle, a 9 pieds en carré
sur 7 pieds ½ de haut ; il forme en-dessus une retraite d'un
pied et demi jusqu'à la base de l'obélisque, qui forme un
carré dont les côtés sont de 6 pieds. La hauteur de l'obélisque est évaluée à 58 pieds.

Les deux inscriptions gravées sur la base, dont une grecque et l'autre latine, disent que cet obélisque fut élevé en
32 jours par les soins d'un nommé Proclus. On a voulu re-
présenter dans un (2) des bas-reliefs les moyens mis en usage
pour cette opération; mais ce bas-relief assez mal entendu,
ne présente que des espèces de treuils verticaux, traversés
par des leviers avec des cordages qui correspondent à l'o-
bélisque. Quatre hommes appliqués à ces leviers, font tour-
ner chaque treuil, pour mouvoir le fardeau par le moyen du
cable qui s'enroule dessus. Un autre homme assis par terre
tire le cable pour le faire filer, comme on le pratique encore dans l'usage du cabestan. On remarque derrière l'obélisque, que l'on traîne une grande roue à laquelle le pied
de l'obélisque paraît attaché. Il est difficile de deviner quel
pouvait être l'usage de cette roue qui est incomplette; peut-
être était-ce un moyen pour dresser l'obélisque, et le placer
sur sa base, dont la hauteur est à-peu-près égale à la distance
entre le dessous de l'obélisque et la circonférence de la roue.

(1) Il est probable que le pied dont Gyllius fait usage, est le pied romain, parce
qu'il le divise en 16 doigts.

(2) Planch. I, fig. B.

Obélisque d'Arles.

Cet obélisque en granite d'Egypte est, je crois, le seul qui existe en France; il est sans hiéroglyphes. Sa hauteur est de 47 pieds (ou 15 mètres 267 millimètres). La grosseur de la base est de 7 pieds (ou 2 mètres 273 millimètres). Il fut trouvé en fouillant dans les jardins des Augustins de St. Remy près du Rhône, où l'on prétend qu'était un ancien cirque dans lequel l'empereur Constance fit célébrer les jeux en 354; peut-être est-ce lui qui l'avait fait élever. Cet obélisque avait été découvert avant l'an 1389. Charles IX avait eu le projet de le faire relever; mais les circonstances ne le lui permirent pas. En 1676 il fut transporté sur la place de l'archevêché où il fut élevé; on plaça sur la pointe un globe d'azur, aux armes de France, surmonté d'un soleil, qui était la devise de Louis XIV, en l'honneur duquel il fut érigé. Sur chacune des quatre faces du piédestal, on grava de pompeuses inscriptions latines, composées par Pellisson.

Cet obélisque pesant environ deux mille quintaux, fut élevé au moyen de huit mâts de navire et de huit cabestans équipés avec des cordages, des moufles et des poulies de renvoi. Il fut suspendu en l'air, et posé sur son piédestal en un quart-d'heure de temps (*).

* Dictionnaire géographique de la France, par Expilly.

Obélisques qui se trouvent actuellement en Egypte.

Il existe auprès des murailles de la vieille Alexandrie deux obélisques de granite rouge, chargés d'hiéroglyphes. Celui qui est debout, appelé Aiguille de Cléopâtre, a de hauteur, suivant les dernières mesures prises par les artistes français envoyés en Egypte, depuis le dessous de la base jusqu'à l'extrémité de la pointe, 62 pieds 10 pouces (ou 20 mètres 410 millimètres ¾); sa grosseur par le bas est de 7 pieds (ou 2 mètres 273 millimètres ½); par le haut il a 4 pieds 10 pouces (ou un mètre 57 centimètres). La pointe a 6 pieds (ou 2 mètres 948 millimètres); les angles de la base sont brisés et remplacés par des pierres grossièrement posées. Le dé ou cube qui lui sert de base, a 8 pieds 4 pouces en carré (ou 2 mètres 707 millimètres). Il est élevé sur trois gradins en pierres. Celui du bas a 24 pouces de haut (ou 650 millimètres). La largeur du dessus est de 16 pouces (ou 433 millimètres). La hauteur du second gradin est de 20 pouces (ou 541 millimètres); le dessus a 13 pouces (ou 352 millimètres). Le troisième gradin a 18 pouces de haut (ou 487 millimètres); sa saillie en avant du dé qui sert de base à l'obélisque, est de 17 pouces (ou 460 millimètres). La hauteur entière de ce monument, depuis le sol sur lequel pose le premier gradin jusqu'à l'extrémité de la pointe, est de 24 mètres 2 décimètres, ou 74 pieds 6 pouces.

Parmi les débris de l'autre obélisque brisé et renversé, on remarque la partie inférieure d'environ 17 pieds de longueur (ou 5 mètres ½) sur 6 pieds 7 pouces de grosseur à la base (ou 2 mètres 138 millimètres) : ainsi cet obélisque devait être un peu moins grand que celui qui est debout.

Obélisque d'Héliopolis.

L'obélisque de Matareen ou de l'ancienne Héliopolis est, selon Norden, de même hauteur que celui de Cléopâtre à Alexandrie. Pockocke, qui le mesura, trouva sa hauteur apparente d'environ 67 pieds anglais ou 62 pieds 10 pouces 7 lignes de Paris; mais comme il est enterré, on peut présumer qu'il est plus grand. Sa grosseur par le bas est

de 6 pieds 7 pouces 7 lignes (ou 2 mètres 154 millimètres),
sur 7 pieds (ou 2 mètres 274 millimètres); de sorte que sa
base n'est pas carrée. Il est chargé d'hiéroglyphes.

Obélisques de l'ancienne Thèbes ou Diospolis de la haute Egypte.

Pockocke parle de quatre grands obélisques dont deux
au-devant de la grande entrée du temple de Carnac ont
leur partie apparente de 58 pieds 6 pouces de haut (ou
19 mètres) sur 6 pieds 7 pouces 7 lignes (ou 2 mètres 154
millimètres de grosseur par le bas) ; ils n'ont qu'une seule
colonne d'hiéroglyphes sur la hauteur. Plus loin, vers
l'orient, sont deux autres obélisques plus grands ; leur
grosseur par le bas est de 7 pieds 7 lignes ½ (ou 2 mètres 29
centimètres), leur hauteur de 68 pieds 7 pouces (ou 22
mètres 278 millimètres). On ne sait pas de combien ils
sont enterrés, ni si ils ont été découverts par les artistes
de l'expédition d'Egypte, qui ont mesuré les ruines de
Thèbes. Deux autres obélisques à Luxerein d'environ 75
pieds de haut sur 7 pieds 9 pouces de base.

La planche première représente la suite des différents
obélisques dont nous venons de parler, rangés selon l'ordre
de leur grandeur, et dessinés sur une même échelle. On
a profité de l'espace que laisse l'inégalité des obélisques
pour y placer, selon un ordre inverse, les bases et piédestaux antiques de quelques-uns de ces obélisques que
nous avons distingués, par les numéros correspondants,
des obélisques auxquels ils appartiennent.

ARTICLE VII.

DES COUDÉES ET AUTRES MESURES ANTIQUES QUI ONT
RAPPORT AUX OBÉLISQUES ET AUTRES OUVRAGES
D'ART DONT IL EST QUESTION DANS LES ANCIENS
AUTEURS.

NOUS avons exprimé, dans l'article précédent, les dimensions, en mesures modernes, de tous les obélisques dont nous avons eu connaissance. Quant à ceux cités par Hérodote, Diodore de Sicile et Pline, dont les grandeurs sont exprimées en coudées, comme aucuns ne nous sont parvenus entiers, il est difficile de déterminer au juste leurs dimensions en mesures connues; car les savants et les commentateurs ne sont d'accord ni sur la grandeur, ni sur l'espèce de coudée dont il s'agit. Plusieurs d'entre eux se sont livrés à un travail pénible pour rechercher tout ce que les anciens auteurs ont dit à ce sujet; mais le résultat n'offre rien de certain.

Les métrologues modernes ont profité du travail de ces savants, pour imaginer des systêmes fondés plutôt sur des conjectures que sur des faits; car il ne faut pas croire que les mesures dont les anciens se servaient pour évaluer les grandeurs, aient eu, dans chaque pays, l'uniformité et la régularité que nous leur supposons, lorsque nous cherchons à les évaluer: ceux qui en faisaient usage, se les transmettaient avec plus ou moins de précision; elles ne commencèrent à être fixées d'une manière uniforme, que lorsqu'on en fit usage pour la géométrie, dont on

attribue l'invention aux Egyptiens, parce que le phéno-
mène de la crue du Nil, qui inonde chaque année leur
terre, semble les avoir mis dans le cas d'en faire usage plutôt que les autres peuples. Ces inondations qui confon-
daient souvent les limites des terreins appartenants à chacun, ont pu faire naître l'idée d'en exprimer la figure, les
dimensions et la superficie. De plus, le besoin de connaître
les divers degrés de l'accroissement du Nil leur fit adopter
une mesure fixe, désignée sous le nom de coudée. Ils éle-
vèrent en différents endroits des colonnes de pierre ou de
granite sur lesquelles ils gravèrent ces coudées avec leurs
subdivisions.

Plusieurs savants ont pensé que l'ancienne coudée d'E-
gypte, qui servait depuis un temps immémorial à mesurer
la crue du Nil, avait été conservée sur le nilomètre ou
mekias du Kaire. Le docteur Greaves ayant mesuré, en
1638, avec beaucoup d'exactitude une des coudées de ce
nilomètre, trouva que sa grandeur était égale à 1824 millièmes du pied anglais. La longueur du pied anglais dont
il se servit était, ainsi qu'il le déclare, à celle du pied de
Paris, comme 1000 est à 1068; d'où il résulte que la grandeur de cette coudée devrait être de 20 pouces 5 lignes $\frac{33}{37}$
du pied de Paris (ou 552 millimètres $\frac{2}{5}$). Mais comme les
métrologues ne sont pas d'accord sur le véritable rapport
du pied anglais à celui de Paris, Freret évalue la mesure
de Greaves à 20 pouces 6 lignes (ou 555 millimètres), et
Paucton à 20 pouces 6 lignes $\frac{66}{145}$ ou 556 millimètres : une
autre mesure d'une des coudées du nilomètre que le citoyen
Bonne, ingénieur hydrographe de la marine, s'était procurée,
vérifiée avec le comparateur du citoyen Lenoir, ingénieur
à la marine pour les instruments de mathématiques, s'est

trouvée de 20 pouces 6 lignes ⅜ de la toise de l'académie qui a servi à la fixation du mètre, ou 555 millièmes ¾.

Les savants qui ont adopté cette mesure de la coudée, paraissent avoir été séduits par l'accord qui se trouve entre cette évaluation et la mesure du degré du méridien terrestre, évalué à deux cent mille coudées ou 500 stades par Marin de Tyr et Claude Ptolomée, et à 57008 toises $\frac{222}{1000}$ par les dernières opérations des plus habiles astronomes de nos jours. Car 200,000 coudées de chacune 20 pouces 6 lignes ⅜ donnent 570,031 toises $\frac{15}{16}$ pour la valeur de ce même degré, qui ne diffère de celle des astronomes modernes que de 23 toises.

De plus, si l'on compare la coudée au mètre on voit qu'en supposant le degré de 200,000 coudées, le quart du méridien terrestre en contiendrait 18 millions, et comme le mètre est la dix millionième partie du quart du méridien, il s'ensuit que 18 coudées vaudraient exactement dix mètres, et la coudée 555 millimètres ⅚; valeur qui ne diffère pas de la précédente d'un quart de millimètre ou d'un dixième de ligne.

On ne peut cependant s'empêcher d'observer qu'une mesure aussi exacte supposerait que les astronomes et les géographes de l'ancienne école d'Alexandrie étaient déjà parvenus à un point de précision, auquel les plus habiles mathématiciens de nos jours ne viennent que d'atteindre, aidés de toutes les connaissances acquises depuis 17 ou 18 siècles, en opérant avec des précautions et des instruments dont les anciens n'avaient pas d'idée, ce qu'il n'est pas probable de présumer.

D'ailleurs, tout le spécieux de cette hypothèse est tombé depuis qu'on connaît l'origine du mekias et l'irrégularité de ses divisions.

Le mekias ou nilomètre qui existe actuellement au Kaire, est un ouvrage des Arabes ; l'ancien nilomètre fut détruit lorsque le fameux Amrou fit la conquête de l'Egypte l'an 641 de l'ère vulgaire. Ce fait est tiré d'un auteur arabe appelé Kalkachenda, qui vivait en 1324 ; il est cité par le docteur Shaw, Pockocke, et depuis par le citoyen Volney qui traduit ainsi ce passage.

« Dans les premiers temps que les Arabes occupèrent
« l'Egypte, ils s'apperçurent que lorsque le Nil n'atteignait pas
« le terme de l'abondance, chacun s'empressait de faire sa
« provision pour l'année, ce qui troublait incontinent l'ordre
« public. On en porta plainte au calife Omar, qui donna l'or-
« dre à Amrou d'examiner la chose ; et voici ce qu'Amrou lui
« manda. Ayant fait les recherches que vous avez prescrites,
« nous avons trouvé que quand le Nil monte à 14 coudées, il
« procure une récolte suffisante pour l'année ; que s'il atteint
« 16 coudées, elle est abondante ; mais qu'à douze et à 18
« coudées elle est mauvaise. Or, ce fait étant connu du
« peuple par les proclamations d'usage, il s'ensuit des me-
« sures qui portent le trouble dans le commerce ».

Omar, pour remédier à cet inconvénient, ordonna de détruire la colonne qui servait de nilomètre, laquelle était partagée en coudées égales divisées chacune en 24 doigts, et d'en établir une autre à l'extrémité de l'île de Rhaouda, divisée de manière qu'elle marquât plus de 12 coudées dans les basses crues, et moins de 18 dans les hautes, afin d'empêcher les approvisionnements extraordinaires dont se plaignait Amrou.

L'inégalité des coudées du mekias ou nilomètre de l'île Rhaouda a été reconnue par plusieurs voyageurs. Pockocke qui donne le détail de la crue du Nil pendant les années

1714, 1715 et 1738, époque à laquelle il était au Kaire,
donne 436 doigts pour 16 coudées, savoir, onze de chacune
28 doigts, quatre de 26 doigts et une de 24. Le citoyen
Volney en ayant mesuré plusieurs avec un pied de roi de
cuivre, trouva que leur grandeur variait depuis une jusqu'à trois lignes.

Depuis la conquête de l'Egypte par les Français, le citoyen Lepère membre de l'Institut d'Egypte et ingénieur
en chef des ponts et chaussées, a mesuré exactement la
colonne qui sert de mekias ou de nilomètre, dont le fût
est un prisme en marbre blanc de forme octogonale. Ce
fût est divisé en seize coudées qui diffèrent entre elles de
grandeur. La hauteur de ces seize coudées prises ensemble
s'est trouvée de 26 pieds 8 pouces (1) ou 8 mètres $\frac{443}{1000}$ du
mètre provisoire, qui font 8 mètres 662 millimètres du
mètre définitif, et pour la valeur moyenne de la coudée 20
pouces du pied de Paris (ou 541 millimètres $\frac{1}{3}$). Chaque
coudée est subdivisée en 24 doigts: ainsi le doigt moyen se
trouve de 10 lignes justes (ou 338 millimètres $\frac{1}{3}$). Il paraît
que ce mekias ayant été renouvellé depuis Amrou, on a
rétabli l'ancienne division, ou que l'anecdote de Kalkachenda
n'est pas exacte. Le citoyen Lepère se propose de publier
un mémoire sur le mekias dans lequel il donnera tout ce
qui peut concerner ce monument, où il révélera les erreurs
des divers voyageurs qui en ont parlé. On s'abstiendra de
toutes réflexions à cet égard avant de connaître l'ouvrage
du citoyen Lepère. Il suffit pour notre objet de savoir que
la coudée sur laquelle plusieurs métrologues ont fondé leur
système, n'est pas aussi authentique qu'ils le croyaient, et

(1) Annuaire imprimé au Kaire pour l'an 8, qui m'a été communiqué par le
citoyen Costez un des membres de l'Institut d'Egypte.

qu'elle ne peut être considérée que comme l'exacte mesure d'une des coudées du mekias, qui sont inégales. Rien ne prouve que ce soit cette grandeur qui doive être préférée à celles qui sont plus grandes ou plus petites. Il est cependant naturel de croire que s'il y avait un choix à faire, ce serait la grandeur moyenne qui devrait être préférée; mais ce ne pourrait être qu'une probabilité et non une certitude, parce qu'il n'est pas prouvé que la longueur de ces seize coudées, prises ensemble, soit de seize coudées antiques, ou si c'est une évaluation moyenne des bonnes crues.

Plusieurs auteurs ont pensé qu'il y avait en Egypte trois espèces de coudées; la grande appelée coudée sacrée, était la même que celle des Hébreux, elle se divisait en 32 doigts ou 2 pieds égyptiens: la coudée moyenne était de 24 doigts. On croit que c'était celle qui servait à mesurer la crue du Nil; les Grecs la nommaient lithique et xylopristique, parce qu'elle servait pour la mesure des pierres et des bois. Je présume que c'est de cette dernière coudée dont il est question par rapport aux obélisques et aux autres monuments. Nous allons faire voir que cette conjecture n'est pas dénuée de fondement, et qu'elle s'accorde avec les restes de l'antiquité dont les grandeurs nous sont connues.

Aucun auteur n'a donné de détails plus circonstanciés sur les mesures d'Egypte que Héron, géomètre d'Alexandrie, qui vivait quelque temps avant la conquête d'Egypte par Amrou. Le père Montfaucon a donné dans le premier volume des *Analecta graeca* un extrait de l'ouvrage de ce géomètre, qui se trouve manuscrit à la bibliothèque nationale; c'est une introduction à la géométrie pratique ou l'arpentage; nous ne citerons de cet auteur que ce qui convient à notre objet. Voici comment il définit les mesures :

« Les mesures qui tirent leur origine du corps humain
» sont, le doigt, le condyle, le palme ou paleste, le dichas,
» le spithame, le pied, la coudée et l'orgye.

» La plus petite de ces mesures est le doigt (ou travers
» du doigt); on l'appelle aussi monade ou unité : il se sub-
» divise en demi, en tiers, en quarts et autres fractions de
» l'unité.

» Le condyle vaut deux doigts.

» Le palme ou paleste en vaut quatre.

» Le dichas contient deux palmes, quatre condyles ou
» huit doigts.

» Le spithame a trois palmes, six condyles et douze
» doigts.

» Le pied est d'un spithame un tiers, de quatre palmes,
» huit condyles ou seize doigts ».

OBSERVATION.

On distinguait en Egypte le pied égyptien et le pied philétérien; le premier était la moitié de la coudée, et l'autre
en était les deux tiers. L'un et l'autre de ces pieds se divi-
saient en 4 palmes et 16 doigts : ainsi la coudée contenait 32
doigts du pied égyptien et 24 doigts du pied philétérien.

Héron remarque que la grandeur du pied italique était
de 13 doigts ⅓ du pied royal ou philétérien.

La coudée de 24 doigts se nommait lithique ou xilopris-
tique, parce qu'elle servait à mesurer les bois et les pierres;
on en faisait aussi usage pour les distances itinéraires.

L'orgye ou brasse était une mesure commune aux Egyptiens et aux Grecs. Sa grandeur originale était celle de la

taille d'un homme; elle se divisait en quatre coudées de chacune un pied et demi, ou en 6 pieds. La grandeur de l'orgye variait en raison de l'espèce de pied ou de coudée dont elle était formée.

L'orgye dont on faisait usage en Egypte était de quatre coudées, de 8 pieds égyptiens, de 6 pieds philétériens et de 7 pieds ⅓ italiques : ainsi 5 orgyes valaient 20 coudées, 40 pieds égyptiens, 30 pieds philétériens et 36 pieds italiques; de sorte qu'une de ces cinq mesures étant connue, en mesures modernes, il est facile d'avoir celle des quatre autres ainsi que de leurs composés et subdivisions.

Du pied italique.

Le père Montfaucon, Paucton et plusieurs autres métrologues modernes qui ont eu connaissance de l'ouvrage de Héron, conviennent que le pied italique est le même que le pied romain. Freret est le seul qui soit d'une opinion contraire ; il pense que le pied italique est celui appelé ptolomaïque dont on faisait usage dans les provinces romaines d'Afrique appelées Cyrénaïques, situées sur les côtes de la Méditerranée entre la Lybie et l'Egypte. Ce pied était, selon lui, égal au pied grec olympique ; mais il est facile de s'appercevoir que son opinion n'est fondée que sur la grandeur de 20 pouces 6 lignes qu'il suppose à la coudée du nilomètre, et qu'il prend pour l'ancienne coudée d'Egypte : car d'après cette évaluation, le pied philétérien qui était les deux tiers de la coudée, devait être de 13 pouces 8 lignes, et comme le pied italique était les cinq sixièmes du pied philétérien, il devait trouver pour sa valeur 11 pouces 4 lignes ⅓, qui est à très-peu de chose près celle du pied grec olympique.

On peut croire que si Freret eût connu l'irrégularité des divisions du mekias, il aurait abandonné cette opinion. En effet il paraît évident que, par l'expression du pied italique, les Egyptiens ont voulu plutôt désigner le pied romain, dont on ne faisait usage qu'en Italie, qu'une mesure grecque à laquelle cette dénomination ne convenait en aucune manière.

Du pied romain.

Quoiqu'il nous soit parvenu un assez grand nombre de pieds romains antiques, trouvés dans les ruines des anciens édifices, et quelques-uns gravés sur des tombeaux antiques, comme ces pieds diffèrent de grandeur, les savants et les métrologues ne sont pas d'accord sur sa valeur en mesures modernes. Paucton qui est celui qui lui donne le plus de longueur, l'évalue à . . . . . 11 pouces 4 lignes $\frac{956}{1000}$

Villalpande et Riccioli à . . 11 pouces 1 ligne $\frac{8}{10}$

Dominique Cassini à. . . . 11 pouces 0 ligne $\frac{14}{17}$

Petit à . . . . 11 pouces 0 ligne 0

Freret et Anzoult à . . . 10 pouces 11 lignes $\frac{7}{10}$

La Condamine et Lalande à . 10 pouces 11 lignes 0

Lucas Pœtus, Fabretti, Picard, le père Jacquier, Barthelemi Danville et David le Roi à . . . . 10 pouces 10 lignes $\frac{6}{10}$

Stuard à . . . . 10 pouces 10 lignes $\frac{17}{10}$

Le terme moyen de ces différentes évaluations donne un peu plus de 11 pouces pour la valeur du pied romain (ou 298 millimètres). Mais avant de proposer aucune évaluation, j'ai pensé qu'il était convenable de faire connaître les pieds antiques qui ont pu servir de base aux évaluations précédentes.

Pieds romains antiques.

Pied gravé sur le tombeau d'Œbutius à la ville Mathei . . . . 10 pouces 11 lignes $\frac{8}{10}$

Pied gravé sur le tombeau de Cossutius . . . . 10 pouces 11 lignes $\frac{5}{10}$

Pied de bronze trouvé dans les fouilles d'Herculanum . . 10 pouces 11 lignes $\frac{5}{10}$

Autre pied idem . . . . 10 pouces 11 lignes $\frac{5}{12}$

Pied gravé sur le tombeau de Statilius . . . . 10 pouces 10 lignes $\frac{7}{10}$

Différents pieds de bronze cités par Ciaconius, Greaves et Freret. . . . . 10 pouces 11 lignes $\frac{3}{10}$

Trois pieds de fer mesurés par Fabretti. . . . . . . 10 pouces 10 lignes $\frac{6}{10}$

Un pied de cuivre trouvé dans les fouilles d'une ancienne ville entre Joinville et Saint-Dizier. . . . . 10 pouces 10 lignes $\frac{6}{10}$

Un autre pied de cuivre mesuré par Greaves . . . . . 10 pouces 10 lignes $\frac{2}{10}$

Trois pieds de fer mesurés par Lucas Pœtus . . . . . . 10 pouces 9 lignes $\frac{7}{10}$

Il est essentiel de remarquer que dans cette énumération, les pieds les plus longs sont ceux qui remontent à une plus haute antiquité; tels sont les pieds gravés sur les tombeaux, et ceux trouvés dans les ruines d'Herculanum. Ces pieds qui sont tous au-dessus de 10 pouces 11 lignes, donnent pour résultat moyen 10 pouces 11 lignes $\frac{1}{2}$ (ou 296 millimètres ½). Quant à ceux qui sont au-dessous de 10 pouces 11 lignes, il est probable qu'ils sont des bas siècles de l'empire où toutes les mesures étaient dégénérées.

Le palme romain gravé au capitole, qui peut être regardé comme le *dodrans* ou les trois quarts du pied antique, est de 8 pouces 2 lignes $\frac{4}{10}$ qui donnent pour la valeur du pied romain antique 10 pouces 11 lignes $\frac{2}{10}$.

Le palme dont on fait usage est un peu plus grand ; sa longueur exactement mesurée par le père Boscovich, est de 8 pouces 3 lignes $\frac{7}{10}$; ce qui donne le pied de 11 pouces plus $\frac{2}{15}$ de ligne.

Le savant La Condamine avait imaginé, pour parvenir à connaître la véritable grandeur du pied romain, de mesurer exactement quelques parties des édifices et monuments antiques de Rome, susceptibles de contenir un nombre de pieds complets. De tous les objets mesurés par cet académicien, il n'en est guères de plus propres à remplir le but qu'il se proposait que les colonnes Trajane et Antonine. Il présume avec raison que leur hauteur devait être de cent pieds romains antiques, sans le piédestal ni la partie au-dessus du chapiteau. Ayant mesuré exactement la hauteur de chacune de ces colonnes, par le moyen d'une chaîne de fer qu'il avait fait ajuster exprès, il trouva pour la hauteur de la colonne Trajane, prise depuis l'arête inférieure du plinthe jusqu'à l'arête supérieure du tailloir du chapiteau, 91 pieds 6 pouces 10 lignes (ou 29 mètres 745 millimètres ½), dont la centième partie donnerait pour la valeur du pied romain 10 pouces 11 lignes $\frac{86}{100}$ (ou 297 millimètres ½).

La colonne Antonine mesurée de même s'est trouvée de 91 pieds 2 pouces 5 lignes (ou de 29 mètres 626 millimètres), dont la centième partie est 10 pouces 11 lignes $\frac{1}{3}$ (ou 296 millimètres $\frac{1}{4}$).

Mais si l'on considère que dans l'exécution des monuments de ce genre il est difficile d'atteindre le degré de précision que l'on se propose, on conviendra qu'en prenant pour la valeur du pied romain la grandeur moyenne qui résulte de la mesure de ces deux colonnes, on aura celle qui, dans cette hypothèse, approche le plus de la vérité. Cette grandeur serait 10 pouces 11 lignes $\frac{6}{10}$ (ou 296 millimètres $\frac{85}{100}$).

M. La Condamine supposant ensuite que le diamètre du Panthéon de Rome, pris entre les axes des colonnes opposées, était de 150 pieds romains antiques, mesura deux diamètres pour avoir un résultat moyen; il trouva 137 pieds 2 pouces du pied de Paris (ou 44 mètres 557 millimètres) qui donnent la valeur du pied romain de 10 pouces 11 lignes $\frac{2}{3}$ (ou 297 millimètres).

Cette grandeur du diamètre intérieur du Panthéon de Rome est de 4 pouces 4 lignes plus grande que celle qui résulte des cotes de Desgodets; mais j'observe qu'ayant eu occasion de vérifier plusieurs des mesures prises par cet architecte, j'ai trouvé des différences qui m'ont fait connaître que la toise dont il a fait usage était plus longue que celle de M. La Condamine; c'est à cette cause qu'il faut attribuer les petites différences qui se trouvent entre les cotes de cet auteur et les mesures que je donne dans l'état comparatif qui suit. J'ai ajouté aux principaux objets mesurés par M. La Condamine plusieurs autres que j'ai mesurés à Rome avec un pied de Paris fort juste, bien divisé et vérifié à la toise de l'académie.

TABLEAU comparatif des grandeurs de plusieurs parties d'édifices et monuments antiques de Rome, pour en déduire la valeur de l'ancien pied romain en mesures modernes.

OBJETS MESURÉS PAR M. LA CONDAMINE.	OBJETS MESURÉS EN: Pieds de Paris	OBJETS MESURÉS EN: Réduits en mètres et millimètres	Grandeur présumée en pieds romains antiques.	Longueur du pied romain déduite des mesures prises, exprimées en: Lignes et dixièmes de lignes du pied de Paris.	Longueur du pied romain déduite des mesures prises, exprimées en: En millimètres et fractions de millimètres.
	P. Po. l.	mèt.	Pieds ant.		
Largeur de la baie de la porte du Panthéon de Rome, prise entre les revêtements de marbres des jambages.	18 5 4	5, 991 $\frac{1}{2}$	20 0 0	132 $\frac{8}{10}$	0, 299 $\frac{1}{2}$
Diamètre intérieur du Panthéon pris entre les axes des deux colonnes opposées, et moyen entre les diamètres Nord-Est et Sud-Ouest et Nord-Ouest et Sud-Est dont la différence est de deux pouces.	137 2 0	44, 557	150 0 0	131 $\frac{7}{10}$	0, 297
Hauteur de la colonne dite Antonine, depuis le dessus du chapiteau jusqu'au bas du plinthe de la base. . .	91 2 5	29, 626	100 0 0	131 $\frac{3}{10}$	0, 296 $\frac{1}{4}$
Hauteur de la colonne Trajane prise de même, l'adoucissement au-dessus du piédestal non compris	91 6 10	29, 745 $\frac{1}{2}$	100 0 0	131 $\frac{8\frac{1}{2}}{10}$	0, 297 $\frac{1}{2}$
Longueur du fut d'une colonne d'une seule pièce en granite, couchée au pied du Mont Citorio, en 1756 . .	45 6 2	14, 784 $\frac{1}{2}$	50 0 0	131 $\frac{4}{100}$	0, 295 $\frac{9}{10}$
Autres objets que j'ai mesurés en 1784.					
Diamètre de la colonne Trajane . .	11 2 0	3, 627 $\frac{1}{3}$	12 0 0	134 0	0, 302
Diamètre de la colonne Antonine .	11 0 0	3, 573 $\frac{1}{4}$	12 0 0	132 0	0, 297 $\frac{3}{4}$
Diamètre moyen des colonnes du portique extérieur du Panthéon de Rome.	4 7 0	1, 488 $\frac{2}{3}$	5 0 0	132 0	0, 297 $\frac{3}{4}$
Diamètre moyen des colonnes de l'intérieur.	3 5 4	1, 120	3 $\frac{3}{4}$	132 $\frac{1}{3}$	0, 298 $\frac{1}{3}$
Diamètre des petites colonnes des autels	1 4 6	0, 446 $\frac{2}{3}$	1 $\frac{1}{2}$	132	0, 297 $\frac{3}{4}$
Largeur de la baie du milieu de l'arc de Septime Sevère.	20 11 0	6, 794 $\frac{1}{2}$	22 $\frac{3}{4}$	132 $\frac{4}{10}$	0, 298 $\frac{4}{10}$
Largeur de l'arc de Titus mesuré entre les nuds des jambages	16 5 0	5, 353	18 0 0	131 $\frac{3}{10}$	0, 296 $\frac{1}{10}$
L'ouverture du milieu de l'arc de Septime Sevère	20 11 0	6, 794 $\frac{1}{2}$	22 $\frac{3}{4}$	132 $\frac{4}{10}$	0, 298 $\frac{7}{10}$
Les ouvertures collatérales.	9 2 5	2, 988 $\frac{3}{4}$	10 0 0	132 $\frac{5}{10}$	0, 298 $\frac{8}{10}$
Largeur de l'ouverture du milieu de l'arc de Constantin.	20 2 5	6, 562	22 0 0	132 $\frac{1}{4}$	0, 298 $\frac{3}{10}$
Les ouvertures latérales	10 4 0	3, 356	11 $\frac{1}{4}$	132 $\frac{1}{4}$	0, 298 $\frac{3}{10}$

La valeur moyenne du pied romain antique qui résulte
de ce tableau est de 132 lignes $\frac{15}{100}$. On a déjà vu que le résultat moyen des différents pieds antiques qui nous sont
parvenus donnait 131 lignes $\frac{1}{2}$, et que celui des évaluations
des métrologues modernes était de 132 lignes $\frac{5}{10}$. En prenant le terme moyen de ces résultats pour la grandeur de
ce pied, on trouve 131 lignes $\frac{38}{100}$, qui ne diffère que d'un
cinquantième de ligne de 132 lignes ou 11 pouces que lui
donne Picard, et de celle qui résulte du palme romain qui
certainement est le *dodrans* du pied antique. On peut encore ajouter une nouvelle preuve de la justesse de cette
évaluation en la comparant au pied grec. Il existe encore à
Athènes les restes d'un temple bâti par Périclès, dédié à
Minerve sous le nom de Parthenon, c'est-à-dire de la
Vierge. Cet édifice était aussi appelé Hekatompedon,
parce qu'il avait cent pieds de face. Comme on exprime
toujours la grandeur d'un édifice par sa base, en appliquant cette mesure de cent pieds à l'arête du gradin supérieur sur lequel posent les colonnes, cette longueur qui,
selon M. Leroy, est de 95 pieds 6 pouces, donne le pied
grec de 11 pouces 5 lignes $\frac{44}{100}$, et le pied romain de 11
pouces plus de deux centièmes de ligne: ainsi on peut conclure de tout ce que nous venons de rapporter, que la
valeur la plus approchée du pied romain doit être de
11 pouces (ou 297 millimètres $\frac{2}{4}$); c'est celle que nous
avons adoptée pour l'évaluation de toutes les mesures antiques dont il est question dans cet ouvrage. Quoiqu'on
ne puisse pas démontrer rigoureusement que cette grandeur soit la valeur exacte de l'ancien pied romain, qui
peut-être n'a jamais été uniforme ni bien déterminé, il est
cependant très-probable, d'après toutes les notions que

nous avons de cette mesure, que c'est une de celles qui en approchent le plus.

Nous avons déjà dit, à l'occasion des mesures égyptiennes dont parle Heron, qu'il suffisait d'en connaître une pour avoir la valeur de toutes les autres; nous avons aussi fait voir que le pied italique était le même que le pied romain, et de plus, que le rapport entre les pieds égyptien, philétérien et italique, était comme les nombres 9, 12 et 10, c'est-à-dire que le pied égyptien antique était les trois quarts du pied philétérien, et que ce dernier était de $\frac{1}{5}$ plus grand que le pied italique. Ainsi le pied romain ou italique étant évalué à 11 pouces du pied de Paris (ou 298 millimètres), le pied philétérien doit être de 13 pouces $\frac{1}{5}$ (ou 357 millimètres); le pied égyptien de 9 pouces $\frac{9}{10}$ (ou 268 millimètres); et comme toutes les espèces de coudées contenaient un pied et demi de la mesure dont elles étaient formées, il s'ensuit que la coudée romaine devait être de 16 pouces $\frac{1}{2}$ (ou 447 millimètres), la coudée philétérienne de 19 pouces $\frac{7}{9}$ (ou 536 millimètres), et la coudée égyptienne de 14 pouces $\frac{17}{20}$ (ou 402 millimètres). De même la mesure du pied grec étant de 11 pouces $\frac{47}{100}$ (ou 310 millimètres), la coudée grecque devait être de 17 pouces $\frac{3}{10}$ (ou 465 millimètres).

La difficulté est de savoir quelle est celle de ces coudées dont les anciens auteurs ont fait usage pour déterminer la grandeur des obélisques dont ils nous ont donné les dimensions. Il est bien constant que tous ces obélisques ont été faits sous le règne des anciens rois d'Egypte: ainsi ce n'est ni la coudée grecque, ni la coudée romaine dont il s'agit, ce ne peut donc être que l'une des deux coudées égyptiennes dont nous venons de parler. La première dont la grandeur

est d'un pied et demi philétérien ou de deux pieds égyptiens,
est celle qui paraît avoir servi de tout temps à mesurer la
crue du Nil et pour l'arpentage des terres. L'autre avait
un pied et demi égyptien ; on l'appelait coudée lithique ou
xylopristique, parce que c'est celle dont on faisait usage
dans les arts pour mesurer les ouvrages en pierres et en
bois. Il est donc naturel de croire que c'est de cette coudée
dont il est question dans les anciens auteurs, lorsqu'ils par-
lent des monuments de l'Egypte. C'est celle que nous
avons cru devoir adopter dans les tableaux ci - après, où
nous avons rangé les obélisques selon l'ordre de leurs
grandeurs connues ou présumées. Il est essentiel de remarquer que la coudée lithique est les trois quarts de la grande
coudée qui servait à mesurer la crue du Nil, et que si l'on
prend 20 pouces 6 lignes pour la valeur de cette grande coudée, comme la plupart des métrologues modernes, la cou-
dée lithique sera de 15 pouces 4 lignes $\frac{1}{2}$. Mais si l'on préfère la coudée de 20 pouces, qui résulte de la mesure de
l'ingénieur Lepère, la coudée lithique sera de 15 pouces.
Enfin, si l'on adopte pour la valeur de la grande coudée
les 19 pouces $\frac{2}{3}$ que nous avons trouvés d'après l'évaluation
du pied romain, on aura pour la grandeur de la coudée lithique 14 pouces $\frac{12}{13}$: c'est cette dernière valeur qui nous
paraît la plus certaine. Cependant, pour mettre les lecteurs
instruits en état d'en juger, nous avons fait l'application,
dans le tableau qui suit, de ces différentes espèces de coudées, à la grandeur des obélisques cités dans les ouvrages
des anciens auteurs.

TABLEAU

DES Obélisques dont les grandeurs sont exprimées en coudées dans les anciens auteurs, évaluées en mètres et pieds de Paris.

	Grandeur en coudées antiques.	GRANDES COUDÉES DU NILOMETRE					
		DE 555 millimètres ou 20 pouces 6 l.		DE 541 millimètres $\frac{6}{10}$ ou 20 pouces.		DE 536 millimètres ou 19 pouces $\frac{4}{7}$	
		MÈTRES.	PIEDS.	MÈTRES.	PIEDS.	MÈTRES.	PIEDS.
		m. mil.	p. po. l.	m. mil.	p. po. l.	m. mil.	p. po. l.
Obélisques de Sésostris cités par Diodore de Sicile.	120	66, 600	205 0 0	64, 968	200 0 0	64, 230	198 0 0
Autres du fils de Sésostris cités par Hérodote, Diodore de Sicile et Pline. . .	100	55, 500	170 10	54, 140	166 8 0	53, 600	165 0 0
Autre attribué par Pline à Rhamessès.	90	49, 950	153 9 0	48, 726	150 0 0	48, 240	148 6 0
Autres de Smerrès et Eraphius. . .	88	48, 840	150 4 0	47, 643	146 8 0	47, 168	145 2 5
Autre taillé sous le règne de Nectanebis, et élevé par Ptolomée Philadelphe . . .	80	44, 400	136 8 0	43, 212	133 4 0	42, 880	132 0 0
Autres érigés par Sothis.	48	26, 640	82 0 0	25, 987	80 0 0	25, 728	79 2 5
Autres attribués à Mestrès	40	22, 200	68 4 0	21, 656	66 8 0	21, 440	66 0 0

	Grandeur en coudées antiques.	COUDÉES LITHIQUES.					
		DE 416 millimètres ou 15 pouces 4 l. $\frac{1}{2}$		DE 406 millimètres ou 15 pouces.		DE 402 millimètres ou 14 pouces $\frac{17}{20}$	
		MÈTRES.	PIEDS.	MÈTRES.	PIEDS.	MÈTRES.	PIEDS.
Obélisques de Sésostris cités par Diodore de Sicile.	120	49, 944	153 9 0	48, 726	150 0 0	48, 239	148 6 0
Autres du fils de Sésostris cités par Hérodote, Diodore de Sicile et Pline. . .	100	41, 620	128 1 6	40, 605	125 0 0	40, 199	123 9 0
Autre attribué par Pline à Rhamessès.	90	37, 458	115 3 9	36, 544	112 6 0	36, 179	111 4 16
Autres de Smerrès et Eraphius. . .	88	36, 626	112 9 0	35, 732	110 0 0	35, 374	108 10 9
Autre taillé sous le règne de Nectanebis, et élevé par Ptolomée Philadelphe . . .	80	33, 296	102 6 0	32, 484	100 0 0	32, 159	99 0 0
Autres érigés par Sothis.	48	19, 978	61 6 0	19, 490	60 0 0	19, 294	59 4 9
Autres attribués à Mestrès	40	16, 648	51 3 0	16, 242	50 0 0	16, 079	49 60

La première partie de ce tableau fait voir que l'application des coudées du nilomètre porterait la grandeur des
obélisques à des hauteurs qui ne paraissent pas probables;
celle des obélisques de Sésostris se trouverait de plus de
65 mètres ou 200 pieds, et en leur supposant les mêmes
formes et les mêmes proportions qu'aux obélisques existants, tels que ceux de Saint-Pierre de Rome et de Saint-
Jean de Latran, leur volume aurait été de plus 1120
mètres cubes ou 32,750 pieds, et leurs poids de 3 millions
49 mille 25 kilogrammes, ou 6 millions 228 mille 7 cent
livres poids de marc; mais c'est moins le poids que la longueur extraordinaire de ces obélisques qui en aurait rendu
le transport et l'élévation impraticables. D'ailleurs, il ne
nous reste aucuns fragments qui puissent faire croire à des
obélisques d'une grandeur aussi considérable, ni même à
celle qui résulterait de l'application de cette même coudée
aux obélisques depuis 80 jusqu'à 100 coudées de hauteur.
Le détail de toutes les précautions prises pour l'obélisque
de Rhamessès, transporté à Rome par Constance, prouve
que ce devait être un des plus grands; cependant la longueur des trois fragments de cet obélisque n'avait, avant
qu'il fût restauré, que 33 mètres 52 millimètres (ou 101
pieds 9 pouces), qui ne donneraient que 61 coudées de
20 pouces. La base de granite sur laquelle cet obélisque
était élevé du temps de Constance, comparée à sa grosseur
par le bas, prouve encore qu'il ne devait pas avoir une plus
grande hauteur. Un obélisque de 33 mètres d'élévation
n'aurait pas excité l'admiration, s'il y en avait eu de plus de
50 mètres, en supposant que ceux de Sésostris n'existassent
plus, dont la hauteur, calculée d'après la moindre élévation
de la coudée du nilomètre, aurait été de plus de 64 mètres.

Dans la seconde partie de ce tableau on a évalué la grandeur des obélisques en coudées lithiques, qui ne sont que les trois quarts des coudées du nilomètre employées dans la première partie ; les résultats de cette dernière évaluation s'accordent beaucoup mieux avec les grandeurs des obélisques qui existent encore, et paraissent prouver, indépendamment de tout ce que nous avons déjà dit, que c'est de cette espèce de coudée dont il est question dans les anciens auteurs. Quant au choix des coudées, il faut pour se déterminer ajouter à toutes les observations précédentes, que la vérification du mekias ou nilomètre du Kaire a fait connaître qu'il contient des coudées inégales dont la grandeur moyenne est de 20 pouces ; ainsi il est possible de conclure de l'inégalité de ces divisions, qu'il doit se trouver des coudées plus grandes que 20 pouces, et d'autres plus petites ; de sorte qu'il serait possible de justifier l'évaluation de chacune des trois coudées du tableau précédent par quelques-unes des coudées de ce nilomètre. On ne peut cependant pas s'empêcher de convenir que la plus grande probabilité est pour la coudée moyenne ; mais cette probabilité n'est pas une certitude : d'ailleurs, l'évaluation de 14 pouces $\frac{17}{20}$ que nous proposons ne diffère de celle qui résulte de la coudée moyenne, que de trois vingtièmes de pouces, et de plus elle a l'avantage d'avoir, avec les anciennes mesures grecques et romaines, le rapport indiqué dans les anciens auteurs. C'est cet accord qui nous a déterminés à adopter, pour la valeur de la coudée lithique, la grandeur de 14 pouces $\frac{17}{20}$ d'après laquelle nous avons évalué les dimensions des obélisques et autres monuments de l'ancienne Egypte, dont les mesures ont été exprimées en coudées dans les anciens auteurs.

Nous avons rassemblé dans le tableau qui suit tous les obélisques de granite dont nous avons pu nous procurer les dimensions. La première colonne indique en chiffres romains, les numéros des obélisques représentés sur la première planche; la seconde colonne indique le nombre de ces obélisques, la troisième leur désignation : les trois colonnes suivantes présentent leurs dimensions en mètres, les trois autres ensuite les mêmes dimensions en pieds de Paris, et les trois dernieres leurs équivalents en mètres et millimètres.

Il est bon de remarquer que les dimensions de l'obélisque d'Auguste dressé sur la place du Peuple, indiqué par le numéro XI, diffèrent de celles que nous avons données à la page 26, parce que la pointe qui est de 10 palmes n'est pas comprise dans la première évaluation.

TABLEAU
Des Obélisques de granite d'Egypte connus avec leurs dimensions exprimées en coudées moyennes, pieds de Paris et mètres.

N°	Nb	Désignation	COUDÉES MOYENNES de 14 pouces 17/20 — Hauteur	Grosseur du haut	du bas	PIEDS DE PARIS — Hauteur	Grosseur du haut	du bas	METRES — Hauteur	Grosseur du haut	du bas
						p. po. l.	p. po. l.	p. po. l.	m. mil.	m. mil.	m. mil.
I	2	Grands obélisques dont il est parlé dans Diodore de Sicile	120	6	9	148 6 0	7 6 2	11 1 7	48,239	2,412	3,6
II	2	Obélisques de Nuncoreus, fils de Sésostris, selon Hérodote, Diodore de Sicile et Pline.	100	5	8	123 9 0	6 2 3	9 10 9	40,199	2,009	3,2
III	1	Obélisque de Rhamessès transporté à Rome par Constance	90	4 2/3	7 1/4	111 4 6	5 10 0	9 7 1	36,179	1,895	3,
IV	2	Obélisques attribués par Pline à Smarrès et Eraphius	88	4 1/2	7 1/2	108 10 9	5 6 10	9 3 4	35,374	1,809	3,0
V	1	Obélisque de Nectanebis élevé auprès du tombeau d'Arsinoé par Ptolomée Philadelphe.	80	4	7	99 0 0	5 0 0	8 8 0	32,159	1,624	2,8
VI	1	Obélisque de Constance restauré et placé auprès de St. Jean de Latran	80	4 2/3	7 1/4	99 0 0	5 10 0	9 0 0	32,159	1,895	2,9
VII	1	Partie de l'un des obélisques du fils de Sésostris, dressé actuellement au milieu de la place de Saint-Pierre de Rome.	63	4 1/12	7 1/11	78 0 0	5 6 0	8 9 4	25,135	1,786	2,88
VIII	2	Autres à Luxereiu.	60	4	6	74 3 0	5 0 0	7 6 2	24,119	1,624	2,44
IX	1	Obélisque d'Auguste provenant du grand cirque, dressé sur la place de la Porte du Peuple à Rome.	59 1/2	3 1/2	5 2/3	73 6 9	4 3 6	7 0 0	23,896	1,394	2,27
X	2	Il existe encore dans les ruines de Thèbes deux obélisques de	55 1/3	4	5 1/3	68 4 2	4 9 0	7 0 4	22,202	1,543	2,28
XI	1	Obélisque d'Auguste élevé par Pie VI sur la place Monte Citorio.	54 1/4	4	6	67 6 4	4 8 4	7 6 0	21,936	1,525	2,45
XII	2	Obélisque d'Alexandrie vulgairement appelé Aiguille de Cléopatre et celui d'Héliopolis	51 1/4	4	6	63 0 0	4 11 0	7 6 0	20,465	1,570	2,40
XIII	1	Obélisque que Pline attribue à Sothis.	48	3 1/2	6	59 4 0	4 3 6	7 6 0	19,294	1,394	1,57
XIV	2	Obélisques dans les ruines de Thèbes.	48	3 1/2	6	59 4 0	4 3 6	7 6 0	19,294	1,394	1,57
XV	1	Grand obélisque de Constantinople.	45	3 1/2	5 1/2	56 0 0	4 3 6	6 9 8	18,190	1,394	2,1
XVI	1	Obélisque de la place Navone tiré du cirque de Caracalla	41 1/2	2 1/2	3 1/2	51 6 9	2 9 0	4 1 6	16,749	0,893	1,34
XVII	1	Obélisque d'Arles	38	3 1/2	5 1/2	47 0 0	4 3 6	7 0 0	15,267	1,394	2,27
XVIII	1	Obélisque de Ste Marie Majeure, tiré du mausolée d'Auguste	36 1/3	2 1/4	3 1/2	45 4 6	2 9 9	4 4 6	14,739	0,913	1,42
XIX	1	Obélisque des Jardins de Saluste d'après Mercati.	36 1/2	2 1/4	3 1/4	45 4 6	2 9 9	4 0 9	14,739	0,913	1,5
XX	1	Obélisque de Bijije en Egypte.	32 1/2	2	3 1/3	40 3 9	2 9 9	4 0 0	13,095	0,803	1,29
XXI	1	Petit obélisque de Constantinople selon Gyllius.	28	3 0	4 1/2	32 1 0	3 8 6	5 6 10	10,422	1,205	1,8
XXII	1	Obélisque Barberini.	25 1/2	1	2	28 2 3	2 0 6	2 9 0	9,156	0,665	0,8
XXIII	1	Obélisque de la villa Mathei.	20	1 1/2	2	24 9 0	2 0 0	2 9 0	8,040	0,677	0,89
XXIV	1	Obélisque de la place de la Rotonde.	15 1/2	1 1/2	2 0	18 10 10	2 0	2 4 10	6,141	0,6	0,78
XXV	1	Obélisque de la place de Minerve.	14	1 1/4	1 3/4	16 6 0	1 10 8	2 2 1	5,360	0,615	0,70
XXVI	1	Obélisque de la villa Medicis.	12 2/3	1 1/4	1 1/4	15 1 6	1 10 3	2 2 9	4,915	0,602	0,72
Total	33										

Des blocs considérables de granite employés par les Egyptiens indépendamment des obélisques.

Les ruines immenses des anciens édifices d'Egypte attestent le goût que les Egyptiens avaient pour tout ce qui était grand et durable ; les pierres employées à leur construction étaient d'une grandeur étonnante. Hérodote parle d'un édifice qui faisait partie du temple de Latone à Buto, dont les murs étaient formés d'une seule pierre de quarante coudées de long sur autant de hauteur. Le plafond qui servait de couverture à cet édifice, était aussi d'une seule pierre qui avait quatre coudées d'épaisseur.

Dans un autre endroit il dit qu'Amasis fit transporter de l'île d'Eléphantine à la ville de Saïs, éloignées l'une de l'autre de vingt journées de navigation, un édifice formé d'un seul bloc de pierre ; sa longueur extérieure était de 21 coudées sur 14 de longueur et 8 de hauteur. Il avait à l'intérieur 18 coudées $\frac{5}{6}$ de longueur sur 12 coudées de largeur, et cinq de hauteur. Deux mille hommes furent employés pendant trois ans à ce transport.

La masse de ce dernier édifice, en déduisant le vide de l'intérieur, était de 1222 coudées cubiques, et son poids de 440 milliers (ou 208 kilogrammes), en supposant que la pierre dont il était formé, était du même granite que les obélisques.

Quant à l'autre édifice qui faisait partie du temple de Latone à Buto, le texte grec d'Hérodote paraît dire que les quatre murs étaient formés d'une seule pierre creusée comme une auge. Dans ce cas il aurait fallu un bloc dont la solidité aurait été de plus de 64 mille coudées cubiques, et le poids de 22 millions de livres (ou 11 millions de kilogrammes); et quand on supposerait qu'il ne fut transporté qu'après avoir été creusé, son poids aurait encore été de plus de neuf millions de livres, (ou quatre millions cinq cent mille kilogrammes).

Le transport d'une masse aussi lourde et d'un volume aussi considérable nous paraît d'une difficulté inconcevable, même par eau, à cause de la grandeur prodigieuse du bateau ou radeau qu'il aurait fallu pour soutenir à flot un aussi énorme fardeau, qui était vingt fois plus grand que celui de l'édifice qu'Amasis fit transporter; les difficultés pour débarquer et mouvoir sur terre une masse aussi considérable devaient être insurmontables, parce qu'il n'était pas possible de trouver des machines ni des rouleaux assez forts pour soutenir, sans s'écraser, un aussi grand poids. Le comte de Carbury qui fut chargé de transporter le rocher de Pétersbourg, dont le poids n'était que de 3 millions, dit qu'il ne lui fut pas possible de faire usage de rouleaux; ceux de fer même étaient insuffisants. Les boulets de fer forgé et fondu par lesquels il voulut les remplacer s'applatissaient et se brisaient, ainsi que les coulisses de même métal dans lesquelles on faisait rouler ces boulets; il n'y eut que ceux faits d'un mélange de cuivre, d'étain et de calamine qui purent résister. Cependant, comme il n'est pas possible de contredire une chose qu'Hérodote dit avoir vue et examinée avec étonnement, il faut croire que les murs de cet édifice avaient été creusés dans une masse de rocher qui se trouvait sur le lieu. Cette conjecture est d'autant plus probable, qu'Hérodote ne parle pas d'où cet énorme bloc fut tiré, ni de la manière dont il fut transporté.

Quant à la pierre qui formait le dessus de cet édifice, il est évident qu'elle fut tirée d'un autre bloc, et qu'il fallut

la mouvoir pour la conduire et l'élever au-dessus des murs.
Cette pierre qui devait avoir 40 coudées de long sur autant
de large et quatre coudées d'épaisseur, produisait, toute
taillée, une masse de 6400 coudées cubiques et un poids
de plus de 1800 milliers (ou 900 mille kilogrammes), en
la supposant de pierre moyennement dure comme celle
employée pour la plupart des temples et les gradins des
pyramides.

Une pierre d'une aussi grande largeur ne pouvait être
transportée que de plat, c'est-à-dire dans le sens qu'elle devait être mise en place. Il fallait pour cette opération une
superficie plane et solide, d'une grande étendue ; et comme
le bois était rare en Egypte, on peut présumer, d'après ce
que dit Hérodote à l'occasion de la grande pyramide de
Cheops, que dans ces circonstances extraordinaires, l'usage
des Egyptiens était de construire de larges chaussées et des
plans inclinés en pierres de taille, sur lesquels ils traînaient
les pierres énormes qu'ils se faisaient un mérite de mettre
en œuvre dans la construction de leurs édifices. Ces moyens
qui seraient pour nous extrêmement dispendieux, étaient
peu de chose pour eux à cause de la quantité considérable
d'hommes qu'ils employaient dans leurs travaux, qui leur
coûtaient peu en raison de ce que nous payons les ouvriers,
et parce que les matériaux ne leur coûtaient rien.

Lorsqu'il s'agissait de transporter des masses de granite
brutes et arrondies, comme il s'en trouve dans les carrières
d'Egypte, ils les faisaient rouler ou culbuter à force d'hommes. On trouve en plusieurs endroits fort éloignés de ces
carrières, des masses de granite dont le transport paraît
avoir été interrompu par quelques circonstances qui n'a-
vaient pas de rapport à cet objet.

Quant aux blocs dont la forme ne se prêtait pas à ce genre de transport, et ceux dont les surfaces étaient planes, comme la pierre qui servait de couverture au temple de Buto et l'édifice monolithe d'Amasis, on pourrait croire qu'ils faisaient usage de rouleaux et de cabestans qui sont les machines les plus simples et les plus anciennes, celles dont les effets sont les plus puissants et les plus immédiats. Pour en donner une idée nous allons rapporter le résultat d'une expérience faite à ce sujet avec une pierre de taille dont le poids était d'environ 1080 livres.

Pour traîner cette pierre sur une surface horisontale de même matière grossièrement taillée, il a fallu 758 livres.

La même traînée sur des pièces de bois a exigé une force de 652 livres.

La même pierre posée sur une plate-forme de bois et traînée sur du bois, a exigé 606 livres de force. Mais après avoir savonné les deux surfaces de bois qui glissaient l'une sur l'autre, il n'a fallu qu'un effort de 182 livres.

Cette pierre posée sur des rouleaux de trois pouces de diamètre et mise en mouvement sur une surface de même matière, n'a exigé qu'une force de 34 livres; la même roulant sur des pièces de bois a cédé à un effort de 28 livres, et lorsque les rouleaux étaient placés entre deux pièces de bois 22 livres suffisaient.

Il résulte de cette expérience que pour traîner une pierre à crud sur un sol de niveau fermé et uni, il faut un peu plus des deux tiers de son poids; les trois cinquièmes si la superficie est en bois, cinq neuvièmes si le mouvement se fait bois sur bois; et si l'on savonne les deux surfaces de bois qui glissent l'une sur l'autre, il ne faut qu'un sixième. Mais si l'on fait usage de rouleaux il faudra, s'ils sont placés immédiatement entre la pierre et le sol, un peu plus de la trente-deuxième partie du poids, et la quarantième partie s'ils roulent sur du bois, et enfin s'ils roulent entre deux surfaces unies comme du bois, il ne faudrait qu'environ la cinquantième partie du poids.

Cependant il est à propos d'observer que comme le bois se comprime sous les grands fardeaux, les rouleaux faits de cette matière sont sujets à changer de forme, à s'écraser et à s'enfoncer dans les pièces de bois entre lesquelles ils sont placés, cela produit un frottement dans leur effet qui augmente en raison du fardeau. Nous avons déjà dit, que pour élever l'obélisque de la place de Saint-Pierre de Rome, qui pesait avec tous ses agrets plus de sept cent cinquante milliers, il fallut quarante cabestans, et que pour le traîner sur un plan horisontal, en faisant usage de rouleaux placés entre deux surfaces en bois, il ne fallut que quatre de ces cabestans, d'où il résulte que dans ce cas la force était la dixième partie du poids, tandis que l'expérience que nous venons de citer ne donne qu'un peu plus de la cinquantième partie. Mais Fontana qui fut chargé de cette opération, observe que plusieurs de ces rouleaux qui étaient au nombre de soixante-dix, s'écrasèrent, et que d'autres s'enfoncèrent dans les pièces de bois entre lesquelles ils étaient placés.

Il faudrait pour conserver l'avantage que procurent les rouleaux, qu'ils fussent incompressibles de même que les surfaces entre lesquelles ils se meuvent; comme, par exemple, des rouleaux de granite qui rouleraient entre des surfaces de même matière. Pour qu'ils ne puissent pas se rompre, il faudrait qu'ils fussent fort courts, et que leur nombre fût très-grand, afin que chacun portât une moindre partie du fardeau. Leur longueur ne devrait pas être de plus d'un diamètre et demi. Lorsque les pierres auraient une largeur considérable, comme celle qui formait la couverture du temple de Buto, on en mettrait plusieurs rangs. Ce moyen, s'il était praticable, serait plus avantageux que les boulets dont le comte de Carbury a fait usage pour le transport du bloc de granite qui sert de soubassement à la statue équestre de Pierre-le-Grand à Pétersbourg, qui exigeaient une force égale à la vingt-deuxième partie du poids.

D'après les résultats de ces expériences et les observations auxquelles elles ont donné lieu, on peut calculer la force qu'il aurait fallu pour transporter la pierre qui formait la couverture du temple de Buto et l'édifice monolithe de Saïs.

L'expérience journalière des travaux nous a fait connaître qu'un homme moyennement robuste et accoutumé au travail, comme ceux qu'employaient les anciens, peut porter une charge égale à son poids, et traîner un fardeau une fois et demie plus pesant, d'où il résulte que pour la pierre qui servait de couverture au temple de Buto, dont nous avons évalué le poids à 1800 milliers, il aurait fallu dix mille hommes pour la traîner sur un sol uni et solide; neuf mille hommes pour la traîner sur une superficie formée par des pièces de bois; 8333 hommes si l'on suppose que cette pierre était placée sur une plate-forme de bois et traînée sur du bois, et seulement 2500 hommes si l'on avait eu soin de savonner les deux surfaces qui glissaient l'une sur l'autre.

Cette pierre ayant quarante coudées de largeur, on pouvait facilement disposer les hommes par rang de chacun quarante, ce qui aurait formé une colonne de 250 rangs

pour le premier cas, en les supposant égaux, et de beaucoup moins en les faisant diverger ; 225 pour le second ;
208 pour le troisième, et 62 ½ pour le quatrième : il n'y
aurait guères que ce dernier moyen de praticable.

La largeur extraordinaire de cette pierre et sa pesanteur
devaient rendre l'usage des rouleaux de bois impossible.
Quant à ceux de granite dont nous avons parlé, s'il eût été
possible de former un sol assez ferme et assez uni pour
pouvoir en faire usage, il aurait suffi de trois cents hommes
ou sept rangées ½ pour mouvoir ce fardeau. Mais nous ne
pensons pas qu'on ait jamais fait usage de ce moyen qui aurait exigé une trop grande dépense. Il est infiniment plus
probable qu'on a pu faire usage de cabestans.

En supposant un cabestan simple traversé par deux leviers horisontaux, dont la longueur moyenne à l'endroit
où agissent les hommes est de dix fois le diamètre du treuil,
chaque homme appliqué à cette machine fait un effort qui,
d'après l'expérience, peut être évalué à 500 livres. Ainsi
supposant douze hommes à un cabestan, leur effort sera
de six milliers, ce qui donnera pour le premier cas où il
faut agir avec une force égale aux deux tiers du fardeau,
2400 hommes et 200 cabestans.

Pour le second cas, 2160 hommes et 180 cabestans.

Pour le troisième, 2000 hommes et 167 cabestans.

Et pour le quatrième, 600 hommes et 50 cabestans.

Il est certain qu'en faisant usage de poulies et de moufles,
on peut diminuer le nombre d'hommes et de cabestans de
moitié ou du quart, ainsi que nous le verrons dans la suite
de cet ouvrage.

Les résultats que nous venons de trouver indiquent les
forces qu'il faudrait pour mouvoir cette pierre sur un plan

horisontal ; mais comme il fallait de plus l'élever sur les murs du temple auquel elle devait servir de couverture, en la faisant monter sur un plan incliné, il est évident que la force devait être plus grande en raison de l'inclinaison de ce plan. Nous allons citer à ce sujet quelques expériences qui serviront à faire connaître en quelle proportion cette force devait augmenter.

Si l'on pose sur un plan droit un solide à base carrée dont les surfaces ne soient point polies, on éprouve plus ou moins de difficultés pour le mouvoir, en raison de ce que la surface qui pose sur le plan, et celle de ce plan sont plus ou moins rudes. Mais si au lieu de pousser ce corps pour le mouvoir, on incline le plan jusqu'à ce qu'il commence à glisser, on trouve qu'il faut autant de force pour faire monter sur ce plan incliné un corps infiniment poli, ou plutôt un corps rond, que pour traîner le solide à base carrée sur un plan horisontal. On trouve aussi que pour faire monter un solide à base carrée sur un plan incliné, il est nécessaire d'employer une force égale à celle qu'il faudrait pour faire monter un corps rond ou infiniment poli sur un plan incliné, d'autant de degrés au-dessus du plan sur lequel le solide à base carrée commence à glisser, que le premier plan l'est au-dessus du plan horisontal.

La force qu'il faut pour faire monter un corps rond sur un plan incliné est à très-peu de chose près égale à celle que donne la théorie ; d'où il résulte que si l'on prend pour plan horisontal, le plan sur lequel un solide à superficie plane commence à glisser, on trouvera la force nécessaire pour faire monter ce solide, sur un plan incliné quelconque, en ajoutant à son inclinaison celle du plan que l'on prend pour plan horisontal.

EXPÉRIENCES.

Pour traîner sur une dalle en pierre de liais posée horisontalement un cube de même matière dont chaque face est de quatre pouces, pesant 6 livres 4 onces, il faut un poids de 3 livres 5 onces. Ce cube ne commence à glisser que lorsque le plan sur lequel il est posé a une inclinaison d'un peu plus de 3o degrés. Pour faire monter sur ce plan incliné un corps rond de même poids et de même matière que le cube précédent, il faut 3 livres 4 onces 2 gros; le diamètre de ce corps est de 4 pouces un quart; il se meut en roulant.

Pour faire monter le cube précédent sur ce même plan incliné de 3o degrés, il faut une force de 5 livres 8 onces 2 gros, en le tirant parallèlement au plan.

Cette force de 5 livres 8 onces est suffisante pour faire monter le corps rond sur un plan incliné de 6o degrés.

La force qu'il faut pour faire monter le corps rond sur les plans inclinés de 3o et de 6o degrés, est à très-peu de chose près égale à celle que donne l'application des principes de mécanique. Car dans le premier cas, la théorie donne 3 livres 2 onces, et l'expérience 3 livres 5 onces.

Pour le second cas la théorie donne 5 livres 7 onces, et l'expérience 5 livres 8 onces 2 gros.

Il résulte de ces expériences qu'en prenant pour plan horisontal celui sur lequel un solide à superficie plane commence à glisser, on trouvera la force qu'il faut pour faire monter ce solide sur un plan incliné quelconque, en ajoutant à l'inclinaison de ce plan celle du plan sur lequel le solide commence à glisser. Ainsi pour faire l'application de cette règle à la grande pierre de Buto, nous supposerons que le plan pour la conduire au-dessus des murs était incliné de 12 degrés. Cela posé, on démontre en mécanique que la force qu'il faut pour faire monter un corps rond sur un plan incliné, est à son poids comme la hauteur du plan incliné est à sa longueur, ou comme le sinus de l'inclinaison du plan est au sinus total; cela posé, nous avons trouvé que pour traîner cette pierre sur un plan horisontal, dans le premier cas la force nécessaire était les deux tiers du poids, c'est-à-dire qu'elle répond à celle qu'il faudrait pour faire monter un corps rond sur un plan incliné de 41 degrés 48 minutes, auxquels ajoutant 12 degrés, pour la pente du plan sur lequel la pierre doit monter, on trouve 53 degrés 48 minutes, dont le sinus indique qu'il faut les quatre cinquièmes du poids, au lieu des deux tiers.

Dans le second cas la force étant les trois cinquièmes du poids, répond au sinus d'un angle de 36 degrés 53 minutes, auxquels ajoutant 12 degrés, on aura 48 degrés 53 minutes, dont le sinus indique les trois quarts du poids.

Pour le troisième cas la force est les cinq neuvièmes du poids qui répondent au sinus de 33 degrés 45 minutes, et de 45 degrés 45 minutes, en y ajoutant les 12 degrés, dont le sinus indique les sept dixièmes du poids.

Enfin le quatrième cas qui n'exige qu'un sixième du poids, répond au sinus de 9 degrés 36 minutes, auxquels ajoutant la pente du plan incliné, on aura 21 degrés 36 minutes, dont le sinus indique une force égale aux neuf vingt-cinquièmes du poids. Ainsi en faisant usage de cabestans simples sans moufles, il faudrait dans le premier cas, pour faire monter cette pierre sur un plan incliné de 12 degrés, 240 cabestans et 2880 hommes.

Pour le second cas 225 cabestans et 2700 hommes.

Pour le troisième cas 210 cabestans et 2520 hommes.

Pour le quatrième cas 108 cabestans et 1296 hommes.

En faisant les mêmes applications à l'édifice monolithe d'Amasis dont nous avons trouvé le poids de 440 milliers, on trouvera que pour le traîner, sans cabestans, sur un plan horisontal, comme celui du premier cas, il aurait fallu 2444 hommes.

Pour le second cas 2200 hommes, pour le troisième 2037 hommes, et pour le quatrième 611 hommes. La description d'Hérodote prouve que c'est du troisième moyen dont on s'était servi pour transporter cet édifice, et qu'on ne fit pas usage, pour cette opération, de rouleaux ni de cabestans. Il paraît que l'édifice était posé sur une plate-forme de charpente, et traîné sur des pièces de bois. C'était probablement le même procédé qui fut employé pour transporter l'obélisque de Rhamessès, dont parle Pline, pour lequel on employa 20 mille hommes. Cet obélisque qui est le troisième de la planche première et du tableau qui y a rapport, pouvait peser quinze cents milliers avec les agrets et armatures de charpente qu'il fallut pour l'empêcher de se rompre, à cause de sa grande longueur. Ce procédé devait exiger plus de sept mille hommes, sans compter ceux occupés à préparer les chemins et les machines, ce qui pouvait former ensemble dix mille hommes en activité, et un pareil nombre pour les relayer.

Des colonnes de granite d'Égypte d'une seule pièce.

La colonne d'Alexandrie est la plus grande que l'on connaisse ; les savants ne sont pas d'accord sur le nom de celui en l'honneur de qui elle fut érigée, parce que les anciens auteurs n'en font pas mention. On sait que Jules-César, pour ne pas paraître approuver l'assassinat de Pompée, lui fit élever un tombeau, mais ce fut à Péluse et non à Alexandrie. On pourrait croire que cette colonne a été élevée par Marc Antoine, qui enrichit Alexandrie de plusieurs monuments, si Strabon qui parcourut l'Egypte après qu'Auguste en eut fait la conquête, en avait parlé dans la description qu'il donne de la ville d'Alexandrie. Quant à Diodore de Sicile, qui était contemporain de Pompée, cet auteur déclare qu'il voyageait en Egypte vers la 180e. olympiade, c'est-à-dire plus de douze ans avant la mort de Pompée, époque à laquelle cet auteur avait peut-être déjà publié son ouvrage. Pockocke pense que ce monument peut avoir été élevé en l'honneur de Titus ou d'Adrien qui séjournèrent quelque temps en Egypte. Savari prétend p ouver que cette colonne fut érigée par les habitants d'Alexandrie, à la mémoire de Septime Sévère, en reconnaissance des privilèges qu'il accorda à cette ville. Mais on dit aussi d'Adrien, qu'il fit rétablir plusieurs édifices d'Alexandrie, qui avaient été ruinés par les Romains; qu'il rendit aux habitants leurs anciens privilèges, qu'il en ajouta de nouveaux, et qu'enfin il leur accorda tout ce qu'ils lui demandèrent. Dion ajoute qu'il visita le tombeau de Pompée, en passant à Péluse, et que l'ayant trouvé en ruines, il le fit rebâtir avec beaucoup de magnificence. L'intérêt qu'il témoigna pour la mémoire de cet illustre Romain, aurait bien pu le porter à lui élever à Alexandrie la colonne qui porte son nom.

Quoi qu'il en soit, le fût de cette colonne qui est d'une seule pièce de beau granite rouge, a 63 pieds 1 pouce 3 lignes de hauteur (ou 20 mètres 498 millimètres); sa grosseur par le bas est de 8 pieds 4 pouces 4 lignes (ou 2 mètres 716 millimètres), et par le haut de 7 pieds 2 pou-ces 8 lignes (ou 2 mètres 345 millimètres): ces dimensions produisent un cube de 3031 pieds (ou 103 mètres $\frac{82}{100}$ et un poids de 577,405 livres (ou 282,645 kilogrammes). Ce poids est de près d'un tiers plus considérable que celui de l'édifice monolithe qu'Amasis fit transporter à Saïs ; mais il n'est que les trois quarts du poids de l'obélisque de la place de Saint-Pierre.

On peut croire que cette colonne a été formée d'un fragment de quelque ancien obélisque. Sa proportion, qui est d'un peu moins de 9 diamètres $\frac{1}{2}$, compris base et chapiteau, ainsi que la manière dont les moulures de la base et du piédestal sont profilées, indiquent plutôt le style de l'architecture grecque que celui de l'architecture romaine.

Les ruines des temples des anciens Égyptiens prouvent qu'ils faisaient peu d'usage de colonnes de granite ; pres-que toutes celles qui restent sont formées de pierres moyen-nement dures en plusieurs assises ; leur diamètre est depuis environ 3 pieds (ou un mètre) jusqu'à 10 pieds $\frac{1}{2}$ (ou 3 mètres $\frac{1}{2}$), et leur hauteur qu'il est difficile de déterminer, parce que la plupart sont enterrées, paraît être, d'après celles dont on a pu découvrir le pied, depuis 3 diamètres jusqu'à quatre et demi. Quelques-unes de ces colonnes sont rondes et lisses, d'autres à pans, et d'autres en forme de faisceaux. Les colonnes qui ont plus de quatre diamètres et demi, et celles en granite dont on trouve des fragments, parais-sent avoir été faites sous le règne des Ptolomées ou des Empereurs romains, tels qu'Adrien et Septime Sévère.

Après la colonne d'Alexandrie, dite de Pompée, la plus

grande colonne de granite d'une seule pièce est celle dont les fragments se trouvent près de Monte Citorio à Rome. La longueur du fût, compris l'astragale du haut et le listel du bas, est de 45 pieds 6 pouces 2 lignes (ou 14 mètres 784 millimètres); son diamètre par le bas est de 5 pieds 8 pouces (ou un mètre 840 millimètres); c'est l'empereur Trajan qui la fit venir d'Egypte. Dans la suite elle fut élevée à Rome en l'honneur d'Antonin le Pieux.

Benoît XIV devait la faire élever au-devant du palais de justice de Monte Citorio, mais l'entreprise fut abandonnée, et il n'y eut que le piédestal d'érigé.

La colonne d'une seule pièce, érigée par Paul V au-devant de la basilique de Sainte - Marie - Majeure, est plus grande; mais elle est en marbre blanc. La hauteur du fût est de 49 pieds 3 pouces (ou 15 mètres 998 millimètres), et sa grosseur par le bas est de 5 pieds 8 pouces 3 lignes (ou un mètre 847 millimètres).

Les plus grandes colonnes de granite d'une seule pièce qui existent à Rome après celles que nous venons de citer, sont celles du portique du Panthéon dont la hauteur est de 36 pieds 8 pouces (ou 11 mètres 910 millimètres).

Deux autres dans l'église de St. Paul hors les murs qui soutiennent l'arcade qui termine la nef du milieu, dont la hauteur est de 36 pieds (ou 11 mètres 694 millimètres).

Celles des thermes de Dioclétien sont de même hauteur. Une des colonnes des thermes de Caracalla élevée à Florence auprès du pont de la Trinité, est aussi de même grandeur.

Les anciens Romains tiraient leurs colonnes de granite d'Egypte, de l'île de Chypre et de l'île d'Elbe, vis-à-vis les côtes de Toscane. La quantité considérable de colonnes

d'une seule pièce qui arrivaient à Rome de ces différents
pays, est peut-être une des principales raisons qui avaient
multiplié dans cette ville l'usage des colonnes, par la facilité qu'elles donnaient de se procurer des points d'appui
qui n'occupaient que peu d'espace, extrêmement solides,
durables et d'une forme agréable.

Ce sont vraisemblablement les mêmes motifs qui firent
adopter aux chrétiens, lorsqu'ils commencèrent à bâtir
des églises, sous le règne de Constantin, la forme des basiliques antiques, parce qu'ils trouvèrent dans les ruines
des anciens édifices, assez de colonnes de granite, de marbre et même de porphyre, pour servir de points d'appui
à ces édifices. C'était ainsi qu'était bâtie l'ancienne basilique
de St. Pierre du Vatican, et parmi celles qui existent encore, St. Paul et St. Laurent hors les murs, Ste Sabine,
Ste Marie Transtevère, St. Chrisogone, St. Pierre aux
liens, l'Ara cœli, St. Barthelemi de l'Ile, et beaucoup
d'autres qui existent à Rome.

On a cessé de leur donner cette disposition lorsqu'il ne s'est plus trouvé de colonnes dans les ruines des
édifices antiques, à-peu-près vers la fin du dixième siècle.
On fut alors obligé de remplacer les colonnes par des piliers et des arcades qui donnent aux églises bâties de cette
manière un air de pesanteur, qui ne produit pas à beaucoup près un effet aussi agréable que les églises en basiliques, dont la disposition est si belle qu'on ne peut s'empêcher de les admirer, malgré le peu d'art avec lequel
elles sont exécutées.

Par-tout où l'on a pu se procurer des pierres assez grandes et assez solides pour faire des colonnes d'une seule
pièce, on a fait des portiques et des péristiles en colonnes,

A Milan, plusieurs grands édifices en sont ornés, parce qu'on a la facilité de tirer du lac Majeur une espèce de granite appelé *migliarolo*, dont on peut former des colonnes d'une seule pièce de 18 à 30 pieds de haut (ou de 6 à 10 mètres).

Il se trouve dans les environs de Florence une pierre bleuâtre, appelée *pietra serena* , dure et compacte , avec laquelle on peut faire aussi des colonnes d'une seule pièce; c'est pourquoi on y voit des églises en forme de basiliques, décorées de colonnes à l'intérieur, telles que St. Laurent et le St Esprit. On y voit aussi des portiques et des colonnades construits de même, tels qu'au palais des Offices, au Marché-Neuf, aux portiques de la place de l'Annonciade, de Ste Maria Novella, et des cours des principaux palais.

Presque toutes les églises de Sicile et les cours des palais et édifices sont ornées de colonnes de marbre d'un gris bleuâtre, d'une seule pièce , qui ont jusqu'à 7 ou 8 mètres de hauteur; on trouve aussi aux environs de Turin un marbre de même espèce dont on fait le même usage.

Nous pourrions , à l'imitation des anciens Romains et des Italiens modernes, employer des colonnes d'une seule pièce pour décorer nos édifices; nous n'aurions pas besoin de faire venir à grands frais, des granites d'Egypte et de Chypre, puisqu'il s'en trouve dans plusieurs départements de la France d'aussi beaux, de même que des marbres et des pierres. On voit aux palais du Louvre et des Tuileries des colonnes canelées d'une seule pièce dont le fût a 15 ou 16 pieds de longueur. Elles ont résisté à toutes les injures de l'air depuis plus de deux siècles, quoiqu'en pierres cal-caires posées en délits.

Les anciens Egyptiens remplaçaient quelquefois les colonnes par des figures colossales en granite. Ils faisaient en
outre des statues d'une grandeur prodigieuse. Diodore de
Sicile en cite de 24 à 30 coudées de haut formées d'un
seul bloc. Mais l'ouvrage le plus étonnant en ce genre est
la statue du roi Osimandué, faite par un sculpteur que
Diodore appelle Memnon le Sienite. Pour donner une
idée de la grandeur de cette figure, qui passait pour la
plus grande de toute l'Egypte, cet auteur dit que la longueur de ses pieds était de plus de sept coudées; et
comme le moindre rapport du pied d'une figure avec
sa hauteur, est de six fois et demie, on peut en conclure
que si cette figure eût été debout, sa hauteur aurait été de
45 coudées et demie, (ou 18 mètres 291 millimètres); mais
cette figure étant assise, sa grandeur devait être de 36 coudées (ou 14 mètres 472 millimètres). Cette dernière mesure
est à très-peu de chose près celle d'une des deux figures assises
qui se trouvent à Medinet-About, près de Thèbes, appelée
statue de Memnon. Les jambes de cette figure sont couvertes
d'inscriptions grecques et latines qui affirment la propriété qu'on lui attribuait de rendre un son harmonieux
au lever du soleil. Au reste il est très - probable que
cette figure est la même que celle d'Osimandué, qui
a pu être désignée, dans la suite, par le nom du sculpteur
qui l'avait faite, que Diodore appelle Memnon.

Les Egyptiens qui ignoraient l'art de la coupe des pierres
ont fait beaucoup d'usage de granite pour faire des architraves et des plafonds d'une seule pièce. On trouve qu'ils
ont employé pour cet objet des pierres depuis 18 jusqu'à
40 coudées, c'est-à-dire depuis 7 mètres ¼ jusqu'à 16,

ARTICLE VIII.

DES GRANITES LES PLUS CONNUS QUI SE TROUVENT EN EUROPE.

Granites d'Italie.

LES principaux, c'est-à-dire ceux qui se trouvent en plus grandes masses, sont les granites des îles de Sardaigne, de Corse et d'Elbe. Parmi ceux de l'île de Corse il y en a qui sont d'un vert de prés pâle avec de petites taches blanches et noires, et d'autres qui sont roux avec des taches blanches. Ceux de l'île d'Elbe sont à-peu-près de la même couleur; le plus beau se tire d'une montagne appelée Poloneta. Il y en a d'une autre espèce dont le fond est gris tacheté de points noirs et blancs, qui paraît être celui que les anciens appelaient psaronien.

La Toscane fournit aussi des granites. Celui que l'on appelle *granito di arno*, est olivâtre piqueté de points blancs et bruns.

Un autre que l'on tire auprès de la rivière de *Grassino*, est d'un rouge foncé avec des taches blanches et noires. Celui qu'on appelle dans le pays *minierale della Grassina*, est gris parsemé de taches blanches.

Il se trouve dans les environs du lac Majeur deux espèces de granite dont on fait usage pour bâtir dans le Milanais. L'un appelé *migliarolo rosso* se tire de la *terra di Bravano*; il est picoté de points gris, rouges, noirs et blancs.

TOM. I. M

L'autre appelé *migliarolo bianco* est marqueté de petites
taches grises et noires, sur un fond blanc. Il se tire de la
terra de Montorfano. Presque toutes les colonnes des portiques, péristiles et églises de Milan, ainsi que des villes
circonvoisines, sont faites de cette pierre, de même que
les architraves, les montants de portes, les appuis et les
marches d'escaliers, etc.

Il se trouve une autre espèce de granite appelé *ceppo di
Gerone*, qui paraît être un composé de fragments de différentes couleurs unies par un ciment grisâtre, qui n'a pas
beaucoup de dureté ; on s'en sert pour les ouvrages d'un
caractère rustique où il fait un très-bon effet. On en fait
aussi usage pour les murs de ville et canaux.

Des granites de France.

Il se trouve des granites dans presque tous les départements, sur-tout dans ceux de la Manche, des Côtes du
Nord, du Finistère, du Morbihan, de la Loire, de la
Charente Inférieure, de la Creuse, du Puy-de-Dôme, de
la Côte-d'Or, du Lot, des Hautes et Basses Pyrénées,
de l'Arriège, des Pyrénées Orientales, des Bouches-du-
Rhône, du Var, des Hautes et Basses Alpes, de la Drôme,
de l'Isère, du Haut et Bas Rhin, des Vosges, de la Meurthe et de la Moselle.

Le granite du département de la Manche est d'un grain
grossier qui prend difficilement le poli; on s'en sert comme
pierre de taille. Les ouvrages des Ports de St. Malo, de
Granville et de Cherbourg sont construits avec cette espèce de granite.

Auprès de St. Lo il se trouve une espèce de granite

pointillé de jaune et de brun, qui est dur, compacte et susceptible de recevoir un assez beau poli.

Le granite qu'on nomme carreau de St. Sever, qui se tire dans la forêt du Gast, est très-dur; il est tacheté de gris et de blanc, et se polit très-bien. On le débite facilement avec des coins de fer; c'est vraisemblablement ce qui lui a fait donner le nom de carreau. Il s'en trouve d'autre plus dur et plus foncé appelé carreaux de Gatmos, et d'autre plus tendre et d'un ton plus clair appelé carreau du Champ du Bout.

Les granites des départements du Calvados, du Finistère et des Côtes du Nord sont de qualités inférieures, et ne sont propres que pour de grosses constructions. Il se trouve cependant auprès de Quimper une espèce de granite noir dont le grain est fin, et qui se taille bien en sortant de la carrière.

Dans le département du Morbihan, près du port de l'Orient, on tire du granite assez beau dont le fond est gris de lin, avec des taches blanchâtres de formes carrées; il est susceptible de recevoir un assez beau poli. Dans l'île d'Aran, qui est auprès, on trouve une espèce de granite d'un jaune pâle, semé de petits points bruns avec des paillettes argentées de Talc.

Dans le département de la Loire il y a dans les environs de Nantes une sorte de granite pointillé de jaune et de brun, qui est plus ou moins foncé; il y en a qui est presque noir par la quantité de taches brunes qu'il contient. Ces granites sont très-durs et compactes, et peuvent recevoir un aussi beau poli que les granites antiques. Le granite qui se trouve à Erbrée, à deux lieues de Château-Briant, est d'un gris roux avec de petites taches blanches, rouges et bleuâtres.

Dans le département de la Charente Inférieure, aux environs de la Rochelle, on trouve une espèce de granite tacheté de blanc, de jaune et de brun, qui est assez beau. Depuis Thiers jusqu'à Rochefort le chemin est naturellement pavé de granite gris, blanc et rouge, remarquable par de grandes plaques quartzeuses ou spatheuses d'un assez beau blanc. Depuis Rochefort jusqu'au Bouin on voit des granites rouges, mais moins fréquemment que des gris et blancs.

Dans le département de l'Orne il y a deux espèces de granite, l'un appelé pierre d'Artrai dont le grain est un peu gros, l'autre de Pont-Percé a le grain plus beau et mieux lié. Les granites du département de la Haute-Vienne tiennent le milieu entre les deux espèces précédentes. Le grain est plus gros que celui du granite de Pont-Percé, et moins beau. Ces différentes espèces de granite sont marquetées de points bruns et jaunâtres, avec des paillettes talqueuses moins abondantes que dans ceux du département du Morbihan. Le brillant doré et argenté de ces paillettes donne de l'éclat au blanc et au brun de ces granites.

Dans le département de l'Arriège, près de la ville de Pamiers, on trouve beaucoup de granites susceptibles de recevoir un beau poli. Toute la partie des Monts Pyrénées qui avoisinent cette ville, est semée de roches de granite dont quelques-unes sont d'une grosseur considérable.

On trouve dans le département des Bouches-du-Rhône, à Pennafort, des granites à fond blanc tachetés de gris et de noir, d'une assez grande dureté. La vallée de Vitrole est remplie de blocs de granite de différentes couleurs. Le plus beau est tacheté de rose et de vert sur une base crystalline mêlée de quartz.

Dans le département de la Drôme, sur les bords du Rhône, près l'embouchure de l'Isère, on trouve des granites d'une bonne qualité.

Les granites du Mont-Dauphin, dans le département des Hautes-Alpes, sont d'une belle qualité, et reçoivent un beau poli. Il y en a de deux espèces, l'un est tacheté de grains d'un beau blanc, vert d'olive et brun; l'autre a des grains rouges de cerise, verts et bruns foncés.

On trouve des roches de granite dans les départements de la Haute-Loire et de l'Ardèche, sur les côtes de Garabie, en-deçà et en-delà du pont qui est sur la rivière de Truere, ainsi que dans les montagnes près du chemin de Massiac. En général, le granite rouge est commun dans les montagnes qui sont entre celles de St. Amant et celles d'Aube.

Le rocher sur lequel est bâtie la ville d'Avallon dans le département de l'Yonne, est d'un granite rouge susceptible d'un beau poli.

Dans le département de la Côte-d'Or, la ville de Semur est située sur un rocher de même nature.

Le granite qu'on trouve auprès de Rouvrai, situé sur la route de Dijon à Auxerre, passe pour être le plus beau de France; c'est celui qui a le grain le plus fin, qui reçoit le plus beau poli; il peut être comparé aux plus beaux granites antiques. Il s'en trouve encore de fort beaux dans les environs d'Agey près de la montagne de Sombernon; il est comparable à celui d'Egypte par sa dureté, sa pesanteur et sa fermeté, il reçoit un aussi beau poli; on en trouve des roches d'une grandeur énorme.

Dans le département de Rhône et Loire, à un quart de lieue au Sud de Montbrison, on exploite un granite primitif, à petits grains, dont on tire des gros blocs sans scissures ; il est d'un gris blanc, se taille facilement; il est d'un très-bon usage. C'est le seul qu'on emploie à Montbrison et dans les environs, comme moilons et pierres de taille.

On trouve dans les montagnes des Vosges des granites de plusieurs espèces dont les principaux sont le vert, le gris et celui appelé feuille-morte. Ces trois espèces de granite sont fort dures, compactes et susceptibles d'un beau poli. Le premier est marqueté de petites taches noires et blanches, qui se fondent dans un fond verdâtre ; les deux autres sont marquetés de noir sur un fond blanc et roux.

Le péristile extérieur du Panthéon français doit être pavé avec ces deux dernières espèces de granite. Une grande partie est déjà faite et prête à poser. La grandeur des carreaux est de 85 centimètres ; (ou 31 pouces 7 lignes) pour chaque côté; ils doivent être posés en losange, et encadrés par de plates bandes de même matière, dont la largeur est de 65 centimètres (ou 2 pieds).

Avant de se décider à employer cette matière, on a voulu connaître quelle pouvait être la durée d'un pavé de cette espèce de granite comparé à un pavé en marbre blanc veiné et bleu turquin. Pour cet effet on a préparé des grais bien dressés et pris dans le même morceau, sur lesquels on a frotté des échantillons de même grandeur, de ces deux espèces de marbre et des trois espèces de granite. Ces échantillons chargés chacun d'un poids égal, et mus avec la même force et la même vitesse, pendant trois heures, ont donné les résultats suivants :

L'échantillon de marbre blanc veiné s'est trouvé dimi-
nué d'épaisseur de. . . . . 7 lig. $\frac{1}{13}$

Celui de bleu turquin de. . . . . 6 lig. $\frac{1}{13}$

Celui de granite gris . . . . 1 lig. $\frac{4}{13}$

    de granite feuille-morte . . . . . . 1 lig.

    de granite vert . . . . 0 lig. $\frac{14}{13}$

Il résulte de cette expérience que le granite vert est
8 fois plus dur que le marbre blanc veiné, six fois et demie
plus que le bleu turquin, deux quinzièmes de plus que le
granite gris, et un quinzième de plus que le granite feuille-
morte; et qu'un pavé en granite doit durer au moins sept
fois autant qu'un pavé en marbre.

Cette expérience m'a fait naître l'idée d'en faire une
autre par rapport au sciage. Ayant fait sceller des échantillons de même longueur en pierre, en marbre et en granite, il en est résulté qu'une scie pesant 12 livres agissant
avec du grès et de l'eau, et appliquée à chacun de ces
échantillons pendant quatre heures, est descendue dans
celui en pierre de liais de . . . . 49 lig. $\frac{1}{2}$

Dans celui de marbre blanc veiné de . . . 43 lig. $\frac{3}{4}$

Dans celui de marbre bleu turquin de . . 34 lig. $\frac{1}{12}$

Celui de granite gris des Vosges . . . . 4 lig. $\frac{7}{10}$

Celui de granite feuille-morte . . . . . 4 lig. $\frac{7}{10}$

Celui de granite vert . . . . 4 lig. $\frac{7}{10}$

Un échantillon de granite antique rose . . 4 lig. $\frac{1}{3}$

Un autre de granite gris de Normandie. . 5 lig. $\frac{8}{10}$

Un autre idem . . . . 6 lig. $\frac{8}{10}$

Un autre de granite de Bretagne . . . . 5 lig. $\frac{4}{10}$

Cette seconde expérience fait connaître que le granite antique est d'environ

$\frac{1}{10}$ plus dur que le granite vert des Vosges.

$\frac{1}{5}$ de plus que celui feuille-morte.

$\frac{1}{3}$ de plus que le granite gris.

$\frac{1}{2}$ de plus que le granite de Bretagne.

$\frac{2}{3}$ de plus que le granite gris-foncé de Normandie.

$1\frac{52}{77}$ de plus que le granite clair de Normandie.

8 fois plus que le marbre bleu turquin.

10 fois plus que le marbre blanc veiné.

11 fois $\frac{1}{2}$ que la pierre de liais.

OBSERVATION.

Il ne faut pas croire que la force du granite, comparée à la pierre de liais, soit aussi considérable que la dureté de ses parties constituantes, qui le rendent si difficile à tailler et à scier, semblerait le promettre, parce que le granite ne résiste au fardeau que par la force de l'espèce de ciment qui unit les parties dont il est composé. Ainsi l'expérience prouve que le granite le plus dur ne résiste pas à une charge trois fois plus grande que celle sous laquelle la pierre de liais s'écrase.

Granites qui se trouvent dans les autres parties de l'Europe.

Presque toutes les montagnes de Suisse et de Savoie contiennent du granite. Selon M. de la Saussure, les rochers du Mont-Blanc sont de purs granites.

En Angleterre, dans la province de Cornouaille, on

trouve cinq espèces différentes de granites, distingués par leur couleur ou teinte générale, savoir celle où le blanc domine, le gris bleuâtre ou couleur de pigeon biset, le jaune, le rouge appelé oriental, et le noir ou véritable granite de Cornouaille; ces deux derniers sont d'une extrême dureté.

On trouve des granites en Allemagne, en Danemarck, en Suède et en Russie. Le fameux bloc de granite que l'impératrice de Russie, Catherine II, a fait transporter à Pétersbourg pour servir de base à la statue équestre de Pierre - le - Grand, était dans un marais près d'une baie que forme le golfe de Finlande, à une lieue et demie environ du bord de la mer. Ce granite est composé de crystaux irréguliers, les uns d'un blanc laiteux, et les autres bruns et noirs; en sorte que le résultat présente une teinte d'un gris roussâtre. Ce bloc dont la base était plate, avait 42 pieds de long (ou 13 mètres 643 millimètres) sur 27 pieds de largeur (ou 8 mètres 770 millimètres), et 21 pieds de haut (ou 6 mètres 821 millimètres); mais il fut réduit, avant de le transporter, à 37 pieds de long (ou 12 mètres 19 millimètres) sur 21 pieds de largeur (ou 6 mètres 822 millimètres) et 22 pieds de hauteur (ou 7 mètres 146 millimètres). Nous avons déjà dit que ce bloc pesait trois millions; il fut transporté de l'endroit où il était, sur le bord de la Neva, qui en était éloigné d'une lieue et demie, par le moyen d'un fort chassis de charpente qui lui servait de chariot, dont les bras ou pièces latérales étaient formés par des poutres de 42 pieds de long (13 mètres 643 millimètres) sur 18 pouces de large (487 millimètres) et 16 pouces d'épaisseur (433 millimètres), creusées en forme de canal, garni d'une matière composée de

cuivre, d'étain et de calamine. Ces montants posaient sur
des couchis ou grandes pièces de bois de 33 pieds de long
(ou 10 mètres 720 millimètres) sur 14 pouces de large (ou
378 millimètres) et 12 pouces d'épaisseur (ou 324 millimètres), creusées et garnies comme les précédentes; entre
ces pièces de bois étaient des boules de même métal de
5 pouces de diamètre (ou 135 millimètres), comme on le
voit représenté par les figures 1, 2, 3 et 4 de la planche III.

Les bras ou pièces latérales du chariot étaient réunis par
quatre fortes traverses de chacune 14 pieds de long (ou
4 mètres 548 millimètres) sur 12 pouces d'écarissage (ou
325 millimètres), et trois forts boulons de fer placés dans
les intervalles, fig. 4. Il fallait six hommes pour traîner
chaque poutre qui servait de couchis; les boules étaient
espacées dans les coulisses de deux pieds en deux pieds, en
sorte que le fardeau se trouvait partagé sur 30 à 32 boules
lorsqu'elles portaient toutes. Les nattes indiquées dans la
figure première par les lettres K, K, servaient à placer des
hommes qui avaient le soin de faire rouler les boules qui
ne portaient pas, tandis que le fardeau était en marche,
afin d'éviter les inconvénients qui auraient pu résulter, si
plusieurs de ces boules se fussent jointes; ils avaient pour
cela des instruments de fer faits exprès. Quoique cette
opération paraisse dangereuse, elle n'a produit cependant
aucun accident.

Le transport de ce fardeau énorme devant se faire au
travers du marais, au milieu duquel il était placé, on choisit le temps des fortes gelées; mais comme il se trouvait des
endroits couverts d'une couche de limon gras, qui empê-
chait le marais de geler à une profondeur assez considérable, on fut obligé, pour consolider le terrein, de l'enlever

et de faire transporter à la place, du gravier et des couches alternatives de petits sapins ébranchés. L'humidité du marais qui pénétrait ces couches, les fit geler à plus de 4 pieds de profondeur (ou un mètre 299 millimètres), et forma une masse très-solide et compacte, capable de supporter le fardeau. On demeura six semaines pour faire parcourir l'espace d'environ une lieue et demie, qui se trouvait entre le lieu où il était, et le bord de la rivière de Neva où il fut embarqué pour être conduit à Pétersbourg.

Pour faire mouvoir ce fardeau, disposé comme il vient d'être dit, sur un sol à peu-près de niveau, il ne fallait que deux cabestans mis en mouvement chacun par 32 hommes. Ces cabestans étaient garnis de huit barres de chacune 8 pieds de longueur prise depuis le centre du treuil (ou 2 mètres 599 millimètres). Les hommes étaient placés de manière que le centre d'impression de la force avec laquelle ils agissaient, était à 5 pieds de distance de ce centre (ou un mètre 624 millimètres). Cette force qui peut être évaluée à 50 livres (ou 24 kilogrammes 475 grammes) pour chaque homme, donne 1600 livres (ou 783 kilogrammes 209 grammes) pour les trente-deux. A chaque révolution du treuil, le centre d'impression parcourait une circonférence de 31 pieds ⅗ (ou 10 mètres 209 millimètres), tandis que la partie de cable qui s'enveloppait sur le treuil, était de 4 pieds ⅔ (ou 531 millimètres).

Ce cable n'était pas immédiatement attaché au fardeau, il répondait à des moufles garnies de trois poulies qui ne faisaient parcourir au fardeau que la sixième partie de la portion de cable qui s'enveloppait sur le treuil, c'est-à-dire 9 pouces ⅗ (ou 252 millimètres); de sorte que le chemin que parcourait la puissance, était de 10 mètres 209 millimètres, tandis que le fardeau n'avançait que de 252 millimètres, c'est-à-dire de la quarantième partie de l'espace parcouru par la puissance. Or, on démontre en mécanique que les forces motrices sont en raison inverse des espaces parcourus, d'où il résulte que celle qui faisait mouvoir ce fardeau, devait être égale à quarante fois la force employée par les hommes appliqués aux deux cabestans, c'est-à-dire de 128 milliers (62,556 kilogrammes). Cette force était les deux quarante-septièmes du poids, au lieu du cinquantième qui devrait résulter des expériences faites sur des objets dont la pesanteur n'était pas assez considérable pour comprimer les matières les plus dures comme celui dont il s'agit. Ceux qui ont eu occasion de faire transporter de grands fardeaux, conviendront que les moyens simples et ingénieux employés pour mouvoir une aussi lourde masse, dont le poids était pour ainsi dire au-dessus de la résistance des matières qui devaient le soutenir en mouvement, exigeaient beaucoup de connaissances et de ressources dans celui qui les a imaginés. Le succès du comte de Carbury mérite de faire époque dans les arts, sur-tout si l'on compare la simplicité de ses moyens avec ceux employés pour le transport de l'obélisque de St. Pierre, dont e poids n'était que de 750 milliers.

Le golfe de Finlande est rempli de petites îles d'où l'on tire une grande quantité de granite d'une couleur grisâtre, tacheté de blanc, de noir et de brun. Ce granite se trouve par couches de cinq à six pieds d'épaisseur; on en fait usage à Pétersbourg pour les murs de quais et autres grands ouvrages.

Les granites avec lesquels on a construit l'église de Saint-Isaac et une belle maison près du quai, ont été tirés du lac de Ladoga.

Pesanteur spécifique de différentes espèces de granites.

On appelle pesanteur spécifique le rapport du poids d'une matière quelconque avec un pareil volume d'eau que l'on suppose ordinairement de 1000 l. Cela posé, le poids d'un décimètre cube étant de 1000 grammes, le poids en grammes d'un pareil volume d'une matière quelconque indiquera aussi sa pesanteur spécifique.

De même la pesanteur spécifique d'une matière quelconque indiquera en grammes le poids d'un décimètre cube de cette matière.

Si au lieu d'un décimètre cube on prend un mètre cube ou stère, son poids en kilogrammes exprimera aussi sa pesanteur spécifique, parce qu'un mètre cube d'eau pèse 1000 kilogrammes.

Pour trouver la pesanteur spécifique d'une matière ou celle d'un mètre, décimètre, ou pied cube, sans être obligé de lui donner cette forme, il faut peser cette matière dans l'air et dans l'eau, et faire cette proportion, 1000 est à la quantité de poids que cette matière perd dans l'eau, comme son poids dans l'air est à sa pesanteur spécifique.

EXEMPLE.

Soit un morceau de granite, d'une forme quelconque qui pèse dans l'air 17 onces 2 gros, et dans l'eau 11 onces 2 gros, en sorte qu'il perd 6 onces 5 gros de son poids, c'est-à-dire que son volume est égal à celui de 6 onces 5 gros d'eau : on fera la proportion 6 onces 5 gros: 1000 :: 17 onces 2 gros: sa pesanteur spécifique que l'on trouvera = 2698: c'est-à-dire que le mètre de cette matière peserait 2698 kilogrammes, et le décimètre cube 2698 grammes.

Le poids d'un pied cube d'eau étant de 70 livres, on trouvera celui d'un pied cube d'une matière quelconque dont on connaît la pesanteur spécifique, en la multipliant par 70, et divisant le produit par 1000. Ainsi en multipliant 2698 par 70 et divisant le produit par 1000, on trouvera le poids de l'espèce de granite dont on vient de parler, de 189 livres 10 onces 6 gros. C'est par de semblables opérations que nous avons dressé la table ci-après.

TABLE

De la pesanteur spécifique de plusieurs espèces de granites exprimant le poids d'un décimètre cube en grammes, et celui d'un mètre cube en kilogrammes. La seconde colonne indique le poids d'un pied cube de ces mêmes granites en livres, onces, gros et grains.

	Pesanteur spécifique.	Poids d'un pied cube.			
	Kilog. ou gram.	Liv.	onc.	gr.	g.
Granite rouge d'Egypte.	2654	185	12	4	53
Autre d'un beau rouge	2760	193	4	1	48
Autre couleur de chair.	2583	180	12	4	71
Granite jaune	2663	186	6	7	12
Granite gris aussi d'Egypte.	2728	190	15	1	71
Granite vert. . . . , ...	2887	202	2	0	0
Granite vert tacheté de rouge. . . .	2694	188	8	7	40
Granite bleu de Carinthie	2956	206	15	1	25
Granite rayé.	2717	190	3	4	58
Granite du Canada	2704	189	4	1	11
Granite rouge de Laponie.	2579	180	8	6	38
Granite de Russie.	2630	184	2	0	28
Granite de Danemarck.	2697	188	12	5	9
Granite rouge de Baden Weiler . .	2627	183	14	1	66

	Pesanteur spécifique.	Poids d'un pied cube.			
	Kilog. ou gram.	Liv.	onc.	gr.	g.
Granite gris de Baden Weiler. . . .	2665	186	8	4	44
Granite gris cendré, idem	2635	184	7	2	36
Granite violet d'Hochberg.	2677	187	6	3	51
Granite violet tacheté, idem	2539	177	11	3	47
Granite de Sausemberg.	2638	184	10	6	20
Granite de la Nouvelle Castille . . .	2657	186	0	5	64
Granite des Pyrénées.	2673	187	1	6	70
Granite rouge des Vosges	2696	181	12	0	46
Granite rouge à grains fins, idem . .	2579	180	8	7	31
Granite gris, idem	2716	190	1	3	56
Autre, idem	2640	184	12	2	58
Granite à grains fins près de la mine de St. Brisson; idem.	2642	184	15	1	16
Granite violet de Gyromagny dans les Vosges	2685	187	15	3	28
Granite de la vallée de Girard-Mer, id.	2716	190	2	2	3
Granite vert, idem	2854	199	12	3	60
Granite rouge du Dauphiné	2643	185	0	2	13
Granite vert, idem	2684	187	13	5	4
Granite rayé, idem	2668	186	11	7	35
Granitelle du Dauphiné	2846	199	4	0	46
Autre, idem.	3063	214	6	0	5
Gran. rouge de Semur en Bourgogne.	2638	184	11	0	5
Granite gris de Bretagne.	2738	191	10	2	50
Granite jaunâtre, idem.	2614	182	15	1	62
Granite gris de Normandie, appelé carreau de Gathmos	2662	186	5	3	37
Autre dit du Champ-du-Bout	2643	185	0	1	20

ARTICLE IX.

DES PORPHYRES ET DES MARBRES ANTIQUES.

LE porphyre est un caillou de roche opaque plus dur que le granite, dont les parties sont plus compactes et mieux liées. La base de cette espèce de pierre est le *petrosilex*, et les petites taches dont il est marqueté sont de quartz laiteux ou de feldspath ; on y voit aussi de points noirs et brillants. Il se trouve du porphyre rouge et du vert. Le premier est d'un rouge foncé, couleur de pourpre, dont il tire son nom ; il est semé de petites taches irrégulières blanchâtres, et quelquefois de noires et brillantes. Celui dont les taches sont jaunes est appelé brocatelle d'Egypte.

Le porphyre vert a des taches plus grandes, il s'en trouve de presque carrées, des rectangulaires et de formes irrégulières ; elles sont blanches et verdâtres sur un fond presque noir. Les anciens l'appelaient ophites ou serpentin, à cause de sa ressemblance avec la peau de certains serpents. Les Italiens modernes le désignent sous le nom de *verde antico* ou *serpentino antico orientale*.

Les anciens faisaient usage du porphyre pour des colonnes, des cuves de bains, des tombeaux, des figures, des vases, des tables et des pavés. Ils tiraient leurs porphyres d'Egypte, de Numidie, d'Ethiopie, des bords de la Mer Rouge, des isles de l'Archipel, et de quelques endroits de l'Italie,

La dureté extraordinaire de cette pierre a fait croire que les anciens avaient une manière particulière pour la travailler, et un secret pour la trempe des outils, qui ont été perdus; cependant on en fait encore des vases, des colonnes et des ouvrages précieux. Léon Baptiste Alberti prétendit avoir trouvé un moyen de donner aux outils une dureté assez grande pour le travailler comme le marbre, en les trempant avec du sang de bouc; mais l'expérience n'ayant pas répondu à ses prétentions, en 1555, le duc Côme de Médicis chercha, en distillant différentes herbes, une liqueur qui pût produire ce que ne faisait pas le sang de bouc. Il crut l'avoir trouvé. Un artiste, nommé François Tadda, fit avec des outils ainsi trempés, un bassin et quelques bas-reliefs; ce qu'on n'avoit pas encore exécuté. Les modernes n'avaient pu jusqu'alors donner au porphyre qu'une forme ronde, ou plate. La découverte de Côme de Médicis n'a pas eu de suite, ou parce qu'elle n'était pas aussi réelle qu'il le croyait, ou parce qu'il a gardé son secret, le sang du bouc et les liqueurs distillées n'ayant pas probablement plus de vertu pour la trempe des outils que l'eau commune dont on se sert ordinairement pour cet objet. On ne cherche en trempant les outils que l'avantage de les rendre plus durs en rapprochant leurs parties. Ainsi toute liqueur qui aura un certain degré de froid, pourra produire cet effet; Guettard pense que l'eau commune est pour le moins aussi bonne que toutes les liqueurs distillées et le sang de bouc, ou d'autres animaux; il ne s'agit peut-être, pour réussir à travailler le porphyre et exécuter ce que faisaient les anciens, que d'y mettre beaucoup de temps, et d'y apporter de la patience et de la persévérance. C'est ce que j'ai éprouvé en faisant travailler sous mes yeux plusieurs ouvrages de cette matière par un ouvrier adroit et patient.

Il est à présumer que ce ne fut que sous le règne des Ptolomées, que l'on commença à travailler le porphyre. Dans la suite les Empereurs romains l'employèrent pour la décoration des thermes et de leurs palais ; ils en firent faire des colonnes, des cuves pour les bains, des tombeaux, des vases, des bustes, et même des statues.

Des colonnes.

Les plus grandes colonnes de porphyre qui existent sont celles qui sont à Ste Sophie de Constantinople, auxquelles Daviler donne 40 pieds de haut. Il s'en trouve une très-grande quantité à Rome, mais pas d'aussi hautes.

Dans l'église de Saint-Paul hors les murs, on compte trente colonnes de porphyre, dont quatre de 20 pieds 7 pouces 6 lignes de haut (6 mètres 7 décimètres) sur 2 pieds 7 pouces de diamètre (839 millimètres).

Les huit colonnes de porphyre du baptistère de Saint-Jean de Latran sont très-belles, mais elles sont inégales ; le diamètre des plus grosses est de 21 pouces (568 millimètres) sur 14 pieds de haut (4 mètres 548 millimètres).

Les colonnes des petits autels du Panthéon de Rome ont 16 pouces 6 lignes (447 millimètres) sur 10 pieds 10 pouces ⅔ (3 mètres 537 millimètres) de hauteur.

On compte 16 colonnes de porphyre à Ste Marie Majeure, 4 à St. Barthelemy dans l'Isle, 4 à St. Marc, 4 à Ste Marie de Transtevère, 4 à St. Laurent hors les murs, 2 à Ste Marie de la Navicella, et 2 à S. Pancrace.

Tombeaux antiques.

Un des plus beaux est celui qu'on attribue à Agrippa, placé autrefois dans une des grandes niches extérieures du Panthéon de Rome, et qui en a été retiré pour être employé au mausolée de Clément XII, à St. Jean de Latran. Sa longueur est de 7 pieds 4 pouces (2 mètres 382 millimètres) sur 4 pieds un pouce de largeur (1 mètre 326 millimètres), et autant de hauteur.

Dans l'église de Ste Constance, hors les murs, est un superbe tombeau de porphyre orné de bas-reliefs en forme de frise, avec des enfants qui vendangent; des têtes, des guirlandes et des figures d'animaux. Ce tombeau est de deux pièces, la partie formant le coffre a 7 pieds 5 pouces et demi de long (2 mètres 423 millimètres) sur 5 pieds de largeur (un mètre 624 millimètres), et 3 pieds 10 pouces de haut (un mètre 245 millimètres). L'autre pièce formant le dessus a 7 pieds 7 pouces et demi de long (2 mètres 476 millimètres) sur 5 pieds 2 pouces de large (un mètre 678 millimètres), et un pied d'épaisseur (324 millimètres).

Le tombeau de Ste Hélène qui est à St. Jean de Latran, est de même matière et de même forme, orné de sculptures.

On voit au Muséum du Vatican un des plus grands tombeaux de porphyre qui soient à Rome, il fut trouvé avec celui de Ste Hélène sur la voie Labicane, près du chemin de Palestrine; il est orné de bas-reliefs, où l'on voit un lion et trois enfants avec des festons; un combat à cheval et des prisonniers au-dessous.

Dans l'église de St. Jean et St. Paul, l'autel de St. Saturnin est formé d'un beau tombeau de porphyre, dans lequel repose le corps de ce Saint.

A Ste Marie Majeure l'autel pontifical est composé d'un tombeau antique de porphyre, dont la longueur est de 7 pieds (2 mètres 274 millimètres) sur 3 pieds 10 pouces de large (un mètre 245 millimètres), et 2 pieds de haut (650 millimètres).

Le tombeau de Carle Maratte, qui est dans la rotonde des thermes de Dioclétien, faisant partie de l'église de Ste Marie des Anges, est formé par une urne antique de porphyre.

Le tombeau du comte de Caylus, placé dans l'église de St. Germain l'Auxerrois, vient du palais Vorospi à Rome, il fut acheté par M. Bouret, et cédé à M. le comte de Caylus, qui en a donné la description dans le Tome VIII de ses Antiquités. Selon M. Lalande, c'est le seul tombeau de porphyre qui soit à Paris.

Dans l'église de St. Nicolas *in carcere*, près de la place de Montanara, on voit sous le grand autel un ancien tombeau de porphyre noir, où il y a deux têtes égyptiennes en relief. Ce porphyre est remarquable, parce qu'on le croit unique en son espèce.

A Ravenne, dans le couvent de St. Apollinaire, existe le tombeau du roi Théodoric, formé d'une cuve en porphyre de 8 pieds de long (2 mètres 599 millimètres, sur 4 de hauteur (un mètre 299 millimètrss), et autant de largeur, provenant de quelques bains antiques.

La cuve du roi Dagobert, qui se voyait à Saint-Denis, avait 5 pieds 3 pouces de long (1 mètre 705 millimètres) sur 2 pieds 2 pouces de large (704 millimètres), et 16 pouces de profondeur (433 millimètres). Dagobert la fit venir de Poitiers où elle servait de fonds baptismaux.

Du vert antique ou porphyre vert.

Colonnes.

Les plus belles et les plus grandes colonnes faites de cette espèce de porphyre, sont les deux qui se voient au palais des Conservateurs au Capitole à Rome; elles ont 11 pieds de haut (3 mètres 573 millimètres) sur environ 17 pouces de diametre (460 millimètres).

Les niches qui décorent la nef de l'église de St. Jean de Latran sont ornées de 24 colonnes de vert antique, mais elles sont d'un petit diamètre.

Les quatre de la chapelle du St. Sacrement qui sont les plus grandes, n'ont guères que 3 mètres.

A St. Paul des Trois Fontaines, il y en avait deux fort belles qu'on a transportées au muséum du Vatican.

Dans l'église de Ste Marie *in Campitelli*, l'autel de la chapelle de Ste Anne est orné de deux colonnes de vert antique.

On en voit aussi de fort belles à la ville Borgheze, à la ville Médicis, au palais Justiniani.

Dans les ruines du palais des Césars qui ont été découvertes, dans les jardins Farnèse, près l'arc de Titus, on a trouvé des débris de fort grosses colonnes de vert antique brisées et gâtées par le feu.

Les cathédrales de St. Marc à Venise, de Pise sont décorées d'une infinité de colonnes tirées des anciens édifices de Constantinople, dont plusieurs sont en porphyre, et en vert antique.

Figures.

Il se trouve beaucoup de bustes d'empereurs , faits en porphyre, et plusieurs figures , entr'autres La Rome antique du Capitole.

Tous ces ouvrages prouvent la magnificence des anciens dans la décoration de leurs édifices , et la perfection à laquelle ils avaient porté l'art de travailler les matières les plus dures , et de les creuser pour en former des cuves assez grandes pour servir de bains à plusieurs personnes, telles que celle qui forme le tombeau de Théodoric auprès de Ravenne.

Des marbres antiques.

Les anciens comprenaient sous le nom de marbre toutes les pierres dures , dont le grain était assez fin et la texture assez compacte pour recevoir la taille et le poli. L'étymologie du mot marbre , qui vient du grec *marmarein*, signifiant reluire , briller , prouve que ce mot convient à toutes les espèces de pierres susceptibles du poli, c'est pourquoi les anciens ont compris dans le nombre des marbres les granites , les porphyres , les jaspes et les albâtres.

Il a plu aux lithologistes modernes de n'admettre dans la classe des marbres que les pierres calcaires qui peuvent être polies. Mais les architectes et les constructeurs qui ne considèrent les marbres , que par rapport à l'effet qu'ils produisent, peuvent très-bien ranger dans cette classe toutes les espèces de pierres que les anciens y comprenaient.

Des marbres verts.

Il y a une espèce de marbre vert différent de l'espèce de porphyre que nous avons désigné sous le nom de vert antique, et que les Italiens désignent sous le nom de *ver-dello*. Ce marbre est beaucoup moins dur, et présente un mélange de vert tendre et de vert foncé, avec des points noirs.

Il y a une autre espèce de marbre vert que les anciens appelaient laconique, et d'autres qu'on tirait du mont Taigette.

Les marbres qui portaient le nom d'Auguste et de Ti-bère étaient aussi verts; celui d'Auguste était semé de pe-tites taches, et celui de Tibère était coquillé comme le lumachello antique.

Le *cipolino antico* est veiné de blanc, de jaune doré, et d'un gris tirant sur le vert; les anciens Romains le dé-signaient sous le nom de *lapis phrygius*, marbre phrygien. Les dix colonnes qui restent du temple d'Antonin et Faus-tine sont de ce marbre; elles ont 4 pieds 6 pouces de dia-mètre (un mètre 462 millimètres) sur 36 pieds de haut (11 mètres 694 millimètres).

Le vrai jaune antique est d'une seule couleur, d'un beau jaune doré susceptible d'un très-beau poli; il est fort rare et ne s'emploie que par incrustation. On croit que c'est celui dont il est parlé dans Pausanias, qui se tirait près de La-cédémone.

La brèche de jaune antique est un marbre superbe veiné de rouge et de jaune fondus ensemble, avec quelques veines blanches; il prend un très-beau poli. Les grandes colonnes de l'intérieur du Panthéon de Rome paraissent être de cette espèce de marbre, elles ont 3 pieds 5 pouces 4 lignes de diamètre (un mètre 120 millimètres) sur 27 pieds 4 pouces de haut (8 mètres 770 millimètres).

Il y a une autre brèche jaune antique qui est aussi un

bien beau marbre, imitant la brocatelle; il est semé de
petites taches jaunes, rouges et verdâtres, distinguées par
des traits noirs.

Le portor est un superbe marbre noir, avec des veines
d'un jaune doré; il se tirait du port de Lune, auprès de
Carrare. Il y avait deux colonnes de cette espèce de marbre
au mausolée de Charles de Valois dans l'église des Mini-
mes de la place royale, deux autres à la chapelle de Ros-
taing, dans l'église des Feuillants et dans l'appartement
des bains de Versailles; ces dernières avaient 11 pieds de
long (3 mètres 573 millimètres).

Le marbre appelé par les Italiens *rosato antico* présente
de grandes taches jaunes et rouges fondues ensemble; c'est
un fort beau marbre qui se polit bien.

La brèche antique de Rome est un assez beau marbre
tacheté de jaune, de gris et de rouge.

Le marbre rouge antique appelé *Aegyptium* était d'une
seule couleur; on en voit une figure au muséum du Capitole à Rome.

Le *synnadicum* ou *docinjenum* était un marbre d'une
grande beauté, il était blanc veiné de rouge; il se tirait
près de la ville de Synnada dans la Carie: on en trouvait
aussi dans l'Asie Mineure auprès du fleuve Méandre. Les
Romains faisaient venir des colonnes et de très-grandes
tables de ce marbre dont ils se servaient pour revêtir les
murs de leurs plus beaux édifices.

Il y a une espèce de marbre antique appelé *nero* et *bianco*
par les Italiens; il est mélangé de blanc, de noir et de jaune.

Le marbre *lumachello* est ainsi appelé, parce qu'il est
rempli de taches grises, noires et blanches, tournées
comme des petites coquilles de limaçons. On ne connaît

pas les carrières dont les anciens la tiraient. Il y a une
espèce de *lumachello* moderne en Italie, qui diffère peu
de l'antique. Les douze colonnes composites cannelées de
la chapelle de Strozzi, dans l'église de Saint-André de la
Valle à Rome, sont de ce marbre.

Le marbre africain est un superbe marbre mélangé d'un
rouge couleur de chair, et d'un rouge sanguin-foncé, avec
des veines obscures et noires, fort minces et ondoyantes;
il est d'une grande dureté, et reçoit un fort beau poli. Ce
marbre est très-rare, et ne s'emploie que par incrustation :
on ne sait pas d'où les anciens le tiraient.

Il y a une autre espèce de marbre africain antique mélangé de blanc et de noir, avec des taches qui forment
comme des isles.

Le marbre appelé par les Italiens *pidochioso* est un marbre grisâtre tacheté de petits points noirs, gris et jaunes,
qui lui ont fait donner ce nom, qui signifie pouilleux.

Celui qu'ils appellent *imboscato* venait du mont Sinaï;
il est d'un blanc roux, avec des ramifications qui forment
comme des arbres.

La brèche antique appelée *porta santa* est un beau
marbre mélangé de taches inégales, bleues, blanches,
rouges et grises, on ne sait pas d'où les anciens le tiraient.

Le cynite était un marbre oriental que les anciens tiraient de l'Arabie; il est rempli de taches singulières, dont
quelques-unes ressemblent à la tête d'un chien, et lui ont
fait donner ce nom.

Le marbre numidique était assez beau, sa couleur tirait
sur le gris, avec de petites taches jaunes. Vospicus dit que
l'empereur Tacite fit présent de cent colonnes de ce marbre
aux habitants d'Ostie, pour décorer leurs édifices publics.

TOM. I.   P

et que ces colonnes avaient 23 pieds romains de hauteur,
qui font environ 21 pieds de Paris (6 mètres 822 millimètres).

Les grandes cuves des fontaines de la place du palais
Farnèse à Rome sont de cette espèce de marbre ; l'une de
ces cuves a 18 pieds 2 pouces de long (5 mètres 901 millimètres) sur 9 pieds 1 pouce de large (2 mètres 951 millimètres), et 3 pieds 6 pouces de haut (1 mètre 137 millim.)
L'autre a 18 pieds 6 pouces de long (6 mètres 10 millim.)
sur 10 pieds 9 lignes de large (3 mètres 269 millimètres),
et 4 pieds 2 pouces 9 lignes de haut (un mètre 374 millimètres). Ce marbre numidique est une espèce de granite.

Pline prétend que les premiers marbres de couleurs
mélangées qui furent amenés à Rome, venaient de l'isle de
Chio et de l'isle de Rhodes.

On tirait de la Thébaïque dans la Haute Égypte, entre
l'isle de Philé et Syene, une espèce de marbre ou de granite dont le fond était blanc, avec des veines et des taches
rondes en forme de goutes d'un jaune doré.

Les marbres qu'on tirait de Syene étaient d'une couleur
tirant sur le noir, avec des taches rousses. Capitolin dit
que l'empereur Gordien fit venir des colonnes de ces deux
espèces de marbres ou plutôt de granites.

Le marbre appelé *carystium* se tirait de l'isle d'Eubée,
aujourd'hui Negrepont, auprès de la ville de Caryste. Les
carrières se trouvaient dans une montagne près du rivage
aux endroits appelés Styra et Marmoreum ; on en tirait
des colonnes d'une seule pièce. Quelques auteurs prétendent que ce marbre était d'un vert mélangé, et passait pour
être un des plus précieux, ce qui pourrait faire présumer
que c'est celui que les Italiens nomment *verdello*.

Strabon qui vivait du temps d'Auguste, dit qu'on tirait de Luna, auprès du golfe de la *Spezzia*, de très-grands blocs de marbres blancs et de couleur qu'on conduisait par mer et par le Tibre jusqu'à Rome ; ces marbres étaient les mêmes que ceux que nous appelons marbres de Carare.

Les marbres du mont Himete, près d'Athènes, servaient à faire des colonnes dont on faisait beaucoup de cas à Rome. C'est une espèce de marbre blanc veiné, plus beau que le marbre penthélique employé à la construction des temples d'Athènes.

On tirait de l'isle Brattia, sur les côtes de Dalmatie, un marbre à peu-près de même qualité.

Les plus beaux marbres blancs dont les anciens ont fait usage sont :

1º. Le marbre de Paros, une des isles de l'Archipel ; ce marbre qui est un peu transparent ressemble à de l'ivoire : c'est celui qui a été employé pour les plus belles figures antiques. Les anciens Grecs l'appelaient lychnite, parce qu'on le tirait de grottes profondes à la lueur des lampes.

2º. Le marbre du port de Luna, était plus blanc que celui de Paros ; le marbre de Carare employé par les sculpteurs modernes est moins beau que celui de Luna, dont les carrières sont épuisées.

3º. Le marbre thasien qu'ils tiraient de l'isle de Thaso dans la mer Egée.

4º. Celui de l'isle Proconnèse, dans la Propontide, aujourd'hui mer de Marmara. On prétend que le nom de Marmara a été donné à cette mer à cause de la quantité de marbres que l'on tirait de l'isle de Proconnèse et de plusieurs autres endroits des côtes de cette mer.

5º. Le *lygdinus* qui était transparent comme de l'albâtre,

dont les plus grands morceaux ne passaient pas une coudée ou un demi-mètre ; il se tirait de l'isle de Paros.

6°. Celui appelé *coraliticus lapis* était un marbre semblable au précédent, qui se tirait de l'Asie Mineure.

7°. Le marbre arabique avait toutes les bonnes qualités
de marbre de Paros, et le surpassait en blancheur.

8°. Celui de l'isle de Chio, se tirait du mont Pelleno
qui est la plus haute montagne de l'isle ; on en pouvait
tirer des blocs de toute grandeur ; c'est probablement de
ce marbre qu'est la colonne d'une seule pièce érigée devant l'église de Ste Marie Majeure, dont la hauteur est de
15 mètres 998 millimètres (49 pieds 3 pouces), et le diamètre du bas d'un mètre 847 millimètres (5 pieds 8 pouces
3 lignes). Cette colonne est plus grande que celles du
portail du Panthéon français, dont le fût a 15 mètres 781
millimètres (48 pieds 7 pouces), et le diamètre du bas
d'un mètre 786 millimètres (5 pieds 6 pouces).

9°. Le marbre blanc cappadocien était si transparent
qu'on le débitait en lames minces pour garnir les fenêtres.
Les plus grands blocs n'excédaient pas 5 pieds romains
(1 mètre 489 millimètres). On dit que Néron en fit faire
dans son palais un temple dédié à la Fortune Seïa, dont
les murs étaient si transparents, qu'on y voyait distincte-
ment, les portes fermées, quoiqu'il fût sans fenêtres.

Les marbres noirs antiques sont le ténarien, le lydien,
l'alabandique. Celui qui portait le nom de Lucullus, venait de l'isle de Chio.

Le basalte qui, selon Pline, venait de la haute Egypte
ou de la Thébaïde, est une espèce de lave d'un gris noir
et quelquefois verdâtre. Cette pierre a le tissu serré, le
grain fin, et prend un beau poli ; elle est brillante dans

ses fractures, on n'y découvre point de corps étrangers ;
sa dureté la rend difficile à travailler. Le basalte antique
est très-rare ; on trouve cependant à Rome des statues
faites de cette pierre, sur-tout des figures égyptiennes. Les
lions qui sont à l'escalier du capitole et les sphinx de la
Villa Borghese sont de basalte noir.

Dans le duché des Deux-Ponts, la montagne de Lands-
berg offre une masse de rocher qui paraît être un véritable basalte. La bande de ce rocher se prolonge à l'Ouest
par le vallon de Sitters.

La montagne de Meisner, dans la Basse-Hesse, renferme
un amas de houille et de bois fossile recouvert par un
massif très-considérable de basalte. Cette couche dont la
surface inférieure forme des sinuosités sans cesser néan-
moins d'être continue, a une épaisseur qui varie depuis
quelques pieds jusqu'à plusieurs toises.

Quoique le basalte soit un produit volcanique, M.
Gioeni, professeur d'histoire naturelle à Catane en Sicile,
observe cependant, dans son Essai sur la Lithologie du
Vésuve, que le basalte y est très-rare, tandis qu'il est
très-commun à l'Etna qui paraît en être composé, depuis
sa base jusqu'à son sommet.

Le basalte se trouve souvent par colonnes prismatiques
dont la base est un polygone ; on en voit de cette manière
à St. Tiberi près d'Agde, au Puy-du-Dome près de Clermont, dont les prismes sont réguliers et articulés de toutes
sortes de grosseurs. On en trouve en Italie du côté de
Padoue, qu'on avait pris pour des monuments étrusques.

La pierre de stolpen, en Poméranie, est de même genre,
les colonnes prismatiques qu'elle forme ont jusqu'à 14
pieds de hauteur d'une seule pièce (4 mètres 548 milli-

mètres). Les polygones qui forment leurs bases ont depuis
cinq jusqu'à huit côtés; il y en a aussi de quadrangulaires
qui ressemblent à des pièces de bois équarries. La position
de ces prismes est perpendiculaire au sol ; ils sont placés
les uns à côté des autres comme des tuyaux d'orgue. Il s'en
trouve aussi en Allemagne auprès de Marienbourg.

Les carrières les plus curieuses de cette espèce de pierre
sont celles appelées la chaussée des Géants, dans le comté
d'Antrim, au nord de l'Irlande. Elles présentent un assemblage immense de prismes, dont quelques-uns ont plus de
40 pieds de hauteur (13 mètres); mais ils diffèrent de la
pierre de Stolpen en ce que les prismes ne sont pas d'une
seule pièce, mais composés d'articulations qui les divisent
en plusieurs morceaux posés l'un sur l'autre. Les joints naturels de chaque articulation sont formés par des surfaces
convexes et concaves, qui s'ajustent exactement l'une avec
l'autre. Chaque morceau a environ 18 pouces de haut (un
demi-mètre), et 20 pouces de diamètre (542 millimètres).
Cette carrière immense forme une espèce de digue composée de plus de 30 mille prismes.

Le basalte vert foncé des anciens est infiniment plus
précieux et plus rare que les basaltes gris et noirs.

Les plus beaux morceaux qui nous soient parvenus sont,
1°. la cuve ovale qui forme les fonds baptismaux du bap-
tistaire de St. Jean de Latran à Rome ; elle est d'un basalte
noir tirant sur le vert: sa longueur est de 5 pieds (un
mètre 624 millimètres) sur 2 pieds 6 pouces de large (812
millimètres).

2°. Deux tombeaux d'un vert foncé avec des veines de
Chalcédoine, découverts en 1762 dans une vigne près de
l'église de St. Cesaire et des thermes de Caracalla. La lon-

gueur de ces tombeaux est d'environ 6 pieds (2 mètres).
Ces tombeaux sont les seuls morceaux de basalte de cette
espèce que l'on connaisse. Les couvercles ont été achetés
par la Russie.

Les anciens faisaient usage pour la décoration intérieure
de leurs palais d'une infinité de pierres et de marbres précieux, tels que les albâtres orientaux, les onices, les jaspes
qu'ils employaient en petites colonnes et en incrustation
pour les revêtements des murs. C'est ainsi qu'était dé-
coré l'intérieur des palais de Rome, de Constantinople
et d'Alexandrie, sous le règne des Empereurs et sous celui
des Ptolomées. Les Grecs ni les anciens Romains n'ont pas
été aussi somptueux.

De l'albâtre.

L'albâtre est une espèce de marbre demi-transparent,
moins dur que le marbre ordinaire, et dont la texture fine
et compacte est susceptible d'un très-beau poli. Le vrai
albâtre ne diffère du marbre que par la finesse et l'arrangement de ses parties qui le rendent transparent. Il fait
effervescence avec les acides, se calcine au feu, et produit
tous les effets de la pierre calcaire; sa couleur la plus ordinaire est blanche, il y en a de grisâtre, de rougeâtre, de
jaunâtre; veinés, rayés, jaspés, et de plusieurs couleurs:
le plus transparent est celui qui est d'un blanc de cire.

Les anciens distinguaient deux sortes d'albâtres, l'albâtre oriental et l'albâtre commun; le premier, qui est le
plus beau, se tirait des montagnes d'Arabie. Il en venait
aussi de Carmanie, de Syrie et d'Egypte. L'albâtre commun venait de Grèce, d'Italie et de Germanie.

L'albâtre de Damas passait pour être le plus blanc ; celui d'Egypte se trouvait en plus grandes masses.

L'albâtre appelé *onix* était le plus estimé, le premier qui fut apporté à Rome venait d'Arabie en petits morceaux ; on en faisait des coupes à boire, des vases et des pieds pour les lits et les sièges ; dans la suite on en fit des statues et des colonnes. Pline cite, comme une chose extraordinaire, des colonnes de 32 pieds romains de hauteur (9 mètres 528 millimètres).

L'albâtre d'Egypte se tirait de la Thébaïde, près d'une ville appelée Alabastron, nom qui semble indiquer qu'il s'en trouvait des carrières abondantes dans les environs, et qu'il s'en faisait un grand commerce dans cette ville. A la Villa Albani on voyait une statue d'Isis en albâtre d'Egypte, et deux grands vases d'environ 7 pieds de diamètre (2 mètres $\frac{1}{3}$). Il existe à Rome plusieurs colonnes d'albâtre ; mais leur grandeur ne passe pas 9 à 10 pieds (3 mètres $\frac{1}{4}$).

Les albâtres dont on vient de parler sont tous calcaires ; mais il est bon de prévenir que plusieurs lithologistes ont compris, dans la classe des albâtres, une espèce de gypse qui en a toutes les apparences, mais il est moins dur. Ce faux albâtre est quelquefois désigné sous les noms de gypse solide ou alabastrite ; c'est une espèce de pierre à plâtre dont il a déjà été fait mention à l'article IV.

On a découvert à Lagny, près de Paris, une carrière de cet alabastrite, qui est très-beau, dans laquelle il se trouve des morceaux de preque toutes les teintes de l'albâtre oriental. On en forme des tablettes, des vases, des colonnes, des chambranles de cheminée, quelques-uns de ces vases et colonnes sont creusés et disposés de manière à pouvoir placer à l'intérieur une bougie allumée, dont la lumière

en traversant l'épaisseur, éclaire en transparent à une certaine distance, ce qui produit un très-joli effet. On remarque, comme une particularité, que cette carrière d'albâtre
gypseux est située au milieu d'un pays calcaire.

Il se trouve des albâtres de ces deux espèces en Allemagne, en Suisse et même en Angleterre; il s'en trouve
aussi en Italie et en France.

Albâtres d'Italie.

La Sicile fournit un très-bel albâtre blanc, dont on peut
faire des vases et des statues; il vient du territoire d'En-
tella, dans la vallée de Mazara.

En Toscane, dans les environs de *Volterra*, on trouve
plusieurs sortes d'albâtres et sur-tout du blanc; il est fort
beau et transparent.

Celui appelé *alabastro della Cecina* est d'un blanc sale
brouillé de gris.

L'*alabastro bigio di Volterra* est aussi d'un gris brouillé,
mais il est pointillé de blanc.

L'albâtre que l'on tire de *Cotognino*, de *Montacuto* et
de *Montieri* est d'un jaune brun, couleur de sucre brûlé;
il est veiné de plusieurs nuances, et prend un beau poli.

Celui appelé *alabastro giallo di Volterra* est d'un blanc
jaunâtre veiné de jaune.

L'albâtre *pecorello* est brouillé de blanc et de gris jaunâtre.

On trouve près de *Montieri* de fort jolis albâtres veinés
de brun, de jaune et de blanc, dont les veines sont fines,
ondulées et tranchées; c'est pourquoi on l'appelle *Liniato*.

Il y a une autre espèce d'albâtre rayé appelé *liniato di
Roma*; il est d'un blanc roux rayé d'un jaune olivâtre.

Albâtres de France.

A Berzé-la-Ville située à trois lieues de Mâcon, il se trouve deux carrières d'albâtre ; l'un est blanc et l'autre jaunâtre.

Auprès de Poligny, département du Jura, on trouve de l'albâtre très-blanc et transparent, et d'autre qui est jaspé.

Il se trouve aussi de bel albâtre blanc à Flexbourg en Alsace.

Il y a beaucoup d'autres endroits de la France où l'on trouve des albâtres, tels que les départements des Vosges, des Alpes et des Pyrénées ; mais nous ne les connaissons pas assez pour les décrire.

Des porphyres, jaspes, serpentins qui se trouvent en
France.

Dans le département de la Loire-Inférieure, à une demi-lieue de Château-Briant, près d'un village nommé Les Fougeraies, on trouve une espèce de porphyre dont les couleurs sont très-vives, il est parsemé de taches rouges et blanches, qui se détachent sur un fond violet foncé.

Le porphyre qu'on trouve dans les montagnes de l'Esterel et du Pujet, département du Var, est semblable au porphyre rouge antique; il en a la dureté. On prétend que les bustes et les urnes de la galerie de Versailles sont de ce porphyre, ainsi que la grande cuve de St. Denis. Il y a un grand rocher auprès de Roquebrune d'où l'on tire deux espèces de porphyres dont l'un est semblable au précédent et l'autre plus tendre.

On trouve dans ce même département des jaspes, des serpentins, des agathes, et même du lapis lazuli et de la pierre arménienne dans les montagnes dites Carquerane et Corello Negro, auprès de Toulon.

Les jaspes qu'on tire des environs de Fréjus, sont rouges et blancs, et ceux dés montagnes d'Esterel et du Pujet sont sanguins mêlés de beaucoup de vert.

Dans le département de la Côte-d'Or on trouve, dans un endroit appelé Fixin, du porphyre rouge semé de taches blanches, qui reçoit un beau poli; mais il est moins dur que celui d'Esterel.

On trouve aussi du porphyre dans le département des Vosges auprès de Remiremont.

Les porphyres modernes les plus connus qui se trouvent hors de France, sont ceux de Transylvanie, de Norwege, de Suède et de Saxe. Le porphyre rouge de Dalécarlie, province de Suède, et celui de Wilsdorf, en Saxe, sont fort beaux et comparables à ceux que les anciens tiraient d'Egypte et de Numidie.

ARTICLE X.

DES MARBRES MODERNES.

Marbres de France.

Il y a en France des marbres de toutes les espèces, aussi beaux que ceux d'Italie et d'Espagne; ils peuvent être comparés aux marbres antiques les plus estimés. Mais le préjugé que l'on a pour ce qui vient de loin, l'habitude, le défaut d'exploitation des carrières, sont les seules causes qui nous ont rendu tributaires des Italiens pour cet objet. Il se trouve des carrières de marbre dans presque tous les départements, leur nombre est de près de deux cents. Si l'on voulait décrire tous les marbres, ce travail formerait seul un ouvrage considérable; mais le détail suivant des principaux et des plus connus suffit pour faire voir combien la France est riche en cette matière, et qu'elle peut trouver chez elle ce qu'elle va chercher chez ses voisins.

Comme c'est particulièrement par la beauté et la variété des couleurs que la plupart des marbres contribuent à la magnificence et à la décoration des édifices, nous avons préféré de les arranger d'après leurs couleurs et leurs nuances, au lieu d'en faire l'énumération par départements, afin de ne pas confondre ceux qui sont de couleurs différentes. Chaque série commence par un marbre uni d'une seule couleur, ou par celui dont la teinte est la plus dominante. Les marbres dont les couleurs dépendent de cette teinte sont placés ensuite, en allant du plus simple aux plus composés; ainsi ceux qui ne diffèrent que par les nuances d'une même couleur, sont placés avant ceux de deux couleurs différentes, et ces derniers avant ceux de trois. Dans leur énumération on distingue la manière dont le mélange est fait, par les mots usités les plus propres à les indiquer tels que ceux de veinés, jaspés, diasprés, panachés, maculés, mouchetés, tigrés, picotés, pointillés, arborisés, etc., qui ont tous une signification différente, quoique plusieurs paraissent synonymes; ainsi le marbre tacheté diffère de celui qui est maculé; dans le premier les taches sont plus istinctes, dans le second elles se confondent; celui qui est moucheté les a rondes, le tigré les a plus petites et rangées plus régulièrement; on en peut dire autant de tous les autres mots. Ainsi un marbre veiné diffère d'un marbre jaspé ou diaspré; dans le premier les accidents ou variétés de teintes sont plus continus, et dans le troisième ils sont plus brouillés.

Marbres blancs et ceux où le blanc domine.

Première Série.

1. Il se trouve plusieurs carrières de marbre blanc dans les départements des Hautes et Basses Pyrénées, aux environs de Bayonne.

2. Un autre à environ un quart de lieue de Bagnères, dans un endroit appelé Medon. Ce dernier est le plus beau.

3. A Caune, dans le département de l'Aude, à quatre lieues de Carcassonne; mais il n'est pas aussi dur que le marbre blanc de Carare.

4. Il y a une carrière de marbre blanc à huit lieues de Moulins (département de l'Allier) auprès d'un village appelé Chatel, à une lieue de Jaligny.

5. Une autre auprès de Cluny, petite ville à quatre lieues de Macon (département de Saône et Loire).

6. Une autre à Chipal, près du mont Ste Marie (département de la Meuse).

Marbre de deux couleurs où le blanc domine.

7. On trouve aussi du marbre blanc veiné dans la plupart de ces carrières, sur-tout dans celles des Pyrénées.

8. Du marbre blanc et bleu veiné auprès de Laval (département de la Mayenne).

9. Du blanc et couleur de chair veiné et maculé qui se

trouve dans le territoire de Bigorre, près de Bagnères (département des Hautes-Pyrénées).

10. Blanc et rougeâtre près Brignoles (départem. du Var).

11. Du blanc et rouge appelé marbre de Hou, près de Dinant, dans le département de Sambre et Meuse.

12. Du blanc sale rayé de rouge qui se trouve dans les montagnes de Ste Baume (département des Bouches-du-Rhône).

Marbre de trois couleurs où le blanc domine.

13. Marbre blanc, bleu et rouge marqueté, qui se tire aux environs de la ville de Fontaine l'Evêque (département de Jemmapes).

14. Blanc, rouge et vert de la vallée d'Aure, près de Périgueux (département de la Dordogne).

15. Blanc, jaune et rouge mélangés, appelé marbre de Sainte Baume, imitant la brocatelle d'Espagne : il est fort beau et se tire du même endroit que le numéro 12.

16. Marbre blanc, jaune et rouge d'Aigualière, près de Tarascon (département des Bouches-du-Rhône. Ce marbre est fort beau, on l'appelle marbre de St. Remy, parce qu'il se travaille dans ce village.

17. Autre d'un endroit appelé Oreilles à 9 lieues d'Aix ; ce marbre est nuancé comme le précédent, mais plus beau.

18. Marbre blanc, rouge et jaune de Montbart (département de la Côte-d'Or).

Marbre de quatre couleurs où le blanc domine.

19. Marbre blanc, rouge brun, avec des veines blanches, cendrées et bleues, appelé marbre de Rance (département de Jemmapes).

20. Marbre de mêmes nuances qui se tire de Liessies à une lieue d'Avesnes (département du Nord).

Marbres bleus et autres où le bleu domine.

Deuxième Série.

21. Bleu turquin de Caunes (département de l'Aude).

22. Autre marbre bleu de Valle en Polières, à deux lieues d'Arbois (département du Jura). Ce marbre est assez beau.

23. Marbre bleu de Pleugastel, rade de Brest, (département du Finistère).

24. Marbre bleu et rouge qui se trouve dans le même lieu que le numéro 13.

25. Marbre dont le fond est bleu, avec des veines jaunes couleur d'or, des environs de Chatillon sur Seine (département de la Côte d'Or).

Marbre de trois couleurs où le bleu domine.

26. Marbre bleu jaspé de gris et de blanc des environs de Salins (département du Jura). C'est un très-beau marbre dont le grain est très-fin.

27. Marbre bleu avec de grandes taches noires mêlées de quelques filets d'un rouge pâle, des environs de Moulins (département de l'Allier).

Marbre de quatre couleurs où le bleu domine.

28. Marbre dont le fond est bleu tacheté de rouge, de noir et de gris, du même endroit que le précédent.

29. Bleu sale avec des taches brunes et noires, et des veines blanches, de Barbançon à trois lieues de Maubeuge (département de Jemmapes).

Marbres bruns et autres où cette couleur domine.

Troisième Série.

30. Marbre brun coquillé avec de taches blanches de Mont-Martin à deux lieues de Baume (département du Doubs).

31. Brun gris bariolé de plusieurs autres couleurs, de Dourlers (département du Nord).

Marbres cendrés et gris et autres où ces couleurs dominent.

Quatrième Série.

32. Marbre cendré veiné de blanc de la montagne de Fauche à six lieues de Perpignan (département des Pyrénées Orientales).

33. Cendré veiné de bleu de Rance (département de Jemmapes).

34. Autre qui se trouve dans le même endroit que le n°. 20.

35. Marbre gris blanc de Saint-Beat (département de Haute-Garonne).

36. Espèce de marbre gris veiné d'un spath blanc qui prend un beau poli, d'Entrevaux près d'un torrent qui tombe dans le Var, (département des Basses-Alpes).

37. Gris tacheté de Barbançon, qui se trouve au même endroit que le numéro 29.

38. Gris bleu de Bruxelles et de Tournay (départements de la Dyle et de Jemmapes).

39. Gris et couleur de fèves bariolé, du Val-de-Suson (département de la Côte-d'Or).

40. Autre de même nuance, appelé de Coarlon, même département,

41. Gris sale veiné de jaune, de Gilly près de Bourbon l'Archambault (département de l'Allier).

42. Gris et jaune jaspé, de Caunes (département de l'Aude. Il est fort beau.

43. Gris et rouge appelé Linghon, qui se tire près d'Ambleteuse (département du Pas-de-Calais).

44. Gris et rouge, de Salle-au-Roi (département du Cher).

45. Gris rouge appelé de Cerfontaine près de Philippe-Ville (département des Ardennes).

46. Gris brun, de la Charance et de Morgon, près de Gap (département des Hautes-Alpes). Il est légèrement tacheté de gris et facile à tailler; il prend un beau poli.

47. Gris noir veiné de blanc sale, de Cartraves, à deux lieues de Quintin (département des Côtes d. Nord).

Marbre de trois couleurs où le gris domine.

48. Marbre gris et noir avec des veines blanches, de Grandrieux à trois lieues de Maubeuge (département du Nord).

49. Gris avec des taches noires et des veines jaunes et brillantes appelé de l'Estendar, auprès de Saint-Maximin (département du Var).

50. Gris jaune de sang transparent comme l'agathe, connu sous le nom de Serancolin, (département des Hautes-Pyrénées).

51. Marbre grisâtre bariolé de taches rondes et rougeâtres avec un tissu rayé, appelé de Cousance, près la ville de Lons-le-Saulnier (département du Jura).

52. Le marbre de Sirod, même département, a les mêmes nuances; mais il prend un plus beau poli.

Marbres jaunes et autres où cette couleur domine.

Cinquième Série.

53. Marbre à fond jaune maculé de même, et veiné de bleu foncé, qui se tire dans le village de Brue à deux lieues de Rennes (département d'Ille et Villaine).

54. Marbre jaune et rouge appelé marbre d'Antin ou de Veyrette; le brun est fort estimé, il se tire près de Bagnères (département des Hautes-Pyrénées).

55. Jaune avec des veines pourpres, de Cargoloin près de Nuits (département de la Côte-d'Or).

56. Jaune rougeâtre picoté de rouge foncé ; c'est une espèce de bréche qui prend un fort beau poli, elle se tire à un quart de lieue d'Arc sur Tille (départ. de la Côte-d'Or).

57. Marbre à fond jaune ou café clair, avec des taches couleur de chair, qui se tire près de Melin sur Arches, même département que le précédent.

Marbres à trois couleurs où le jaune domine.

58. Jaune rayé de rouge, avec des veines blanches, de Sablé (département de la Sarthe). Il est d'une nuance fort agréable.

59. Rouge, gris et noir, appelé à Paris bréche d'Alep, se tire de Toronet à une lieue de la ville d'Aix (département des Bouches-du-Rhône). Ce marbre est fort estimé et prend un beau poli.

60. On trouve dans les environs un autre marbre des mêmes nuancés plus jaune, plus bariolé et plus beau ; c'est une espèce de brocatelle appelée marbre de Beaurecueil à une demi-lieue d'Aix.

Marbres noirs d'une seule couleur.

Sixième Série.

61. Noir de l'isle Ronde au-delà de Brest (département du Finistère).

62. Noir, de Laval (département de la Mayenne).

63. Noir, de Bisé (département de la Haute-Garonne).

64. Noir, de Caunes (département de l'Aude).

65. Noir, de Castres (département du Tarn). Ce marbre est commun.

66. Noir, de St. Fortunat à deux lieues de Lyon (département du Rhône).

67. Noir, de Fremaye à trois lieues de Mâcon (département de Saône et Loire).

68. Noir, de Charleville (département des Ardennes).

69. Noir, de Pouilly à une lieue de Besançon (département du Doubs).

70. Noir, de Namur (départem. de Sambre et Meuse).

71. Celui de Dinant, même département, est plus beau.

72. Noir, de Barbançon (département de Jemmapes).

Marbres noirs et blancs.

73. Noir et blanc, qui se tire du même endroit que le numéro 62.

74. Noir et blanc, de Serges près d'Angers (département de Mayenne et Loire).

75. A Chalonne situé à quatre lieues d'Angers, on trouve de semblable marbre.

76. Marbre noir et blanc, de Regny (département de la Loire). Il se polit très-bien, mais résiste peu à l'air.

77. Noir et blanc, de Santete à deux lieues de Bourbon l'Archambault (département de l'Allier).

78. Noir et blanc, de Charleville, même lieu que le n°. 68.

79. Noir et blanc, de Mont - Martin à deux lieues de Baume (département du Doubs).

80. Noir et blanc, de Charlemont (département de Sambre et Meuse).

81. Noir et blanc, de Givet (départem. des Ardennes).

82. Noir et blanc, d'Avesne auprès de Charlemont, et même département.

83. Noir et blanc coquillé, de Miery près de Poligny (département du Doubs). C'est une espèce de *Lumachello*.

84. Noir veiné et jaspé de jaune, de Caunes, assez beau; c'est une espèce de portor.

85. Noir, gris, blanc, rouge et bleu mélangé, d'Ogimont dans le pays d'Avesne (dép. de Sambre et Meuse).

86. Marbre olive tacheté de points rougeâtres et de marques blanches, de Baume La Roche (département de la Côte-d'Or).

87. Marbre olivâtre, avec des ondulations d'un rouge pâle et des mouches, qui se trouve auprès de Crozet à deux lieues de Saint-Claude (département du Jura).

Marbres rouges et autres où cette couleur domine.

Septième Série.

88. Marbre pourpre mêlé de petites taches blanches, qui se tire près de Doué, entre les villes de Nuits et de Baume (département de la Côte-d'Or).

89. Marbre rouge pourpré qui se tire à une lieue de Dôle (département du Jura). Son grain est fin, on peut en

tirer des blocs de telle longueur et grosseur que l'on veut.

90. Rouge cerise ou griote, de Caunes (dép. de l'Aude).

91. Griote, de Flandres; ce marbre est plus beau que le précédent : il s'en trouve dans les départements du Nord, de Jemmapes et de Sambre et Meuse.

92. Marbre rouge jaspé, d'Alais (département du Gard), qui est fort beau.

93. Marbre jaspé, de Tournus (dép. de Saône et Loire).

94. Dans le même endroit, on trouve du marbre de même couleur, qui est coquillé. On fait beaucoup d'usage de ces marbres pour des chambranles de cheminées, à Lyon.

95. Marbre rouge jaspé, avec des coquillages, des environs de Charleville (département des Ardennes).

96. Marbre rouge veiné de blanc, de Saint-Palais (département du Cher).

97. Marbre rouge et blanc, de Charlemont (département de Sambre et Meuse).

98. Marbre rouge et blanc, de Barbançon (département de Jemmapes).

99. Marbre incarnat et blanc, de Caunes (département de l'Aude), très-beau marbre qui était réservé pour le roi.

100. Il se trouve une carrière de ce même marbre incarnat veiné de blanc, proche de la ville de Narbonne, même département, qui est aussi fort beau.

101. Les marbres couleur de chair jaspés de rouge-vif qui se trouvent à Malpas, l'Écluse et Oye à deux lieues de Pontarlier (département du Doubs), sont superbes. Le grain est très-fin et susceptible du plus beau poli : on les appelle jaspes-agathes.

102. Marbre appelé de Languedoc dont le fond est pâle,

avec de grandes taches blanches, est commun dans les départements de l'Aude, de la Lozère et de l'Hérault.

103. Marbres rouges et blancs, de la vallée de Pennes, de Fabregoule, de Castrie et de Roussel (département des Bouches-du-Rhône) sont à-peu-près de mêmes nuance et qualité, et assez beaux.

104. Marbre rouge pâle tacheté de blanc, de Bagny à cinq lieues de Lyon (département de l'Ain).

105. Marbre rouge et blanc, de Langeot près de la ville Brioude (département de la Haute Garonne) est un marbre ordinaire.

106. Marbre rouge et blanc, de Ste Catherine près de Nancy (département de la Meurthe). On s'en est servi pour bâtir le portail des jésuites à Nancy.

107. Marbre rouge pâle traversé de veines et de plaques blanches, de Leff près de Dinant (département de Sambre et Meuse.

Marbres de trois couleurs où le rouge domine.

108. Rouge veiné de blanc et de bleu qui se trouve aux environs de Cahors (département du Lot). Ce marbre est assez beau.

109. Marbre rouge, bleu et gris d'ardoise, jaspé, de St. Berthevin à une lieue de Laval (dép. de la Mayenne).

110. Marbre veiné rouge pâle et rouge de cerise marqueté de blanc, appelé de Sanpan à une lieue de Dôle (département du Jura). Ce marbre a le grain fin et se polit très-bien.

111. Marbre de mêmes nuances que le précédent, qui se trouve dans un village appelé Rocologne à deux lieues et demie de Besançon (département du Doubs).

112. Marbre rouge et gris cendré, avec des taches et des veines blanches, appelé marbre de Rance près de la ville d'Avesne (département du Nord).

123. Marbre mélangé de rouge, cendré et veines blanches, appelé marbre de Tilbaudoin dans le pays de Liége (département de l'Ourthe).

Marbres de quatre couleurs où le rouge domine.

114. Marbre rouge foncé, nuagé de blanc rouge pâle et rougeâtre, du bourg de Trelon à deux lieues d'Avesne (département du Nord). Ce marbre est assez beau.

115. Marbre mélangé de rose, de vert, de jaune et d'un peu de violet, très-précieux, qui se trouve près de Brioude (département de la Haute Loire).

116. Marbre rouge de porphyre à taches d'agathe noires et blanches, appelé bréche de Florenne près de Namur (département de Sambre et Meuse).

117. Marbre tacheté de rouge, blanc, fauve, gris et points argentés, du village de Boue près de Sainte-Baume (département des Bouches-du-Rhône).

118. Marbre rouge bariolé de plusieurs couleurs, de Laval (département de la Mayenne).

119. Marbre bariolé de taches rouges, noires et blanches, qui se trouve près de la ville de Luçon (département de la Vendée).

120. Marbre rouge mélangé de plusieurs autres couleurs, de Fontaine l'Evêque (département du Nord).

121. Marbres transparents et argentés qui se trouvent à une lieue d'Ementier et près de la ville d'Userche (département de la Corrèse).

122. Marbre dont le fond est ventre de biche, tacheté de rouge, près de Sirod (département du Jura).

123. Marbre dont le fond est peau de cerf, semé de petites taches blanches, qui se trouve près le village de de Chenaves à une demi-lieue de Dijon (département de la Côte-d'Or).

Marbres verts et autres où cette couleur domine.

Huitième Série.

124. Marbre vert des environs de Niort (département des Deux-Sèvres).

125. Marbre vert qui se trouve près d'une ancienne tour appelée la Keirie à une lieue d'Aix (département des Bouches-du-Rhône).

Marbres à trois couleurs où le vert domine.

126. Marbre dont le fond est verdâtre mêlé de rouge et de blanc, appelé Balvacaire; il se tire auprès de Saint-Bertrand (département de la Haute-Garonne).

127. Marbre vert brun tacheté de rouge, appelé marbre de Signan (département des Hautes-Pyrénées).

128. Marbre vert mélangé de taches et de veines rouges, blanches et couleur de chair, appelé vert Campan, même département que le précédent. Ces deux marbres se ressemblent assez.

129. Marbre verdâtre semé de taches rouges et cendrées, d'Estroeng entre la Ville d'Avesne et celle de la Chapele (département du Nord).

ARTICLE XI.

MARBRES D'ITALIE RANGÉS SELON L'ORDRE DE LEURS COULEURS.

Marbres blancs et autres où cette couleur domine.

130. On trouve dans le Piémont deux espèces de marbres blancs ; l'un se tire d'un endroit appelé *Foresto.*

131. Et l'autre *Brosasco.*

132. Marbre blanc de St. Julien, dans le territoire de Pise, a le grain plus fin que celui de Carare , mais il ne prend pas un aussi beau poli. Il y a plusieurs édifices à Pise bâtis de ce marbre , tels que la Cathédrale , le Baptistère, la Tour penchante , le Campo Santo, etc.

133. Marbre blanc de Gênes est très-beau ; c'est celui qui convient le mieux pour faire des statues , parce qu'il est d'un beau grain , d'un blanc égal et sans veines.

134. Le marbre blanc de Carare, appelé marbre statuaire, a le grain plus gros que celui de Gênes, il est souvent rempli de veines rousses et grisâtres ; les deux carrières les plus considérables sont celles *del Pianello* et *del Polvazzo.*

135. Marbre blanc de Sienne , qui se tire d'un endroit appelé *il Convento* dans le *maremme di Siena.*

136. On trouve dans le même pays trois autres espèces de marbres blancs , le premier, appelé *Bianco di Pelli* ;

137. Le second, *Bianco della Rochetta* ;

TOM, I, S

138. Le troisième, *Dell'albarèse.*

139. On tire encore du marbre blanc d'un endroit appelé *Grafagnana.*

140. Marbre blanc de Padoue, ou *Rovigo* de Venise, est moins beau que celui de Gênes.

141. Le marbre blanc dont est construite la cathédrale de Milan, appelé *della Fabrica*, est semé de petites taches de blanc sale ; il se tire d'un endroit nommé *terra Pandoglia* sur le lac Majeur.

142. On trouve dans le Véronais un marbre blanc, appelé *Biancone* qui est couleur de papier sali ; il se tire de plusieurs endroits, tels que *Grégorio*, *Masurega*, *Suisi*, *della Pozze di Cona*, *Zambelli*, *Lavandara* et *Azzago.*

143. Il se trouve du marbre blanc veiné de gris ou de roux dans presque tous les endroits où il y a du marbre blanc. Mais le plus beau et le plus connu est celui de Carare.

144. Marbre blanc veiné de roux, appelé *Scuro di Arno.*

145. Marbre *idem*, appelé *Rognoso di Milano.*

146. Marbre d'un blanc jaunâtre clair avec des rayures fines et des petits points noirs, appelé *Albarèse*, c'est-à-dire, arborisé. Il se tire de *Mugnione.*

147. Marbre semblable au précédent, désigné sous le nom de *Albarèse di Rignano.*

148. Autre appelé *Albarèse di Vichio.* Il a plus de rayures et moins de petits points.

149. *Albarèse d'Ombrone* dans le genre de celui de *Magnione*, avec moins de rayures et plus de petits points, ce qui le rend plus confus.

150. *Fiorito di Pisa* sur un fond de même, mais plus brodé, avec des taches et des petits points.

151. *Bianco di Arno* dont le fond est aussi d'un blanc roussâtre avec des rayures et des points noirs.

152. Autre appelé *Bianco d'a Carce* est d'un blanc roux traversé de lignes noires.

153. Marbre de Luni blanc avec des taches couleur de sang.

154. *Mischio di Serra Valle*, d'un blanc sale, brouillé de gris, de noir et de jaune.

155. *Breccia di Ronta* dont le fond est d'un blanc rougeâtre, mélangé de taches d'un rouge foncé.

156. Marbre blanc et noir de *Chianciano*.

157. Entre *Prata* et *Massa di Maremma*, on trouve une brèche blanche et noire.

Marbres bleus et autres où cette couleur domine.

158. Bleu turquin des côtes de Gênes, mêlé de taches d'un blanc sale. On désigne aussi ce marbre sous le nom de *Bardiglio*.

159. *Bardillio di Carara*, est une espèce de bleu turquin veiné de blanc.

160. *Bardiglio Liniato di Massa*, est un marbre rayé bleu clair, bleu foncé et blanc.

161. *Bardiglio di Carara*, bleu gris, et blanc fondu ensemble.

162. *Turquino di Rossa*, sur une montagne à 9 milles de Sienne, est un marbre bleu avec des veines cendrées.

163. Marbre couleur d'ardoise clair, appelé *Bottazo*.

164. Bleu turquin foncé et gris d'ardoise, est une espèce de marbre dont presque toutes les colonnes des églises de Sicile sont faites; il se tire par très-grands morceaux,

Marbres gris et cendrés et autres où ces couleurs dominent.

165. Marbre gris de plomb et blanc, appelé marbre de *Cé* ; se tire de la vallée de *Seriana* dans le Bergamasque.

166. Marbre veiné gris et blanc, appelé *Valdieri*, vient de Sardaigne.

167. Marbre cendré clair, appelé *Mischio di Marmoraja,* se trouve dans les environs de Sienne.

168. Celui appelé *Bigio di Radi* est de même couleur, et se trouve dans le même pays.

169. Le marbre appelé *Bigio del Fiume Grassina* est gris brouillé de blanc.

170. On trouve dans le Piémont une espèce de marbre gris, appelé *Pietra di Grassino*.

171. Un autre cendré à plusieurs nuances à *Frabosa*.

172. Un autre de même couleur, appelé *Majola*.

173. Marbre gris tacheté, appelé *Pietra Permice* ou pierre de perdrix ; il se tire de *Lugo* dans le Véronais.

174. Dans le même pays on trouve un marbre gris de fer.

175. Marbre gris olivâtre veiné des environs de Florence, appelé *Scuro Liniato di Mugnione*.

176. Marbre gris avec des taches olivâtres, appelé *Bigio con Frapa di Pisa*.

177. Marbre gris rougeâtre, appelé *Nuvoloso di Mugnone*.

178. Marbre gris brouillé de blanc et de roux, appelé *Mischio di Volterra*.

179. Marbre gris cendré, tacheté de rouge, des environs de Sienne.

180. Gris veiné de noir, appelé *Scuro di Castel Franco*.

181. Gris noir picoté de roux, appelé *Scuro di Porto Venere*.

182. Gris de lin pâle avec des taches brunes, appelé *Mischio dei Conti*.

183. Gris et jaune de Vérone, appelé *Brentonico*, formant une brèche brouillée, haute en couleur, avec des yeux, dont les ouvriers font des placages très-beaux.

Marbres à trois couleurs où le gris domine.

184. Marbre gris, noir et blanc, pomelé du *val de Camonica* dans le Brescian.

185. Marbre gris, blanc et rouge, vif et bien bigaré du Bergamasque, appelé *Ardèse*.

186. Marbre veiné gris, blanc et rougeâtre de Toscane, appelé *Minierale di Tagliaferro*.

187. Gris jaune, marqueté de brun et de blanc, appelé *Breccia di Mitigliano* en Toscane : ce marbre est fort joli.

Marbres jaunes et autres où le jaune domine.

188. Jaune de Sienne à petites taches blanches, qui se trouve sur une petite montagne, dans un endroit appelé *Pelli*.

189. Marbre jaune coquillé qui se tire de *Torris*, sur les bords du lac *Garda*, du côté du mont Balde.

190. Brèche jaune de plusieurs nuances, appelée *Palliato di Casentino*.

191. Brèche d'un jaune roux, semblable au précédent, avec des points noirs, appelé *Giallo Brecciato di Fiesoli*.

192. Marbre d'un beau jaune de plusieurs nuances, fondues ensemble, nommé *Giallo di Volterra*.

193. Bréche jaune de plusieurs nuances, appelé *Giallo Brecciato di Arno.*

194. Marbre jaune, rougeâtre clair, assez joli, et veiné comme du bois, désigné sous le nom de *Giallo Liniato di Magnione.*

195. Marbre jaune couleur de bois de chêne, avec des veines fines d'une couleur plus foncée, appellé *Giallo Brecciato della Fieve.*

196. Marbre veiné de jaune et taches obscures de Marmoraja, situé sur une petite montagne à sept lieues de Sienne.

197. Marbre jaune lavé et tacheté, appelé *de Nembro.*

198. Marbre jaune, olivâtre et couleur de bois, appelé *Pillora del fiame Ema.*

199. Bréche jaune olivâtre avec des petits points, appelé *Caia di Magnione.* Il ressemble aux racines de bois dont on fait des tabatières.

200. Marbre jaune avec des points noirs, appelé *Tigreto di Arno.*

201. Marbre jaunâtre veiné avec des points noirs, connu sous le nom de *Pillora del fiame di Arno.*

202. *Giallo Lineta di Arno* est un marbre jaune avec des rayures fines, d'un jaune plus foncé.

203. *Giallo con frappa di Arno* est un marbre jaune comme le précédent, mais dont les rayures sont plus larges et des points noirs.

204. Jaune rayé de plusieurs nuances avec des taches et des points noirs, appelé *Caia di pillora di Arno.*

205. Jaune arborisé à points noirs, appelé *Fiorito di Arno.*

206. *Fiorito di Arno* avec des taches et des petits points, formant des espèces de fleurs noires.

207. Marbre veiné, semé de plaques jaunes et noires, qui se trouve à *Poggio di Rossa*, à huit milles de Sienne.

208. Jaune olivâtre clair, appelé *Giallo di Fiesoli.*

Marbres à trois couleurs où le jaune domine.

209. Bréche d'un jaune olivâtre veinée, appelé *Giallo Brecciato di Compiopi.*

210. Jaune, noir et blanc et gris brouillés, appelé *Breccia del fiume Grassina.*

211. Jaune, rouge rayé de lignes noires, appelé *Giallo di Vichio.*

212. Marbre appelé Mandolato avec des taches ovales, jaunes et rousses en forme d'amandes, qui se trouve dans le Véronais, à *Preorsa Costa Longa*, et auprès de la forêt de val Pollicella ; on en peut tirer des blocs assez grands pour en faire des colonnes.

213. Jaune verdâtre avec des veines roussâtres et des points noirs, appelé *Pillora di Arno.*

214. Marbre de Tonni à 9 milles de Siène, bariolé de taches jaunes, violettes et blanches.

215. Marbre de Brantonico à fond jaune, mêlangé de différentes couleurs.

Marbres à fond olive ou olivâtre de différentes nuances.

216. Vert, couleur d'olive confite, de Sicile, qui se tire près de *Trapani*.

217. Marbre olivâtre veiné comme du bois avec des taches d'un rouge brun, appelé *Liniato di Arno.*

218. Olivâtre de plusieurs nuances, séparées par des traits

fins plus foncés. C'est une espèce de bréche qui se tire de *Terra di Paese, di Mugnione.*

219. Olivâtre avec des taches rouges nuancées en forme de montagnes, appelée *Breccia con frappa di Arno.*

Marbres noirs et autres de différentes nuances où le noir domine.

220. Marbre noir de Piémont qui se tire de *Castel Nuovo nel Canavesata.*

221. Autre du même pays qui se tire de *Frabosa.*

222. Marbre noir de *Barga*, en Toscane.

223. Marbre noir de *Vallerano* près de Sienne.

224. Marbre noir de *Gazzaniga*, dans le Brescian.

225. Marbre d'un beau noir et pur, appelé *Parangone*, qui se tire du Bergamasque : c'est le plus estimé.

226. Marbre noir et blanc veiné, de *Porto Venere* en Toscane.

227. Marbre noir veiné de blanc, du mont Alcino dans le pays de Sienne.

228. Marbre noir veiné de gris et de blanc, de *Monte Palciano.*

229. Autre de même par taches tranchées comme une bréche.

230. Marbres noirs et blancs de plusieurs nuances, du Bergamasque.

231. Marbre noir et blanc avec des taches rousses, appelé *Diaspro di Pogïo* en Toscane.

232. Le marbre du même pays, appelé *Barga* est à-peu-près semblable.

233. Marbre noir et gris sur un fond verdâtre. C'est une

bréche à grands cailloux, appelée *Ardese Brocato*, qui vient de la vallée de *Seriana* dans le Bergamasque.

Marbres rouges, roses et roux, et autres où ces couleurs dominent.

234. Marbre rouge brun du Véronais, dont l'amphithéâtre de Vérone est bâti, appelé *Rosso S. Ambrogio di val Policella*.

235. Rouge foncé veiné de plusieurs nuances et picoté de petits points noirs, arborisé et représentant des plantes et des paysages, connu sous le nom de *Rosso Fiorito di Arno*.

236. Marbre fond rouge et lignes dorées, appelé *Garatonio*. C'est un fort beau marbre qui se tire du Bergamasque.

237. Marbre rouge foncé qui se trouve près de la ville de Trente.

238. Bréche rouge, de la vallée de *Vallarsa*, dans le même pays que le précédent.

239. Bréche rouge brun, à fond rougeâtre et taches blanches, de *Monte Quercioli*, dans le pays de Sienne.

240. Bréche rouge brun, gris et jaune, appelé *Breccia del fiume Grassina*.

241. Bréche rouge gris et blanc brouillés, et vert d'olive si mêlés, qu'il est difficile de la décrire : ce marbre qui est fort beau, est connu sous le nom de *Diaspro di Sicilia*.

242. Marbre rouge brun mélangé de blanc et de vert, de Trapani en Sicile.

243. Brocatelle de Sicile, dont le fond est rouge mélangé avec des taches jaune doré.

TOM. I.

T

244. Autre du même pays mélangée de rouge brun, rouge clair mêlé de blanc avec des taches jaunes et couleur de bistre.

245. Marbre panaché d'un rouge changeant.

246. Autre avec des veines blanches et jaunes.

247. Rouge pâle veiné de blanc, de Brescia, capitale du Bressan.

248. Rouge *mandolato* du Véronais, à fond rouge avec des marques blanches, qui ressemblent à des amandes pelées. Ce marbre, qui est fort beau, se tire d'un endroit appelé *Orsara di Lugezzano.*

249. Bréche rouge tachetée de blanc, appelée *Breccia delle Monache di Siena.*

250. *Mischio di Mitigliano* est un marbre rouge pâle et jaune mélangé, des environs de Sienne, comme le précedent.

251. Rouge pâle avec des lignes fines noires, appelé *Cornicino di Poppi* du même pays.

252. Rouge pâle ou fleur de pêcher, tacheté de roux et de blanc, de Ripanaja, dans le Véronais.

253. Bréche de Vérone qui paroît formée d'un amas de cailloux d'un rouge pâle, mêlé de jaune, de noir et bleu céleste. Ce marbre, qui est très-beau., se tire, en assez grandes masses pour faire des colonnes, des hautes montagnes de *Vallarsa* dans le Trentin.

254. Marbre rose et blanc, du Bressan, appelé *Mischio.*

255. Bréche rose de Trapani en Sicile, est un superbe marbre couleur de chair claire, veiné de jaune et de blanc.

256. Marbre *Brantonico*, rose de Vérone à grandes taches jaunes, qui est fort beau.

257. Marbre couleur de chair mélangé de blanc, appelé *Mischio di Siena.* Ce marbre, qui tient un peu de l'albâtre, est assez beau.

258. Bréche de *Monsumana*, couleur de chair avec des taches d'un blanc rougeâtre.

259. Bréche rose de Sienne, et d'une couleur de chair plus pâle que la précédente.

260. *Paonazzetto di Sale* est d'une couleur foncée avec des taches plus pâles.

261. *Mischio di Frosini* près l'abbaye de *S. Galgano* à 12 milles de Sienne, est un marbre roux avec des taches blanches.

262. *Rossetto di Gerfalco* est de couleur rousse un peu ardente. Ces six derniers marbres sont du même pays.

263. Marbre à fond roussâtre tacheté de blanc, appelé marbre de S. Vital, qui se trouve dans le Véronais, dans un endroit nommé *Rovero di Velo*.

264. Marbre roux du Trentin, appelé *Sasso Rosso*.

265. Marbre d'un roux brûlé, veiné de blanc, qui se trouve auprès de la ville de *Grosetto*, territoire de Sienne.

266. Marbre roux, de Toscane, qui se trouve près de Florence.

Marbres verts et autres où cette couleur domine.

267. Marbre vert du Piémont, appelé *Verde di Susa*.

268. Autre du même pays, appelé *Seravezza di Mojola*.

269. Marb. vert de Sicile tacheté avec des veines noirâtres.

270. Marbre vert de *l'Improneta*, près de Florence, tacheté de brun, vert clair et olivâtre.

271. Autre appelé *Verde di Pratolina*, d'un vert sale et couleur de palme.

272. Autre appelé *Verde di Prato* est d'un vert noir avec des taches plus claires.

273. Vert de Gênes qui se tire de *Porto Venere* est d'un vert foncé avec des taches noires et blanches.

274. Le marbre du mont Pisano en Toscane, est mélangé de jaune et de roux ; il prend un assez beau poli.

275. Marbre dont le fond est d'un vert pâle avec des taches jaune clair, appelé *Verde e Giallo di Arno*.

276. Marbre des mêmes teintes que le précédent, dont les couleurs se fondent ensemble, appelé *Nuvoloso di Arno*.

277. Vert de *Trapani* en Sicile, rayé de jaune.

278. *Breccia di Pillora di Arno*, dont le fond est vert pâle avec des marques jaunes et rayées.

279. Vert pâle et jaune olivâtre par grandes taches, des bords de l'*Arno*.

280. Vert bleuâtre et terne, rayé de jaune olivâtre, de *Mugnione*.

281. Bréche vert-eau sale avec des parties de jaune rougeâtre, divisé par des lignes fines, qui ont l'air de présenter des maisons ; les Italiens l'appellent, à cause de cela, *Casuale di Mugnione*, et les François marbres figurés de Florence.

282. Vert olivâtre pâle avec des nuances rougeâtres, de *Mugnione*.

283. *Verde di Girone* d'une couleur olivâtre sale.

284. Vert grisâtre veiné et bréché de jaune, de Poppi dans le Florentin.

285. Vert gris pâle, de Pise.

286. Vert grisâtre rayé et veiné, appelé *Liniato di Pratolino*.

287. Vert idem, de *Tailla Ferro*.

288. Vert rouge pâle du même endroit, dont les teintes sont fondues.

289. Vert olivâtre rayé de noir, appelé *Verde di Castel Franco*.

290. *Verde di Pistoia*, d'un vert olivâtre foncé, brouillé de vert plus ou moins clair.

291. *Verde di Genova* est d'un vert noir avec des nuances plus claires.

292. Marbre de *Vallerano* dans le territoire de Sienne, semé de petites taches vertes et noires.

293. Vert pâle de Gênes, dont on tire des blocs assez grands pour faire des colonnes.

294. Vert naissant et ondoyant, de *Vaglis* dans le Véronais.

295. Dans la vallée d'*Arn* du Trentin, on trouve des marbres vert de gris mêlé de blanc sale et de marcassites de cuivre qui le rendent difficile à polir.

296. *Verde Mischio* du Padouan, veiné de blanc et de noir comme celui de Gênes.

Marbres violets, brocatelles, diaspres et lumachini de différentes nuances.

297. Brocatelle de Sienne, avec des taches violettes et couleur d'orange. Ce marbre, qui est fort beau, se tire des *Marmières* qui sont à 9 milles de Sienne.

298. *Brocatello di Rosia* avec des taches jaunes et violettes, vient du même endroit.

299. Autre brocatelle verte et violette du mont *Arrenti*, qui est dure comme le porphyre.

300. Brocatelle du mont *Alcino*, avec des veines blanches.

301. *Brocatello de la pieve a Moni* sur le mont *Arrenti*, tacheté de blanc, de violet et couleur de chair.

302. *Brocatello della Gherardesca* près de Florence, est moins beau que les précédents.

303. On trouve dans le Véronais un marbre semblable à l'Africain, avec des taches d'agathes mêlées de marcassites.

304. *Diaspro de la Rochetta* dans le territoire de Sienne, est un mélange de plusieurs couleurs brouillées.

305. Marbre *lumachino* ou coquillé avec des taches blanches, se trouve dans le même territoire, à *Monte Antico*.

306. On trouve près les *Marmières* un marbre de même genre, appelé *Caldana*.

ARTICLE XII.

MARBRES D'ESPAGNE, D'ALLEMAGNE ET D'ANGLETERRE
LES PLUS CONNUS.

Marbres d'Espagne.

LES marbres que nous plaçons ici sont les plus beaux de ce royaume, les autres ne nous sont pas connus.

307. La coraline d'Espagne est une brèche à grandes taches blanches, avec d'autres plus petites jaunes, brunes et violettes.

308. Brocatelle d'Espagne à fond d'un rouge sanguin, avec de petites taches jaunes, dorées, grises et blanches.

309. Autre mélangée de couleurs isabelle, jaune, rouge-pâle et gris; ces marbres viennent de Tortose dans l'Andalousie.

310. Bréche violette mêlée de noir, de rouge et de violet sur un fond blanc.

311. Bréche de Serra-Vezza du mont Stozzoma, avec des taches blanches, jaunes et violettes sur un fond rougeâtre.

312. Marbre façon de bréche d'Alep, avec des taches rondes, inégales, rouges, blanches et grises, d'une couleur pâle.

MARBRES D'ALLEMAGNE.

Marbres blancs et autres où cette couleur domine.

313. Le marbre blanc d'Annaberg, en Saxe, est un des plus beaux d'Allemagne.

314. Marbre blanc de Wolfenbutel.

315. Marbre blanc de Ratisbonne.

316. Le marbre blanc d'Hdesheim est comme de l'ivoire.

317. Le marbre blanc de la principauté de Bareith est un peu gris.

318. Marbre blanc rayé de noir, de Priborn en Silésie.

319. Marbre blanc, gris et jaune tacheté, d'Ostergillen.

320. A Regeldorf, près de Ratisbonne, on trouve du marbre blanc bariolé de différentes couleurs.

321. A Weldenbourg il y a du marbre comme le précédent.

322 Même espèce de marbre à Blakenburg.

Marbres cendrés et gris et autres où ces couleurs dominent.

323. A Quernefurt, en Saxe, on trouve du marbre cendré.

324. Marbre cendré et ramifié de Goslar.

325. Marbre cendré avec des veines fauves, de Diegeigen.

326. Marbre cendré veiné de blanc et de noir, de Grefenberg près de Nuremberg.

327. Gris cendré, d'Ildesheim.

328. Le Gris tacheté de blanc, de Zoeblitz, est une espèce de serpentin.

329. Marbre gris bariolé de taches jaunes et rouges, de la montagne de Heydenberg aux environs de Nuremberg.

330. Marbre gris cendré obscur, avec des taches fauves, de Selbitz.

331. Marbre jaunâtre, plus ou moins clair, de la prinpauté de Bareith.

332. Marbre châtain et couleur de foie veiné, auprès de la route de Leipsick, à Bareith.

333. Marbre brun à taches blanches, de Stelzburg.

334. Le marbre noir tirant sur le rouge, de Stolpe en Poméranie, est une espèce de basalte.

335. Marbre noir, d'Osnabrug.

336. Marbre noir et blanc, de Misnie.

Marbres rouges et autres où cette couleur domine.

337. Marbre rouge foncé de Bohême.

338. Marbre rouge à taches blanches, de Ratisbonne.

339. Marbre couleur de chair et taches verdoyantes d'Hurtignag dans la principauté de Wolfenbutel.

Marbres verts.

340. A Rochlitz en Misnie on trouve des carrières de marbre vert.

341. Le marbre de Hesse est vert foncé avec des brillants talqueux.

342. Marbre de Hesse arborisé avec des terrasses.

343. Dans les montagnes de Pinifero et en plusieurs autres endroits de l'Allemagne, on trouve des marbres colorés de diverses qualités, mais qui ne sont pas assez connus pour les décrire.

MARBRES CONNUS D'ANGLETERRE.

344. On trouve en plusieurs endroits de l'Angleterre du marbre blanc ;

345. Et du marbre blanc, veiné de gris et de roux.

346. A Kilkenny en Irlande, on trouve du marbre bleuâtre tirant sur le noir.

347. Le marbre de l'isle de Perbec dans la province de Dorset, paroît composé de coquilles pétrifiées. C'est une espèce de lumachelle d'un gris bleu et blanc.

348. On trouve aussi du marbre noir en plusieurs endroits de l'Angleterre,

349. Et du marbre noir rayé de blanc. Le marbre de Boyn, qui est rouge et blanc, se trouve dans un endroit qui est à environ 50 lieues d'Edimbourg ;

350. On y trouve aussi du marbre rouge pâle,

351. Et du marbre rouge, veiné de jaune et de gris,

352. Et du serpentin.

353. Le marbre d'Ecosse est d'un vert clair semé de très-petites taches.

354. On trouve aussi des marbres figurés par ses taches et les lignes dont il est parsemé.

En parlant des granites, des porphyres et des marbres antiques, nous avons cité les ouvrages les plus considérables qui existent dans Rome et quelques autres endroits de l'Italie, afin de donner une idée de leur beauté, de leur qualités, de la variété de leur couleur et de la grandeur des blocs qu'on en peut tirer. Le même motif nous a déterminé à placer ici, pour la satisfaction de ceux qui n'ont pas eu occasion de parcourir l'Italie, une notice des colonnes en marbres précieux qui se trouvent dans le Musée central des Arts, de Paris.

Galerie des Antiques.

La salle des Hommes illustres est décorée de huit colonnes antiques de granite gris, tirées du tombeau de Charlemagne, à Aix-la-Chapelle. Le diamètre de ces colonnes est de 365 millimètres ou 13 pouces $\frac{1}{2}$, sur 2 mètres 923 millimètres de hauteur de fût ou 9 pieds.

Dans la salle du Laocoon, on admire quatre magnifiques colonnes de marbre vert, avec des taches noires et blanches comme le vert antique, mais d'une teinte plus claire, et semblable à celui désigné par les Italiens sous le nom de *Verdello*, dont il a été déjà parlé à l'article des Marbres antiques. Ces colonnes proviennent du tombeau du Connétable Anne de Montmorency. Leur diamètre est de 15 pouces $\frac{3}{4}$ ou 430 millimètres, et la hauteur de leur fût de 10 pieds 9 pouces 3 lignes, ou 3 mètres et demi.

Dans la salle d'Apollon, quatre colonnes de granite rouge Oriental de la plus belle qualité, qui viennent du tombeau de Charlemagne, à Aix-la-Chapelle ; leur diamètre est de 430 millimètres (15 pouces 10 lignes $\frac{1}{2}$), et la hauteur de leur fût de 3 mètres 440 millimètres, ou 10 pieds 7 pouces. Le pavé de cette salle offre un magnifique compartiment, formé des marbres les plus rares et les plus précieux, antiques et modernes, tels que le granite, le vert antique, le marbre africain, le serancolin, la brocatelle, etc.

Dans la salle des Muses, deux superbes colonnes, dont une de marbre africain, a 11 pouces de diamètres, ou 3 décimètres environ ; la hauteur du fût est de 7 pieds 4 pouces, ou 2 mètres 4 décimètres.

L'autre colonne est de granite oriental d'un gris foncé, tirant sur le vert, et légèrement nuancé de rose avec des grandes marques blanches. Elle est, à très-peu de chose près, de même dimension que la précédente.

Colonnes de la grande galerie des tableaux.

Quatre colonnes de marbre Cipolin, qui proviennent du baldaquin de l'église de S. Germains-des-Prés ; leur diamètre est de 18 pouces ½, ou 501 millimètres ; et la hauteur du fût de 12 pieds 3 pouces, ou 3 mètres 979 millimètres.

Deux colonnes de marbre de Flandres tigré, provenant de la Sorbonne, dont le diamètre est de 16 pouces ¾, ou 440 millimètres, et la hauteur du fût de 3 mètres 939 millimètres, ou 12 pieds 1 pouce 6 lignes.

Huit colonnes de brèche violette tirées des Grands-Augustins ; leurs diamètres est de 17 pouces ½, ou 475 millimètres, et la hauteur de leur fût de 3 mètres 648 millimètres, 11 pieds 2 pouces 9 lignes.

Quatre colonnes de marbre de Campan, dont le diamètre est de 18 pouces 9 lignes, ou 508 millimètres, et la hauteur du fût de 4 mètres 264 millimètres, ou 13 pieds 1 pouce 6 lignes.

Deux petites colonnes de marbre noir de 5 pouces de diamètre, ou 136 millimètres sur 3 pieds 4 pouces de hauteur de fût, ou un mètre 83 millimètres.

Deux autres en marbre de Californie, de 5 pouces ½ de

diamètre, ou 149 millimètres, et un mètre 191 millimètres de haut, ou 3 pieds 8 pouces.

Deux autres de beau marbre africain, de 6 pouces de diamètre, ou 163 millimètres, et 4 pieds de haut, ou un mètre 299 millimètres.

Deux colonnes de brèche jaune antique, de 5 pouces 10 lignes de diamètre, ou 158 millimètres, et un mètre 263 millimètres de haut, ou 3 pieds 10 pouces 8 lignes.

Deux autres de vert antique, de 5 pouces 8 lignes de diamètre, ou 153 millimètres sur un mètre, 227 millimètres de hauteur de fût, ou 3 pieds 9 pouces 4 lignes.

Deux autres d'albâtre oriental, de 6 pouces de diamètre, ou 163 millimètres sur quatre pieds de hauteur de fût, ou un mètre 299 millimètres.

Ces douze colonnes servaient autrefois à décorer l'intérieur des grandes salles du Louvre.

De l'emploi du marbre chez les anciens.

Les anciens employaient le marbre en bloc pour les édifices les plus somptueux, tels que les temples, les arcs de triomphe et autres monumens, où ils se plaisaient à étaler la magnificence. Ils se servaient de préférence, du marbre blanc pour les entablemens, les chapiteaux et les bases des colonnes; pour les bas-reliefs et ornemens de sculpture. Mais ils employaient les marbres de couleur pour les colonnes et les compartimens dont ils décoraient l'intérieur de leurs édifices, et des débris ils formaient des pavés en mosaïque.

Pour retenir les lambris de marbre dont ils revêtaient les murs, ils faisaient usage de crampons de bronze; et

de plus ils scellaient dans les murs des espèces de tasseaux
de marbre sur lesquels ils arrêtaient les principales pièces
du revêtement. On voit encore dans les ruines du Palais
des empereurs à Rome et à la ville Adriène près de Tivoli,
plusieurs de ces tasseaux et les trous des crampons de
bronze, qui indiquent le compartiment des lambris de
marbre dont les murs étaient décorés; et on reconnaît par
quelques morceaux qui sont encore en place, et par ceux
qui se trouvent dans les débris, que l'épaisseur de ces
marbres n'avaient pas plus de 4 à 5 lignes, ou 10 millimètres.

Il se trouve des monumens que l'on croirait construits
en blocs de marbre, et qui ne sont formés que par des revêtemens : tel est celui connu à Rome, sous le nom d'arc
des orfèvres. C'est une espèce de porte carrée dont les pieds
droits sont décorés aux angles par des pilastres en marbre
blanc, ravalés et sculptés avec des trophées militaires et
des rinceaux d'ornemens. Ces pilastres sont élevés au-dessus
d'un stilobate avec base et corniche; ils soutiennent un en-
tablement complet fort riche, dont toutes les moulures
sont taillées d'ornements, ainsi que la frise. La partie au-
dessus de l'ouverture, servant de linteau à cette espèce de
porte, est d'une seule pièce de marbre, pour chaque face,
dont chaque extrémité pose sur les pilastres intérieurs.
Ces pièces qui forment architrave en dessous, comprennent
aussi la hauteur de la frise, elles renferment à l'intérieur
un plafond divisé en caissons ornés de rosaces.

Les parties renfoncées entre les pilastres sont formées
par de grandes dalles ou pièces de marbre, sur lesquelles
sont sculptés des bas-reliefs. On voit par une de ces
dalles qui est rompue par le bas, que son épaisseur n'est

que d'environ un décimètre, ou 3 pouces ¾, le surplus est
en maçonnerie de blocage ; mais ce qu'il y a de particulier,
c'est qu'elle est assemblée avec le pilastre, et la base continue avec des rainures et des espèces de tenons, comme
on le voit à la figure A de la planche II.

Le grand usage que l'on fait des marbres en Italie, tant
pour les églises que pour les palais, y a formé des ouvriers
fort adroits à les travailler et à les employer, sur-tout pour
les revêtemens en marbres précieux. Ils ont l'art de revêtir, avec de lames très-minces, des pilastres, des colonnes
et autres ouvrages qui paraissent être d'une seule pièce.
Souvent, au lieu de faire les joints droits, ils affectent de
les faire irréguliers, de manière que le mastic qui les unit
forme des veines et des accidents qui paraissent naturels
au marbre ; ils profitent par ce moyen des plus petits morceaux et des plus irréguliers, qu'ils savent varier de manière à réunir les beautés des marbres les plus précieux.
Les ouvriers de France qui n'ont pas autant d'occasions
ne sont pas, à beaucoup près, aussi habiles, et leur travail, quoique moins parfait, devient beaucoup plus cher.

*Pesanteur spécifique de plusieurs espèces de marbres et
albâtres, rangés selon l'ordre de leur plus grand poids
sous un même volume ; c'est-à-dire du stère ou mètre
cube, du décimètre et du pied cube.*

	Pesanteur spécifique. Kilog. ou grammes.	Poids d'un pied cube. Liv. onc. g.		
Ophite ou serpentin vert.	2922	204	8	5
Porphyre vert antique.	2875	201	4	0
Marbre vert antique.	2870	200	14	3
Basalte de la chaussée des Géants. .	2864	200	7	6

	Pesanteur spécifique. Kilog. ou grammes.	Poids d'un pied cube. Liv.	onc.	g.
Porphyre rouge.	2833	198	2	6
Bréche violette d'Italie.	2831	198	2	6
Marbre blanc de Paros.	2817	197	3	0
Albâtre rougeâtre mélangé.	2796	195	11	4
Marbre de Rance.	2766	193	9	7
Bréche violette d'Espagne.	2763	193	6	4
Albâtre demi-transparent.	2762	193	5	3
Griote d'Italie.	2747	192	4	5
Albâtre tacheté de brun.	2744	192	1	2
Marbre Campan vert.	2742	191	15	0
Marbre rouge foncé et diapré. . . .	2737	191	9	3
Albâtre Oriental blanc.	2730	191	1	5
Marbre Africain.	2729	191	0	3
Marb. noir et bl., appelé petit antique.	2728	190	15	2
Griote de Flandres.	2726	190	13	1
Marbre Cipolin.	2726	190	13	1
Bréche jaune et rouge.	2725	190	12	0
Marbre Campan rouge.	2724	190	10	7
Marbre appelé Veirède.	2723	190	9	6
Marbre noir de Flandres.	2723	190	9	6
Marbre de Flandres, appelé Gervelas.	2720	190	6	3
Marbre serancolin.	2717	190	3	0
Marbre blanc et noir de Namur. . .	2717	190	3	0
Marbre d'Antin.	2716	190	2	0
Marbre bleu turquin de Gênes. . .	2716	190	1	7
Marbre blanc de Carare.	2716	190	1	7
Marbre de Sicile.	2715	190	0	6
Bardille de Carare.	2714	189	15	5

	Pésanteur spécifique. Kilog. ou grammes.	Poids d'un pied cube. Liv.	onc.	g.
Marbre noir d'Italie.	2712	189	13	4
Bréche rouge d'Alep.	2711	189	12	0
Portor.	2710	189	11	0
Marbre de Flandres de Cerfontaine.	2709	189	10	0
Marbre de Poligny.	2708	189	9	0
Griote de Flandres.	2708	189	9	0
Marbre rouge et blanc.	2705	189	5	4
Marbre de Ste. Baume.	2704	189	4	4
Marbre de St. Maximin.	2701	189	2	0
Albâtre jaune de Malte.	2700	189	0	0
Albâtre abricot veiné de blanc. . .	2699	188	14	7
Marbre de choin rouge.	2691	188	5	7
Bréche d'Alep jaune.	2687	188	1	3
Marbre vert de Gênes.	2680	187	9	5
Marbre du Bourbonnais.	2680	187	9	5
Brocatelle grise des Pyrénées.	2678	187	7	2
Autre *idem* avec des veines rouges.	2676	187	5	0
Bleu turquin de Caune.	2672	187	0	5
Brocatelle jaune.	2669	186	13	2
Marbre de Caune, appelé bréche de Memphis.	2651	185	9	0
Marbre de Virieux.	2643	185	0	0
Albâtre panaché de Malaga.	2642	184	15	0
Marbre noir de St. Fortunat.	2634	184	6	0
Marbre jaspé de Tournu.	2630	184	1	4
Albâtre brun tacheté de blanc. . . .	2529	184	0	4
Marbre coquillé de Tournu.	2564	179	7	5
Albâtre gypseux.	2250	157	8	0

OBSERVATION.

On voit par cette table que le poids du marbre le plus lourd, qui est le vert antique, n'est que de 2922 grammes pour un décimètre cube, ou 204 livres 8 onces 5 gros pour le pied cube, et que le poids des marbres ordinaires varie de 2500 grammes à 2700 pour le décimètre cube, ou 180 à 190 livres pour le pied cube. Cependant, depuis Savot qui fit imprimer en 1624, un petit ouvrage intitulé, *Architecture française*, dans lequel il évalue le poids du pied cube de marbre à 252 livres; tous les auteurs qui ont eu occasion d'en parler ont répété cette erreur. Elle se trouve dans les deux éditions que le grand Blondel a fait de l'ouvrage de Savot avec des notes; dans toutes les éditions de l'architecture de Bullet, corrigées et augmentées par Goupi et Seguin; dans le Traité des Ponts de Gautier; la Science des Ingénieurs de Belidor; le Dictionnaire d'Architecture de Roland le Virloys; le Cours d'Architecture du second Blondel, continué par Patte, etc. Le comte de Caylus se fonde sur cette pesanteur, attribuée au marbre ordinaire, pour évaluer le poids de la chapelle Monolithe du temple de Buto. L'origine de cette erreur vient probablement de ce que Savot, qui cite à ce sujet Tartaglia et Pigafeta, auteurs Italiens, n'a pas fait attention qu'il s'agissait de livres romaines ou de douze onces, et ce qui pourrait le faire croire, c'est que 252 de ces livres valent à-peu-près 189 livres, poid de marc, qui exprime la pesanteur moyenne d'un pied cube de marbre ordinaire, d'après la table précédente.

Nous aurons occasion de relever, dans la suite, plusieurs

autres erreurs plus graves, répétées de même par la plupart des auteurs qui ont écrit sur l'art de bâtir.

Après le détail que nous venons de faire des marbres les
plus connus, où nous avons indiqué les pays où ils se
trouvent, leurs couleurs, leur mélange, leur variété et
leur poids; il nous reste à parler de leurs qualités par rapport à leur emploi et à la manière de les travailler, mais
comme cet objet est relatif à l'art, nous renvoyons ce détail
au sixième livre, où il sera question de la marbrerie, des
revêtemens et des mosaïques.

ARTICLE XIII.

Des pierres de taille.

RELATIVEMENT à l'emploi des pierres, on les divise généralement en deux classes. La première comprend les pierres
dures, c'est-à-dire celles qui ne peuvent se débiter qu'à
scie à eau et au grès comme les marbres. La seconde comprend les pierres tendres, c'est-à-dire celles qui peuvent
se débiter à la scie à dents, comme les pierres de Conflans
et de St. Leu, dont on fait usage à Paris.

Les bonnes qualités des pierres, tant dures que tendres,
sont d'avoir le grain fin et homogène; la texture uniforme
et compacte; de résister à l'humidité, à la gelée, et de ne
pas éclater au feu dans le cas d'incendie.

Il y a peu de pierres qui réunissent toutes ces qualités,
c'est pourquoi le premier soin d'un architecte chargé de
l'exécution d'un édifice, doit être de s'assurer des qualités
des différentes espèces de pierres dont on fait usage dans

le pays où cet édifice doit être situé, afin de les employer chacune aux ouvrages auxquels elles sont les plus propres.

Pour y parvenir, il faut, si ce sont d'anciennes carrières, visiter les édifices construits avec les pierres qui en proviennent, examiner l'état où elles se trouvent afin de connaître si elles résistent au fardeau, aux intempéries de l'air, à l'eau ou à l'humidité; la manière dont elles sont mises en œuvre; si elles sont sujettes à se déliter, et si elles peuvent être posées autrement que sur leurs lits de carrière.

Lorsque ce sont de nouvelles carrières que l'on exploite, il est bon d'en tirer des blocs, dans toutes les saisons de l'année; d'en exposer à l'air, à l'eau, à l'humidité, à la gelée et même à l'action du feu.

L'expérience a fait connaître que les pierres scintillantes, c'est-à-dire, qui font feu avec le briquet, résistent mieux à toutes ces épreuves que les pierres calcaires; elles sont ordinairement plus dures et plus difficiles à travailler.

Les pierres calcaires qui sont moins dures se travaillent plus facilement, mais aussi elles sont moins fortes et résistent moins aux intempéries de l'air; elles sont sujettes à éclater au feu dans le cas d'incendie.

On remarque dans les pierres de même espèce, que celles dont la couleur est moins foncée sont ordinairement plus tendres.

Les pierres dont la cassure est remplie d'aspérités et de points brillants se travaillent plus facilement que celles qui ont la cassure lisse et le grain uniforme.

Lorsqu'on mouille une pierre, si elle absorbe l'eau promptement et qu'elle augmente de poids, elle est peu propre à résister à l'humidité.

Les pierres qui rendent un son plein, lorsqu'on les frappe ou qu'on les taille, ont ordinairement le grain fin et la texture uniforme.

Celles qui exhalent une odeur de soufre lorsqu'on les taille, ont beaucoup de consistance.

Enfin, dans les pierres de même espèce, plus elles sont pesantes, plus elles sont dures et fortes.

ARTICLE XIV.

Des différentes espèces de pierres de taille qui se trouvent en France.

Dans la description que nous allons faire de ces différentes espèces de pierres, nous allons suivre l'ordre des départements en allant du nord au midi.

Nous avons préféré cet ordre, parce que c'est un moyen de parcourir toute l'étendue de la France d'une manière uniforme et régulière.

Dans les départements réunis et ceux qui les avoisinent, la majeure partie des constructions est en briques. Les pierres qui s'y trouvent étant dures, leur taille devient coûteuse, c'est pourquoi on n'en met qu'aux endroits où elles sont absolument nécessaires, par raison de solidité ou de décoration : comme pour les jambages de portes ou croisées, pour les linteaux, les appuis, les marches d'escalier, les corniches, pilastres, colonnes et autres ornemens d'architecture.

1. Les plus belles pierres se tirent dans le département de Jemmapes ; elles sont d'une couleur bleuâtre, leur grain

est fin, elles se taillent bien et sont même susceptibles d'être polies : elles résistent à l'air, à l'eau et à la gelée; on en peut tirer des blocs assez grands pour en faire des colonnes d'une seule pièce de sept à huit mètres de haut. Les bonnes qualités de cette pierre font qu'elle est employée dans tous les départements voisins, et qu'on en transporte jusqu'en Hollande où elle est fort estimée. Les carrières d'où l'on tire ces pierres sont celles de Soignes, d'Arque-Sorel et Feluil.

2. Autre pierre de même espèce, mais inférieure en qualité, de Nivelle, dans le département de la Dyle.

3. Dans le département de la Meuse, les deux bords de ce fleuve au-dessous de Namur jusqu'au-delà de Huy, sont remplis de carrières de cette espèce de pierre bleuâtre dont le grain est plus ou moins fin. On remarque que celles qu'on tire près de Namur s'éclatent plus facilement, et qu'il s'en trouve qui ne résiste pas à la gelée quand on la tire dans l'arrière saison.

4. On trouve de cette espèce de pierre bleu dans le département du Nord, à Gassinié près le Quesnoy.

5. Dans le département de la Roër près d'Aix-la-Chapelle, dans les carrières de Cornelimunster, Busbach, Hahn et Breinich.

6. Pierre blanche des environs de Bruxelles (département de la Dyle); c'est une espèce de grès moyennement dur, qui se taille facilement et qui durcit beaucoup à l'air. Cette pierre s'exploite par petits quartiers qui forment un bel appareil, elle s'unit fort bien au mortier, et a toutes les qualités desirables, même pour les ouvrages qui se construisent dans l'eau.

7. A Douay, dans le département du Nord, on fait

usage d'une pierre blanche et tendre, que l'on tire de Harden.

8. Celles qu'on tire des environs d'Arras, dans le département du Pas-de-Calais, sont d'une qualité médiocre.

9. On préfère une espèce de grès à bâtir qui se trouve en plusieurs endroits de ce département.

10. A Trèves, dans le département de la Sarre, on se sert pour la construction des édifices, de pierres blanches et rouges qui sont moyennement dures, et d'autre qui est plus ferme que l'on débite en dalles pour le pavé des églises et des rez-de-chaussées des maisons particulières et édifices publics.

11. La pierre de taille en usage à Coblentz, département de Rhin et Mozelle, est noire, de nature volcanique fort dure, et difficile à tailler, lorsqu'elle a été exposée à l'air pendant quelques jours.

12. A Mayence, département du Mont-Tonnerre, on fait usage d'une pierre bleuâtre de même espèce que celles dont nous avons parlé, elle est très-compacte et difficile à tailler; on ne s'en sert que pour du pavé.

13. Pour la construction des édifices on se sert de grès, dont il se trouve de trois sortes; la première est rougeâtre et d'une dureté moyenne; on le tire de Richterhausen sur le Mein, à 15 myriamètres de Mayence. Son grain est assez fin, il se taille proprement, il résiste à l'air, à l'eau, n'est pas sujet à se déliter; on en peut extraire des blocs d'une grandeur considérable. On tire de ces mêmes carrières des dalles pour paver les rez-de-chaussées.

14. La seconde espèce est blanchâtre, son grain est beaucoup plus fin; on la réserve pour les ouvrages les plus délicats et pour la sculpture; elle se trouve dans le

département à un myriamètre de Worms, dans un endroit appelé Vakeinheim sur la rivière de Pfrim; elle est d'une dureté moyenne, mais elle durcit à l'air, résiste à toutes les intempéries de l'air et à l'eau; on en peut extraire des blocs aussi grands que de la première espèce.

15. La troisième espèce est à gros grains, elle se décompose à l'air; on ne l'emploie que pour les ouvrages dans l'eau où elle se maintient; elle vient de Flonheim, distant de trois myriamètres de Mayence.

16. On tire d'Allemagne une espèce de pierre calcaire à spath pesant, dont on forme des tuyaux pour les latrines, parce qu'elle a la propriété de ne pas s'impregner d'humidité ni d'odeur fétide. Ces pierres arrivent à Mayence par petits blocs de forme cubique dont les côtés sont de 29 centimètres (10 pouces $\frac{3}{4}$), percés d'un trou rond de 20 centimètres ou 7 pouces $\frac{1}{2}$, avec des feuillures pour s'emboîter l'un dans l'autre.

17. On fait usage à Mayence de deux espèces de tufs qui sont des productions volcaniques, venant d'une montagne près d'Andernach, département de Rhin et Mozelle. Celui qui est le moins poreux sert à faire des carreaux, dont on forme l'aire des fours de boulangers.

18. L'autre qui est très-poreux est presqu'aussi léger que la pierre ponce; on en forme des espèces de briques dont on se sert pour faire des cloisons de séparation sur les planchers.

Cette seconde espèce de tuf pulvérisée forme une pouzzolane, que les Hollandais appellent trass d'Andernach, dont on se sert avec succès, au lieu de sable ou de ciment, pour faire, avec de la chaux, un mortier qui durcit dans l'eau.

19. Dans le département du Haut-Rhin, dont le chef-lieu est Colmar, on trouve des pierres de taille plus ou moins dures, d'une médiocre qualité, c'est pourquoi on leur préfère le grès.

20. La pierre de taille que l'on emploie dans le département des Vosges, est une espèce de grès tendre, dont le meilleur se trouve proche le village de Forges près de la route d'Epinal à Mirecourt.

21. A quatre lieues de la ville de St. Diey, sur le penchant de la montagne de Bonhomme, on trouve des carrières d'une fort belle pierre. Il s'en trouve de même qualité près de Senones.

21. Dans le département de la Meurthe, les pierres dont on fait usage sont celles des carrières de Norroy et d'Einville.

23. La pierre tendre se tire d'un endroit appelé Balin, à une demi-lieue de Nancy.

24. On fait aussi usage de pierre de roche.

25. A Metz et dans le département de la Mozelle, les pierres de taille dures se tirent de Jaumont et d'Amanviller, à trois lieues de Metz; elle est jaunâtre, d'un grain assez fin et de bonne qualité.

26. La pierre dure de Servigny, à quatre lieues de Metz, est bleuâtre, on s'en sert pour les marches d'escalier et les bornes.

27. On tire encore de fort belle pierre des carrières de Longeville, à six lieues de Metz.

28. Sur les confins des départements de la Marne et de la Haute-Marne, entre Vitry-le-Français et St. Dizier, on trouve les carrières de Faremont, Chevillon et la Sablonnière, qui fournissent des pierres d'un blanc roux et d'une dureté moyenne.

29. On trouve encore le long de la Marne, les carrières de Mareuil, d'Ay, de Dizy et d'Epernay, qui sont à-peu-près de même nature.

30. A deux myriamètres de Châlons-sur-Marne, dans un endroit appelé Faloise, on trouve une espèce de pierre tendre à gros grain qui ne soutient pas bien les arêtes, mais qui est très-bonne dans l'eau où elle durcit, et elle ne gèle jamais.

31. Dans le département de la Meuse, dont Bar-sur-Ornain est le chef-lieu, on trouve les carrières de pierres tendres, de Brillon et de Savonière qui sont estimées, et dont on fait usage dans les départements voisins, pour les ouvrages précieux d'architecture et de sculpture.

32. La pierre que l'on tire du mont Ste. Marie près de la ville de St. Michel est assez belle et de bonne qualité.

33. Les carrières de Ville Issey près de Commercy fournissent des pierres coquilleuses.

34. Dans les environs de Mézières, département des Ardennes, on trouve des carrières d'une espèce de pierre dure bleuâtre, qui ne porte que 12 à 15 pouces de hauteur de banc, ou de 32 à 40 centimètres.

35. Dans le même département, à une lieue de Sédan, il existe dans un endroit appelé St. Mauge, une carrière de pierre de taille qui est fort belle.

36. Dans le département de la Haute-Marne, à quatre lieues de Chaumont, on trouve sur les côteaux de Vignon, des carrières de pierres dures coquilleuses de même qu'à Choine et à Ennouveau, situés à quatre lieues de Langres. On trouve encore des pierres remplies de coquillages à Roquigny.

37. Les pierres de taille qui s'emploient dans le département de l'Aube, dont Troyes est le chef-lieu, viennent des départements voisins.

38. Dans le département de Seine et Marne, il ne se trouve que des carrières de grès dont on se sert pour paver et pour bâtir.

Département de Paris ou de la Seine.

Quoique ce département soit le moins étendu en superficie, c'est cependant un de ceux où il se trouve un plus grand nombre de carrières, qui occupent presque toute son étendue. La partie méridionale de cette grande ville, et les plaines au-dehors depuis la rivière jusqu'à Meudon, renferment des carrières dont une grande partie est déjà exploitée. Les pierres qu'on en tire sont calcaires, disposées par lits ou bancs de différentes épaisseurs et duretés. Leur couleur est généralement d'un blanc roux tirant sur le gris, dont la teinte est plus ou moins foncée. On les distingue en cinq espèces propres à être employées comme pierres de taille, qui sont le liais, le cliquart, la roche, le banc franc et la lambourde.

39. Le liais paraît réunir toutes les qualités des plus belles pierres ; son grain est fin, sa texture compacte et uniforme, il se taille bien, et peut résister à toutes les intempéries de l'air, quand il a été tiré de la carrière dans un temps convenable, car il est sujet à geler lorsqu'il est employé dans l'arrière saison avant d'avoir essuyé son eau de carrière. On en peut tirer des blocs de six à sept mètres de longueur sur deux ou trois de largeur. L'épaisseur du vrai liais n'étant que d'environ deux décimètres ou 7 à 8

pouces, son usage se trouve borné à des marches d'escalier, des cimaises, des tablettes de balustrades, des chambranles de cheminées, et autres ouvrages qui exigent peu d'épaisseur.

Le beau liais se tirait des carrières qui étaient auprès de la barrière St. Jacques et derrière le clos des Chartreux, mais elles sont épuisées.

40. On a substitué au liais une espèce de bas appareil ou de cliquart, qui se trouve dans plusieurs carrières des plaines de Bagneux et de Mont-Rouge. Ce nouveau liais porte depuis 10 jusqu'à 12 pouces d'épaisseur, ou de 27 à 33 centimètres. En général, on donne le nom de liais à toutes les pierres fines de bas appareil dont on fait usage à Paris; ainsi, il y a le liais de Meudon, de Maison, de St. Cloud, de St. Leu, etc.

Le liais relativement à sa qualité est de trois espèces, qui sont le liais dur, le liais ferault et le liais tendre. Le premier est celui que l'on tire des carrières d'Arcueil, de Bagneux et des plaines de Mont-Rouge. Le liais ferault est de mauvaise qualité et extrêmement dur. Le liais tendre se tire des carrières de Maisons au-dessus de Charenton, de St. Cloud; on distingue ce dernier sous le nom de liais rose.

Cliquart.

41. La pierre que l'on désigne actuellement sous le nom de cliquart est une pierre dure moins finé que le liais. Le cliquart qui se tire d'Arcueil, de la plaine de Bagneux et du val de Meudon, porte environ 12 pouces de hauteur de banc, ou 33 centimètres. On en tire des plaines de Mont-Rouge et de Vaugirard, qui porte depuis 14 pouces

jusqu'à 22 ; c'est-à-dire, depuis 38 jusqu'à 60 centimètres. Ce dernier est rougeâtre et a le grain moins fin.

Roches.

42. Les pierres auxquelles on donne le nom de roches sont dures et coquilleuses. La plus belle et la plus pleine est celle qui se tire du fond de Bagneux; elle ne porte que 15 pouces de hauteur de banc ou 41 centimètres.

43. La roche de la Butte-aux-Cailles près la barrière des Gobelins, a le grain plus gros que la précédente, et elle est moins coquilleuse; elle a 24 pouces de hauteur de banc ou 66 centimètres.

44. La roche du fond d'Arcueil a le grain plus fin, mais elle est plus coquilleuse; elle porte 18 pouces de hauteur de banc, ou 50 centimètres environ.

45. La roche de Châtillon est à-peu-près de même genre et un peu plus grise; elle porte de 22 à 24 pouces de hauteur de banc, c'est-à-dire de 60 à 66 centimètres.

46. La roche de Passy est plus blanche, a le grain plus fin, mais elle est sujette aux fils; elle porte de 18 à 22 pouces de hauteur de banc (50 à 60 centimètres.)

47. On tire du village de St. Maur une roche moins belle et de meilleure qualité, qui porte 18 pouces, ou 60 centimètres de hauteur de banc.

48. Roche de St. Cloud rousse et coquilleuse, mais de bonne qualité; elle porte depuis 18 pouces jusqu'à 2 pieds de hauteur de banc, on en peut tirer des colonnes d'une seule pièce de 5 à 6 mètres de hauteur (15 à 18 pieds), qui résistent à toutes les intempéries de l'air, quoique posées en délit, ainsi qu'on le voit par celles des façades de la cour du Louvre et des Tuileries.

Banc franc.

La pierre désignée sous ce nom est celle qui va, pour la finesse du grain et la dureté, après le cliquart.

49. La meilleure est celle d'Arcueil, qui porte environ 12 pouces d'épaisseur. Les parties inférieures de l'édifice du Panthéon Français jusqu'à trois mètres de hauteur sont construites de cette pierre.

50. On en tire des carrières des plaines de Bagneux et de Mont-Rouge, qui porte de 12 à 15 pouces de hauteur de banc.

51. Les pierres qu'on tire des plaines de l'Hôpital, d'Yvry et de Vitry sont de même qualité ; elles portent depuis 12 jusqu'à 18 pouces de hauteur de banc. Les plus fines sont celles qui ont le moins d'épaisseur.

52. Les pierres de Creteil, de St. Maur et de Charenton sont de même espèce ; elles portent de 12 à 15 pouces de hauteur de banc ; les plus belles sont celles de Creteil.

53. La pierre que l'on tire de la vallée de Fécamp, sous St. Denis, est encore de la même espèce. Elle est aussi fine, aussi pleine que les pierres des carrières de Bagneux et de Mont-Rouge, et porte la même hauteur de banc. Celle qu'on désigne sous le nom de banc royal est aussi belle que le liais.

54. Il se trouve dans les plaines de l'Hôpital et du fau-bourg St. Marcel, une espèce de pierre appelée haut banc, dont le grain n'est pas si beau que celui du banc franc, et qui porte depuis 20 jusqu'à 24 pouces de hauteur.

Lambourde.

La lambourde est une espèce de pierre tendre qui porte

depuis 24 jusqu'à 36 pouces de hauteur, ou depuis 66 centimètres jusqu'à un mètre. Son grain est grossier.

55. La moins laide est celle qui se tire des carrières de St. Maur; c'est aussi celle qui est de meilleure qualité, et dont le banc porte le plus de hauteur.

56. La lambourde qu'on tire de Gentilly est la plus grossière; sa hauteur de banc est de 24 à 26 pouces, ou 32 à 36 centimètres.

On parlera des autres pierres dont on fait usage à Paris, lorsqu'il s'agira de celles des départements d'où elles se tirent.

Département de Seine et Oise.

57. Une des plus belles pierres de ce département est celle de St. Nom, qui est d'un blanc roux. Elle se tire du parc de Versailles, où il s'en trouve de plusieurs qualités. Celle qu'on appelle roche fine ressemble beaucoup, pour le grain et la couleur, à la roche de la plaine de Bagneux. Elle porte 49 centimètres, ou 18 pouces de hauteur de banc.

58. La roche ordinaire, dont le grain est un peu moins beau, porte de 54 à 59 centimètres, ou de 20 à 22 pouces.

59. Les pierres qu'on tire de Montesson près de St. Germain, sont de trois espèces. Celle qu'on appelle banc du Diable est une pierre moyennement dure, à gros grain, qui porte de 49 à 65 centimètres de hauteur de banc.

60. On tire de la même carrière une lambourde qui porte même hauteur de banc; elle est plus blanche, son grain est grossier et ne soutient pas l'arète.

61. Il se trouve une autre carrière auprès de Nanterre,

dont la pierre est fort blanche et d'un beau grain; elle ne porte que 24 à 27 centimètres de hauteur de banc (9 à 10 pouces) : on ne l'emploie que pour les ouvrages délicats.

62. La pierre de la chaussée se tire des carrières qui sont près de Bougival et de St. Germain-en-Laie ; c'est une espèce de roche coquilleuse qui ressemble à celle qu'on tire des plaines de Mont-Rouge et de Châtillon. Elle porte jusqu'à 20 pouces de hauteur de banc ou 54 centimètres. Il s'en trouve qui a le grain presqu'aussi fin que le liais, mais elle est sujette aux moyes, c'est-à-dire, des parties tendres dans le lits, qui obligent de réduire son épaisseur à 40 ou 44 centimètres (15 ou 20 pouces.)

63. On tire de Poissy près de St. Germain, une espèce de pierre calcaire, appelée roche, qui porte environ 18 pouces, ou 50 centimètres de hauteur de banc. Cette pierre est aussi belle que le liais que l'on tire du fond de Bagneux ; elle est de même couleur et a le grain aussi fin.

64. Le banc franc de Poissy a le grain plus gros et plus rude que la roche du numéro précédent ; il est aussi moins dur, et porte de 18 à 20 pouces de hauteur de banc.

65. La pierre de l'Isle-Adam sur l'Oise, à 8 ou 9 lieues de Paris, est une espèce de roche coquilleuse rougeâtre qui porte environ 15 pouces, ou 40 centimètres de hauteur de banc.

66. Celle qui se tire de l'abbaye du Val, dans le même pays, est d'une dureté moyenne, plus blanche; elle a le grain très-fin, et porte 22 pouces de hauteur de banc, ou 60 centimètres.

Les carrières de Saillancourt qui sont aux environs de Pontoise, contiennent quatre espèces de pierres dont on

peut tirer de très - grands blocs. On en a fait usage
pour le pont de Neuilly et autres. Le grain de cette
pierre est grossier ; composé de parties hétérogènes,
dont quelques - unes sont calcaires. Lorsqu'on verse
dessus de l'acide nitrique, les parties calcaires se dissolvent
en faisant une forte effervescence, et il ne reste plus qu'un
tissu aride sur lequel l'acide n'a plus de prise.

67. La première qualité, qu'on appele banc vert, est
extrêmement dure ; sa couleur est grise, mêlée de blanc,
avec des points noirs. Cette pierre n'est pas belle, mais
elle est d'une bonne qualité.

68. La seconde espèce a le grain plus gros et la couleur
plus foncée, elle est moins dure, elle porte 24 pouces ou 65
centimètres de hauteur de banc.

69. La troisième qualité est d'une couleur rousse, son
tissu paraît aride, elle est encore moins dure que la précédente et d'une moindre épaisseur, qui est de 18 pouces,
ou 5o centimètres environ.

70. La quatrième espèce a le grain fort gros, et ne porte
que 14 pouces de hauteur de banc ; c'est la moindre de
toutes.

Les carrières de Conflans Ste. Honorine, à 6 lieues de
Paris, auprès du confluent de la Seine et de l'Oise, fournissent les plus belles pierres tendres qu'on emploie à Paris ;
il s'en trouve de trois espèces, d'un blanc un peu roux.

71. Le banc royal, dont le grain est le plus beau,
porte depuis quatre pieds jusqu'à sept pieds de hauteur,
c'est-à-dire, depuis 13 décimètres jusqu'à 2 mètres ¼ ; on
peut en tirer des blocs de toute grandeur. Les deux pierres
qui forment les angles du fronton du Panthéon Français,
ont été prises dans des blocs qui avaient trois mètres en

carré sur deux mètres de haut, et qui pesaient environ
53 milliers, ou 24,600 kilogrammes.

72. Il se rencontre dans ce banc des parties extrêmement
dures, qu'on désigne sous le nom de Conflans Ferré.

73. Le banc au-dessous a le grain un peu plus gros et
plus tendre, c'est celui dont on fait le plus d'usage.

74. On trouve encore une autre espèce, appelée Lambourde de Conflans, dont le grain est aussi fin que celui
du banc royal, mais elle est beaucoup plus tendre et de
moindre qualité, sujette même à se décomposer à l'eau et
à l'humidité.

Pierres du département de l'Oise.

75. La plus belle est celle qu'on appelle liais de Senlis,
qui se tire de la carrière de St. Nicolas; elle a le grain aussi
beau que le liais de Paris, mais elle est moins dure, et sa couleur est moins foncée; elle porte depuis 12 jusqu'à 16 pouces
de hauteur de banc, c'est-à-dire de 32 à 42 centimètres.

76. La pierre dure ordinaire dont le grain est un peu
moins fin, porte de 18 à 20 pouces, c'est-à-dire, de 49 à
54 centimètres; elle ressemble pour le grain et la couleur
à celles qu'on tire de la plaine d'Ivry près Paris.

Les carrières des environs de Compiègne fournissent
des pierres à-peu-près de même espèce.

77. Celle qui se tire de Verbery, à trois lieues de Compiègne, est aussi belle que le liais de Senlis; elle porte
depuis 20 centimètres jusqu'à 65 de hauteur de banc, c'est-
à-dire, de 15 à 24 pouces.

78. La pierre qui se tire de la carrière du Roi, à une
lieue de Compiègne, est moins belle, plus grise et coquil-

leuse; elle porte 65 centimètres de hauteur de banc (24 pouces.

79. Les pierres de Gamelon, à même distance de Compiègne, sont plus blanches et moins dures; leur grain, qui est assez beau, ressemble à celui de la pierre de Passy.

80. La pierre qui se tire dans la forêt de Compiègne, de la montagne dite de la Princesse, est grise, et ressemble à du grès; son grain est assez fin mais rude, son épaisseur ou hauteur de banc est de 65 centimètres, ou 24 pouces.

81. Auprès de Beauvais, on tire des pierres dures de Merare et de Rousselon qui sont d'une qualité inférieure aux précédentes.

82. On emploie aussi comme pierre de taille une espèce de grès.

Les pierres tendres de ce département sont celles de St. Leu, de Trossy, de Vergelée et de Beauvais.

83. Les plus estimées sont celles de Trossy, il s'en trouve d'aussi belles que le Conflans.

84. La pierre de St. Leu est d'une qualité inférieure ; son grain est plus gros et sa texture inégale ; il s'en trouve depuis 65 centimètres de hauteur de banc jusqu'à un mètre.

85. La pierre de Vergelée est de deux espèces, l'une plus dure, est d'une bonne qualité, quoique grossière, résistant bien à l'air et à l'eau.

86. L'autre, presqu'aussi tendre que le St. Leu, et portant même hauteur d'assise, mais d'un grain plus gros.

87. Dans le département de l'Aisne, on trouve la pierre de Soissons, de Crouy et de St. Pierre d'Aigle.

88. La pierre de St. Pierre d'Aigle ressemble à celle de Senlis, mais elle est coquilleuse ; elle porte 49 centimètres de hauteur de banc.

89. La pierre de Crouy est moins dure et plus blanche ; son banc porte jusqu'à 84 centimètres de haut, ou 30 pouces. Elle ressemble à celle qui se tire de Gamelon près de Compiègne ; son grain est cependant un peu plus rude.

90. Dans le département de l'Eure, on trouve la pierre dure de Vernon, qui est d'une très-belle qualité, d'un grain fin et compacte, comme le beau liais auquel elle ressemble, sa couleur est un peu plus grise. Cette pierre porte depuis 65 centimètres de hauteur de banc jusqu'à un mètre, ou de 24 à 36 pouces.

91. A Evreux on fait usage de la pierre dure de Louvier, qui est d'une bonne qualité.

92. Et d'une pierre tendre qu'on tire de Beaumont le Roger.

Les principales pierres du département de la Seine Inférieure sont celles de Caumont, à 5 lieues au-dessous de Rouen, dont il se trouve de cinq espèces ; qui sont :

93. Le bas appareil ;

94. Le gros liais ;

95. Le banc franc ;

96. Le libage ;

97. Et la bize.

Ces pierres sont séparées dans la carrière par des couches de silex.

98. Dans le département du Calvados, on fait usage d'une pierre coquilleuse qui est d'une assez bonne qualité.

On emploie cette même pierre dans le département de la Manche.

99. A Quimper, dans le département du Finistère, on fait usage d'une espèce de pierre de taille dure et quartzeuse, qui se tire de Penacreach.

100. De Querhoucnec,

101. Et de Porsmoulic, aux environs de Quimper. Il s'en trouve de différentes nuances dont le grain est plus ou moins fin. On en peut tirer des blocs de toutes grandeurs.

102. Dans le département du Morbihan, on trouve la pierre de Burgo près de Grandchamp, à trois lieues de Vannes, dont le grain est beau : elle est d'une dureté moyenne.

103. La pierre de Kiboular qui se tire à deux lieues de Vannes, a le grain plus dur.

104. La pierre dure qui se tire d'Arradon près la côte, a le grain fin.

105. Les pierres de Besso qui se tirent à deux lieues de Dinan, département des Côtes du Nord, est pleine de coquillages.

106. La pierre de taille dont on fait usage à Rennes, dans le département d'Ile et Vilaine, est une espèce de granite, qu'on appele pierre de grain; il est gris et susceptible de poli.

107. On tire de Fontenai, à deux lieues de Rennes, une pierre qui est très-belle.

108. Il y en a une autre espèce, qu'on nomme grison ou roussière.

109. Pierre de Sacé qui se tire à trois lieues de Laval, département de la Mayenne; c'est une espèce de granite d'un gris bleuâtre, tacheté de blanc.

110. Dans le département de l'Orne, la pierre dure est aussi une espèce de granite; il s'y trouve de la pierre tendre qui est blanche, et qui se tire des carrières de Vilaine près d'Alençon.

111. Pierre d'Ecomois, à cinq lieues du Mans, département de la Sarthe. C'est une pierre bleuâtre, qui est fort belle et de bonne qualité ; son grain est fin et compacte.

112. On fait aussi usage pour bâtir, de grès dont le grain est très-fin et qui se taille bien.

113. Pierre de Berchères, à deux lieues et demie de Chartres sur la route d'Orléans, département d'Eure et Loire.

114. Dans le département de Loir et Cher, à deux lieues au-dessous de Vendôme près du village de Thoré, de l'autre côté de la rivière du Loir, on trouve une carrière coupée perpendiculairement qui n'a pas été exploitée, on y voit onze couches ou bancs de pierre, faisant ensemble 10 mètres 40 centimètres, ou 32 pieds.

115. On se sert à Blois d'une pierre très-dure qui est d'une bonne qualité, mais qui n'est pas susceptible d'être taillée proprement.

116. Pierre tendre de St. Aignan, qui est fort belle, dont le grain est fin et serré ; elle est d'un blanc roux.

117. Pierre de Bouré près de Montrichard, ressemble à celle de St. Aignan ; elle est plus tendre et plus légère que la précédente.

118. Dans le département du Loiret, on trouve les carrières des Muids près St. Memin.

119. De Lignerolles,

120. Des Crottes,

121. De Briare,

122. De Bonny,

123. De Beaugency.

124. La pierre de Tonnère, dans le département de

l'Yonne, est une des plus belles pierres tendres connues;
son grain est extrêmement fin et compacte ; elle porte
depuis 43 jusqu'à 49 centimètres, ou depuis 16 jusqu'à 18
pouces. Cette pierre, qui est d'un beau blanc, est réservée pour la sculpture et les ouvrages précieux d'architecture.

Dans le département de la Côte d'Or, on fait usage de
deux espèces de pierres dures calcaires qui se travaillent
bien, et sont même susceptibles du poli.

125. Celle appelée banc franc, est susceptible de geler
lorsqu'elle est employée dans l'arrière saison, avant d'avoir
essuyé son eau de carrière.

126. Les pierres des environs de Salins et de Lons-le-
Saulnier, département du Jura, paraissent composées de
détrimens de coquilles.

127. Pierre dure de Colombe près de Vesoul, département de Haute-Saône : cette pierre qui est calcaire, se taille
bien et peut recevoir le poli.

128. Les pierres dont on fait usage dans le département
de Saône et Loire sont blanches et rougeâtres, ces dernières sont les plus dures; elles se tirent des environs de
Tournus.

129. Les blanches sont d'une dureté moyenne.

130. Les pierres de Givry auprès de Châlons-sur-Saône
sont de même nature, mais d'une qualité inférieure; la
rouge est la plus dure.

131. La blanche est d'une dureté moyenne.

132. La pierre dure des environs de Nevers, dans le
département de la Nièvre, est d'une bonne qualité, mais
elle est sujette à des veines bleues qui n'ont pas de consistance; sa dureté augmente à l'air où elle se maintient bien,

lorsqu'on a la précaution de ne l'employer qu'après qu'elle a essuyé son eau de carrière.

133. Les pierres qu'on tire près de la ville de Bourges, département du Cher, ressemblent à celles d'Arcueil près Paris.

134. On trouve dans le bois de Boulaise, département de l'Indre, à trois lieues de la Châtre, une espèce de pierre de taille fort dure dont le grain est fin.

135. Dans le village de Savigné, on tire une espèce de pierre qui résiste au feu le plus violent ; on s'en sert pour faire des fourneaux de forges et de verreries : sa nature paraît être un grès cristalisé.

136. Pierre de taille tendre et calcaire qui se tire des carrières d'Ambrault, à quatre lieues de Châteauroux, assez belle, mais sujette à la gelée.

137. Pierre dure d'Athé, à trois lieues de Tours, département d'Indre et Loire ; elle est coquilleuse et persillée.

138. La pierre de Ste. Maure, à onze lieues de Tours, est assez belle et moyennement dure ; elle a le grain fin et compacte, se taille proprement et soutient bien ses arêtes.

139. La pierre de Chinon a un grain moyennement gros et rude mêlé de coquillages.

Dans le département de la Mayenne et Loire, on trouve les carrières de Fourneux et de Champigny, à deux lieues de Saumur.

140. La pierre de Fourneux est d'un gris roussâtre, coquilleuse et très-dure.

141. Celle de Champigny est de même qualité, mais plus coquilleuse.

142. La pierre de Roirie près Durtal, est d'une couleur jaunâtre, d'une dureté moyenne, se taille bien et soutient

ses arètes, mais elle est sujette à s'exfolier lorsqu'on la délite.

143. On fait usage en plusieurs endroits de ce département, pour les marches d'escalier, les bornes et le pavé, d'un grès qu'on tire de Soucelles.

144. On tire des environs de Nantes, département de la Loire Inférieure, une pierre très-dure appelée Roussin : elle est d'un gris foncé.

145. Dans le département de la Vendée, on trouve, à une lieue de Fontenai-le-Peuple, une pierre roussâtre, pesante et sonore, qui résiste à toutes les intempéries de l'air, excellente pour les grandes constructions;

146. Et une autre pierre blanche moins dure pour les constructions ordinaires, mais elle est sujette à geler, quand on l'emploie trop verte.

147. On trouve dans les environs de Niort, département des Deux-Sèvres, une pierre de même couleur et qualité que la précédente, sujette aussi à la gelée.

148. Et une pierre rousse moins tendre d'une bonne qualité, qui ne se gèle point, et qu'on emploie pour les soubassemens, les marches d'escalier et pour le pavé.

149. Les carrières de Bonnillet près de Poitiers, dans le département de la Vienne, fournissent de belles pierres blanches et calcaires, mais il faut choisir les bancs.

150. Et une autre espèce de pierre tendre appelée Louchard.

151. Dans le département de la Haute-Vienne, la pierre de taille est une espèce de granite qui se tire des montagnes de Grammont, à quatre lieues de Limoges. Il y en a de deux espèces, l'une a le grain fin et serré, susceptible

d'être taillé proprement et à vives arètes. Le plus beau vient des carrières de Fanel.

152. L'autre espèce qui a le grain plus gros ne soutient pas les arètes.

153. On se sert pour bâtir, dans plusieurs endroits du département de la Creuse, d'un granite bâtard qui se fend et se débite comme le grès.

154. A Moulins, dans le département de l'Allier, la pierre de taille dont on fait usage est une espèce de grès facile à tailler, dont les carrières ne sont éloignées de Moulins que d'une lieue, environ.

155. A Clermont-Ferrand, chef-lieu du département du Puy-de-Dôme, on se sert d'une pierre de taille qui se tire de Volvic, à quatre lieues de Clermont; c'est un produit de volcan, d'un gris blanc, qui est très-dur et très-solide.

Dans le département de la Loire, la pierre de taille est une epèce de marbre bâtard qui est difficile à tailler.

Les pierres de taille qui se trouvent dans le département du Rhône, sont les pierres,

156. D'Anse,

157. De Lucenay,

158. De Pomiers, qui sont à-peu-près de même qualité; elles sont d'un blanc roux, d'une dureté moyenne et d'un beau grain. La plus belle est celle de Pomiers; elle est pleine et sonore. La plupart des anciennes églises de Lyon sont construites avec cette espèce de pierre. On en fait des chambranles de cheminées.

159. La pierre de Chessy est d'un blanc jaunâtre, dont le grain est aussi fin que celui des précédentes.

160. On tire des environs de St. Fortunat au pied du

Mont-d'Or, à trois lieues de Lyon, une espèce de pierre très-dure et coquilleuse, avec des veines rouges et bleuâtres, dont on fait des plafonds, des jambages de portes, des parpains, des murs d'échifre et des marches d'escaliers; elle peut se poser en délit.

La pierre de St. Cyr, dans le même pays, est d'un jaune rouge; elle est moins belle et moins forte que la précédente; on ne l'emploie que dans les bâtimens ordinaires construits en moilons. Les carrières d'où l'on tire cette espèce de pierre sont à bouche; on y remarque quatre masses de pierre distinguées par leurs couleurs et leurs qualités.

161. La première qui a dix pieds d'épaisseur est souci foncé, ne s'emploie que comme moilon, et les autres comme pierres de taille.

162. La deuxième qui a sept pieds d'épaisseur, fournit une pierre dont le grain est plus fin et la couleur plus foncée.

163. La troisième qui a dix-huit pieds d'épaisseur, fournit une pierre dont la couleur tire sur le rouge.

164. La quatrième ne diffère de la troisième que par la teinte qui est un peu plus rousse, et parce qu'elle est remplie de coquillages.

165. Les carrières de Couson, qui sont à peu de distance des précédentes, fournissent des pierres jaunes de deux qualités. L'une s'emploie comme pierre de taille pour les jambages de portes, croisées, chambranles de cheminées et encoignures des murs en moilons.

L'autre, qui est remplie de geodes et de veines de silex, se débite en moilons.

166. Dans le département de l'Ain, il y a des carrières de pierres dures d'une excellente qualité, connues sous le

nom de pierres de Choin; on en fait beaucoup d'usage à Lyon, sur-tout de celle qui se tire de Villebois, qui en est éloigné de 12 lieues. Cette pierre est d'une couleur grise, son grain est fin, homogène et compacte; elle résiste bien au fardeau et à toutes les intempéries de l'air, et a une si forte consistance qu'on en forme des linteaux de portes d'une seule pièce, des limons d'escaliers et des plafonds de 5 ou 6 mètres de longueur, qui ne sont soutenus que par leurs extrémités.

167. Le choin de Fay a les mêmes qualités que le précédent; il a le grain plus fin, il est d'une couleur moins foncée et susceptible d'un aussi beau poli que le marbre. On en peut tirer des blocs d'une grandeur considérable et d'un mètre d'épaisseur. Mais il est sujet à se déliter quand il n'est pas bien choisi, et il s'y trouve des cristalisations qui le rendent difficile à travailler.

Dans plusieurs autres endroits de ce département, il se trouve des pierres de taille d'une dureté moyenne, et des pierres tendres dont on fait usage pour les constructions ordinaires.

168. A Genève, dans le département du Lac Léman, la pierre de taille dont on se sert pour bâtir, est une espèce de roche calcaire qui est d'une très-bonne qualité.

169. Il s'y trouve aussi du grès,

170. Et une espèce de pierre sableuse, appelée molasse.

171. A Chambéry, département du Mont-Blanc, on fait usage de pierres de même nature que celles dont on se sert à Genève, c'est-à-dire de roche calcaire, de grès et de molasse.

172. A Grenoble, dans le département de l'Isère, on emploie pour bâtir la pierre dure de Fontanil, dont

les carrières sont à environ deux lieues de la ville. Cette pierre, qui est d'un gris tirant sur le bleu, se taille proprement, mais elle est sujette à se décomposer quand elle n'a pas été bien choisie et ébouzinée.

173. La pierre de Sassenage qui est d'un blanc roux, est de très-bonne qualité, se travaille bien, mais on ne peut s'en procurer que des blocs d'une grandeur médiocre.

174. Il se trouve un rocher auprès d'une des portes de la ville de Grenoble dont on tire des pierres d'une grandeur considérable, qu'on emploie pour les rez-de-chaussées.

175. On fait aussi usage d'une espèce de grès tendre, appelé molasse, que l'on tire de Vorrèpe, à trois lieues de Grenoble ; on l'emploie principalement pour les jambages de portes et croisées.

176. A Gap, dans le département des Hautes-Alpes, la pierre de taille est une espèce de marbre d'un gris noir, facile à tailler.

177. Dans les départements du Var et des Alpes-Maritimes, on trouve une espèce de pierre dure grise, qui est d'une fort bonne qualité ;

178. Et une espèce de pierre blanche d'un bleu grisâtre, qui est calcaire, dont on peut tirer des blocs d'un mètre de hauteur de banc sur autant de largeur, et un mètre et demi de longueur.

179. Dans le département des Bouches-du-Rhône, il y a deux espèces de pierres dures calcaires ; l'une désignée sous le nom de pierre froide, se tire de Cassis près d'Aix ;

180. L'autre plus fine, est appelée pierre de Callisanne.

181. Une autre espèce moins dure, dite de St. Leu d'Arles ;

182. Et la pierre tendre de la Couronne.

183. A Avignon, dans le département de Vaucluse, il y a une espèce de pierre moyennement dure d'un blanc roux, qui est d'une très-belle qualité, dont on fait usage pour les beaux ouvrages d'architecture et pour la sculpture.

Il se trouve dans le département du Gard plusieurs espèces de pierres, qui sont toutes d'une bonne qualité.

184. La pierre qu'on tire sur le chemin de Nîmes à Alais est très-dure; elle ne se taille qu'à la pointe, mais elle est belle et susceptible du poli.

185. Les arênes de Nîmes ont été construites avec la pierre de Barutel, dont les carrières sont à une lieue de la ville.

186. On fait encore usage de cette pierre, ainsi que de celle appelée Roque-maillères, pour les escaliers. Cette dernière est moins dure et résiste à la gelée.

187. Le beau temple antique, connu sous le nom de Maison carrée de Nîmes, est construit avec de la pierre de Lens, situé sur le chemin de Russan, à environ trois lieues de Nîmes; c'est une fort belle pierre qui résiste bien à toutes les intempéries; elle est d'un gris blanc.

188. La pierre tendre de Beaucaire est d'un gris blanc; elle durcit à l'air, conserve son poli; elle est belle, et propre pour les moulures et autres ornemens d'architecture.

189. On tire du même endroit, une pierre jaunâtre un peu dure.

190. Une autre grisâtre de même qualité.

191. Les pierres de Roque-partide sont de meilleure qualité que les précédentes et résistent mieux aux injures de l'air. Les carrières de ces dernières sont à quatre lieues de Nîmes.

192. On trouve encore dans ce département les pierres

de Mus ou d'Aiguevives , qui sont d'un gris très-bleu et remplies de coquillages. Ces pierres ont la propriété de résister au feu et craignent l'humidité ; elles se tirent à quatre ou cinq lieues de Nîmes.

193. Dans le département de l'Ardèche, à Privas , on fait usage de grès qui se taillent facilement.

194. Et d'une pierre calcaire qu'on tire de Chamarac , qui approche de la beauté du marbre.

195. La pierre dure de Crussol , sur la rive droite du Rhône , est aussi très-belle et susceptible du poli.

196. Dans le département de la Drôme , à Valence et aux environs, on emploie la pierre de molasse de Châteauneuf-d'Isère, qui se taille facilement et durcit à l'air. On en fait les jambages de portes et croisées et les âtres de cheminées.

197. La plus dure, qu'on nomme rachat , sert à faire des dalles , dont on pave les rez-de-chaussées.

198. Pierre blanche de Cambouin ; calcaire et d'une belle qualité ; elle a l'apparence du marbre , et elle est susceptible du poli. On la réserve pour les ouvrages précieux d'architecture et de sculpture.

199. Dans le département de la Haute-Loire , qui a pour chef-lieu le Puy, la pierre de taille dont on fait usage est du grès. On en distingue de deux espèces , l'un gris blanc à gros grain qui ne soutient pas ses arètes;

200. L'autre qui est bleuâtre , a le grain très-fin et très-dur , susceptible d'être poli.

201. Une autre pierre de taille qui est une espèce de poudingue volcanique , qui se tire du Mont-d'Anis ; elle a la propriété de résister au feu.

202. Dans le département de la Lozère , dont Mende

est le chef-lieu, la pierre de taille que l'on emploie est extrêmement dure.

203. La pierre de taille dont on fait usage à Aurillac, chef-lieu du département du Cantal, est une espèce de basalte qu'on trouve dans les montagnes qui entourent cette ville. On le débite en morceaux d'environ un mètre, ou 3 pieds de longueur sur 30 centimètres (11 pouces) de largeur, et 21 centimètres (8 pouces) d'épaisseur. Cette pierre est d'une dureté moyenne, sa couleur n'est pas agréable.

204. Il se trouve aussi une pierre calcaire, mais outre qu'elle est difficile à tailler, elle n'est pas d'une bonne qualité.

205. Pierre de taille blanche qui se tire à deux lieues de Tulle, département de la Corrèze. Cette pierre, qui est fort dure, est un schiste granité qui se travaille bien.

206. Il y en a une autre espèce, qui est un schiste noir, fort dur.

207. A Périgueux, département de la Dordogne, on se sert d'une pierre dure calcaire, qui est d'une fort bonne qualité.

A Angoulême, dans le département de la Charente, on emploie de la pierre tendre calcaire, qui durcit à l'air en peu de temps.

208. Il y en a de deux sortes, celles qu'on tire des carrières de Larche sont moyennement dures.

209. Celles des carrières du Lion sont plus tendres.

Dans le département de la Charente-Inférieure, les carrières qui sont aux environs de Saintes fournissent de fort belles pierres, sur-tout celles de St. Vivien, qui sont composées de cinq bancs.

210. Le premier est d'une pierre douce et tendre;

211. Le second est formé d'une pierre dure et raboteuse;

212. Le troisième, qu'on appelle brodé, est rempli de cailloux et de coquilles;

213. Le quatrième est mêlangé ;

214. Et le cinquième, qu'on appele rapin, est de peu d'usage.

215. Près de l'église de St. Eutrope-lès-Saintes, est une semblable carrière, dont les pierres sont remplies de pétrifications.

216. La pierre de St. Vaizé est la meilleure et la plus belle de ce département, celle qui résiste le mieux à la gelée. Les carrières sont au bord de la Charente, à une lieue de Saintes.

217 et 218, Les pierres blanches de Bresane et de St. Sorlain, qui se tirent à deux lieues de Saintes, de l'autre côté de la Charente, sont très-belles, ont le grain très-fin, et peuvent être employées pour les ouvrages les plus délicats de l'architecture et de la sculpture.

219. On trouve encore des pierres blanches d'un grain très-fin à St. Savinien près de Taillebourg, à trois lieues de Saintes.

220. Dans le village de St. Même qui en est à sept,

221. Et dans celui de Retos qui n'en est qu'à deux.

222. Dans le village d'Arcicos, on trouve une espèce de pierre singulière, dont les pores s'ouvrent au soleil et se ferment à l'humidité.

Les pierres qu'on emploie le plus ordinairement à Bordeaux, département de la Gironde, se tirent des bords de la Garonne, en la remontant, depuis environ quatre lieues jusqu'à dix.

223. Les carrières les plus proches sont celles de Langoiran;

224. Au-dessus sont celles de Rions ;

225. Celles de Cerons ;

226. Celles de Condillac dont la pierre est un peu fière ;

227. De Barsac, qui est de bonne qualité,

228. Et de St. Macaire qui sont les plus éloignées.

Ces pierres se débitent en petits blocs et se conduisent par eau jusqu'à Bordeaux. Mais on en peut faire débiter exprès d'un plus grand échantillon.

229. Les pierres dures qu'on tire de St. Michel sur la Dordogne sont propres à faire des marches d'escaliers.

230. Celle qu'on tire de Rausans est plus belle et d'une aussi bonne qualité. C'est de ces deux dernières espèces de pierres dures dont on s'est servi pour la construction du grand théâtre de Bordeaux.

231. La pierre de Bourg auprès du Bec d'Ambez, est d'une dureté moyenne.

232. Les pierres tendres sont celles qui se tirent des carrières de Roque-de-Tau, Combes et Baurech. On les distingue sous le nom de petite Roque et de grande Roque.

233. La grande Roque est moins tendre; on en fait usage pour les murs de refend.

234. Les pierres de taille qui se trouvent dans le département de Lot et Garonne sont d'une dureté moyenne.

235. Dans le département du Lot, la pierre de taille est très-dure et sujette à la gelée lorsqu'elle n'est pas bien choisie.

236. Il s'en trouve de blanches moins dures ; la plus belle est celle qui se tire de Fumel, dont on fait des chambranles de cheminées qu'on envoie à Bordeaux.

237. Il y a une autre espèce de pierre roussâtre plus commune qui se trouve par assises.

Dans le département du Gers , dont Auch est le chef-lieu , on se sert de deux espèces de pierres de taille ;

238. L'une dure et grise est de la nature du tuf ;

239. L'autre qui est tendre, est calcaire.

Les pierres de taille dont on se sert dans le département de Haute-Garonne et sur-tout à Toulouse, viennent du département de l'Aude.

240. Aux environs de Carcassonne, dans le département de l'Aude, on trouve deux espèces de pierres dures, une qui paraît être de la nature du grès ;

241. L'autre qui vient de Roquefort est de trois qualités différentes ; la première , qui est blanche , est la plus dure ;

242. La deuxième est d'un gris bleuâtre ;

243. La troisième est la plus belle ; son grain est très-fin ; on la réserve pour les beaux ouvrages d'architecture et de sculpture.

Dans le département de l'Hérault, dont le chef-lieu est Montpellier , on trouve deux espèces de pierre dure ;

244. L'une qui est grise et blanche , se tire de Vandargue , à environ deux lieues de Montpellier ;

245. L'autre qui est d'un gris roux vient de St. Jean de Véda ; elle est un peu coquilleuse.

246. La pierre qu'on tire des carrières de Pignan est une espèce de grès, qui se débite en morceaux de peu d'épaisseur.

247. On tire des environs du port de Cette une autre espèce de pierre dure , dont le grain est fin et bien lié , fort belle, et susceptible d'être polie ; qui résiste à l'eau, à la gelée , et à toutes les intempéries de l'air.

248. La pierre de Rocaule , qui se tire près d'Agde , est

bonne pour les ouvrages qui se construisent dans l'eau ; c'est une espèce de lave d'un gris cendré.

249. Les pierres tendres se tirent des carrières de St. Genies et de Castries.

250. On tire aussi des carrières de Bresine et de Nissan près de Beziers, des pierres tendres.

251. Dans le département des Pyrénées Orientales, il se trouve des pierres moyennement dures et poreuses, qui se tirent des carrières de Las-Fons et de Baicas, à trois lieues de Perpignan ; elles sont difficiles à tailler, mais elles sont de bonne qualité et résistent à toutes les intempéries de l'air. On s'en sert pour faire les jambages de portes et croisées et les encoignures.

252. A Foix, dans le département de l'Arriège, la pierre de taille dont on se sert est une espèce de grès de couleur grise, qui se tire de Marseillon.

253. A Tarbes, dans le département des Hautes-Pyrénées, on emploie pour pierre de taille des marbres qu'on tire des carrières de Lourdes, qui sont blancs et gris veinés de noir, de bonne qualité et susceptibles d'un beau poli.

254. Dans le département des Basses-Pyrénées, dont le chef-lieu est Pau, on fait usage des pierres dures qu'on tire de Box-d'Arros et de Gan.

255. On y trouve des pierres tendres, mais elles sont de mauvaise qualité et sujettes à geler. On ne peut en faire usage qu'à l'intérieur.

ARTICLE XV.

Des principales pierres dont on se sert pour bâtir en Italie.
Des pierres dures.

P I É M O N T.

A Turin, la majeure partie des constructions se fait en briques; on n'emploie des pierres de taille que pour les soubassemens et les marches d'escalier. Celles dont on fait usage sont de deux espèces;

256. L'une est bleuâtre et vient des environs de Suze;

257. Et l'autre, d'un blanc roux, est remplie de trous et de coquillages; c'est une excellente pierre calcaire dont le grain est très-fin.

M I L A N A I S.

258. A Milan, outre les granites désignés sous le nom de *Migliarolo rosso et Bianco*, dont il a été question à l'article des granites d'Italie, page 86, on se sert pour bâtir d'une espèce de pierre appelée Béola, qui vient de *Bevera* auprès du Lac Majeur; elle est d'un gris clair semé de paillettes brillantes et argentées, et ne fait aucune effervescence avec les acides.

259. On tire du même pays une fort belle pierre d'un blanc roux tacheté, dont le grain est très-fin, et qui est susceptible de recevoir le poli; l'église de St. Fidèle à Milan est bâtie avec cette pierre. L'usage en était perdu,

parce que les premières carrières étaient épuisées, mais on en a découvert des nouvelles que l'on exploite depuis une vingtaine d'années.

260. La pierre de Vegiu est d'un gris clair assez agréable; on l'emploie pour les façades des grands édifices.

261. Celle appelée *Ceppo di Brambata*, qui se tire à dix lieues à l'est de Milan, est de même qualité que celle de Vegiu, mais elle a le grain un peu plus gros; on en fait un plus grand usage, parce qu'elle coûte moins.

262. La *Mollera di Vigano* a la couleur un peu plus foncée; elle est rude au toucher et parsemée de points noirs; c'est de cette pierre dont on se sert le plus communément, elle coûte encore moins que la précédente.

263. Celle appelée *Ceppo gerone* est une espèce de granite imparfait, composé de fragmens de différentes couleurs, unis avec un ciment grisâtre, qui n'a pas beaucoup de dureté. On emploie cette pierre pour les ouvrages d'un caractère rustique, comme des grottes. Les murs de la ville et des canaux sont construits en partie de cette pierre.

BRESSAN.

264. On tire des montagnes de Botesin, à six milles de *Brescia*, une très-belle pierre blanche, assez dure, dont on peut extraire des blocs d'une grandeur considérable.

265. La pierre de *Zandobio*, village situé sur une colline, à huit milles de Bergame, est semblable à la précédente, et est susceptible de recevoir le poli comme le marbre.

266. On trouve dans le même pays une pierre dure

d'une couleur bleuâtre, dont on se sert ordinairement pour la construction des édifices.

VÉRONAIS.

267. Dans les environs de Vérone il y a plusieurs espèces de pierres, dont une appelée Bronze, est une des plus belles d'Italie. Son grain est extrêmement fin et compacte, d'une dureté moyenne; on s'en sert pour la sculpture et les ouvrages précieux d'architecture. Le nom de *Bronzo* lui a été donné, parce qu'elle rend un son comme du métal quand on la travaille.

268. Les pierres de *Nembro* et celles appelées *Biancone*, et *la Presa* sont à-peu-près de même espèce; elles se refendent en dalles, et sont suscesptibles de recevoir un demi-poli.

VICENTIN.

269. On tire des montagnes de *Chiampio*, dans le Vicentin, des pierres blanches et sonores comme le *Bronzo*, et susceptibles d'un certain poli; on en fait des statues, des chapiteaux et des corniches. Les faces de la basilique de Vicence, décorées par Palladio, sont construites avec cette espèce de pierre, de même que plusieurs autres édifices de cette ville.

270. Les pierres qu'on tire de Piovena sont moins belles, on en peut tirer de très-grands blocs, dont on fait des colonnes d'une seule pièce de 6 à 7 mètres de hauteur de fût.

271. Les pierres des monts de *Magre* qui sont d'un blanc roux, servent à faire des dalles pour revêtir les murs de moilons, des appuis et des carreaux.

272. On trouve au pied des collines de *Montechio Maggiore* une pierre très-noire qui se trouve par masses, dans
lesquelles on tranche des morceaux à volonté. Elle est dure
et pesante et ne rend aucun son quand on la travaille ; on
s'en sert pour faire des âtres de cheminées et des contrecœurs.

273. Dans les monts de Bassano vers la source de la
Brenta, on exploite une grande quantité de pierres dures
franches, qui sont blanches et sonores, mais elles sont
un peu vitreuses, ce qui les rend difficiles à travailler ; on
en tire des blocs de toutes grandeurs, que l'on mène à
Padoue par la Brenta.

274. Dans le territoire de Padoue, on trouve des pierres
de deux espèces, dont l'une qui est d'une très-grande dureté,
sert à paver les rues, et pour les parties inférieures des
édifices ;

275. L'autre, qu'on appele *Macigno*, est d'un gris argenté. On en fait des colonnes, des corniches et des piédroits pour les portes et fenêtres ; son grain est assez fin,
mais moins beau que celui des pierres de Vicence, on en
peut tirer des blocs de 4 à 5 mètres de longueur.

Des pierres tendres.

Les plus belles pierres tendres se trouvent dans le Vicentin ; on en distingue de cinq qualités différentes, relativement à leurs degrés de finesse et de fermeté. Celles de
la première qualité pour la finesse du grain se tirent de
276. *Castelbomberto*,
277. Et de quelques endroits de *Monteberico*. Elles se
travaillent bien et sont susceptibles de recevoir un si beau

poli, qu'à la dureté près, on pourrait les comparer au marbre. Elles sont excellentes pour faire des statues et autres ouvrages de sculpture. Lorsqu'on les a laissé sécher pendant quelques temps, après les avoir tiré de la carrière, on peut les placer à l'air où elles se conservent très-bien.

Les pierres tendres de la seconde qualité, dont le grain est un peu moins fin, sont celles de

278. *Montemezzo*,
279. *San Lorenzo*,
280. *Montechio Maggiore*,
281. Et *Montegualda*.

La troisième qualité est ferme, a le grain fin, et résonne lorsqu'on la taille. Elle comprend les pierres qui se tirent des montagnes,

282. De *Soizzo*,
283. *San Urbano*,
284. *Valbona*,
285. *Brandola*,
286. *Costora*,
287. *Fossano*,
288. *La Rocca*,
289. *Sonigo*,
290. *Pozzolo*,
291. Et *Grancona*.

La quatrième qualité comprend celles de

292. *Langara*,
293. *Bugan*,
294. Et *Nanto*. Ces dernières sont d'une couleur jaunâtre et quelques-unes tirent sur le gris; elles résistent peu à l'air, et ne sont bonnes que pour les intérieurs. On les transporte à Padoue par eau.

295. La cinquième qualité a le grain plus gros; elle se tire de *Creazzo*,

296. *Sarego*,

297. *Casalo*,

298. Et *Lumignan*.

299 et 300. Dans les montagnes de *Trivigiano* et au-delà de celle de *Marca*, on trouve différentes espèces de pierres tendres qui sont d'une couleur jaunâtre, et particulièrement près la ville d'Asolo. Ces pierres, qui sont très-tendres, se débitent facilement à la scie.

301. Dans les montagnes de *Monfumo* au-delà d'*Asolo*, on trouve des pierres d'un gris cendré obscur, qui sont très-fortes et ont beaucoup de consistance; elles sont difficiles à débiter à la scie, mais elles se maintiennent bien à l'air. On en peut tirer des blocs assez grands pour faire des colonnes d'une seule pièce, de 4 à 5 mètres de hauteur.

302. On trouve encore différentes espèce de pierres tendres dans les montagnes qui se continuent jusqu'à Udine.

303. La pierre tendre, dont on fait usage à Milan, est appelée *Ceppio*. Elle est jaune et facile à travailler; mais elle s'endurcit à l'air et devient grisâtre. C'est celle qu'on emploie le plus ordinairement. Elle se tire des rives de l'Adda et du petit canal, par lesquels on la conduit à Milan. Les églises de St. Laurent le majeur, de St. Etienne, de St. Sébastien, et plusieurs autres fabriques sont construites avec cette pierre.

304. On fait encore usage de la pierre grise de Côme,

305. Et de celles de Lugano qui ne s'emploient qu'à l'intérieur, parce qu'elles sont plus tendres et ne résistent pas à l'air.

306. Parmi les pierres les plus faciles à travailler, on peut compter celles de *Valchiavena* au-delà du lac de Côme,

auprès du fleuve Meiza. Elles se tirent d'une montagne très-longue où elles se trouvent par grandes masses; leur grain est plus ou moins fin, selon la veine : cette pierre, qui est d'un gris azuré, est d'une dureté moyenne, mais elle a beaucoup de consistance et se travaille facilement au tour. On en fait de très-beaux vases qu'on appele *Lavesi*, dont les parois sont très-minces : ils peuvent servir à faire cuire des aliments. Ces vases sont travaillés avec beaucoup d'art; il s'en fait un grand débit en Italie, et on en exporte dans les pays voisins.

Une des plus belles pierres dures d'Italie est la pierre d'Istrie, qui se tire d'une petite île dépendante du territoire de *Rovigno*, et d'une autre appelée île de *Breoxe*. On en distingue de trois espèces qui sont les

307. Blanches fines,

308. Les blanches cendrées,

309. Et les blanches rousses.

Les blanches fines sont les plus belles ; leur grain est extrêmement fin et compacte ; elles se taillent très-bien et se polissent comme le marbre. On en peut tirer des blocs de toutes grandeurs pour faire des colonnes, des architraves et des corniches.

Les blanches cendrées sont un peu plus dures et plus fortes que les deux autres espèces, c'est pourquoi elles sont plus propres à soutenir de grands fardeaux; mais elles noircissent à l'air.

Les blanches rousses sont les moins dures et les moins fortes; elles sont plus faciles à travailler et résistent moins aux intempéries des saisons : l'air salé de la mer les ronge.

PIERRES DE TOSCANE.

Les pierres de taille dont on se sert à Florence, sont :

310. La *Pietra Bigia*, dont la couleur est d'un gris foncé; elle est assez dure, et se tire à la pointe de la Ginevra, auprès du palais Pitti. Les blocs n'ont pas plus d'un mètre et demi de long; elle se trouve par bancs dont l'épaisseur varie depuis 16 centimètres jusqu'à 65. Son grain est rude : c'est celle dont on se sert le plus communément.

311. Il y a une autre espèce de pierre qu'on désigne sous le nom de *Macigno*, ou pierre de taille. On en distingue de deux sortes; l'une, dont la couleur est d'un gris bleuâtre, est appelée *Pietra Serena*;

312. Et l'autre d'un gris roux, *Pietra Bigia*, ou simplement *macigno*. Elles viennent de Fiesole et de Ceseri où elles se trouvent en grandes masses de 15 à 16 mètres de long sur 5 ou 6 de large et autant de profondeur. On tranche dans ces masses des blocs de la grandeur que l'on veut. Les colonnes de l'église de St. Laurent de Florence qui ont 90 centimètres de grosseur par le bas sur 7 mètres ¾ de hauteur, d'une seule pièce, sont de cette pierre, de même que celles de l'église du St. Esprit, du Palais des offices, et de plusieurs autres édifices de Florence. Le grain de cette pierre, qui fait feu avec l'acier, est assez fin, mais rude et semé de parties brillantes : elle se taille assez bien et reçoit même le poli.

313. A Siennes, à Luques et à Pise, la pierre de taille qu'on emploie pour bâtir est une pierre dure et calcaire d'un blanc roux; son grain est fin, mais elle est remplie de trous, et de l'espèce de celle qu'on nomme travertin.

PIERRES DE ROME.

314. La plus belle est appelée travertin, son grain est très-fin, mais elle est persillée. C'est une excellente pierre calcaire d'une couleur plus foncée que celle de Sienne.

Elle est dure, forte, et résiste à toutes les intempéries de l'air, mais elle éclate au feu. Le théâtre de Marcellus, le Colisée, et presque tous les temples antiques, les églises modernes et les palais de Rome sont construits avec cette pierre.

315. La pierre qu'on emploie le plus ordinairement est appelée *Peperino*. C'est une espèce de lave grise, qui se tire de plusieurs endroits des environs de Rome, et sur-tout de Castel Marane sur la route de Naples. Elle n'est pas si dure que le travertin, mais elle est plus difficile à tailler, parce qu'elle est remplie de points noirs d'une nature différente, et très-durs.

316. La pierre de *Marino* est une espèce de *Peperino* d'un bleu cendré, plus compacte que le précédent, dont on fait des marches d'escaliers et les cheminées de beaucoup de maisons.

317. Le grand égout, appelé *Cloaca Maxima*, est bâti en partie avec une pierre blanche à grains fins, qui vient des environs de Palestrine ou de *Piperno*. Cette pierre est moins belle que le travertin et ne se travaille pas si bien, mais elle se conserve mieux à l'eau et dans les endroits humides.

318. Les pierres tendres, que Vitruve désigne sous les noms de *Pallienses*, *Fidenates* et *Albaneses*, sont des espèces de tufs, moins durs que les laves, dont les uns sont rougeâtres et les autres d'un gris jaunâtre.

319. Les *Amiternes* et les *Soractines* sont de la nature de celles de Palestrine.

PIERRES DE NAPLES.

320. La plus belle pierre est celle qu'on tire de Caserte, à cinq lieues de Naples; elle est d'un gris blanc, son grain

est fin et sa texture compacte; elle se taille bien et reçoit le poli. On en fait usage pour les plus beaux morceaux d'architecture. Le château de Caserte est construit avec cette pierre.

321. La pierre dure ordinaire, dont on se sert pour les bâtimens, est une lave d'un gris foncé tirant sur le bleu, appelée *Piperno*; son grain est rude, sa texture inégale, on en tire de plusieurs endroits différents des blocs assez gros; elle est forte et soutient bien le fardeau.

322. Il y en a une autre espèce plus dure dont le grain est plus fin, la texture compacte, qui sert pour les façades d'une certaine importance; on en tire de très-grands blocs : cette pierre est d'une très-forte consistance.

323. La pierre de Pouzzol, qui est d'une couleur cendrée, qui a le grain rude, est aussi de bonne qualité.

324. Celle désignée sous le nom de *Pietra forte*, qui est d'un gris obscur, a le grain très-rude et ne sert que pour le pavé.

325. On tire du Vésuve des laves grises, brunes et rouges qui sont d'une grande dureté, et qui servent au même usage; elles se trouvent par blocs irréguliers d'une grandeur moyenne.

326. On se sert, pour les bâtimens ordinaires, d'une espèce de tuf d'un gris jaune, qui est fort tendre en sortant de la carrière, et de moindre qualité que celui de Rome, mais il durcit à l'air et se conserve assez bien.

Les murs des édifices ordinaires qu'on découvre à Pompeïa paraissent avoir été construits avec cette espèce de tuf.

327. Les temples de Pestum sont construits avec une pierre dure et calcaire, qui est une espèce de travertin rempli de trous, et moins beau que celui de Rome.

328. La pierre avec laquelle les temples de Sicile sont construits, est de la nature de celles de Saillancourt, employées

au pont de Neuilly et à celui de la place de la Concorde. Elle
se trouve par très-grandes masses, dans lesquelles on peut
trancher des blocs de la grandeur que l'on veut. J'ai mesuré
au grand temple de Sélinonte , des pierres d'architrave qui
avaient 20 pieds 2 pouces de long, 6 pieds 8 pouces de haut,
et 4 pieds 6 pouces d'épaisseur, et en nouvelles mesures 6
mètres 524 millimètres sur 2 mètres 165 millimètres, et 1 mètre
462 millimètres.

Les tronçons de colonnes avaient 9 pieds 8 pouces de diamètre, et 8 pieds 6 pouces de haut, c'est-à-dire 3 mètres
140 millimètres sur 2 mètres 761 millimètres.

329. A Malte, le rocher qui forme le sol de l'île, fournit
par-tout une pierre calcaire, d'un blanc roux, plus ou moins
dure, qui est de même qualité pour la texture et le grain
que celle de Conflans St. Honorine, dont on a fait usage à
Paris pour les voûtes et les parties supérieures du Panthéon
Français.

Dans l'énumération que nous venons de faire des principales pierres propres à bâtir, il a été question de leurs propriétés pour résister à l'air, à l'eau, au feu et à la gelée. On
a de plus indiqué leurs qualités relativement à la manière
de les travailler, telles que leur dureté, la forme de leur
grain plus ou moins gros, homogène ou de différente nature; leur texture plus ou moins régulière et compacte. Il
nous reste à parler de leur pesanteur et de leur force.

Plusieurs des auteurs qui ont écrit sur l'architecture, ont
donné la pesanteur des matériaux les plus en usage dans
l'art de bâtir et entr'autres celle de quelques espèces de
pierres. On trouve encore le poids de quelques-unes dans
les tables des pesanteurs spécifiques de différentes matières
dressés par plusieurs physiciens. Mais comme le nombre
de ces pierres est trop petit pour qu'on en puisse tirer

quelqu'utilité pour le progrès de l'art de bâtir, nous avons taché d'y suppléer par les deux tables suivantes dans lesquelles nous avons réuni une quantité suffisante de pierres de différentes espèces, pour donner une idée du rapport que la pesanteur a avec les autres qualités des pierres, telles que la dureté et la force.

Dans ces tables qui présentent le résultat de beaucoup d'expériences faites avec soin et répétées plusieurs fois, pour une plus grande exactitude, la première colonne indique les numéros selon l'ordre de leur pesanteur; la seconde le nom des pierres; la troisième répète les numéros sous lesquels ces pierres sont indiquées dans l'énumération précédente.

La quatrième colonne contient la pesanteur spécifique, qui exprime en même temps le poids d'un décimètre cube de chaque espèce de pierres, en grammes, ou celle d'un mètre cube en kilogrammes : comme nous l'avons déjà observé à l'occasion des granites, page 101.

La cinquième colonne contient le poids du pied cube de chaque espèce de pierres, exprimé en livres, onces et gros.

Les deux autres colonnes sont relatives à la force des pierres; la première qui est la sixième de la table, indique les poids qu'il a fallu pour écraser des cubes de chaque espèce de pierres, dont les bases avaient vingt-cinq centimètres de superficie. Ces poids sont exprimés en kilogrammes.

La dernière colonne indique en livres, onces et gros les poids sous lesquels se sont écrasés des cubes dont la base était de 4 pouces de superficie, afin de conserver les résultats des expériences faites long-temps avant l'établissement des nouvelles mesures.

PREMIÈRE TABLE dans laquelle on indique la Pesanteur spécifique, le poids du pied cube, et la force de plusieurs espèces de Pierres propres à bâtir.

N°. de la Table.	NOMS DES DIFFÉRENTES ESPÈCES DE PIERRES.	N°. du Texte.	Pesanteur spécifique et poids d'un décimètre cube en Kilogramm.	Poids du pied cube exprimé en livres, onces et gros.			Poids en Kilogrammes pour écraser un cube de 25 centimètr. de superficie de base.	Poids en livres pour écraser un cube de 4 pouces de superficie de base.
				l.	o.	g.		
1	Pierre de Caserte en Italie.	322	2718.0	190.	4	1	14865	36142
2	Pierre-porc ou puante.		2660.5	186.	3	7	17030	41406
3	Pierre de Choin de Fay.	167	2651.0	185.	9	1	15548	37802
4	Pierre noire de St. Fortunat.	160	2649.0	185.	6	7	15663	38080
5	Pierre du Mans dite Roussard, n°. 1.		2643.8	185.	1	0	6852	16660
6	Pierre de Choin de Villebois.	166	2642.0	184.	15	0	14373	34944
7	Lave du Vesuve.	327	2641.7	184.	14	5	15881	38613
8	Pierre d'Istrie.		2617.7	183.	3	6	12807	31138
9	Lave du Vesuve.	327	2600.2	182.	0	0	15180	36909
10	Piperno dur.	323	2595.7	181.	11	1	14802	36206
11	Pierre d'Ecomois près du Mans.	111	2571.0	180.	0	0	11878	28880
12	Pierre de Fourneux, près de Saumur.	140	2571.0	180.	0	0	10949	26600
13	Pierre du Mans dite Roussard, n°. 2.		2567.6	179.	11	5	6219	15120
14	Pierre grise de Florence.	314	2557.6	179.	0	2	10556	25668
15	Pierre de Milan, appelée Beola.	260	2552.2	178.	10	3	11557	28098
16	Pierre bleue de Florence, dite Serena.	313	2528.7	177.	0	1	12392	30128
17	Grès très-dur roussâtre,		2517.4	176.	3	3	20337	49445
18	Pierre du Pont de Ste Maxence.		2500.0	175.	0	0	9615	23380
19	Grès blanc.		2475.6	173.	14	5	23086	56129
20	Pierre de Passy, appelée Grignard, n°. 1.	46	2462.7	172.	6	1	6750	16380
21	Pierre de la forêt de Compiegne, n°. 1.	80	2460.0	172.	3	1	5470	13300
22	Grignard de Passy, n°. 2.	46	2454.0	171.	12	3	6564	15960
23	Pierre de Sacé.	109	2443.0	171.	0	0	14971	36400
24	Cliquart de Meudon.	41	2439.5	170.	12	1	11977	29120
25	Cliquart de Montrouge.	41	2439.0	170.	11	5	8082	21804
26	Liais de Bagneux très-dur.	40	2439.0	170.	11	5	11113	27020
27	Autre Liais idem.	40	2433.5	170.	5	4	10653	25900
28	Pierre de Chessy.	159	2430.8	170.	2	3	5067	12320
29	Roche de Poissy, n°. 1.	63	2415.0	169.	0	6	7543	18340
30	Pierre de Saillancourt, dure, n°. 1.	67	2408.9	168.	6	5	3536	8680
31	Roche de Passy, très-dure, n°. 1.	46	2382.2	166.	12	0	7016	17060
32	Pierre blanche de Tournu.	128	2375.7	166.	4	6	5139	12496
33	Cliquart de Vaugirard.	41	2375.0	166.	4	0	9616	23380
34	Pierre Travertine de Rome.	316	2358.6	165.	1	5	7449	18112
35	Pierre dure de Givry.	130	2357.0	165.	0	0	4837	11760
36	Roche de la chaussée de St. Germain.	62	2355.0	164.	13	4	2879	7000
37	Banc franc de Montrouge.	50	2354.9	164.	13	3	6462	15712

N°. de la Table	NOMS DES DIFFÉRENTES ESPÈCES DE PIERRES.	N°. du Texte.	Pesanteur spécifique et poids d'un décimetre cube en Kilogramm.	Poids du pied cube exprimé en livres, onces et gros. (l. o. g.)	Poids en Kilogrammes pour écraser un cube de 25 centimetr. de superfic. de base.	Poids en livres pour écraser un cube de 4 pouces de superficie de base.
38	Pierre de St. Nom, n°. 1.	57	2349.0	164. 6 7	7486	18200
39	Pierre de Couson.	165	2341.7	163. 14 5	4524	11000
40	Pierre de Fécamp, près St. Denis, n°. 1.	53	2341.4	163. 14 2	3627	8820
41	Pierre de l'abbaye du Val, n°. 1.	66	2338.4	163. 11 0	4014	9760
42	Pierre d'Angera, près Milan.		2338.4	163. 11 0	8032	19528
43	Pierre de Compiegne, de la carrière du roi.	78	2323.0	162. 9 6	6967	16940
44	Pierre de Fécamp, près St. Denis, n°. 2.	53	2325.2	162. 12 1	3454	8400
45	Roche de Poissy, près St. Germain, n°. 2.	63	2317.0	162. 3 0	6334	15400
46	Pierre d'Athée.	137	2314.0	162. 0 0	7082	17220
47	Pierre d'Ermenonville.		2310.4	161. 11 5	7600	18480
48	Roche grise de St. Cloud, n°. 1.	48	2308.1	161. 8 7	4549	11060
49	Pierre de Passy, n°. 2.	46	2305.4	161 6 0	5807	14120
50	Roche de St. Nom, n°. 2.	58	2305.0	161. 5 4	7082	17220
51	Roche d'Arcueil.	44	2303.9	161. 4 2	6334	15400
52	Pierre de Compiegne, n°. 2.	78	2300.9	161. 1 0	6794	16520
53	Pierre de Passy, appelée Ciel, n°. 3.	46	2297.8	160. 13 4	5297	12880
54	Pierre fine de Senlis, appelée Liais, n°. 1.	75	2296.7	160. 12 2	6219	15120
55	Roche de Passy, n°. 5.	46	2295.7	160. 11 1	6424	15620
56	Roche dure de Chatillon.	45	2294.8	160. 10 1	4347	10570
57	Roche grise de St. Cloud, n°. 2.	48	2294.1	160. 9 3	4433	10780
58	Roche de Passy, n°. 5.	46	2286.0	160. 0 2	6420	15610
59	Pierre de Verbery, n°. 1.	77	2272.0	159. 0 5	5815	14140
60	Pierre de l'Abbaye du Val, n°. 2.	66	2261.5	158. 4 7	3685	8960
61	Pierre de Saillancourt, n°. 2.	67	2261.0	158. 4 2	2994	7280
62	Roche franche de Passy, n°. 6.	46	2259.5	158. 2 5	4261	10360
63	Pierre des Temples de Pestum.	329	2254.1	157. 12 4	5642	13720
64	Pierre de Charenton, n°. 1.	52	2253.	157. 11 2	5642	13720
65	Pierre de Verbery, n°. 2.	77	2251.0	157. 9 0	5585	13580
66	Pierre de Charenton, n°. 2.	52	2248.3	157. 6 0	5585	13580
67	Roche rouge de St. Cloud, n°. 3.	48	2239.7	156. 12 3	3694	8980
68	Pierre de St. Denis, n°. 1.	53	2238.4	156. 11 0	3167	7700
69	Pierre idem, n°. 2.	53	2237.0	156. 9 3	3109	7560
70	Pierre de l'abbaye du Val, n°. 3.	66	2237.7	156. 10 1	3512	8540
71	Pierre de Viggiu, près Milan.	260	2236.9	156. 9 2	5215	12680
72	Roche rouge de St. Cloud, n°. 4.	48	2236.5	156. 8 7	3684	8960
73	Pierre de Verbery, n°. 3.	77	2234.2	156. 6 2	5470	13300
74	Pierre de Milan, ditte Ceppo di Brambata.	261	2222.2	155. 8 6	2471	6008
75	Pierre de St. Pierre d'Aigle, n°. 1.	88	2211.2	154. 12 4	4030	9800
76	Pierre de Milan, ditte Vigano.	262	2202.7	154. 3 1	3397	8260
77	Liais de Creteil, n°. 1.	40	2201.3	154. 1 3	6186	15040
78	Roche de St. Maur, n°. 1.	47	2190.5	153. 5 2	4779	11620
79	Pierre de Champigny.	141	2185.0	153. 0 0	6449	15680

N°. de la Table	NOMS DES DIFFÉRENTES ESPÈCES DE PIERRES.	N°. du Texte	Pesanteur spécifique et poids d'un décimètre cube en Kilogramm.	Poids d'un pied cube exprimé en livres, onces et gros.			Poids en Kilogrammes pour écraser un cube de 25 centimètr. de superfic. de base.	Poids en livres pour écraser un cube de 4 pouces de superficie de base.
				l.	o.	g.		
80	Pierre de St. Pierre d'Aigle, n°. 2.	88	2184.5	152.	14	5	3857	9380
81	Banc franc de la butte aux Cailles, n°. 1.	43	2170.7	151.	15	1	3456	8400
82	Pierre de l'Isle Adam, n°. 1.	65	2170.4	151.	14	6	4022	9780
83	Petit banc de la plaine d'Ivry, n°. 1.	51	2168.0	151.	12	1	4434	10780
84	Pierre de St. Maur.	47	2160.0	151.	3	3	5355	13020
85	Pierre de St. Cloud, n°. 5.	48	2157.	150.	15	6	3339	8120
86	Banc franc de Vernon, n°. 1.	90	2155.	150.	13	4	6175	15010
87	Petit banc de la plaine d'Ivry, n°. 2.	51	2154.3	150.	12	6	3684	8960
88	Pierre de la forêt de Compiegne, n°. 2.	80	2153.8	150.	12	2	3857	9380
89	Pierre de Creteil, n°. 2.	52	2153.0	150.	11	2	4921	11940
90	Pierre de la plaine de Vitry, n°. 1.	51	2149.1	150.	7	0	3915	9520
91	Pierre de Charenton, n°. 3.	52	2149.0	150.	6	7	4925	11970
92	Pierre de l'Isle Adam, n°. 2.	65	2147.3	150.	4	7	3857	9380
93	Pierre grise, ditte Molasse.	196	2147.3	150.	4	7	3913	9520
94	Roche de St. Maur, n°. 2.	47	2144.9	150.	2	2	4479	10890
95	Pierre de la plaine de l'Hôpital, n°. 1.	51	2141.0	149.	14	7	3224	7840
96	Roche de St. Nom, n°. 3.	58	2138.0	149.	10	4	5470	13300
97	Pierre de St. Cloud, n°. 6.	48	2130.7	149.	2	3	3167	7700
98	Pierre de la plaine d'Ivry, petit banc, n°. 3.	51	2118.0	148.	4	1	3956	9620
99	Pierre de Senlis, n°. 2.	76	2113.8	147.	15	3	3915	9520
100	Roche de la chaussée de St. Germain.	62	2109.5	147.	10	6	2994	7280
101	Roche de la butte aux Cailles, n°. 2.	43	2105.0	147.	6	1	3800	9240
102	Pierre de Saillancourt, n°. 3.	68	2104.0	147.	4	3	2303	5600
103	Pierre de Mont-Rouge.	41	2103.	147.	3	2	4614	11220
104	Roche d'Arcueil.	44	2094.4	146.	9	5	3052	7420
105	Pierre de Gamelon, près Compiegne, n°. 1.	79	2092.0	146.	7	0	3800	9240
106	Pierre de la plaine de l'Hôpital, n°. 2.	51	2090.3	146.	5	1	4030	9800
107	Roche douce de Chatillon.	45	2083.3	145.	13	2	3339	8120
108	Pierre de la plaine d'Ivry, n°. 4.	51	2080.0	145.	9	4	3339	8120
109	Pierre de Gamelon, près Compiegne, n°. 2.	79	2078.0	145.	7	2	3749	9100
110	Pierre tendre de Givry.	130	2071.0	145.	0	0	2188	5320
111	Pierre ferme de Conflans, n°. 1.	71	2067.5	144.	11	4	2245	5460
112	Pierre de Vernon ditte Bisard, n°. 2.	90	2061.7	144.	5	0	5198	12640
113	Pierre de la plaine de Vitry, n°. 2.	51	2060.4	144.	3	5	3455	8400
114	Pierre de Ste. Maure.	138	2057.0	144.	0	0	4663	11340
115	Pierre de St. Nom, n°. 4.	57	2056.0	143.	14	5	4935	12040
116	Pierre de l'abbaye du Val, n°. 4.	66	2040.1	142.	12	7	3109	7560
117	Pierre du faubourg St. Marcel.	54	2026.1	141.	13	1	3109	7560
118	Pierre de Bernay.		2025.1	141.	12	0	3109	7560
119	Roche de St. Maur, n°. 3.	47	2022.4	141.	9	0	3686	8960
120	Pierre blanche de Seissel.		2020.3	141.	6	5	994	2260
121	Pierre de St. Pierre d'Aigle, n°. 3.	88	2013.4	140.	15	0	2994	7280

N° de la Table	NOMS DES DIFFÉRENTES ESPÈCES DE PIERRES.	N° du Texte	Pesanteur spécifique et poids d'un décimètre cube en Kilogramm.	Poids d'un pied cube exprimé en livres, onces et gros.	Poids en Kilogrammes pour écraser un cube de 25 centimèt. de superfic. de base.	Poids en livres pour écraser un cube de 4 pouces de superficie de base.
				l. o. g.		
122	Pierre de Vitry, n°. 3.	51	2007.4	140. 8 2	3109	7560
123	Roche rouge de St. Cloud, n° 7.	48	2000.0	140. 0 0	2648	6440
124	Pierre ferme de Trossy, près St. Leu.	83	1993.1	139. 8 2	3224	7840
125	Pierre de Vernon, n. 3.	90	1992.0	139. 7 0	4837	11760
126	Roche rouge de St. Cloud, n. 8.	48	1988.0	139. 2 4	2554	6210
127	Pierre de la plaine de Vitry, n°. 4.	51	1984.3	138. 13 3	2994	7280
128	Pierre de la plaine de l'Hôpital, n°. 3.	51	1972.9	138. 1 5	2936	7140
129	Peperin de Rome.	317	1972.7	138. 1 3	5700	13860
130	Pierre de Charenton.	52	1968.9	137. 13 1	3520	8560
131	Pierre de Montesson, banc du Diable, n°. 1.	59	1963.9	137. 7 4	1900	4620
132	Pierre idem, n°. 2.	59	1959.3	137. 3 0	1842	4480
133	Pierre de Senlis, n°. 3.	76	1948.5	136. 6 2	2994	7280
134	Pierre de Crouy, n°. 1.	89	1946.6	136. 4 1	2706	6580
135	Pierre de la butte aux Cailles, n°. 3.	43	1945.9	136. 3 3	2361	5740
136	Haut banc de l'abbaye du Val, n°. 5.	66	1944.3	136. 1 4	2418	5880
137	Pierre de Chinon.	139	1943.0	136. 0 0	2706	6580
138	Pierre à plâtre, de Montmartre, n°. 1.		1918.5	134. 4 5	1785	4340
139	Pierre idem, n°. 2.		1905.6	133. 6 2	1669	4060
140	Lambourde de Gentilly, n°. 1.	56	1897.2	132. 1 6	2176	5290
141	Lambourde du parc de Villeroy.	56	1878.3	131. 7 5	1649	4010
142	Banc franc de poissy, n°. 3.	64	1875.9	131. 5 0	1900	4620
143	Pierre de Crouy, n°. 2.	89	1874.4	131. 3 2	2443	5940
144	Pierre de Tonnère, n°. 1.	124	1856.4	129. 15 1	3167	7700
145	Pierre de Saillancourt, n°. 4.	69	1855.0	129. 13 4	1525	3710
146	Pierre de Vergelé, n°. 1.	85	1831.5	128. 3 2	1496	3640
147	Lambourde de Conflans, n°. 2.	74	1819.0	127. 5 2	1407	3422
148	Banc franc de poissy, n°. 4.	64	1813.7	126. 15 2	1669	4060
149	Lambourde de Conflans, n°. 3.	74	1801.8	126. 2 0	1390	3380
150	Lambourde de St. Maur, n°. 4.	55	1800.8	126. 0 7	1900	4620
151	Pierre de Tonnère, n°. 2.	124	1785.0	124. 15 1	2764	6720
152	Lambourde de Gentilly, n°. 2.	56	1778.8	124. 8 2	1612	3920
153	Banc franc de la butte aux Cailles, n°. 3.	43	1774.6	124. 3 4	1842	4480
154	Lambourde de St. Maur, n°. 5.	55	1770.8	123. 15 2	1785	4340
155	Pierre de Conflans, banc Royal, n°. 4.	71	1770.7	123. 15 1	1382	3360
156	Pierre de Tonnère, n°. 3.	124	1759.2	123. 2 2	2648	6640
157	Lave tendre de Naples.		1716.5	120. 2 3	4014	9760
158	Pierre de la Chaussée, près St. Germain.	62	1712.4	119. 13 7	1324	3220
159	Vergelée, n°. 2.	85	1709.1	119. 10 1	1324	3220
160	Pierre de St. Leu, n°. 1.	84	1704.8	119. 5 3	1382	3360
161	Pierre de St. Leu, n°. 2.	84	1651.7	115. 9 7	1209	2940
162	Pierre de Conflans, n°. 5.	73	1636.7	114. 9 0	1102	2680
163	Pierre de Conflans, n°. 6.	73	1634.6	114. 6 6	1094	2660

N°. de la Table.	NOMS DES DIFFÉRENTES ESPÈCES DE PIERRES.	N°. de Texte.	Pesanteur spécifique et poids d'un décimètre cube en Kilogramm.	Poids d'un pied cube exprimé en livres, onces et gros.	Poids en Kilogrammes pour écraser un cube de 25 centimètr. de superfic de base.	Poids en livres pour écraser un cube de 4 pouces de superficie de base.
				l. o. g.		
164	Lambourde de Gentilly, n°. 3.	56	1582.0	110. 11 6	1151	2800
165	Lambourde de Montesson, n°. 3.	60	1572.4	110. 1 0	690	1680
166	Lambourde idem, n°. 4.	60	1561.4	109. 4 6	575	1400
167	Lambourde tirée près de St. Germain.	60	1560.4	109. 3 5	921	2240
168	Pierre de St. Leu, n°. 3.	84	1488.0	104. 2 4	690	1680
169	Tuf gris des environs de Saumur.		1396.0	97. 11 4	1118	2720
170	Tuf de Naples, n°. 1.		1302.3	91. 2 4	1303	3168
171	Tuf blanc de Saumur.		1286.0	90. 0 2	667	1623
172	Tuf de Naples, n°. 2.		1265.2	88. 9 0	1173	2854
173	Tuf de Rome.		1217.5	85. 3 4	1447	3520
174	Pierre de Bouré.	117	1159.0	81. 5 2	822	2000
175	Scorie de volcan des environs de Rome.		890.6	62. 5 3	921	2240
176	Idem de Naples.		858.6	61. 1 5	831	2022
177	Idem.		789.6	55. 4 2	647	1574
178	Pierre ponce.		675.0	47. 4 0	1053	2520
179	Autre idem.		605.3	42. 5 7	863	2100
180	Idem.		556.0	38. 14 5	690	1680

Autre TABLE comprenant les Basaltes, Porphyres Granites, et différens Marbres.

1	Basalte de Suède.		3064.9	214. 8 1	47809	114508
2	Idem d'Auvergne.		3014.2	210. 15 7	44250	105984
3	Autre idem.		2885.7	201. 13 5	51945	124416
4	Autre idem.		2755.6	192. 15 6	28858	69120
5	Porphyre.		2798.2	195. 13 7	50021	119808
6	Granite vert des Vosges.		2854.0	199. 12 3	15487	37044
7	Granite gris de Bretagne.		2737.0	191. 10 2	16353	39168
8	Granite feuille morte des Voges.		2664.0	186. 7 5	20482	49536
9	Granite de Normandie dit gatmos.		2662.0	186. 5 3	17555	42048
10	Autre dit du champ de Boul.		2643.0	185. 0 1	20441	48960
11	Granite rose oriental.		2661.7	186. 5 6	22004	52704
12	Granite gris des Vosges.		2640.0	184. 12 6	10581	25344
13	Marbre noir de Flandres.		2721.0	190. 7 4	19719	47232
14	Marbre de Flandres dit cervelas.		2720.0	190. 6 3	10100	24162
15	Marbre blanc veiné.		2701.0	189. 2 0	7455	17856
16	Marbre blanc statuaire.		2694.7	188. 10 0	8176	19584
17	Marbre blanc veiné dit pouf.		2687.0	188. 1 5	6493	15552
18	Marbre bleu tarquin.		2672.0	187. 0 5	7695	18432

On trouvera le détail de plusieurs autres expériences, recherches et observations que nous avons eu occasion de faire sur la force des pierres, au quatrième livre dont l'objet est d'indiquer les moyens de déterminer les dimensions des murs et points d'appui des édifices, parce que cette connaissance est une de celles qui doivent servir de base à ces opérations, qui sont les plus importantes de l'art de bâtir. On observe seulement qu'il paraît résulter en général des poids indiqués dans les deux tables précédentes, que ce ne sont pas toujours les pierres les plus pesantes qui sont les plus fortes, et que souvent à pesanteur spécifique égale ou moindre, ce sont celles qui ont le grain le plus fin, la texture la plus compacte, les couleurs les plus foncées qui supportent le plus grand poids.

Ainsi, la pierre dite Roussard première qualité, indiquée par le n°. 5 de la première table, composée de parties grossières de différentes natures, n'a porté que 6852 kilogrammes, tandis que la pierre de Choin de Villebois, dont le grain est fin et homogène a porté 14373 kilogrammes. Cependant la pesanteur spécifique du Roussard qui est de 2643,8 est plus grande que celles de la pierre de Choin, qui est de 2642.

De même la pierre de Saillancourt première qualité, indiquée par le n°. 30 de la première table, dont la texture est grossière et composée de parties hétérogènes, n'a porté que 3536 kilogrammes, tandis que la roche de Passy seconde qualité n°. 31, dont le grain est fin et homogène, a porté 7016 kilogrammes; et le cliquart de Vaugirard 9216 kilogrammes. Cependant la pesanteur spécifique de la pierre de Saillancourt dont il s'agit est de 2408, tandis que celle de Passy n'est que de 2382,2, et celle du cliquart de Vaugirard de 2375.

Relativement aux couleurs plus ou moins foncées, on voit que la pierre puante indiquée par le n°. 2 de la première table, a porté 17030 kilogrammes, tandis que la pierre de Caserte qui est plus pesante, mais dont la couleur est moins foncée n'a porté que 14865 kilogrammes.

De plus la pierre bleue de Florence a porté 12392 kilogrammes, tandis que la pierre grise du même pays qui est de même nature et de même grain n'a porté que 10556 kilogrammes; cependant la pesanteur spécifique de cette dernière était de 2557,5 et celle de la bleue de 2528,7.

On voit encore par rapport aux basaltes de la seconde table, que celui indiqué par le n°. 3, qui est le plus noir, a porté plus que tous les autres, quoique sa pesanteur spécifique soit moindre que celle des n°. 1 et 2, dont les couleurs sont moins foncées.

Le n°. 4 est celui qui s'est écrasé sous une moindre charge; mais sa couleur était gris de fer, et sa texture très-irrégulière, mêlée de parties quartzeuses d'un blanc terne.

Après les basaltes, ce sont les porphyres qui sont les plus forts. Plusieurs expériences nous ont fait connaître, que sa force est d'autant plus grande que sa couleur est plus foncée et que les points dont il est marqueté sont plus petits.

Les granites sont plus forts en raison de ce que leurs parties sont plus intimement unies et leur cristallisation plus parfaite.

Le granite oriental ou d'Egypte, qui parait avoir cet avantage sur les autres, est celui qui a soutenu le plus grand poids, quoique sa pesanteur spécifique soit moindre que celle des granites indiqués par les numéros qui se sont écrasés sous un moindre poids.

Le granite vert des Vosges dont la couleur est plus foncée et la pesanteur spécifique plus grande que celle des autres, et qui par cette raison paraissait devoir soutenir un plus grand poids, a porté beaucoup moins; probablement parce que ses parties n'étaient pas aussi bien liées : ainsi dans les granites

la couleur, la pesanteur, ni la dureté ne sont pas toujours
des indices certains de leur force.

Les marbres de différentes couleurs et les pierres composées de parties hétérogènes sont dans le même cas.

Quant aux pierres ordinaires de même espèce et de même
couleur, dont le grain est homogène, le rapprochement des
résultats ci-après tirés de la première table, prouve que la
force des pierres de même qualité augmente quand leur pesanteur spécifique est plus grande.

	PIERRE DE CHARENTON.			CRETEIL.		ST. MAUR.		
indiquées par les numéros. . . .	64	66	91	77	89	78	94	119
dont les pesanteurs spécifiq. sont	2253	2248	2149	2201.3	2153	2190.5	2144.9	2022.4
ont porté	5642	5585	4925	6186	4911	4779	4479	3686

	PIERRE D'IVRY.				DE VITRY.			
numéro de la première table . . .	83	87	98	108	90	113	122	127
pesanteurs spécifiques	2168	2154.3	2118	2080	2149.1	2060.4	2007.4	1984.3
poids portés	4434	3684	3956	3339	3915	3455	3109	2994

	PIERRE DE ST. NOM.			FÉCAMP.		ST. DENIS.	
numéro.	38	50	96	115	40	44	68	69
pesanteurs spécifiques	2349	2305	2138	2056	2341	2325	2238	2237
poids portés.	7486	7082	5470	4952	3627	3454	3167	3109

	PIERRES DE ST. CLOUD.							
numéro.	48	57	67	72	85	97	123	126
pesanteurs spécifiques	2308,1	2294	2239.7	2236.5	2157	2130.7	2000	1988
poids portés.	4549	4433	3694	3684	3339	3167	2648	2554

	PIERRES DE L'ABBAYE DU VAL.					L'ISLE ADAM.	
numéro.	41	60	70	116	136		82	92
pesanteurs spécifiques	2338.4	2261.5	2237.7	2040.1	1944.3		2170.4	2147.3
poids portés.	4014	3685	3512	3109	2418		4022	3857

	PIERRES DE VERNON.			DE SENLIS.			
numéro.	86	112	125	54	99	133	
pesanteurs spécifiques.	2155	2061	1992	2296.7	2113.8	1948.6	
poids portés.	6173	5198	4837	6219	3915	2994	

	PIERRES DE VERDERY.			ST. PIERRE D'AIGLE.		GAMELON.	
numéro.	59	65	73	75	80	121	105	109
pesanteurs spécifiques	2272	2251	2234.2	2211.2	2184.5	2013.4	2092	2078
poids portés.	5815	5585	5470	4030	3857	2994	3800	3746

	Pierres de Tonnerre.			de Conflans St. Honorine.			
numéro..................	144	151	156	111	147	149	155	162
pesanteurs spécifiques........	1856.4	1785	1759.2	2067.5	1819	1801.8	1770.7	1636.7
poids portés...............	3167	2764	2648	2245	1407	1390	1382	1102

	Lambourdes de Gentilly.			de St. Maur.		Vergelé.	
numéro...	140	141	152	164	150	154	146	159
pesanteurs spécifiques........	1897.2	1878.3	1778.8	1582	1800.8	1770.8	1831.5	1709.1
poids portés...	2176	1649	1612	1151	1900	1785	1496	1324

FIN DU LIVRE PREMIER.

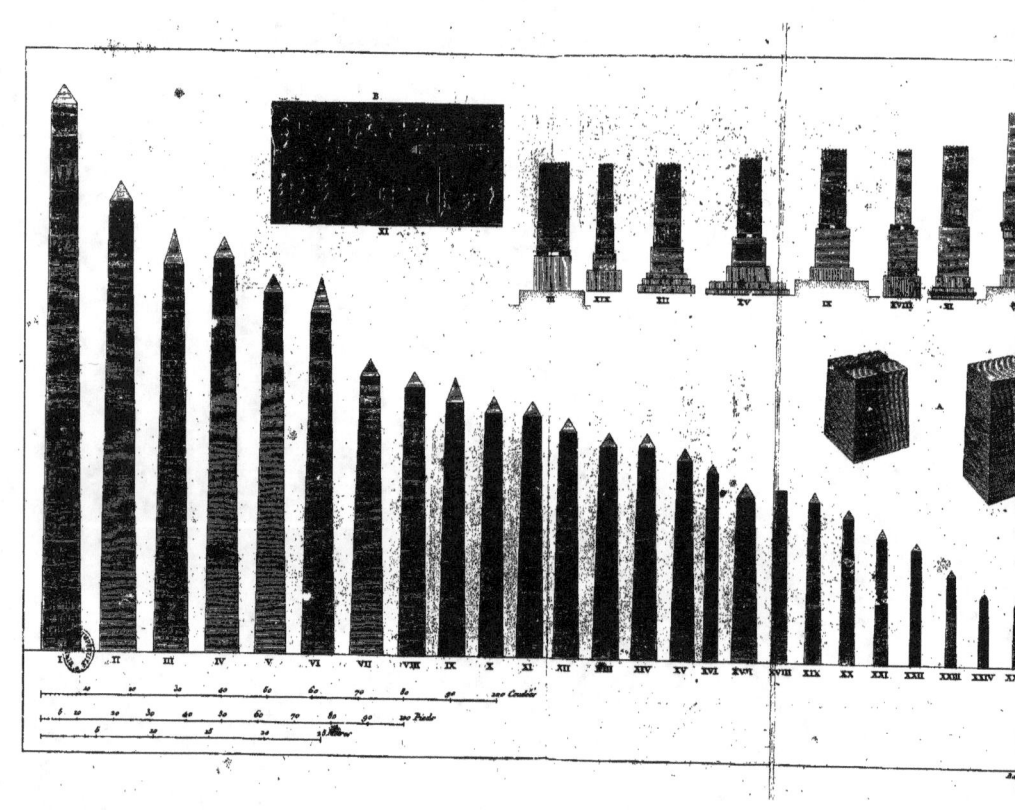

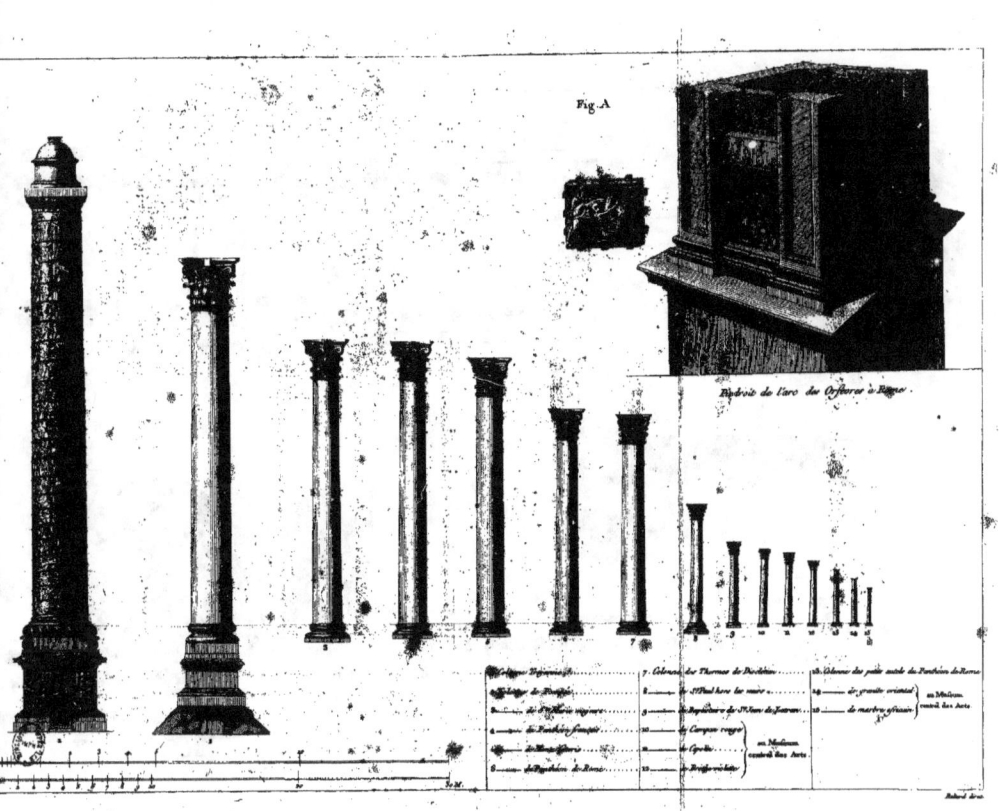

Fig. A

Endroit de l'arc des Orfévres à Rome.

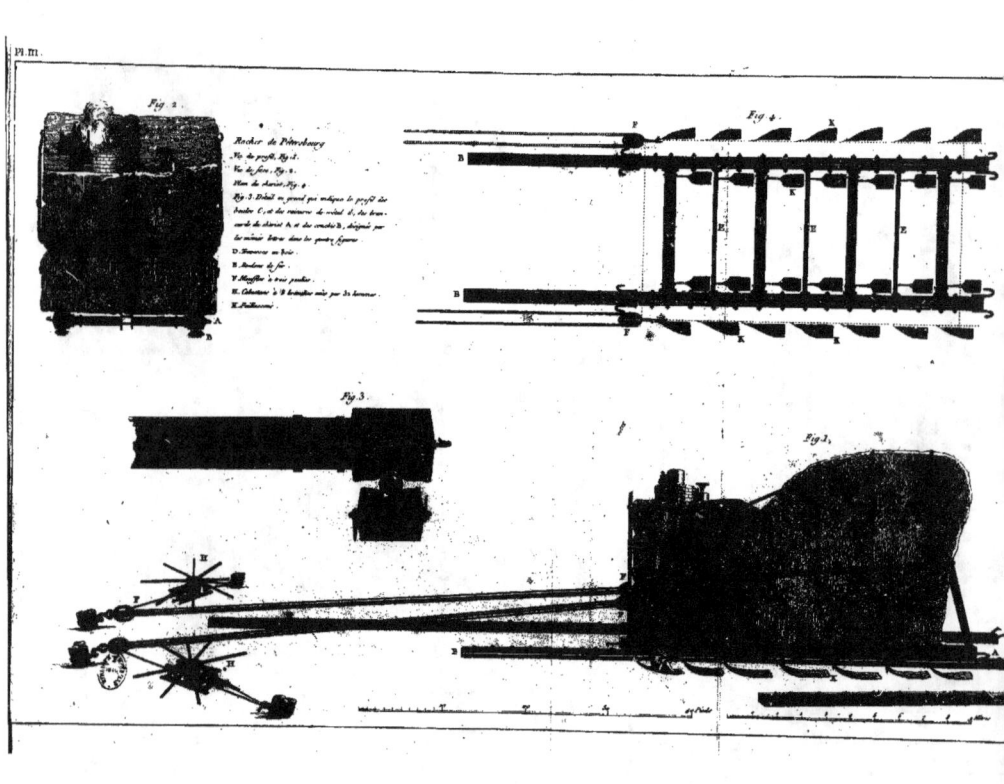

Pl. III.

Fig. 2.

Fig. 4.

Rocher de Pétersbourg

Vue du profil. Fig. 1.

Vue de face. Fig. 2.

Plan du chariot. Fig. 4.

Fig. 3. Detail en grand qui indique le profil des bandes C, et des rainures de roulis d, des traverses du chariot h, et des crochets B, désignés par les mêmes lettres dans les quatre figures.

D Traverses en bois.

B Bandes de fer.

V Moufles à trois poulies.

H Cabestans à 8 bouttées mis par 32 hommes.

K Paillements.

Fig. 3.

Fig. 1.

TRAITÉ

THÉORIQUE ET PRATIQUE

DE

L'ART DE BÂTIR,

Par J. RONDELET,

ARCHITECTE DU PANTHÉON FRANÇAIS,
ET MEMBRE DU CONSEIL DES BATIMENS CIVILS
AUPRÈS DU MINISTRE DE L'INTÉRIEUR.

TOME PREMIER.

IIme. LIVRAISON. — Prix, 9 fr.

Celui pour les Souscripteurs, dont la liste termine cette Livraison, est toujours de 7 fr. 5o cent.

A PARIS,

CHEZ L'AUTEUR, ENCLOS DU PANTHÉON.

AN XI. — MDCCCIII.

TRAITÉ

THÉORIQUE ET PRATIQUE

DE

L'ART DE BATIR.

LIVRE SECOND.

SECTION PREMIÈRE.

Nous avons rassemblé dans le premier livre, une quantité de marbres et de pierres suffisante pour donner une idée des qualités et propriétés des différentes espèces qui peuvent être employées à la construction des édifices. Dans celui-ci il est question des moyens que l'industrie et l'art ont imaginé, 1°. pour les suppléer ; 2°. pour les lier ensemble par le moyen de différentes compositions, telles que les mortiers, les ciments, les mastics ; 3°. pour les disposer de manière à former, par leur assemblage, des construction solides.

ARTICLE PREMIER.

Des briques crues.

LES briques peuvent être considérées comme des espèces de pierres que l'art est parvenu à fabriquer pour suppléer aux pierres naturelles, dans les endroits où elles sont rares, ou de mauvaise qualité. Les premières briques de terre qu'on essaya de former, furent probablement des masses d'argile grossièrement façonnées, séchées à l'air, et durcies au soleil. Le tems et l'expérience apprirent à les mouler, et, par ce moyen, à leur donner une figure régulière et uniforme, sous un volume médiocre, qui en rendît le transport et l'emploi beaucoup plus facile, plus prompt et moins coûteux que celui des pierres. Pour donner plus de consistance à ces briques, on y mêla de la paille hachée ou coupée fort courte.

Le défaut des briques crues est de ne pas pouvoir résister à l'humidité dans les climats froids, c'est pourquoi leur usage n'a pu avoir lieu, et se conserver, que dans les pays chauds et les climats secs. Les briques de cette espèce, qu'on trouve dans les ruines de Babylone, prouvent que leur invention remonte à la plus haute antiquité, et que dans ces climats, elles sont aussi durables que les briques cuites et les pierres les plus dures, dans les pays froids et humides.

La fameuse tour de Babel, ou plutôt la tour de Bélus, dont plusieurs voyageurs prétendent avoir découvert les restes, peut passer pour le plus ancien monument en briques crues dont il existe des vestiges.

Le Goux de la Boulaye, qui parcourut le pays de Babylone vers l'an 1645, a fait la description d'un monceau de
ruines, que les habitans du pays disent être les restes
de la tour de Babel ou de Nemrod: mais, quoi qu'il en
soit, ces restes peuvent donner une idée de la manière
dont pouvaient être construites la tour de Bélus et les
murailles de Babylone. Ces ruines présentent les débris
d'une espèce de tour massive de plus de 400 mètres de
base sur 23 de hauteur. Les briques crues, employées à
sa construction, ont un peu plus de 3 décimètres, ou
1 pied en carré, sur 1 décimètre d'épaisseur; elles sont
maçonnées avec une espèce de mortier fait avec de la
terre et du bitume. Les joints horizontaux qui séparent
chaque rang de briques, ont environ 2 centimètres d'épaisseur. Cette manière de bâtir est encore, à très-peu de
chose près, celle en usage à Bagdat, à cause du voisinage
d'un grand lac, dont on tire le bitume. Mais ce qu'il y a de
remarquable dans les ruines de cette ancienne tour, c'est
qu'alternativement après sept rangs de briques, la maçonnerie est reliée par une couche générale de roseaux
brisés, mêlés avec de la paille et du bitume. Ces couches
sont éloignées les unes des autres d'environ 1 mètre,
leur épaisseur est de 1 décimètre. On compte cinquante
de ces couches dans la partie la plus élevée de ces ruines.

Les anciens Egyptiens ont aussi construit de grands
monumens en briques crues, qui se sont conservés jusqu'à nos jours. A dix lieues environ au-dessus du Grand-
Caire, on voit les restes d'une pyramide construite en
briques crues, que l'on présume être les ruines de celle
dont parle Hérodote, élevée par un roi d'Egypte nommé
Asychis, qui fit graver dessus cette inscription :

« Ne me méprise point, en me comparant aux pyra-
» mides de pierres ; je suis autant au-dessus d'elles que
» Jupiter est au-dessus des autres dieux, car j'ai été bâtie
» en briques faites avec du limon du fond du lac. »

Le docteur Pockocke ayant parcouru et mesuré les
restes de cette pyramide en 1738, trouva que sa hauteur
était d'environ 150 pieds anglais ou 45 mètres $\frac{7}{10}$, et que
sa base formait un rectangle dont le grand côté était de
210 pieds ou 64 mètres, et le petit de 157 pieds ou 47
mètres $\frac{84}{100}$.

Les briques crues employées à la construction de cette
pyramide, sont composées d'un mélange de terre noire
et argileuse, de petits cailloux, de coquillages et de paille
hachée. Il s'en trouve de deux volumes différens ; les
plus grandes ont 38 centimètres de long, 18 centimètres
de large et 12 centimètres d'épaisseur ; les autres ont
34 centimètres de long, $16\frac{1}{2}$ de large et 10 d'épaisseur.

Les anciens Grecs et Romains ont aussi fait usage de
briques crues, tant pour les maisons des particuliers que
pour les édifices publics. Vitruve cite, à ce sujet, un
mur d'Athènes qui regardait le mont Himette ; les murs
du temple de Jupiter et d'Hercule, dont les colonnes
étaient en pierres, ainsi que les corniches ; le palais du
roi Attale, à Tralles ; ceux de Crésus, à Sardes, et de
Mausole, à Halicarnasse.

Relativement à la manière de fabriquer ces briques,
Vitruve, que nous citerons toujours lorsqu'il s'agira de
la construction des anciens, s'exprime ainsi, livre II,
chap. 3 :

De lateribus, ex quâ terrâ, quo tempore, et quâ formâ duci eos oporteat.

Des briques crues ; des terres propres à leur fabrication ; du tems où il faut les faire, et de leurs formes.

Itaque primum de lateribus, qua de terrâ duci eos oporteat dicam. Non enim de arenoso, neque calculoso, neque sabulo soluto sunt ducendi, quod ex his generibus cùm sunt ducti, primum fiunt graves : deinde cum ab imbribus in parietibus asperguntur, dilabuntur et dissolvuntur paleæque, quæ in his ponuntur, non cohærescunt propter asperitatem.

Faciendi autem sunt ex terrâ albidâ, cretosâ, sive de rubricâ, aut etiam masculo sabulone. Hæc enim genera propter levitatem habent firmitatem, et non sunt in opere ponderosa, et faciliter aggeruntur.

Ducendi autem sunt per vernum tempus et autumnale, ut uno tenore siccescant. Qui enim per solstitium parantur, ideo vitiosi sunt, quod summum corium sol acriter cùm percoquit efficit ut videantur aridi, inte-

Je vais d'abord parler de l'espèce de terre qu'il faut préférer. On rejettera les terres arides et graveleuses, et même celles qui sont boueuses ou sablonneuses, parce que les briques faites avec les premières sont lourdes, et que la paille qu'on y mêle ne s'y attache point à cause de leur aridité ; et que celles faites avec les secondes, étant employées pour des murs exposés à être mouillés par les pluies, elles se décomposent, et se détruisent.

Pour fabriquer de bonnes briques, il faut y employer de la terre crayeuse blanche ou rouge, ou du sablon mâle. Ces espèces de terre, à cause de leur douceur, acquièrent une plus grande fermeté, se façonnent plus aisément, et forment des constructions moins lourdes.

Le tems le plus propre pour faire de bonnes briques est pendant le printems ou l'automne, parce qu'elles sèchent plus également ; celles que l'on fabrique en été, sont de mauvaise qualité, parce que la chaleur, ou l'action

rius autem siut non sicci, et cùm postea siccescendo se contrahunt, perrumpunt ea, quæ erant arida, ita rimosi facti efficiuntur imbecilli.

Maximè autem utiliores erunt, si ante biennium fuerint ducti; namque non ante possunt penitus siccessere.

Itaque cum recentes et non aridi sunt structi, tectorio inducto rigideque obsolidato permanente, ipsi sidentes non possunt eandem altitudinem qua est tectorium, tenere: contractio neque moti non hærent cum eo, sed à conjunctione ejus disparantur. Igitur tectoria ab structurâ sejunctâ, propter tenuitatem per se stare non possunt, sed franguntur ipsique parietes fortuito sidentes, vitiantur.

du soleil, en absorbant trop vite l'humide des parties extérieures, les fait paraître arides, tandis que les parties intérieures ne sont pas encore sèches, et que dans la suite, quand l'humidité qu'elles renferment vient à s'évaporer, le milieu, en se contractant, se désunit des parties extérieures qui ont séché les premières, et qui se brisent. Ces briques, gercées de toutes parts, perdent toute leur consistance, et deviennent inutiles.

Quant à l'emploi, elles seront d'un bien meilleur usage deux ans après leur fabrication, car c'est le moindre tems qu'il faut pour les sécher.

Lorsqu'on emploie des briques trop nouvelles, avant qu'elles aient acquis le dégré de sécheresse qui leur convient, il arrive qu'après que les murs construits avec ces briques, sont revêtus d'enduits bien consolidés, qui devraient être durables, se détruisent cependant parce que les murs, en diminuant de hauteur par le retrait des briques, tandis que l'enduit reste le même, il s'en détache; et ne pouvant se soutenir seul à cause de son peu d'épaisseur, il se rompt par l'effet du tassement imprévu, de même que le mur.

Ideoque etiam Uticenses late-re, si sit aridus, et ante quin-quennium ductus, cùm arbitrio magistratus fuerit ita probatus, tunc utuntur in parietum struc-turis.

C'est pour cette raison que les magistrats d'Utique ne per-mettaient de faire usage de ces briques, pour construire des murs, que lorsqu'ils avaient re-connu qu'elles étaient bien sè-ches, et fabriquées depuis cinq ans.

Fiunt autem laterum genera tria : unum quod Græce *διδωρον* appellatur , id est quo nostri utuntur, longum pede, latum semi-pede : cæteris duobus Græ-corum ædificia struuntur. Ex his unum pentadoron, alterum te-tradoron dicitur.

On fait de trois sortes de briques ; une appelée par les Grecs *didoron*, dont les Ro-mains se servent, est longue d'un pied, et large d'un demi-pied. Les Grecs font usage des deux autres pour la construc-tion de leurs édifices. L'une est désignée sous le nom de *tétra-doron*, et l'autre sous celui de *pentadoron*.

Doron autem Græci appellant palmum, quod munerum datio Græcè *δωρον* appellatur : id au-tem semper geritur per manus palmum.

Les Grecs appellent *doron* ce que les Romains nomment *pal-me*. Ce mot vient de ce qu'on présente un don sur la paume de la main, appelée *doron* par les Grecs.

Ita quod est quoquo versus quinque palmorum, pentado-ron, quod quatuor, tetradoron dicitur.

Ainsi les briques, dont chaque côté est de cinq palmes, étaient des *pentadorons*, et celles dont chaque côté était de quatre, des *tétradorons*.

Et quæ sunt publica opera, pentadoro, quæ privata, tetradoro struuntur.

Les pentadorons étaient employés pour les ouvrages publics, et les tétradorons pour les ouvrages particuliers.

Fiunt autem cum his lateribus semi-lateres, qui cum struuntur, una parte lateribus ordines, altera semi-lateres ponuntur. Ergo ex utraque parte ad lineam cùm struuntur alternis coriis parietes alligantur: et medii lateres supra coagmenta collocati, et firmitatem, et speciem faciunt utraque parte non invenustam.

On fait des demi-briques de chacune de ces espèces, et lorsqu'on construit des murs, on place alternativement sur chaque face, un rang de briques entières, et un rang de demi-briques; de manière qu'en les posant au cordeau, les deux paremens présentent des briques entières posées en liaison sur les faces et dans le milieu; d'où il résulte une construction solide, et une régularité qui plait.

Puisque le *doron* des Grecs répondait au palme des Romains, il en résulte que le tétradoron devait avoir 1 pied grec sur tous sens, c'est-à-dire, 310 millimètres ou 11 pouces $\frac{11}{21}$ du pied de Paris, d'après l'évaluation que nous en avons donné au premier livre, page 65.

Le pentadoron, qui avait 5 palmes sur tous sens, ou 1 pied et $\frac{1}{4}$ grec, avait 387 millimètres $\frac{1}{2}$ ou 14 pouces $\frac{1}{3}$ du pied de Paris.

L'épaisseur des demi-tétradorons devait être de 155 millimètres ou 5 pouces $\frac{32}{48}$, et celle des demi-pentadorons de 193 millimètres $\frac{1}{4}$ ou 7 pouces $\frac{1}{6}$.

La moindre épaisseur que les Grecs donnaient à leurs murs était d'une brique; aux murs mitoyens ils donnaient une brique et demie, et deux briques aux plus épais.

La figure 1 de la planche IV représente un mur en briques crues, et deux parties en retour, dont les arrachemens indiquent la manière de placer les briques entières A, et les demi-briques B, pour les murs d'une brique et demie, et de deux briques d'épaisseur.

C représente une brique entière de 4 palmes sur tous sens, appelée tétradoron.

D est la demi-brique que Vitruve appelle didoron, dont les Romains faisaient usage, qui devait avoir un pied romain en carré sur un demi-pied d'épaisseur, répondant à 298 millimètres ou 11 pouces, sur 149 millimètres ou 5 pouces $\frac{7}{8}$.

G, brique entière de 5 palmes sur tous sens, appelée pentadoron.

F, demi-pentadoron, qui avait 5 palmes en carré sur 2 palmes $\frac{1}{2}$ d'épaisseur.

Comme il ne se trouve point de briques crues dans les ruines des anciens édifices d'Athènes et de Rome, les commentateurs de Vitruve ont été d'avis différens sur leurs formes. Les uns, tels que Barbaro et Rusconi, ont pensé qu'elles étaient cubiques, et les autres ont prétendu qu'elles étaient méplates, comme les briques cuites. Mais, si l'on fait attention à la manière dont Vitruve s'exprime quand il parle des briques que les Grecs appelaient pentadoron, on conviendra qu'elles devaient être cubiques; car il observe qu'elles étaient nommées ainsi : *quod est quoquo versus quinque palmorum* ; c'est-à-dire parce qu'elles avaient 5 palmes sur tous sens. D'ailleurs le tems considérable qu'il fallait pour faire sécher ces briques est encore une nouvelle preuve qu'elles avaient cette forme.

M. de la Faye, qui a fait beaucoup de recherches sur le mortier des Romains, prétend que les briques crues des anciens étaient faites avec du mortier, ou du moins qu'il entrait de la chaux dans leur composition ; il cite, dans un mémoire qu'il a fait à ce sujet (1), des passages de Vitruve et de Pline, dont il donne des interprétations qui paraissent autoriser son opinion. On convient qu'avec du mortier préparé selon la méthode de M. de la Faye, on pourrait faire de très-bonnes briques, et que si les anciens Romains eussent fabriqué leurs briques crues de cette manière, elles auraient résisté aux intempéries de l'air et à l'humidité, comme leur mortier, et qu'on en aurait trouvé quelques restes dans les ruines des édifices antiques de Rome ou d'Athènes.

A l'égard des espèces de terre que Vitruve indique comme les plus propres à fabriquer les briques crues, il est probable que par les mots *terrâ albidâ*, *cretosâ*, *sive de rubricâ*, *aut etiam masculo sabuloso*, il veut désigner l'argile blanche et rouge, dont on fait encore usage à Rome pour faire les briques. Il est évident qu'un mélange de terre crayeuse, ou de sablon mâle avec de la paille, n'était pas capable de former un corps solide, propre à suppléer les pierres dans la construction des murs. Mais à l'époque où Vitruve écrivait, on distinguait les différentes espèces de terre, plutôt par leur apparence que par leur nature. En beaucoup d'endroits d'Italie et de France, on désigne encore par le nom de craie les terres

_____

(1) Mémoire pour servir de suite aux recherches sur la préparation que les Romains donnaient à la chaux dont ils se servaient pour leurs constructions, et sur la composition et l'emploi de leur mortier ; par M. de la Faye, trésorier général des gratifications des troupes. In-8°. Imprimerie royale. 1778.

propres à faire de la brique, et plusieurs auteurs, qui ont écrit sur la construction ou l'architecture, s'en sont servi.

Par-tout où l'usage des briques crues s'est perpétué, elles sont faites avec des terres argileuses. Chardin, en parlant de la manière de bâtir les maisons à Ispaham, et autres endroits de la Perse et du Levant, observe que la raison pour laquelle on les construit en terre et en briques crues, n'est pas parce que la pierre y est rare, mais parce que les habitans trouvent que les constructions en pierres sont moins propres à bâtir dans les pays chauds, où la plupart des maisons n'ont qu'un étage. Dans celles qui en ont deux, le rez-de-chaussée est peu élévé; c'est ainsi qu'on le pratique dans tout l'Orient. Il pense que ce serait aussi la méthode de notre pays, si l'humidité du climat ne nous obligeait pas à nous éloigner du sol.

Les maçons, pour fabriquer les briques crues, pétrissent la terre avec les pieds; c'est une espèce d'argile dans laquelle ils mêlent de la paille coupée fort courte; ils les forment dans des moules de bois très-minces; leurs dimensions sont d'environ 8 pouces ou 22 centimètres pour la longueur, 6 pouces ou 16 centimètres pour la largeur, et un peu plus de 2 pouces ½ ou 7 centimètres d'épaisseur. En les moulant, pour les rendre plus unies, ils passent la main dessus, après les avoir trempées dans un baquet d'eau, mêlée avec de la paille hachée plus menue que celle qui entre dans le corps de la brique. Au bout de deux ou trois heures ces briques ont acquis assez de consistance pour pouvoir être rangées à claire-voie, à l'ombre, où elles finissent de sécher. De son tems, ces briques, toutes faites, ne coûtaient que 8 à 9 sols le cent;

et lorsqu'on les faisait faire chez soi, en fournissant la matière, elles ne revenaient qu'à 2 ou 3 sols.

Les murs de clôture et ceux des maisons communes, bâtis en briques crues, sont recouverts d'un enduit d'argile et de paille hachée, qui suffit pour les mettre à l'abri de la pluie; le dessus est couvert d'un rang de briques cuites, et quelquefois de briques crues, auxquelles on donne une pente pour l'écoulement des eaux.

Les murs des maisons plus considérables sont recouverts d'une espèce de mortier fait avec un mélange de chaux et de plâtre, pilés et corroyés ensemble. Cette espèce d'enduit est très-solide, et se conserve bien à l'air. Ce plâtre n'est ni aussi beau, ni aussi blanc que le nôtre, son grain est beaucoup plus gros.

Cette explication de la manière de construire en briques crues, usitée en Perse, peut donner une idée des constructions de même genre qui se font dans les autres parties de l'Asie.

Dans plusieurs départemens de France, tels que ceux de la Somme, de l'Oise, de l'Aisne et de la Marne, on fait des murs et remplissages de pans de bois et cloisons, avec un mélange de terre broyée avec de la paille ou du foin, qu'on appelle torchis, qui ne vaut pas les briques crues.

ARTICLE II.

Du pisé.

Le pisé est une manière de construire en terre, qui est encore plus simple que celle de bâtir en briques crues.

On en fait beaucoup d'usage dans les départemens de l'Ain, du Rhône et de l'Isère. Ce moyen économique, qui forme des habitations solides, à l'abri des incendies, mériterait d'être propagé dans tous les autres départemens où l'on construit en bois, sur-tout pour les granges et autres bâtimens ruraux.

Lorsque les murs en pisé sont bien faits, ils ne forment qu'une seule pièce, et lorsqu'ils sont revêtus à l'extérieur d'un bon enduit, ils peuvent durer plusieurs siècles. En 1764, je fus chargé de restaurer un ancien château dans le département de l'Ain; il était bâti en pisé depuis plus de cent cinquante ans, les murs avaient acquis une dureté et une consistance égales aux pierres tendres de moyenne qualité, telle que la pierre de Saint-Leu. On fut obligé, pour agrandir les ouvertures des croisées, et faire les nouveaux percemens, de se servir de marteaux à pointe et taillans, comme pour la pierre de taille. Ce genre de construction, qui paraît avoir été pratiqué dans ce pays depuis un tems immémorial, était connu des anciens Romains. Pline, le naturaliste, en parle comme d'une chose extraordinaire, qui doit exciter l'admiration. Il s'exprime ainsi :

Quid? non in Africâ Hispaniâque ex terrâ parietes, quos apellant formaceos, quoniam in formâ circumdatis utrâque duabus tabulis inferciuntur verius, quam instruuntur, ævis durant, incorrupti imbribus, ventis, ignibus, omnique cæmento firmiores? Spectat etiam nunc speculas

« Mais quoi? ne voit-on pas en Afrique et en Espagne des murailles de terre, appelées *murailles de forme*, parce qu'on les jette, pour ainsi dire, en moule, plutôt qu'on ne les construit; et ces murailles ne durent-elles pas plusieurs âges, en résistant aux pluies, aux vents

Hannibalis Hispania, terrenas-
que turres jugis montium im-
positas. *Pline*, *liv.* 35, *ch.* 14.

et aux incendies, plus fermes
que des murs de moellons ?
L'Espagne voit encore aujour-
d'hui, avec étonnement, les gué-
rites et tours de terre construites par Annibal, sur le sommet
des montagnes. »

Manière de fabriquer le pisé.

Toutes les terres qui ne sont ni trop grasses, ni trop
maigres, sont propres à faire le pisé. La meilleure est la
terre franche, qui est un peu graveleuse. Toutes les fois
qu'avec une pioche, une bêche, ou une charrue, on
enlève des mottes de terre qu'il faut briser pour les désunir, cette terre est bonne pour piser. Les terres cultivées,
les terres de jardin, les terres naturelles, formant des
berges qui se soutiennent presqu'aplomb, ou avec peu
de talus, peuvent être employées avec succès.

Pour préparer la terre, il faut l'écraser et la faire passer
par une claie moyenne pour en extraire les pierres qui
excéderaient la grosseur d'une noix. Si la terre est trop
sèche, on la mouille par aspersion, en la remuant à mesure
avec une pèle pour l'humecter également. Il suffit qu'elle
soit un peu humide, de manière qu'en en prenant une
poignée, elle puisse, en la jetant sur le tas, conserver la
forme qu'on lui a donnée en la pressant un peu dans
la main.

Lorsque la terre est préparée, on la jette dans une
espèce de moule, ou encaissement mobile (fig. 1 et 2,
planche V), où elle est battue par des ouvriers avec un
pilon marqué 7, fig. 2 et 8, dans les détails.

Cet encaissement est formé de deux tables en bois de sapin, marquées 1, fig. I et 2, que les piseurs des environs de Lyon appellent *banches*, composées de planches assemblées à rainures et languettes, et fortifiées par d'autres planches marquées 2, posées en travers, et arrêtées par de forts clous rivés. Pour faciliter la pose en place de ces banches, on attache à chacune deux poignées indiquées aux fig. 1 et 2 par la lettre P.

Ces banches se posent sur des traverses (marquées 4 dans les mêmes figures, et 10 dans les détails) et placées dans des entailles, pratiquées dans la partie de mur déjà faite. Ces quatre traverses, appelées *lassoniers* ou *clefs*, sont percées de deux grandes mortaises dans lesquelles on place des petits poteaux portant un tenon par le bas, nommés *aiguilles*, marqués 3 dans les fig., et I, 2 et 9 dans les détails. On laisse à l'intérieur des banches un espace égal à la plus grande épaisseur des murs à faire, c'est-à-dire, environ 20 pouces (54 centimètres), et comme on diminue l'épaisseur de ces murs à mesure qu'ils s'élèvent, il est nécessaire que l'intervalle entre les mortaises soit moindre, afin qu'on puisse, par le moyen des coins marqués 5, fig. 2, rapprocher les banches et les aiguilles qui les soutiennent, pour donner au mur la diminution et le talus convenable. Ce talus est ordinairement d'une ligne par pied de hauteur ou $\frac{1}{144}$ pour chaque côté; en sorte qu'un mur de 24 pieds (7 mètres 795 millimètres) doit être de 4 pouces (108 millimètres) moins épais par le haut que par le bas. On ne laisse ordinairement l'intervalle entre les deux mortaises des clefs que de 14 pouces (379 millimètres); la longueur des mortaises est de 10 pouces ½ (284 millimètres), ce qui fait 35 pouces (947 millimètres), en comprenant les deux mortaises. Otant de cette mesure 4 pouces (108 millimètres) pour l'épaisseur des deux banches, aux endroits où elles sont doublées par des barres, et 7 pouces (189 millimètres) pour l'épaisseur des aiguilles, il reste 24 pouces (65 centimètres), dont 20 pouces (54 centimètres) pour la plus forte épaisseur de mur, et 4 pouces (108 millimètres) pour les coins.

Les banches ont ordinairement 10 pieds (3 mètres 248 millimètres) sur 2 pieds 9 pouces (893 millimètres).

Les aiguilles, 4 pieds ½ (1 mètre 46 centimètres), compris 6 pouces de tenon (162 millimètres), et 15 pouces (406 millimètres) pour le liage du haut, indiqué par le n° 8 de la figure 2.

Les traverses ou clefs ont environ 3 pieds 6 pouces (1 mètre 137 millimètres) de long sur environ 4 pouces (108 miilimètres) de gros.

Les coins, marqués 5 dans les fig. I et 2, et 11 dans les détails, doivent avoir 9 pouces (244 millimètres) par le haut, 1 pouce ½ (40 millimètres) par le bas, sur une épaisseur égale à la largeur des mortaises, qui doivent avoir le tiers de la largeur du *lassonier*. La longueur de ces coins doit être de 20 pouces (54 centimètres), pour pouvoir servir à toutes les épaisseurs.

Il faut que les entailles, dans lesquelles sont placées les clefs, soient assez profondes pour que leur dessus soit au moins de 1 pouce ½ (40 millimètres) plus bas que le dessus du mur, afin que les banches puissent embrasser, par le bas, une partie du mur déjà fait, et le continuer d'après la même épaisseur, en fixant le bas de ces banches, par le moyen des coins 5, fig. 2, placés à l'extérieur.

Pour fixer la distance des banches par le haut, on place
de petits bâtons marqués 6, même figure, appelés gros
de murs, qui doivent être diminués, par rapport à l'épaisseur du mur que les banches embrassent par le bas, en
raison du talus qu'on veut donner à ce mur : ainsi, en
plaçant ces bâtons à 2 pieds (65 centimètres) au-dessus
du fond de l'encaissement formé par le dessus du mur
déjà fait, ils doivent être diminués de 4 lignes (9 millim.).
Il est nécessaire d'en placer un au droit de chaque paire
d'aiguilles ; ils se trouvent fixés par les liages de cordes
qu'on serre, au moyen d'un petit bâton ou tourniquet
marqué 6, fig. 2.

Les banches étant bien ajustées en place, comme on le
voit à la figure 1, on commence par faire le long des
banches, par le bas, des solins en mortier ; on pourrait les
faire en plâtre et même en mortier de terre, parce qu'ils
ne servent qu'à empêcher les premières terres qu'on jette
dans l'encaissement de couler ; on couvre ensuite le dessus
des clefs avec une petite planche, le long de laquelle on
peut mettre aussi du mortier de terre gaché ferme, c'est-
à-dire un peu plus humecté que pour le pisé.

On place ensuite autant de maçons-piseurs qu'il y a de
cases dans l'enfoncement, c'est-à-dire un dans chaque division formée par les liages des aiguilles, et les petits
bâtons appelés gros de murs, ce qui fait trois pour ce
cas-ci.

Après que le fond est bien nettoyé et légèrement arrosé,
les manœuvres ou aides portent aux ouvriers-piseurs la
terre toute préparée dans des corbeilles d'osier, semblables à celle indiquée par le n° 16 fig. 3. Ils étalent cette
terre avec les pieds, de manière à former une couche

d'une épaisseur uniforme, qui ne doit pas être de plus de
3 à 4 pouces (10 centimètres). Prenant ensuite chacun un
pilon ou pisoir, dont la forme est indiquée par le n° 7 de la
fig. 1., et le n° 8 des détails, ils massivent cette couche de
terre en la réduisant à-peu-près à la moitié de son épaisseur. Cette première couche comprimée, les manœuvres
apportent de la terre pour en former une seconde de
même épaisseur que la première, que les piseurs étalent
et battent de même, et ainsi de suite, jusqu'à ce que l'encaissement soit rempli.

Le pisoir est composé d'une masse de bois d'environ
10 pouces de haut (27 centimètres); elle est à-peu-près
carrée vers le milieu de sa hauteur, c'est-à-dire à 6 pouces
(162 millimètres) du bas, où sa grosseur est de 6 pouces
sur 5 (162 millimètres sur 135). De là cette masse va en
diminuant d'épaisseur, selon une courbe alongée, termi-
née par un petit arrondissement qui réduit son épaisseur à
environ un pouce (27 millimètres). Par le haut cette masse
se termine par une surface circulaire d'environ 4 pouces
(108 millimètres) de diamètre, au centre de laquelle on
perce un trou d'un pouce de diamètre (27 millimètres) et
2 pouces de profondeur (54 millimètres). On raccorde le
cercle du dessus avec la partie carrée du milieu par un
adoucissement. La partie méplate du pisoir avec laquelle
l'ouvrier frappe la terre est la plus essentielle; elle doit
être bien unie et lisse. Les bons piseurs se font un mérite
d'avoir un pisoir bien fait et commode qui puisse frapper
la terre dans toutes les parties de l'encaissement. On
choisit pour cet instrument un bois dur et liant, tel que
les racines de frêne, d'orme, de noyer; il doit avoir, tout
emmanché, 4 pieds 1 ou 2 pouces (1 mètre 33 centimètres);

la grosseur du manche, par le haut, doit être de 15 lignes (33 millimètres), et par le bas, d'un pouce (27 millimètres). On fait usage du pisoir en le tournant à chaque coup, de manière à croiser les traces qu'il imprime sur la couche de terre, et à la massiver également dans toute son étendue.

Lorsqu'on commence un mur, pour former la première banchée, on met, à une des extrémités de l'encaissement, un fond composé de 2 planches réunies par des barres n° 12 des détails; on maintient ce fond par le haut, par le moyen d'un ou de deux sergens de menuisier, représenté par le n° 13 des détails. L'autre extrémité de la partie de pisé, du côté où il n'y a pas de fond, se termine par une pente d'environ 60 degrés, indiquée par les lignes C d, fig. I. Cette coupe en glacis sert à relier la première banchée avec celle qui suit.

La première banchée étant finie, on démonte l'encaissement pour le placer à la suite, de manière que les banches recouvrent entièrement la partie en pente qui termine la précédente, pour la faire raccorder avec celle qu'on va faire. On suit les mêmes procédés que nous venons d'indiquer pour la première, et ainsi de suite, soit qu'il faille faire une assise ou banchée au-dessus, ou continuer la même.

La planche VI représente une maison en pisé, sans enduit, pour faire voir la manière dont les banchées, placées les unes sur les autres, se relient, tant dans la longueur des murs qu'aux angles saillans, où l'on voit que l'extrémité m, de la dernière banchée g h, d'une face, fait parement sur celle en retour. On voit aussi que les trous des clefs de chaque rang répondent au milieu de l'intervalle de ceux du rang au-dessus ou au-dessous, et que les pentes qui terminent chaque banchée sont inclinées en sens opposés, parce que pour chaque rang on fait marcher les banches en sens contraire, en recommençant pour le rang supérieur à l'extrémité de celui que l'on vient de terminer.

Cette même planche fait aussi voir les différentes manières de former les jambages des portes et croisées. 1.º En pierre de taille, composées de pierres posées en délit c, c, appelées *crosses*, et d'autres d, d, posées sur leurs lits et formant liaison avec les premières.

On fait aussi les jambages en briques marquées b, b; on peut même les faire en moilons ou en plâtre. Quant aux linteaux, ils se font ordinairement en bois; on les pose dans l'encaissement en faisant le pisé. Ils peuvent aussi être faits en pierre de taille, en briques ou en moilons.

Les bayes de croisées et de portes se font encore avec des chassis ou cadres de charpente, comme on le voit en a, a.

Lorsque les murs de pisé sont achevés, il faut, avant de les recouvrir d'un enduit, soit de plâtre ou de mortier, les laisser sécher pendant quelque tems, en raison de la température du pays et de la saison où ils ont été faits.

On a éprouvé que, dans un pays tempéré, tel que Lyon, des murs en pisé de 18 à 20 pouces d'épaisseur, achevés vers le milieu du mois de floréal, étaient assez secs à la fin de fructidor ou au commencement de vendémiaire, pour être recouverts d'enduit, et que ceux achevés en juillet, et même en août, peuvent encore être enduits avant l'hiver; enfin, que pour ceux finis plus tard, il faut attendre au moins six mois après la terminaison de l'ouvrage. Il est évident que si ce terme arrivait dans un tems de gelée ou à une époque où elle serait encore à craindre, il faudrait encore différer. Il est encore convenable de ne pas les faire dans des tems humides et pluvieux.

Quoique le pisé soit formé avec de la terre à peine humectée, tandis que les briques crues des anciens étaient pétries avec de la paille et de l'eau, il est cependant prudent d'avoir égard à l'observation de Vitruve, c'est-à-dire de ne pas appliquer l'enduit sur les murs construits de cette manière, sans être bien assuré que le milieu est sec. Le pisé fait dans les grandes chaleurs est bientôt sec à l'extérieur, mais l'humidité se porte au centre, d'où elle s'échappe lentement en se portant peu à peu à la surface; alors, si elle se trouve couverte d'un enduit, elle l'en détache en s'insinuant entre cette surface et l'enduit qui tombe par grandes pièces. Il ne faut pas craindre de laisser le pisé quelque tems à l'air quand il a été bien fait, parce que, plus il est sec, mieux l'enduit s'y attache. J'ai vu, dans le département de l'Isère, des maisons fort anciennes, construites en pisé, qui n'avaient jamais été enduites à l'extérieur, et qui cependant avaient résisté à toutes les intempéries de l'air.

On conseille ceux qui voudront faire usage de cette manière économique de bâtir, de consulter les ouvrages du citoyen Cointeraux, professeur d'architecture rurale, qui s'est occupé de ce genre de construction avec beaucoup de zèle et de succès. Il a publié plusieurs cahiers qui contiennent une infinité de détails intéressans qu'il est indispensable de connaître, afin de réussir dans ce travail et en tirer le parti le plus avantageux pour cons-

truire des bâtimens ruraux qui soient à l'abri des incendies.
Cependant, comme j'ai eu occasion d'en faire exécuter,
je terminerai par indiquer un procédé qui m'a parfaitement réussi, et qui tend à donner au pisé plus de consistance,

Dans les additions que je fus chargé de faire au château
dont j'ai parlé, se trouvait un grand corps-de-logis semi-
double, élevé de deux étages au-dessus du rez-de-chaussée,
et un grenier au-dessus, avec comble à deux égouts
couverts en tuiles creuses. La terre dont j'étais obligé
de me servir me parut un peu sèche et de médiocre
qualité. Pour obvier à ces inconvéniens, je m'avisai, après
l'avoir fait écraser à l'ordinaire et passer à la claie, de
la faire humecter avec du lait de chaux au lieu d'eau pure.
Ce moyen simple produisit un pisé qui avait plus de fermeté et de consistance que celui fait avec la meilleure
terre. Ses surfaces étaient tellement dures et lisses, qu'on
put se passer d'enduits pour plusieurs autres petits bâtimens et dépendances construits par ce procédé; on se
contenta de blanchir les surfaces avec de la chaux. Quant
au grand corps-de-logis, les murs furent revêtus d'enduits
en mortier de chaux et sable, parce qu'il faisait suite aux
appartemens du château; et à le voir, on n'aura jamais
deviné que ce fût une construction en terre.

Il est évident que par ce procédé on pourrait faire des
briques crues, à l'imitation de celles des anciens, qui auraient plus de consistance et de solidité. On pourrait se
servir de ces briques pour des murs intérieurs ou des
cloisons. Il faudrait qu'elles fussent d'une forme et d'une
grandeur qui en rendent l'emploi facile. Au lieu d'être
cubiques, comme on présume qu'étaient celles des

anciens Grecs, on les ferait méplates. Les briques entières seraient carrées ; elles pourraient avoir de 28 à
30 centimètres (10 pouces $\frac{1}{2}$ à 11 pouces) sur 14 à 15
(5 pouces $\frac{1}{4}$ à 5 pouces $\frac{1}{2}$) d'épaisseur. Les demi-briques
auraient 28 à 30 centimètres de long sur 14 à 15 de
largeur et autant d'épaisseur, afin de pouvoir se combiner
avec les briques entières dans un même rang d'assise,
et former liaison à l'intérieur comme à l'extérieur, lorsque
l'épaisseur des murs exigerait plus d'un rang de briques.

Les briques entières posées sur le plat et employées
seules, formeraient de petits murs de 28 à 30 centimètres (10 pouces $\frac{1}{2}$ à 11 pouces). Les demi-briques ou
briques entières, posées de champ, serviraient pour des
cloisons. Les briques et les demi-briques réunies pourraient former des murs d'une brique et demie où deux
briques d'épaisseur, en les disposant comme nous l'avons
dit pour les briques crues des anciens.

Ces briques pourraient être faites dans des chassis de
charpente susceptibles de se démonter, comme celui
indiqué par la figure 2 de la planche IV, ou de toute
autre manière qui en rende la manipulation plus prompte
et moins coûteuse. La figure 3 représente ces briques
rangées à claire-voie pour les faire sécher.

ARTICLE III.

Des briques cuites.

Les briques cuites qui se trouvent dans les ruines de
Babylone, et les descriptions que les plus anciens auteurs

ont fait de cette ville fameuse, prouvent que leur usage remonte à une très-haute antiquité. L'émail dont quelques-unes de ces briques sont couvertes, et leurs vives couleurs, indique un degré de perfection qui place cette invention plusieurs siècles avant la fondation de cette ville. M. de Tersan possède dans son muséum d'antiquités une de ces briques vernissées, rapportée des ruines de Babylone par l'abbé de Beauchamp; elle est colorée de jaune et de bleu par bandes ondées. Ces briques paraissent avoir servi pour le revêtement des murs intérieurs d'un grand édifice que l'on croit, dans le pays, être les restes du palais de Nabucodonosor.

Hérodote dit, en parlant de l'enceinte de Babylone, qu'à mesure que l'on creusait les fossés, on convertissait la terre en briques, et que, lorsqu'il y en avait une certaine quantité de faites, on les faisait cuire dans des fourneaux.

Les murs de quai qui formaient les rives de la partie de l'Euphrate qui traversait la ville, étaient en briques cuites.

Dans la description que Diodore de Sicile donne des ouvrages immenses que Sémiramis avait fait construire à Babylone, il cite une enceinte circulaire de 40 stades de tour, en briques cuites, ornée de bas-reliefs représentant des animaux de toutes espèces, avec leurs couleurs naturelles, qui étaient probablement en briques émaillées comme celle du muséum de M. de Tersan.

Il est difficile de fixer l'époque où les Grecs et les Romains ont commencé à faire usage des briques cuites. Quoique Vitruve en parle, il paraît que de son tems on s'en servait peu, et qu'on préférait les tuileaux ; car il est

bon de savoir que les tuiles romaines ont deux formes
différentes ; les unes, qui se posent immédiatement sur la
charpente du toit, sont plates avec des rebords, et les
autres rondes, en forme de canal, servent à couvrir les
intervalles entre les rangées des premières. Probablement
c'est des plates, dont on faisait usage pour la construction
des murs mitoyens, qu'il n'était pas permis de faire en
briques crues dans l'intérieur de Rome, parce que leur
épaisseur étant fixée à un pied et demi romain, n'aurait
pas été suffisante pour des maisons à plusieurs étages
comme étaient celles de Rome. Ceux en briques crues,
d'un pied et demi, ne pouvant supporter qu'un seul étage,
il aurait fallu que l'épaisseur de ces murs eût été de deux
ou de trois rangs de briques ; c'est pourquoi on les cons-
truisait avec des chaînes en pierre de taille (1), et de la
maçonnerie en tuileaux (2) ou moilons (3). C'est en multipliant les étages, et en diminuant les épaisseurs des murs,
qu'on était parvenu à multiplier la superficie de l'intérieur
de Rome beaucoup trop petite pour son immense popu-
lation (4).

Ce qui prouve que c'était réellement avec des tuileaux
qu'ils construisaient ces murs, c'est qu'il dit qu'on ne peut
juger des bonnes ou mauvaises qualités que de ceux qui
ont été placés pendant un certain tems sur les toits exposés aux intempéries des saisons ; car ceux qui sont
formés d'argile qui n'est pas de bonne qualité, ou qui ne

---

(1) Pilis lapideis.
(2) Testaceis.
(3) Cæmentitiis.
(4) Ergo mænianis et contignationibus variis alto spatio multiplicatis, po-
pulus romanus egregias habet, sine impeditione habitationes.

TOM. I. HH

sont pas assez cuits, ne résistent pas aux effets de la
gelée (1), et ne valent rien pour des constructions qui ont
un fardeau à soutenir, et on ne peut compter dans ces
cas-là que sur celles qui sont faites en vieilles tuiles.

Par rapport aux briques dont il est parlé dans les anciens
auteurs, il faut remarquer que les mots latin et grec *later*
et *plinthos* étaient plus relatifs à la forme carrée qu'on leur
donnait, qu'à la matière dont elles étaient formées ; c'est
pourquoi ces mots ne suffisent pas toujours pour indiquer
si les briques dont il est question dans les anciens auteurs
étaient crues ou cuites. Les Romains, pour le déterminer
d'une manière précise, les distinguaient par les adjectifs
crudus ou *coctus*, crues ou cuites, et les Grecs par *omos*
et *opteos* qui ont la même signification. Ainsi, lorsque
Vitruve dit que les experts qu'on appelait pour estimer les
murs mitoyens construits en moilons tendres, avaient
coutume de diminuer sur le prix qu'ils avaient coûté,
autant de quatre-vingtièmes qu'il y avait d'années qu'ils
étaient construits, parce qu'ils pensaient que ces murs
n'étaient pas susceptibles de durer plus de quatre-vingts
ans ; mais qu'ils ne diminuaient rien, si ces murs étaient
construits en briques, *lateratii*, et s'ils avaient conservé
leur à-plomb, il est évident qu'on ne peut pas conclure
de ce passage que ce sont des murs en briques crues
dont il s'agit, qui ne pouvaient porter qu'un seul plancher,

---

(1) Nam quæ non fuerit ex *creta bona*, aut parum erit cocta, ibi se ostendet
esse vitiosam gelicidiis et pruina tacta.

Il faut remarquer que dans ce passage il désigne la bonne terre, pour faire
la tuile, par *creta bona* ; ce qui prouve ce que nous avons déjà dit, que par
les mots *creta* ou *cretosa*, il désigne les terres argileuses, et non les craies,
comme l'ont cru les commentateurs et les traducteurs de Vitruve.

sans avoir une épaisseur extraordinaire, et que l'eau et l'humidité pouvaient détruire. Il est encore probable que lorsque Pline répète, d'après Vitruve, que tant que ces murs conservent leur à-plomb, ils sont éternels, c'est plutôt des briques cuites que des briques crues, dont il veut parler. Les restes d'anciens bâtimens qui existent encore à Rome et aux environs, dont les murs sont construits en tuf et moilons tendres, tandis que depuis bien des siècles on ne trouve aucun vestige des constructions en briques crues, postérieures à ces ruines, prouvent la probabilité de cette opinion.

Des briques cuites des Romains, et de leur forme.

Les constructions les plus anciennes, en briques cuites faites exprès, ne remontent pas au-delà du règne des empereurs. Le panthéon d'Agrippa paraît être le plus ancien édifice construit de cette manière : tous les édifices et monumens antérieurs sont faits en pierre de taille, ou en moilons de tuf, ou en tuileaux.

Il est essentiel de remarquer que toutes ces briques cuites sont carrées ou triangulaires, et que ces dernières ne paraissent être qu'une moitié des petites briques carrées, tranchées diagonalement.

Les plus grandes ont chacun de leurs côtés de deux pieds romains (22 pouces du pied de Paris ou 596 millimètres), leur épaisseur est d'un sixième du pied romain (22 lignes ou 50 millimètres).

Les briques moyennes ont 1 pied $\frac{1}{2}$ romain (16 pouces $\frac{1}{2}$ ou 447 millimètres), sur environ 20 lignes (45 millim.).

Les petites ont environ 7 pouces $\frac{1}{3}$ (199 millimètres),
sur 18 lignes d'épaisseur (40 millimètres).

On voit, par les ruines des édifices antiques de Rome,
que les constructions en briques cuites, faites sous le
règne des empereurs, ne sont que des revêtemens dont
le milieu est en maçonnerie de blocages. Les revêtemens
sont formés par les briques triangulaires dont nous avons
parlé : elles sont posées de manière que le grand côté
est à l'extérieur, et l'angle droit à l'intérieur, comme on
le voit aux figures 5, 8 et 9 de la planche VII. Par cette
position ces briques laissent entr'elles un intervalle qui,
en s'élargissant, facilite le moyen de les relier avec la
maçonnerie intérieure. Cependant, comme ce genre de
construction était susceptible d'un tassement inégal capable de détacher les revêtemens du massif du milieu, les
constructeurs romains imaginèrent les grandes briques
carrées, de 2 pieds, et de 1 pied $\frac{1}{2}$ en carré, pour les relier
à de certaines distances, c'est-à-dire, d'environ 4 pieds
en 4 pieds (12 décimètres). Ces briques, qui formaient
l'épaisseur des murs ordinaires, servaient à réunir les
deux paremens, comme on le voit à la figure 9. Avant
de poser ces grandes briques, ils avaient soin de battre
la maçonnerie du milieu, afin de prévenir le tassement,
ce qu'ils pouvaient faire sans craindre d'écarter les briques
des paremens, parce que ces murs se fabriquaient dans
des encaissemens à-peu-près comme ceux dont on se sert
pour le pisé. On remarque dans les ruines de tous les
édifices qui ont été dépouillés de leurs revêtemens de
briques, les trous des traverses de bois qui servaient pour
former ces encaissemens : ces trous sont rangés et espacés
comme ceux des murs de pisé.

On se servait encore de briques triangulaires, et de grandes briques carrées, pour relier les constructions en petits moilons de tuf, comme on le voit aux figures 5, 7 et 8.

Des briques modernes.

Les briques cuites des modernes diffèrent de celles des anciens Romains, par leur forme et par leur grandeur ; elles sont rectangulaires au lieu d'être carrées ; leur longueur est ordinairement double de leur largeur ; leur épaisseur est égale à la moitié de la largeur. Ainsi les moyennes, dont on fait le plus d'usage, ont de 22 à 24 centimètres de long (8 à 9 pouces), sur 11 à 12 centimètres (4 pouces à 4 pouces $\frac{1}{2}$) de large, et 5 $\frac{1}{2}$ à 6 centimètres d'épaisseur (2 pouces à 2 pouces $\frac{1}{4}$). C'est avec cette espèce de briques que l'on fait les murs, les revêtemens, les voûtes, les cloisons et les languettes des cheminées. Les grandes briques ont depuis 30 jusqu'à 36 centimètres de longueur (11 à 13 pouces), sur 20 à 24 de largeur (7 pouces $\frac{1}{2}$ à 9 pouces), et 4 à 5 centimètres d'épaisseur (18 à 22 lignes). On les pose de champ pour former des cloisons et des voûtes de peu d'épaisseur. Les petites briques ont de 16 à 19 centimètres de long (6 à 7 pouces), sur 8 à 9 centimètres $\frac{1}{2}$ de large (3 à 3 pouces $\frac{1}{2}$), et 4 à 5 centimètres d'épaisseur (18 à 22 lignes) ; elles servent particulièrement pour construire des tuyaux de cheminée.

La forme des briques modernes les rend plus propres à fabriquer des cloisons et des languettes de cheminée d'une seule épaisseur de brique, qu'à faire des murs et sur-tout des revêtemens, par la raison que les queues qui forment liaison à l'intérieur, sont trop faibles pour résister à l'inégalité du tassement qui résulte nécessairement de la différence de construction, entre le milieu et les paremens, dans les murs qui ne sont que revêtus.

Nous avons réuni dans la planche VIII les différentes manières de combiner ces briques pour former des murs, des cloisons ou des languettes.

Les figures 1 et 2 indiquent des cloisons et languettes formées par des briques posées de plat et de champ.

La figure 3 fait voir l'arrangement pour les petits murs, ou fortes cloisons, formés de deux briques d'épaisseur.

Les figures 4 et 5 présentent deux combinaisons différentes pour les murs dont l'épaisseur est de trois rangs de briques.

La figure 6 offre une troisième combinaison, où l'on a fait usage de moitié de briques pour les remplissages marqués a.

La figure 7 montre l'arrangement pour un mur de quatre rangs de briques. Il est évident qu'il peut y avoir plusieurs autres combinaisons : nous nous sommes bornés à celles qui conviennent le mieux pour la solidité et la simplicité. Mais il faut observer que pour une plus grande solidité, il faut que les briques qui lient deux rangs parallèles, se relient aussi entr'elles, comme on le voit indiqué par les lettres b, c, d.

La figure 8 fait voir une excellente manière usitée en Hollande, pour liaisonner les murs ou massifs d'une très-grande épaisseur. Elle consiste à former les assises avec des rangs de briques posés obliquement, en donnant aux rangs de chaque assise une direction contraire pour qu'ils se croisent, ainsi qu'on le voit indiqué par les lettres e, f.

Cette disposition exige des raccordemens qui se font de différentes manières. La plus simple et la plus convenable est de trancher obliquement le petit côté des briques. Si le parement doit être apparent, après que le mur est fait, on unit les superficies tranchées avec une pierre de grès d'une certaine grosseur, emmanchée dans un sabot, qu'on promène sur le mur à l'aide de deux cordes attachées au sabot. Pour bien faire cette opération, il faut trois hommes, deux qui la font aller, par le moyen des cordes, de haut en bas, et de tout autre sens, tandis que le troisième appuie pour la faire mordre, en mouillant à mesure la partie frottée. On parvient, par ce procédé usité en plusieurs endroits de Flandres et d'Italie, à former des paremens parfaitement droits et réguliers, qui font le plus grand plaisir à voir.

Les figures 9, 10, 11, 12 et 13, représentent les différentes combinaisons qu'on peut former avec des briques carrées ou des demi-briques, posées carrément ou diagonalement.

SECTION DEUXIÈME.

Du mortier.

LE mortier est une composition de chaux et de sable, qui a la propriété de durcir, d'unir fortement les pierres et de faire corps avec elles : mais il faut, pour obtenir ce résultat, que les matières dont il est composé soient de bonne qualité, et que le volume des pierres soit dans un rapport convenable avec celui du mortier.

ARTICLE PREMIER.

De la chaux.

Il est probable que la découverte de la chaux a dû être faite long-tems après celle des briques. Il fut bien plus facile de s'appercevoir que la terre argileuse, détrempée par les pluies, pouvait prendre la forme qu'on voulait lui donner, et acquérir une certaine dureté en séchant, que de deviner, pour ainsi dire, les propriétés de la pierre calcaire. Il fallait une circonstance extraordinaire pour découvrir que cette espèce de pierre, exposée à l'action du feu, était susceptible de se dissoudre dans l'eau, et de produire une pâte fine, blanche et onctueuse, dont le mélange avec le sable, la pouzzolane, et autres matières de ce genre, acquérait, par le tems, une dureté égale à celle des pierres ordinaires. Cette découverte est peut-être la suite de l'embrasement de quelqu'édifice bâti en pierres calcaires. On remarqua qu'en jetant de l'eau pour éteindre l'incendie, sur quelques-unes de ces pierres calcinées par la violence du feu, elles se dissolvaient. Le premier usage qu'on fit de cette matière, fut d'en couvrir les enduits, faits sur des murs en briques crues, comme ceux des palais de Crésus, de Mausole et du roi Attale, selon les rapports de Pline et de Vitruve.

Des pierres à chaux.

Les pierres calcaires qui font la meilleure chaux, sont ordinairement les plus dures, les plus pesantes; celles dont le grain est fin, homogène, et dont la texture est la plus compacte : c'est pourquoi les cailloux calcaires et les marbres font d'excellente chaux. Dans presque toute l'Italie la chaux dont on fait usage est fort bonne, parce que la pierre qu'on y emploie est presque toujours une espèce de marbre très-pur : les plus estimées sont celles de Turin, de Padoue, de Venise et de Rome.

En France, on trouve aux environs de Metz une pierre fort dure avec laquelle on fait une chaux d'une qualité supérieure. Cette chaux nouvellement éteinte, et mêlée avec du gravier, produit un betton, ou espèce de mortier, dont la consistance est si grande, qu'on peut en construire des voûtes sans briques ni moilons; ces voûtes ne forment, dans la suite, qu'une seule pièce aussi dure que la pierre.

Pour donner une idée de la bonté de cette chaux, on rapporte que des ouvriers qui n'en connaissaient pas la qualité, s'avisèrent d'en éteindre dans un bassin qu'ils couvrirent de sable pour la conserver. Au bout d'un an elle se trouva si dure, qu'il fallut, pour la rompre, des coins et des masses de fer, afin de l'employer comme moilon.

On fait à Lyon d'excellente chaux avec de la pierre de Saint-Cyr, qui est très-dure. Aux environs de Boulogne, dans le département du Pas-de-Calais, on fait aussi de très-bonne chaux avec une espèce de pierre dont la couleu est jaunâtre.

La chaux dont on se sert à Paris est d'une moindre qualité; la meilleure vient de Senlis et de Champigny : celle de Chanville, Meudon et du port de Marly, sont grasses et onctueuses; la chaux de Melun et de Corbeil est la moins estimée.

A Fontainebleau, département de Seine et Marne, on fait usage d'une espèce de chaux qui vient d'un endroit nommé *Champagne*, qui passe pour être d'une excellente qualité.

Dans le département d'Eure et Loire, on fait avec la marne de Senonches une chaux qui durcit promptement, même dans le bassin, lorsqu'elle y séjourne quelque tems. Le mortier que l'on fait avec cette chaux est fort bon pour les ouvrages construits dans l'eau.

Il existe aux environs de Gap, département des Hautes-Alpes, dans un endroit nommé *Cretage*, une espèce de pierre à chaux qui contient beaucoup de manganèse de fer, avec laquelle on fait de la chaux grise d'une excellente qualité; elle s'unit plus fortement avec le sable que les chaux blanches. En général l'expérience a fait connaître que les chaux grises avaient beaucoup plus de force pour lier les constructions en maçonnerie, que les autres. Celle des environs de Metz, dont nous avons parlé, est grise. Il s'en trouve auprès de Nevers de cette couleur, qui est aussi d'une très-bonne qualité.

Les endroits de France où l'on fait la meilleure chaux, sont Tournay, Namur, Aix-la-Chapelle, Liège, Mayence, Metz, Nevers, Nîmes, Montpellier, Cahors, Bordeaux, Lyon, Senlis, Perpignan, Pau, Tarbes, et une infinité d'autres endroits. On a observé qu'en France la meilleure pierre, celle qu'on appelle particulièrement pierre à chaux, est grise et pesante. Pour pouvoir entrer dans plus de détail, il faudrait avoir fait un grand nombre d'expériences, à défaut desquelles on se borne à ces indications. On invite les constructeurs qui auraient occasion de faire exécuter des ouvrages d'une certaine importance, à la solidité desquels la qualité de la chaux pourrait influer, de ne pas négliger ce moyen, parce que la manière de procéder des ouvriers n'est pas assez exacte pour qu'on puisse se fier à leur rapport.

Observations sur la manière de cuire la pierre à chaux.

Pour convertir les pierres en chaux, il faut avoir attention de ne chauffer le four que par degrés; 1º. parce que si les pierres sont surprises par un feu trop vif, elles se brisent, et font écrouler celles que l'on dispose dans le four, en forme de voûte à claire-voie, pour faciliter leur cuisson; 2º. parce qu'il est à craindre que les pierres trop promptement saisies par le feu, ne puissent plus se convertir en chaux : au lieu qu'un feu modéré en commençant, les fait suer doucement, et en retire l'humidité sans accident. Il faut que le degré de chaleur aille toujours en augmentant, sans interruption. Il règne, à ce sujet, une opinion parmi les ouvriers, qui est répétée dans plusieurs livres; 'est que quand le feu a été interrompu avant que la pierre ait obtenu le degré de cuisson qui lui convient, un bois entier ne suffirait pas pour la réduire en chaux.

Il faut observer de ne faire chaque fournée que d'une

seule espèce de pierre, d'une même carrière, s'il est possible, afin que la chaux qui en provient soit d'une même qualité.

Lorsqu'on est obligé, pour remplir le four, de prendre des pierres de plusieurs espèces, ou de différentes carrières, il ne faut pas les mêler confusément, mais les ranger ensemble en raison de leur qualité, afin qu'étant réduites en chaux, on puisse les séparer, s'il est nécessaire, et éprouver le degré de chaleur qui leur convient. Les plus grosses pierres, et les plus dures, doivent se placer au centre, et les plus petites, ou moins dures, à la circonférence.

La plupart des auteurs, et entr'autres Alberti et Palladio, disent qu'il faut au moins soixante heures d'un feu vif, violent et continu, pour réduire les pierres en chaux. Selon Scamozzi, il faut cent heures, ou quatre à cinq jours; c'est à-peu-près le tems qu'on y emploie actuellement. Il n'est pas possible d'indiquer le tems au juste, parce qu'il dépend, 1°. de la qualité des pierres; 2°. des combustibles dont on se sert; 3°. de la manière dont le four est construit, et de différentes autres circonstances.

On connaît que la chaux est faite quand il s'élève au-dessus du fourneau, au débouchement de la plate-forme, un cône de feu vif, sans aucun mélange de fumée, et lorsqu'en examinant les pierres, on les voit d'une blancheur éclatante.

M. Macquer dit que pour réduire les pierres calcaires en chaux vive, il suffit de les exposer à l'action d'un feu capable de les rendre d'un rouge presque blanc, et de les entretenir dans cet état pendant douze ou quinze heures, et qu'on peut en faire de très-bonne avec une chaleur moindre, continuée plus long-tems, ou en beaucoup moins de tems, avec un feu plus violent, qui ne soit pas cependant assez fort pour les vitrifier.

M. de Buffon a découvert, en faisant des expériences sur la chaleur obscure, un nouveau moyen de faire la chaux avec moins de dépense, c'est-à-dire, en y employant une moindre quantité de bois ou de combustible quelconque. Ce moyen consiste à faire usage d'un fourneau clos, au lieu d'un fourneau découvert. Il assure qu'avec une petite quantité de charbon on parviendrait, en moins de quinze jours, à convertir en très-bonne chaux toute la pierre calcaire que pourrait contenir le fourneau.

Il résulte de ses observations, 1°. que la chaux faite à feu lent et concentré, est plus pesante que la chaux ordinaire, réduite à moins de la moitié du poids de la pierre dont elle est faite, tandis que celle dont il s'agit n'en perd que les trois huitièmes environ.

2°. Qu'elle n'absorbe pas l'eau avec autant de vivacité ; lorsqu'on l'y plonge, elle ne donne d'abord aucun signe de chaleur ni d'ébullition, mais peu-à-peu elle se gonfle et se divise ; en sorte qu'on n'a pas besoin de la remuer comme la chaux ordinaire.

3°. Que cette chaux a une saveur beaucoup plus âcre que la chaux commune.

4°. Qu'elle est infiniment meilleure, plus liante et plus forte que l'autre chaux. On a éprouvé qu'en n'en mettant pour faire le mortier que la moitié de la chaux ordinaire, il est encore excellent.

5°. Que cette chaux ne s'éteint à l'air qu'après un tems très-long, c'est-à-dire, au bout d'un mois ou cinq semaines, tandis qu'il ne faut souvent qu'un jour pour réduire la chaux vive en poudre.

6°. Qu'au lieu de se réduire en farine ou en poussière sèche, comme la chaux ordinaire, elle conserve son volume; et lorsqu'on l'écrase, toute la masse paraît ductile et pénétrée d'une humidité grasse et liante, qui ne peut provenir que de l'humidité de l'air qu'elle a absorbé pendant les cinq semaines.

Des qualités de la chaux, et de ses propriétés relativement à l'art de bâtir.

Vitruve est le premier des auteurs connus qui ait cherché à rendre raison des causes de la dureté qui résulte du mélange de la chaux avec le sable, et de la propriété du mortier qui en résulte pour lier fortement les pierres dans les ouvrages de maçonnerie. Voici comment il s'explique au chapitre V du second livre. Nous joignons le texte à la traduction littérale, afin de mieux faire connaître l'opinion de ce savant architecte, pour la comparer à celle des physiciens et des chymistes modernes.

VITRUVE, livre II, chap. V.

De calce et unde coquatur optima.

De la chaux, et des pierres qui font la meilleure.

De arenæ copiis cùm habeatur explicatum, tum etiam de calce diligentia est adhibenda, uti de albo saxo, aut silice coquatur: et quæ erit ex spisso et duriore, erit utilior in structurâ: quæ autem ex fistuloso, in tectoriis.

Après avoir expliqué ce qui concerne les différentes espèces de sable, il nous reste à fixer notre attention sur la chaux, faite soit avec des pierres blanches ou des cailloux. On remarque que celle qui est faite avec les pierres les plus dures et les plus compactes, vaut mieux pour la maçonnerie, et que celle faite avec des pierres poreuses est préférable pour les enduits.

Cum ea erit extincta, tunc materiæ ita misceatur, ut si erit fossicia, tres arenæ et una calcis confundantur. Si autem fluviatica aut marina, duæ arenæ in unam calcis conjiciantur : ita enim erit justa ratio, mixtionis temperaturæ. Etiam in fluviatica aut marina, si quis testam tusam et sucretam ex tertia parte adjecerit, efficiet materiæ temperaturam ad usum meliorem.

Quand on aura éteint la chaux, pour faire le mortier, il faudra, si le sable est fossile, en mêler trois parties avec une de chaux; si c'est du sable de rivière ou du sable de mer, en mettre deux parties pour une de chaux: telles sont les proportions les plus convenables pour faire un bon mortier. Mais si on ajoute au sable de rivière ou de mer un tiers de tuileaux pilés et tamisés, le mortier qui en résultera sera encore d'un meilleur usage.

Quare autem, cum recipit aquam et arenam calx, tunc confirmat structuram? Hæc est causa videtur, quod è principiis uti cætera corpora ita et saxa sunt temperata : et quæ plus habent aeris, sunt tenera; quæ aquæ, lenta sunt ob humore; quæ terræ, dura; quæ ignis, fragiliora. Itaque ex his saxa, si antequam coquantur, contusa minute mixtaque arenæ conjiciantur in structuram, nec so-

Mais pourquoi la chaux, mêlée avec le sable, forme-t-elle une maçonnerie solide? Voici quelle en peut être la cause : les pierres, de même que les autres corps, tiennent des principes qui les composent; ceux qui contiennent plus d'air, sont moins durs; ceux où l'eau domine, sont mous, à cause de leur humidité; si c'est la terre, ils sont durs; lorsque c'est le feu, ils sont fragiles. C'est pour-

lidescunt, nec eam poterant continere.

Cum vero conjecta in fornacem, ignis vehementi fervore correpta amiserint pristinæ soliditatis virtutem, tunc exustis atque exhaustis eorum viribus reliquuntur patentibus foraminibus et inanibus. Ego liquor qui est in ejus lapidis corpore, et aer cum exhaustus et ereptus fuerit habueritque in se residuum calorem latentem, intinctus in aquâ priusque exeat ignis, vim recipit, et humore penetrante in foraminum rarites confervescit, et ita refrigeratus rejicit ex calcis corpore fervorem.

Ideo autem quo pondere saxa conjiciuntur in fornacem cum eximuntur, non possunt ad id respondere: sed cum expenduntur, eadem magnitudine permanente, ex cocto liquore circiter tertia parte ponderis imminuta esse inveniuntur. Igitur cum patent foramina eorum et raritates, arenæ mixtionem in se corripiunt et ita cohærescunt,

quoi si, avant de faire cuire les pierres à chaux, on les réduit en poudre, et qu'on mêle cette poudre avec le sable pour l'employer dans la maçonnerie, ce mélange ne durcira ni ne lui procurera aucune solidité,

Ainsi lorsque la pierre à chaux a été jetée dans un fourneau exposé à un feu violent, elle y perd sa première solidité, et devient aride, remplie de pores vides et sans consistance. L'eau et l'air contenus dans le corps de la pierre étant évaporés, il ne lui reste plus qu'*une chaleur cachée*. Si on la trempe dans l'eau avant que ce feu soit dissipé, il reprend une nouvelle force, et fait effervescence avec l'eau qui pénètre dans le vide de ses pores, et qui, en la refroidissant, la prive de ce feu caché qu'elle contenait.

C'est pourquoi les pierres qu'on jette dans le fourneau, n'ont pas le même poids quand on les retire, quoiqu'elles conservent le même volume. On trouve que leur pesanteur est diminuée d'environ un tiers, par l'évaporation de leurs parties aqueuses ; d'où il résulte que leurs pores étant vides, sont plus propres à recevoir le mélange

siccescendoque cum cæmentis coeunt, et efficiunt structurarum soliditatem,	du sable, et à s'unir plus fortement avec les moilons, pour former une maçonnerie solide.

Dans une note très-étendue que Perrault a fait sur cette explication de Vitruve, il tâche de prouver qu'elle ne s'éloigne pas, autant qu'on aurait pu le croire, de celle qu'en donnaient les chimistes de son tems.

Selon eux, la concrétion et la solidité de tous les corps proviennent de l'union intime de leur partie fixe avec leurs parties volatiles, d'où il résulte que lorsque la pierre perd sa solidité par la violence du feu, il se fait une évaporation de la plus grande partie des matières volatiles et sulfureuses qui étaient le vrai lien des parties fixes de la pierre. Mais, de même qu'on peut dire que la perte que tous les corps font de leurs parties volatiles par l'évaporation, est la cause de leur destruction, on peut ajouter que l'introduction de ces parties dans un corps qui en est privé, doit lui rendre sa solidité ou l'augmenter. Ainsi la pierre à chaux ayant perdu, par l'action du feu, toutes les parties volatiles qui étaient la cause de sa dureté, se trouve remplie de pores vides, formés par une matière extrêmement sèche et aride, qui absorbe avec avidité les parties humides de l'air : mais, comme elles ne peuvent pas lui rendre les parties qu'elle a perdues par la calcination, il en résulte qu'elle se réduit en poudre impalpable ; c'est cette avidité de la chaux qui cause sa causticité. Lorsque cet effet agit sur le sable et sur les pierres, il en fait sortir, à la longue, une partie des sels sulfureux et volatils qu'ils contiennent, et produit entr'eux une forte adhésion qui forme un corps dur et solide. Comme cette action dure jusqu'à ce que la chaux ait repris toutes les parties qu'elle a perdues par la calcination, il s'ensuit que long-tems après que le mortier paraît sec, il ne laisse pas d'acquérir toujours de plus en plus de la solidité. Perrault ajoute que tout ce qu'on vient de dire se confirme encore par l'expérience, qui prouve que plus le mortier a été broyé, plus il devient dur par la suite. Ces chimistes pensaient que cette disposition tendait à faire sortir du sable une plus grande partie de sels volatils qui s'unissaient à la chaux, qui ne paraît brûler les corps qu'elle touche, que parce qu'elle les dissout, en absorbant les sels qui unissent leurs parties. On dirait, en effet, que le sable perd de sa dureté, et que la chaux profite de cette perte, ce qui leur procure une disposition mutuelle à s'unir fortement. On voit des preuves de cette forte adhésion dans les pierres maçonnées avec d'excellent mortier ; lorsqu'au bout d'un certain tems on veut les désunir, on remarque que la superficie de la pierre reste attachée au mortier.

Il semble que Philibert Delorme ait eu une idée de cette théorie, lorsqu'il conseille de faire la chaux des mêmes pierres dont le bâtiment est construit, afin que les parties qu'absorbe la chaux soient de même nature que celles qu'elle a perdues par la calcination.

M. Macquer, dans son dictionnaire de chimie, à l'article *chaux*, fait le détail des différentes opinions des chimistes qui se sont occupés de cette matière depuis Perrault jusqu'à lui. Il en résulte que la plupart des chimistes, avant Stahl, et avant les expériences de Hales, Black, Jacquin, et autres, pensaient que les pierres ne pouvaient se calciner qu'à l'air libre, parce qu'ils regardaient la calcination de la chaux comme la combustion d'une matière inflammable dont les parties salines de la pierre calcaire étaient enveloppées.

Mais la calcination dans des vaisseaux clos a fait abandonner cette opinion, et on a reconnu, 1°. que les pierres calcaires pouvaient se changer en chaux vive, sans le concours de l'air extérieur.

2°. Que pendant la calcination, il sort de la pierre la plus sèche une certaine quantité de liqueur purement aqueuse.

3°. Qu'il s'en dégage une quantité considérable d'une substance volatile vaporeuse, qui a été reconnue pour le même gaz qui se dégage, en même quantité, dans l'effervescence qui accompagne la dissolution de la pierre calcaire par un acide.

Cette découverte d'un air gazeux (1) dans les pierres calcaires dont la chaux vive est totalement privée, est devenue, selon M. Macquer, d'autant plus essentielle, qu'elle a répandu un nouveau jour sur toute la théorie de la chaux. Il en résulte que la terre, ou pierre calcaire, est un mixte qui se décompose dans la calcination, et dont les principes volatils se séparent d'avec les principes terreux fixes; et de ce seul fait, il pense qu'on peut déduire, de la manière la plus claire, la plus naturelle et la plus conforme aux grands phénomènes de la chimie, toutes les propriétés de la chaux. Ainsi la pierre calcaire n'est pas caustique, parce que sa partie terreuse est naturellement saturée d'eau et de gaz; elle devient caustique par la calcination, parce que l'action du feu lui enlève les substances qui saturaient sa terre.

_____

(1) Ou acide carbonique.

La calcination, en privant la terre ou pierre calcaire de son gaz, ne fait que lui rendre la causticité qu'elle a essentiellement, à cause de sa grande division, et du peu d'adhérence de ses parties agrégatives.

Dès que, par la calcination, cette espèce de terre ou pierre reprend sa causticité essentielle, elle doit jouir d'une action dissolvante, et par conséquent elle doit décomposer beaucoup de substances, telles que l'eau, l'air, les matières grasses et autres, sur lesquelles la terre saturée n'a aucune action, ou n'en a qu'une très-faible.

M. Macquer conclut de cette théorie que la terre calcaire est une matière essentiellement caustique à *cause de la grande division de ses parties*, et du peu d'adhérence qu'elles ont entr'elles; sorte de disposition d'où naît nécessairement la causticité dans une matière quelconque, en vertu de l'attraction ou de la pesanteur de toutes les parties de la matière, les unes vers les autres: et si cette terre ou pierre calcaire, dans l'état où nous l'offre la nature, c'est-à-dire, comme un débris de corps très-composés et organisés, n'a point d'action dissolvante bien marquée, cela vient de ce qu'elle se trouve toujours saturée, autant qu'elle peut l'être, d'eau et d'air gazeux; en sorte que la calcination qui lui enlève ces substances saturantes, ne fait, par cette privation, que rendre sensibles les effets de sa causticité essentielle.

Ce savant chimiste, en parlant du mortier dont on fait usage pour la maçonnerie, composé d'un mélange de chaux éteinte à l'eau, et d'une certaine quantité de sable ou de ciment, et de la propriété qu'il a de durcir en séchant, de former un corps solide et d'unir fortement les pierres, dit que la cause de ces effets du mortier se

déduit naturellement des propriétés de la chaux, et sur-
tout de la grande finesse de ses parties, lorsqu'elle est
éteinte. Cette division extrême, qui les réduit presque
toutes en surfaces, lui donne la facilité de s'appliquer
très-immédiatement sur la superficie des parties dures du
sable ou du ciment, et d'y adhérer avec une force proportionnée à la justesse et à l'intimité du contact.

On ne peut douter que l'eau qui entre nécessairement
dans la composition du mortier, ne contribue beaucoup
aussi à sa dureté; car si l'on prend le mortier le plus
vieux, le plus dur et le plus sec, et qu'on le soumette à la
distillation à un degré de feu presqu'aussi fort que celui
de la calcination, on en retire beaucoup d'eau, et l'on
trouve qu'après avoir perdu cette eau, il a perdu en
même-tems beaucoup de sa consistance et de sa dureté.

Relativement à la question que l'on peut faire, pourquoi la pâte de chaux pure et sans mélange, ne prend ni
la consistance, ni la dureté du mortier, l'opinion de
Macquer est que cette différence vient, en général, de
ce que les parties de la chaux éteinte s'appliquent à des
corps durs plus exactement qu'entr'elles, à cause de la
grande quantité d'eau à laquelle elles se trouvent unies,
et avec laquelle elles contractent une si forte adhérence,
qu'il est difficile de les en priver par l'action du feu le
plus fort; ainsi que le prouvent les expériences de M.
Duhamel, rapportées dans les Mémoires de l'Académie
des Sciences de 1747. Cette grande quantité d'eau éloigne
trop les parties de la chaux, pour leur permettre de s'unir
par un contact aussi immédiat qu'avec le sable ou le
ciment qui, en absorbant une partie de l'eau que contient la chaux éteinte, facilite le desséchement et une plus

forte adhérence. M. Macquer cite, à l'appui de ce raisonnement, le mortier Loriot; il fait voir que la propriété
de ce mortier, qui forme promptement un corps solide,
ne vient que de la quantité de chaux vive en poudre qu'on
ajoûte au mélange du sable et de la chaux éteinte du
mortier ordinaire, comme il sera expliqué à l'article suivant. Cette addition, en absorbant subitement une partie
de la quantité d'eau interposée entre les parties du sable
et de la chaux, produit leur rapprochement et une forte
adhérence, d'où il résulte que ce mélange durcit aussi
promptement que le plâtre.

D'après les nouveaux principes établis par les chimistes
de nos jours, la chaux est une matière âcre et alcaline
que l'art obtient par la calcination, à feu ouvert, des
pierres calcaires, et sur-tout de celles désignées particulièrement sous le nom de pierres à chaux. Ces pierres
sont composées d'acide carbonique, d'eau et de terre
alcaline. Les deux premières substances se volatilisent
et s'exhalent dans l'air par l'action du feu; la chaux est la
matière aride qui reste après cette évaporation.

« (1) La nature intime de la chaux n'est pas connue. On
» l'avait d'abord regardée comme chargée de feu fixé
» pendant sa calcination, et susceptible de se dégager
» pendant son extinction; mais cette idée n'était point
» propre à faire connaître sa composition. Par une suite
» de cette hypothèse, le chimiste Meyer a admis dans la
» chaux le feu combiné avec un acide, sous le nom de
» *causticum*, ou *acidum pingue*; mais il n'a pas prouvé

_____

(1) Système des connaissances chimiques, par le citoyen Fourcroy, tom. II,
sect. IV,

» l'existence de ce prétendu principe de la causticité,
» regardé aujourd'hui comme une fiction ingénieuse par
» tous les chimistes.

» On a cru ensuite que la chaux était le produit des
» terres silicées ou alumineuses, divisées et atténuées
» dans les organes des animaux : mais aucune expérience
» n'appuie cette théorie purement hypothétique.

» Trouvant la terre calcaire répandue avec profusion
» dans l'eau de mer, et spécialement dans la classe nom-
» breuse des mollusques à coquilles, des zoophites, des
» lithophites, les naturalistes pensent qu'elle est formée
» par ces animaux, et par l'action même de leurs organes.
» Mais, d'une part, l'existence d'une grande quantité de
» terre calcaire dans les montagnes primitives, sans ves-
» tiges d'organisation animale, et d'une autre part, l'igno-
» rance entière où l'on est de la nature des principes de
» la chaux, et de la manière dont la vie animale pourrait
» les unir, placent encore cette opinion au rang des
» hypothèses. D'ailleurs la chaux existe abondamment
» dans les végétaux, où il faudrait d'abord expliquer sa
» formation, puisqu'il est plus naturel de croire qu'elle
» passe de ces êtres dans les animaux, à la nourriture
» desquels la nature les a manifestement destinés et
» appropriés, soit par leur ordre de composition, soit
» par leur préexistence, soit par leurs masses, comparées
» à celle des animaux.

» La chaux est un des corps terreux que la nature
» emploie le plus abondamment, et le plus souvent, à
» ses nombreuses combinaisons. Outre les couches im-
» menses de sels calcaires déposés dans les montagnes
» et dans les plaines; outre les composés pierreux très-

» multipliés et très-diversifiés, dont elle est un des prin-
» cipes, on trouve la chaux, souvent même pure, dans
» les substances végétales. Dans les matières animales
» elle est unie à plusieurs acides différens ; c'est une des
» terres qui y passe ou qui s'y forme en plus grande
» quantité, et qui est la plus nécessaire à leur existence.
» On ne sait pas encore si elle y est apportée par les
» engrais et par les alimens, ou si elle se compose de
» leurs organes. En étudiant la propriété de la chaux,
» comme on l'a fait depuis quarante ans, on a beaucoup
» avancé la philosophie naturelle, et on a employé cette
» terre comme un instrument très-précieux d'analyse.

» Il n'y a aucune matière plus utile aux arts, et plus
» employée que la chaux. Elle fait la base de beaucoup
» d'ouvrages de construction ; elle en lie et joint les
» matériaux ; elle constitue la solidité des mortiers, des
» ciments, et sert à la préparation des *vrais* stucs. On en
» forme un enduit, ou couche de peinture grossière, sur
» les murs. Les anciens en mettaient une couche épaisse
» sur un premier lit de noir, et en le grattant, ils formaient
» des dessins grossiers.

» La chaux vive contracte une forte adhérence avec les
» fragmens de pierres silicées, lorsque leur juxta-position
» est aidée par l'eau. En mélant du sable grossier avec la
» chaux nouvellement éteinte, ou avec la chaux vive
» arrosée d'un peu d'eau, ce mélange prend de la con-
» sistance, et forme le mortier.

» L'état et la proportion de la chaux, son extinction
» avec une plus ou moindre quantité d'eau, ou faite à
» l'instant même du mélange ; la nature du sable plus ou
» moins gros, arrondi ou inégal, sec ou humide, pro-

» duisent de grandes différences dans les divers mortiers ;
» c'est ce qui résulte des Recherches de Lafaye, sur le
» mortier des anciens, publiées en 1777 et 1778. » Il sera
question de ces Recherches, et du moyen proposé par
Loriot, à l'article *mortier*.

« Il paraît que les Romains ne sont parvenus à donner
» une grande solidité à leurs constructions, que par les
» justes proportions du mélange de chaux éteinte d'une
» manière particulière, et du sable inégal. » La chaux
paraît avoir *plus d'attraction pour l'alumine que pour la
silice :* ceci sera encore expliqué à l'article *mortier*.

« On fait encore de très-bon mortier avec de la chaux
» et de l'argile cuite en briques, ou de la pouzzolane,
» espèce d'argile ferrugineuse, cuite par le feu des vol-
» cans, et altérée par le contact de l'eau et de l'air. »

Il résulte de tout ce qui vient d'être dit sur la chaux,
que ses propriétés sont bien connues ; mais que les
chimistes ne sont pas d'accord sur la nature ni sur la véritable cause des effets qu'elle produit.

Tous les auteurs qui, depuis Vitruve, ont écrit sur
cette matière, conviennent, avec lui, que les pierres à
chaux, soumises à la calcination, perdent, par la violence
du feu, les parties aqueuses et volatiles qui servent de
lien à la terre calcaire dans la formation des pierres ; mais
les chimistes ne sont pas d'accord sur la nature des parties
volatiles qui se dégagent des pierres à chaux pendant la
calcination. Les uns ont pensé que c'était un acide sulfureux, d'autres ont reconnu une substance qu'ils ont appelé
air fixe ou gaz, désigné dans la Nouvelle nomenclature
méthodique de chimie, par le nom d'acide carbonique.

La grande question est de savoir si la causticité ou propriété alcaline que la terre calcaire semble acquérir par l'effet de la calcination, vient, comme le pensent Vitruve et plusieurs célèbres chimistes, des parties ignées qui se combinent avec cette terre pendant la calcination, et qu'elle perd lorsqu'elle reste long-tems exposée à l'air dont elle absorbe l'humidité, ou si cette propriété lui est naturelle.

Cette question, intéressante pour la science, est indépendante des propriétés de la chaux et des effets qui en résultent. Il suffit de bien connaître ces propriétés pour en tirer le plus grand avantage dans les arts. Nous entrerons dans un plus grand détail à l'article IV, où il sera question du mortier.

ARTICLE II.

Du sable.

Le sable est une matière composée de parties détachées qui tiennent le milieu entre la terre et les pierres, des débris desquelles elles paraissent formées; de sorte qu'il se trouve des sables d'autant d'espèces que de pierres.

Ainsi il y a des sables vitreux, quartzeux, calcaires et argileux. Il y a encore des sables métalliques, qui contiennent du fer, de l'étain, du cuivre et même de l'or. On distingue aussi les sables par la grosseur des parties dont ils sont formés; les plus gros sont nommés graviers. L'arène a ses parties moins grosses et plus régulières. Le sable les a encore plus petites et moins arides; enfin le

sablon les a très-fines. On distingue encore les sables,
1°. par les lieux d'où on les tire, ainsi il y a des sables de
terre, de rivière, de mer; 2°. par leurs couleurs, tels que
les sables blancs, rouges, jaunes, bruns, noirs, verdâtres.

Vitruve, dont nous nous proposons d'extraire et d'expliquer tous les passages qui peuvent avoir rapport au
sujet que nous traitons, parle des sables et de leurs
espèces au chapitre IV du second livre, dont nous plaçons
ici le texte et la traduction littérale, pour servir de pré-
liminaire à ce que nous avons à dire sur le mortier des
anciens Romains.

De arenæ et ejus generibus.	*Du sable et de ses espèces.*
In cæmentitiis autem structu- ris, primum est de arenâ quæ- rendum, ut ea sit idonea ad ma- teriam miscendam, neque habeat terram commixtam.	Lorsqu'il s'agit de maçonnerie en moilons, il faut d'abord se procurer, pour faire le mortier, du sable qui ne soit pas mêlé de terre.
Genera autem arenæ fossiciæ sunt hæc nigra, cana, rubra, carbunculus. Ex his quæ in manu confricata fecerit stridorem, erit optima : quæ autem terrosa fue- rit, et non habebit asperitatem. Item si in vestimentum candi- dum ea conjecta fuerit, postea excussa, vel lota, id non inqui- naverit, neque ibi terra subsi- derit, erit idonea.	Les différentes espèces de sa- bles qu'on trouve en fouillant la terre, sont les noirs, les blancs, les rouges, et ceux qu'on appelle carboncles ou brûlés. Le meil- leur de ces sables est celui qui, étant frotté dans la main, fait un petit bruit, effet que ne pro- duit pas celui qui est terreux ou sans aspérités. De même si on jette du sable sur un vête- ment blanc, et qu'après l'avoir secoué ou frappé, il ne laisse aucune marque ni tache, il sera de bonne qualité.

Si autem non erunt arenaria,
unde fodiatur, tum de flumini-
bus aut è glarea erit excernenda.
Non minus etiam de litore marino, sed ea in structuris hæc
habet vitia, quod difficulter sic-
cescit, neque ubi sit, onerari se
continenter pæries patitur, nisi
intermissionibus requiescat, neque concamerationes recipit. Marina autem hoc amplius, quod
etiam parietes, cum in his tectoria facta fuerint, remittentes
salsuginem, ea dissolvunt.

Fossiciæ verò celeriter in structuris siccescunt, et tectoria per-
manent, et concamerationes patiuntur : sed hæ quæ sunt de are-
nariis recentes. Si enim exemptæ
diutius jaceant, ab sole et luna
et pruina concoctæ resolvuntur,
et fiunt terrosæ. Ita cum in structuram conjiciuntur, non possunt continere cæmenta, sed ea
ruunt et labuntur, oneraque parietes non possunt sustinere.

Recentes autem fossiciæ cum

Mais si, dans l'endroit où l'on
aura fouillé, on ne trouve point
de sable, alors il faudra prendre
du sable de rivière, ou du gravier que l'on passera. On pourrait encore en prendre sur le
bord de la mer ; mais ce dernier a le défaut d'être très-long
à sécher lorsqu'on l'emploie dans
la construction des murs ou des
voûtes ; on ne peut pas les élever sans interruption, il faut
les laisser reposer. Les sables
de mer ont encore l'inconvénient que lorsqu'on recouvre
trop tôt d'enduits les murs où
ils ont été employés, en reje-
tant leurs sels, ils les détruisent.

Les sables qu'on tire des fouilles sèchent promptement, et les
enduits où on les emploie sont
durables, même pour les voûtes ;
sur-tout lorsqu'ils sont fraîchement tirés : car ceux qui ont
resté long-tems exposés aux intempéries de l'air, se décomposent et deviennent terreux.
Alors, si l'on s'en sert, ils font
de mauvais mortiers, qui n'ont
pas la force de lier les moilons
dans les ouvrages de maçonnerie, et les murs que l'on fabrique avec, ne peuvent pas soutenir de fardeau.

Les sables de fouille, fraîche-

in structuris tantas habeant virtutes, eæ in tectoriis ideo non sunt
utiles, quod pinguitudini ejus
calx, palca commixta, propter
vehementiam non potest sine ri-
mis inarescere : fluviatica vero
propter macritatem (uti signinum) bacillorum subactionibus
in tectorio recipit soliditatem.

ment tirés, qui sont excellens
pour les ouvrages de maçonnerie, n'ont pas toujours cette
propriété pour les enduits; leur
onctuosité fait qu'ils ne peuvent
pas sécher sans se fendre, à
cause de la promptitude avec
laquelle ils sèchent, à moins
qu'on n'y mêle de la paille.
Quant au sable de rivière, sa
maigreur le rend très - propre
pour les enduits, pourvu qu'on
ait la précaution de les battre
ou de les repousser comme la
composition appelée *signinum*.

La plupart des auteurs qui ont écrit sur l'art de bâtir,
depuis Vitruve, ont copié tout ce qu'il a dit sur le sable.
La majeure partie, et ceux qui passent pour les plus
habiles dans cet art, confirment ce qu'il a dit, tels que
Léon-Baptiste Alberti, Palladio, Daniel Barbaro, Philibert
Délorme, Scamozzi, Savot, le grand Blondel. Ils pensent
que le sable qu'on extrait des fouilles est ordinairement
celui qui fait le meilleur mortier, sur-tout si on a l'attention de l'employer quand il est fraîchement tiré, parce
qu'il perd de sa qualité lorsqu'il demeure long-tems exposé
à l'air. Il se trouve cependant des auteurs, et entr'autres
Bullet et Belidor, qui pensent que le sable de rivière vaut
mieux, et d'après eux, le second Blondel et Patte, prétendent que c'est celui qui est le plus aride qui est préférable : Belidor avance même, contre l'opinion de tous,
que la couleur du sable ne décide rien sur sa bonne ou
mauvaise qualité, et que celui qui est blanc peut s'em-

ployer le plus sûrement, parce qu'il est ordinairement le moins chargé de terre.

Désirant avoir des notions plus certaines sur cet objet important, j'ai essayé, avec la même chaux, plusieurs espèces de sables différens, des ciments, des poudres de pierres et des pouzzolanes ; le résultat a été, 1°. que les sables purement vitreux ou quartzeux forment, avec la chaux, un mortier moins dur que les sables mélangés, et que ce mortier est plus long-tems à sécher ; 2°. que le sable provenant des fouilles, produit un meilleur mortier que celui fait avec le sable de rivière, à-peu-près de même grain. Il se trouve des sables de fouille qui forment un mortier aussi dur que le ciment. J'ai encore éprouvé que ce ne sont pas les sables les plus arides qui font le meilleur mortier, et que, dans les sables de même genre, ce sont ceux dont la couleur est plus foncée qu'il faut préférer, excepté les jaunes. Les meilleurs sont ceux qui tiennent le milieu entre les sables qui sont trop gras et trop arides. J'ai essayé de faire du mortier avec du sable de fouille, fraîchement tiré, qui était moyennement gras ; et du même sable que j'avais fait bien laver et sécher au soleil, pour ne conserver que les parties arides, le premier a acquis une plus grande dureté que l'autre. Le mortier fait avec le sable trop fin n'acquiert pas autant de consistance que celui fait avec du sable moyennement gros.

Le grès pilé, broyé avec de la chaux, fait un mortier médiocre qui n'acquiert pas beaucoup de consistance.

La poudre de pierre dure, mêlée avec la chaux, ne fait pas un mortier aussi dur que la poudre de pierre tendre ou d'une dureté moyenne. J'ai aussi éprouvé que le mélange de la chaux et de la poudre faite avec la même

pierre, ne produit pas un aussi bon mortier, que lorsqu'on emploie du sable ou de la poudre de quelqu'autre
pierre.

Un mortier fait avec de la chaux de pierre dure et de
la poudre de la pierre de Conflans, est devenu plus dur
et aussi compacte que cette dernière pierre.

Le mortier fait avec du ciment seul, devient plus
dur, et acquiert plus de consistance que celui où l'on
ajoute du sable. Il en est de même des pouzzolanes.

Le mortier fait avec de la chaux et du blanc d'Espagne,
ou blanc de Bougival, dont se servent les peintres, devient beaucoup plus dur et plus beau que le plâtre le
plus fin ; il forme un enduit qui, étant lissé et frotté avec
de la peau, devient beau et brillant comme le stuc
d'Italie.

Philibert Delorme dit, livre premier, chapitre XVI,
que si on employait, pour maçonner un mur, de la chaux
faite avec la même pierre, il en résulterait une plus forte
liaison, parce que la chaux trouverait, dans cette pierre,
les mêmes sels volatils qu'elle a perdu par la calcination.

Il résulte cependant de plusieurs essais, que la chaux ne
trouve pas aussi abondamment ce qui lui manque dans la
poudre de pierre dure propre à faire de bonne chaux, que
dans certaines espèces de pierres tendres, telles que la
pierre de Saint-Leu, puisque son mélange avec la première
ne produit pas un mortier aussi dur et aussi bien lié que son
mélange avec la seconde. Mais aussi, comme la pierre
de Saint-Leu, calcinée, fournit une chaux très-médiocre,
son mélange avec la poudre de la même pierre, ou avec
de la poudre de pierre dure, ne forme qu'un mauvais
mortier sans consistance.

De tout ce qui vient d'être dit sur les sables, on ne peut cependant pas conclure que ceux de fouille soient toujours les meilleurs, parce que, comme l'a très-judicieusement observé Léon-Baptiste Alberti, ce n'est pas le lieu d'où l'on tire le sable qui doit être une preuve de sa bonté, mais la qualité des matières dont il est composé. Il cite pour exemple le sable marin, reconnu par tous les auteurs, pour le plus mauvais ; cependant on en tire dans les environs de Salerne qui est aussi bon que le meilleur qu'on trouve dans les fouilles. Il remarque, il est vrai, que ce sable de bonne qualité ne se trouve que sur le rivage du golfe tourné au Libeccio, c'est-à-dire, au sud-ouest, et que ceux des autres parties de la côte sont de mauvaise qualité. Ainsi les conclusions les plus raisonnables doivent donc être qu'il faut examiner les sables indépendamment des lieux où ils se trouvent, en observant seulement que quand ils sont de même qualité, ceux de fouille doivent être préféré, pour la maçonnerie, à ceux de rivière, et qu'on doit plutôt faire usage de ces derniers lorsqu'il s'agit d'enduits, comme le dit Vitruve.

ARTICLE III,

De la pouzzolane,

La pouzzolane est une espèce de sable qui paraît provenir des débris des pierres ponces et des laves poreuses que le Vésuve et les autres volcans vomissent dans leurs éruptions, et que les vents ont dispersé à des distances considérables. Cette matière a pris son nom de la ville de Pouzzol, d'où les Romains paraissent avoir tiré la première dont ils ont fait usage. Voici ce qu'en dit Vitruve, livre II, chapitre VI.

De pulvere puteolano et ejus usu.

De la pouzzolane et de son usage.

Est etiam genus pulveris, quod efficit naturaliter res admirandas. Nascitur in regionibus Baïanis et in agris Municipiorum, quæ sunt circa Vesuvium montem, quod commixtum cum calce et cæmento, non modo cæteris ædificiis præstat firmitates, sed etiam moles quæ construuntur in mari, sub aquá solidescunt.

Hoc autem fieri hâc ratione videtur, quod sub his montibus, et terræ ferventes sunt et fontes crebri, qui non essent, si non imò haberent, aut de sulphure, aut alumine, aut bitumine ardentes maximos ignes. Igitur penitus ignis et flammæ vapor per intervenia permanans et ardens, efficit levem eam terram, et ibi qui nascitur tophus exugens est, et sine liquore. Ergo cum tres res consimili ratione, ignis vehementia formatæ, in unam pervenerint mixtionem, repente recepto liquore una cohærescunt.

Il se trouve aux environs de Baies et des champs Municipes, situés auprès du Vésuve, une espèce de poudre qui produit des effets admirables: mêlée avec de la chaux et de petites pierres, elle a non-seulement l'avantage de procurer aux édifices ordinaires une plus grande solidité, mais elle a de plus la propriété de former des masses de maçonnerie qui durcissent sous l'eau.

On peut rendre raison de cette propriété par le grand nombre de terres et de fontaines brûlantes, qui décèlent un feu souterrain considérable, occasionné par l'inflammation du soufre, de l'alun ou du bitume. Ainsi la vapeur du feu et de la flamme, en passant continuellement au travers des couches de terre, les rend légères, et forme un tuf aride et sans humidité, de sorte que ces trois matières, modifiées par la violence du feu, étant mêlées ensemble, forment corps aussi-tôt qu'on y

et celeriter humore duratæ solidantur, neque eas fluctus, neque
vis aquæ potest dissolvere.

Ardores autem esse in his locis, etiam hæc res potest indi-
care, quod in montibus Cuma-
norum et Baïanis sunt loca suda-
tionibus excavata, in quibus vapor fervidus ab imo nascens,
ignis vehementiâ perforat eam
terram, per eamque manando,
in his locis oritur, et ita sudatio-
num egregias efficit utilitates.
Non minus etiam memoratur an-
tiquitus crevisse ardores et abun-
davisse sub Vesuvio monte, et
inde evomuisse circa agros flam-
mam. Ideoque nunc qui spongia
sive pumex Pompeïanus voca-
tur, ex coctus ex alio genere
lapidis, in hanc redactus esse
videtur generis qualitatem. Id
autem genus spongiæ, quod inde
eximitur, non in omnibus locis
nascitur, nisi circum Ætnam et
collibus Mysiæ, quæ à Græcis
χαταχεχαυμενοι nominantur.

Et si quæ ejus cemodi sunt
locorum proprietates, si ergo in
his locis aquarum ferventes inveniuntur fontes, et in montibus

ajoute de l'eau. Ce mélange acquiert promptement, par l'humide qu'il reçoit, une si grande
dureté, que ni le mouvement
des flots, ni l'action de l'eau, ne
peuvent le détruire.

Ce qui prouve que dans les
lieux où la pouzzolane se trouve,
il existe un foyer souterrain,
sont les bains chauds creusés
dans les montagnes de Cumes
et de Baies, où la vapeur brû-
lante qui sort du sol, traversant
la terre par la véhémence du
feu, se fixe, et produit l'avantage d'exciter des sueurs abondantes. De plus, l'antiquité rapporte qu'il est sorti du Vésuve,
à différentes époques, des torrens de matières enflammées,
qui ont inondé les champs d'a-
lentour. C'est d'où vient l'espèce de pierre spongieuse appelée ponce de Pompeïa, à laquelle le feu paraît avoir communiqué une qualité particulière.
Cette espèce de pierre ne se rencontre autre part qu'aux environs de l'Etna et dans les collines de Mysie, appelées par les
Grecs *catakekaumenoi.*

D'où l'on peut conclure que
si telle est la propriété de ces
pays, elle ne peut provenir,
ainsi que les fontaines d'eau

excavatis calidi vapores, ipsaque loca ab antiquis memorantur pervagantes in agris habuisse ardores, videtur esse certum ab ignis vehementiá ex topho terrá- que (quem admodum in forna- cibus et à calce) ita ex his erep- tum esse liquorem igitur dissi- milibus et disparibus rebus cor- reptis, et in unam potestatem collatis, calida humoris jejunitas aqua repente satiata, commu- nibus corporibus latenti calore confervescit, et vehementer ef- ficit ea coïre, celeriterque una soliditatis percipere virtutem.

Relinquetur desideratio, quo- niam ita sunt in Hetruriá ex aquá calidá crebri fontes : quid ita non etiam ibi nascitur pul- vis, è quo eadem ratione sub aquá structurá solidescat? Ita- que visum est, antequam desi- deraretur, de his rebus, quem admodum esse videantur expo- nere.

Omnibus locis et regionibus non eadem genera terræ, nec

chaudes, les vapeurs, les ma- tières enflammées qui ont ravagé les champs, que de la violence du feu qui agit sur les tufs et les terres, comme sur les pierres dans les fours à chaux, en leur enlevant toute leur humeur aqueuse : car, quoique ces ma- tières soient de différentes na- tures, l'action du feu ne laisse pas de leur communiquer une même propriété, c'est-à-dire, une aridité qui leur fait absorber l'eau très-promptement, et qui excite, dans ces corps réunis, le développement de la chaleur cachée qu'ils contiennent, en excitant une vive effervescence qui facilite à leurs parties le moyen de s'unir avec force et célérité, pour former une masse d'une consistance solide.

Il reste cependant le desir de savoir pourquoi, dans l'Etrurie, où il y a beaucoup de fontaines d'eau chaude, on ne trouve pas aussi de cette espèce de poudre qui a la propriété de former de la maçonnerie qui durcit dans l'eau ? Mais, avant de satisfaire à cette question, j'ai pensé qu'il fallait expliquer quelles peuvent en être les raisons.

Tous les pays ne produisent pas les mêmes espèces de terres

lapides nascuntur, sed non nulla sunt terrosa, alia sabulosa, itemque glareosa, aliis locis arenosa : nec minus aliis diversa et omnino dissimili disparique genere, ut in regionum varietatibus qualitates insunt in terra. Maximè autem id licet considerare, quod qua mons Apenninus regiones Italiæ Hetruriæque circum cingit prope omnibus locis non desunt fossicia, arenaria; trans Appenninum verò, quæ pars est ad Adriaticum mare, nulla inveniuntur: item Achaia, Asia, et omnino trans mare, ne nominantur quidem.

Igitur non in omnibus locis, quibus effervent aquæ calidæ crebri fontes, eæ dem opportunitates possunt similiter concurrere. Sed omnia uti natura rerum constituit, non ad voluntatem hominum, sed fortuito disparata procreantur. Ergo quibus locis non sunt terrosi montes, sed lapideo genere materiæ qualitatem habentes, ignis vis per ejus venas egrediens adurit eam, et quod molle est et tenerum, exurit: quod autem asperum, re-

ou de pierres. Il y en a qui sont terreux, d'autres sont sablonneux, pierreux ou remplis d'arène. Les matières que renferme la terre, diffèrent autant par leurs espèces et leurs qualités, que les régions où elles se trouvent. Il est important d'observer que, dans les contrées d'Italie et d'Etrurie, renfermées par les monts Appennins, presque partout on trouve des sables fossiles et de l'arène, tandis que dans les pays qui sont au-delà de ces monts, le long de la mer Adriatique, il ne s'en trouve point. Il en est de même de l'Achaïe, de l'Asie, et de plusieurs pays au-delà de cette mer, où ils sont inconnus.

On ne rencontre pas dans tous les lieux qui abondent en fontaines d'eau chaude, les dispositions convenables pour produire constamment les mêmes effets. L'ordre des choses paraît établi, non d'après la volonté des hommes, mais de manière qu'elles agissent différemment, et comme par hasard. Ainsi la même cause qui, dans la Campanie, transforme la terre desséchée en pouzzolane, produit, en Etrurie, cette matière brûlée,

linquit. Itaque uti in Campaniá exusta terra pulvis, sic in Hetruriá ex cocta materia efficitur carbunculus.

Utraque autem sunt egregia in structuris, sed alia in terrenis edificiis alia etiam in maritimis molibus habent virtutem. Est autem ibi materiæ potestas mollior quam tophus, solidior quam terra : quo penitus ab imo vehementiá vaporis adusto non nullis locis procreatur id genus arenæ, quod dicitur carbunculus.

nommée *carbunculus*, ou petit charbon.

Ces matières sont toutes les deux excellentes pour les ouvrages de maçonnerie ; l'une pour les édifices bâtis sur terre, et l'autre pour les ouvrages qui se construisent dans la mer. Au reste le carboncle est une espèce de sable dont la consistance est moindre que celle du tuf, et plus grande que celle de la terre ; il est produit par les vapeurs brûlantes qui s'exhalent de dessous terre.

On voit par ce chapitre, que Vitruve, d'après les connaissances de son siècle, attribuait à la violence du feu la propriété que la pouzzolane, la chaux et le tuf brûlé, ont de s'unir fortement par l'intermède de l'eau, et de former des massifs de maçonnerie qui durcissent dans la mer, et y acquièrent une si grande solidité, que les flots de la mer ne peuvent pas les détruire. Il pense que cette propriété est l'effet de l'extrême aridité que l'action du feu procure à ces matières, en les privant de leurs parties humides.

Cette disposition, qui leur fait absorber l'eau avec avidité, produit, dans la chaux, une effervescence, ou mouvement rapide, qui cause la séparation de toutes ses parties pour s'unir à l'eau, et les dispose à se lier fortement aux autres matières, sur-tout à celles qui ont été altérées par l'action du feu.

Vitruve, et plusieurs autres auteurs, prétendent que la pouzzolane est produite par les vapeurs brûlantes et sulfureuses qui se sont exhalées au travers des terres ; mais elle paraît plutôt être, comme nous l'avons déjà dit, une matière formée des débris de pierres ponces et de laves poreuses vomies par les volcans, et dispersées par les vents à des distances considérables. Pour justifier l'opinion de Vitruve, il faudrait imaginer, sous une aussi grande étendue de pays, des gouffres immenses d'où se soient exhalées des vapeurs brûlantes assez fortes pour décomposer les terres et les pierres de tous ces pays, ce qui n'est pas probable ; car on trouve, sous les veines de pouzzolane, des matières qui ne paraissent pas avoir été altérées par le feu.

Il y a plusieurs espèces de pouzzolane dans les environs de Naples ; on en trouve de grise, de jaune, de brune et de noire ; elles sont mêlées de poussière très-fine, et de parties graveleuses qui s'écrasent facilement, en faisant un petit bruit, comme la pierre ponce. Ces parties paraissent être un mélange de débris de laves poreuses, de tuf et de pierres ponces ; ce mélange fait un peu d'efferves-cence avec les acides.

La pouzzolane de Rome est d'un rouge-brun mêlé de particules brillantes d'un jaune métallique ; elle ne fait aucune effervescence avec les acides ; elle peut s'employer seule avec la chaux, avec laquelle elle fait un excellent mortier, tandis que celle de Naples a besoin d'être mêlée avec du sable et des pierrailles, sur-tout la jaune qui est douce au toucher comme le sable argileux.

On fait encore un excellent mortier en mêlant plusieurs espèces de pouzzolane ensemble, les plus terreuses avec les plus graveleuses.

Mais, lorsqu'il s'agit de bâtir dans l'eau, si l'on mêle de la pouzzolane grise de Naples avec du sable, du rapillo et des recoupes de pierre, le mélange de ces différentes matières, broyé à plusieurs reprises avec de la chaux de bonne qualité, et fraîchement éteinte, forme une excellente maçonnerie, ou betton, qui durcit dans l'eau de la mer, où elle acquiert une consistance plus forte que la pierre. On rencontre des masses énormes de cette espèce de construction, le long des côtes de la mer, entre Naples et Gaëte. Les flots de la mer ont poli ces masses, à force de rouler dessus, sans avoir pu les détruire.

On découvre de la pouzzolane dans presque tous les endroits où il y a eu des volcans. Les citoyens Faujas de Saint-Fond et Desmarets en ont trouvé dans les départemens de l'Ardèche, de la Haute-Loire, du Puy-de-Dôme, de la Haute-Vienne; il y en a à la Guadeloupe, à la Martinique, dans l'Ile-de-France, en Ecosse.

On a déjà parlé, dans le livre précédent, page 167, d'une espèce de tuf, ou lave poreuse, qu'on trouve près de Mayence, et que les Hollandais nomment *trass*. Ils en distinguent de deux sortes; l'un plus tendre, appelé moilons d'Andernack, qui est d'un gris-blanc, fournit une poudre propre à faire un bon mortier pour l'usage ordinaire; l'autre appelé moilons de Boui, qui est plus dur et d'un gris plus foncé, fournit une espèce de pouzzolane qui, mêlée à une égale quantité de chaux, forme un mortier très-solide et impénétrable à l'eau: c'est pourquoi on transporte beaucoup de ces moilons en Hollande, où on les réduit en poudre dans des moulins à vent faits exprès. On emploie celle qui provient des moilons les plus durs pour les ouvrages dans l'eau les plus importans, tels que les digues et les souterrains, où l'on a le plus grand intérêt d'empêcher la filtration des eaux. Pour les ouvrages de moindre importance, on mêle ces deux espèces de poudres : l'usage est de mêler partie égale de chaux et de trass, qu'on désigne généralement sous le nom d'Andernack, lieu qui se trouve près du confluent de la Moselle et du Rhin, et qui, par sa position, facilite son transport en Hollande.

Après avoir parlé du mortier, nous rapporterons plusieurs expériences sur des échantillons ou briques, faits du mélange de plusieurs espèces de poudres, sables, pouzzolanes, broyés avec la même chaux, afin de parvenir à connaître les matières les plus propres à former le meilleur mortier.

La terrasse de Hollande, la cendrée de Tournay et le ciment ou poudre d'argile cuite, peuvent être considérées comme des pouzzolanes factices qui acquièrent, par le feu, la propriété de s'unir fortement avec la chaux.

Terrasse de Hollande.

Aux environs de Cologne, département de la Roër, on trouve une espèce de terre qui se cuit comme le plâtre, et que l'on réduit en poudre en l'écrasant avec des meules. Cette poudre, connue sous le nom de terrasse de Hollande, a les propriétés de la pouzzolane ; elle forme, avec la chaux, un mortier excellent pour les ouvrages construits dans l'eau, qui résiste à l'humidité, à la sécheresse et à toutes les intempéries de l'air. On fait beaucoup d'usage de cette terrasse dans les Pays-Bas, en Hollande, en Allemagne, et dans tous les départemens situés au nord de la France, où l'on prétend qu'elle équivaut à la meilleure pouzzolane d'Italie.

Cendrée de Tournay.

On fait encore usage d'une autre espèce de poudre, appelée cendrée de Tournay, parce qu'elle vient des environs de cette ville. Cette poudre est formée des débris à demi-calcinés d'une pierre bleue fort dure dont on fait de la chaux. Ces débris tombent, pendant la cuisson, sous la grille du fourneau, et se mêlent avec la cendre du charbon de terre. La cendrée de Tournay passe pour être d'un aussi bon usage que la terrasse de Hollande, et sert pour les mêmes ouvrages.

Du ciment.

On désigne sous ce nom une poudre faite avec des tuileaux pilés. Cette matière a aussi la propriété de former, avec la chaux, un mortier qui résiste à l'eau et à l'humidité, comme celui fait avec la pouzzolane. On emploie le ciment pour les enduits intérieurs des bassins, citernes, réservoirs et aqueducs.

Pour faire le ciment, il faut choisir du tuileau bien cuit; celui qui a servi sur les toits est préférable à celui qui provient des tuiles neuves, ou des briques. Les anciens y employaient les débris de toutes sortes de poteries et d'ouvrages en terres cuites.

Il y a peu d'endroits où l'on ne puisse pas se procurer
des tuileaux ou des poteries bien cuites pour faire du
ciment; mais, dans ce cas, on peut y suppléer en faisant
de petites boules ou pelottes de terre glaise ou argileuse
qu'on fera cuire au four, pour les écraser lorsqu'elles
seront bien cuites. Le ciment qui en proviendra, quoique
de moindre qualité que celui des tuileaux, sera préférable
au sable pour les enduits à faire dans des lieux humides,
ou pour des maçonneries à faire dans l'eau.

On peut encore faire usage de petits cailloux ou galets
que l'on trouve dans les campagnes et sur le bord des
fleuves; on les fait rougir au feu, et on les réduit en
poudre que l'on emploie avec de la chaux au lieu de
ciment.

Les fontainiers font un excellent mortier, qu'ils appellent ciment perpétuel, où l'on emploie différentes
espèces de poudres; savoir, de poterie de grès, de ma-
chefer, de tuileaux et de pierre de meulière; le tout
broyé avec de la bonne chaux vive, compose un ciment
excellent qui durcit dans l'eau.

ARTICLE IV.

Du mortier.

Les plus anciennes constructions en mortier qui se trouvent en Italie, paraissent être celles des tombeaux qu'on
a découverts aux environs de quelques anciennes villes
bâties par les Tyrrhéniens ou les anciens Étrusques, telles
que *Iguvium*, *Clusiam*, *Volterra*. Plusieurs sont rapportés

dans le *Museum étruscum* de Gori : on y trouve aussi la figure et la description d'une citerne découverte en 1739, auprès de Volterra, représentées par les figures 1, 2 et 3 de la planche IX.

On sait que les Etrusques étaient, avant les Romains, le peuple le plus puissant d'Italie ; leur domination s'étendait depuis le fond de la Ligurie jusqu'au port d'Ostie.

Une partie, qui était connue des Grecs sous le nom de Tyrhéniens, passait pour avoir inventé, ou plutôt perfectionné l'art de la maçonnerie, qu'ils enseignèrent aux autres peuples d'Italie. Les plus anciens auteurs, tels que Homère, Hésiode, Hérodote, Thucidide, les appellent Tyrséniens, et les murs *tyrsis*, au lieu de *teichos* dont les auteurs moins anciens se sont servis. On prétend que le mot *tyrsis* a la même signification dans le langage des anciens Etrusques. On désignait aussi les tours dont on fortifiait les villes par le mot de *tyrseis*.

Du mortier des Romains.

Je ne pense pas, comme plusieurs auteurs l'ont prétendu, que les anciens Romains aient eu une méthode de faire le mortier, différente de celle que l'on pratique encore aujourd'hui à Rome et dans toute l'Italie, ainsi que dans plusieurs autres pays.

Il est certain que, malgré la décadence des arts qui a suivi celle de l'Empire romain, on n'a pas discontinué de bâtir jusqu'à nos jours ; on a pu perdre, pendant plusieurs siècles, le goût de la bonne architecture, parce qu'elle demande des études et des connaissances auxquelles les révolutions causées par l'invasion des peuples du nord ne permit pas de se livrer : mais quant aux procédés de l'art de bâtir, qui sont à la portée des ouvriers ordinaires, il faut croire qu'ils ont été transmis jusqu'à nous, tels qu'ils se pratiquaient du tems des anciens Romains. Cette question m'ayant paru une des plus importantes de l'art de bâtir, j'ai examiné avec soin les restes des anciens édifices tant de Rome que de l'Italie et de la France bâtis par les anciens Romains, et j'ai reconnu, en comparant les mortiers employés à leur construction avec ceux des édifices construits depuis dans les mêmes pays, qu'au bout d'un certain tems ils parvenaient à une dureté égale. On voit par plusieurs parties des constructions de Saint Pierre de Rome, qui sont en briques apparentes, que le mortier qui les unit est aussi dur que celui des édifices antiques, tels que le panthéon d'Agrippa, le temple de la Paix, et de plusieurs fragmens qui sont de la plus haute antiquité.

L'excellence qu'on attribue au mortier des anciens Romains, provient autant des bonnes qualités de la chaux et du sable qu'ils y employaient, que de l'attention qu'ils avaient de le bien broyer, afin de faciliter l'union et le mélange exact de ces matières. Je me suis assuré, par plusieurs essais, que plus le mortier est broyé, plus il acquiert de consistance, et plus il durcit promptement. Avec de la chaux ordinaire de Paris, et du sable moyennement gros, je suis parvenu à faire des briques en mortier qui, au bout de dix-huit mois, avaient acquis presqu'autant de dureté et de consistance que le mortier des Romains.

Il y a environ vingt-cinq ans que MM. Loriot et de la Faye proposèrent deux procédés différens pour faire le mortier. Ils prétendaient, l'un et l'autre, que leur moyen était celui employé par les anciens Romains; ils citaient en preuve plusieurs passages d'auteurs anciens, et entr'autres de Vitruve et de Pline le naturaliste, en interprétant ces passages d'une manière favorable à leurs procédés.

Méthode de Loriot.

Cette méthode consiste à ajouter au mortier ordinaire, broyé un peu plus clair que pour l'emploi, un tiers de chaux vive en poudre, et à rebroyer le tout pour l'employer tout de suite, parce que ce mélange s'échauffe et durcit promptement. Cette prétendue découverte, qui fit beaucoup de bruit dans le tems, est censée être l'explication d'un passage du 36e livre de l'Histoire naturelle de Pline, chapitre 23, où il s'exprime ainsi : *Ruinarum urbis ea maxime causâ quòd furto calcis sine ferrumine suo cœmenta componuntur.* C'est-à-dire, ce qui cause la ruine de la plupart des édifices de cette ville, c'est que les ouvriers, par fraude, emploient, pour la construction des murs, de la chaux qui a perdu sa qualité.

Voici le procédé de Loriot, tel qu'il se trouve imprimé dans une brochure in-8°, publiée par ordre du roi, en 1776, page 32.

« Prenez pour une partie de brique pilée très-exacte-
» ment et passée au sas, deux parties de sable de rivière,
» passé à la claie, de la chaux vieille éteinte, en quantité
» suffisante pour former dans l'auge, avec l'eau, un
» amalgame à l'ordinaire, et cependant assez humecté
» pour fournir à l'extinction de la chaux vive que vous
» jeterez en poudre jusqu'à la concurrence du quart en
» sus de la quantité de sable et de briques pilées pris

» ensemble : les matières étant bien incorporées, em-
» ployez-les promptement, parce que le moindre délai
» en peut rendre l'usage défectueux ou impossible. »

A la page 36, il prévient « qu'à cause des différens
» degrés de force qui se rencontrent, non-seulement
» entre la chaux ordinaire d'un canton et celle d'un autre,
» mais encore entre la chaux provenant des pierres de
» la même carrière ; si elle a été plus nouvellement ou
» plus anciennement cuite ; on ne peut pas assigner pré-
» cisément la quantité proportionnelle de chaux vive à
» faire entrer dans le ciment : ici il en faut davantage,
» là il en faut moins ; c'est pourquoi le sieur Loriot a
» pris un terme moyen en indiquant le quart en sus du
» total des matières de sable et de briques pilées, qui est
» la mesure d'une chaux de médiocre qualité employée
» en sortant du four ; si elle était cuite depuis long-tems,
» il en faudrait davantage ; comme aussi il en faudrait
» moins, si c'était une chaux de qualité supérieure, faite
» de pierre dure qui absorbe beaucoup d'eau. » Il ajoute
que les essais faits alors à Paris et aux environs, indi-
quaient qu'il en faut un tiers, parce qu'elle est de qualité
inférieure à la bonne chaux commune.

Cette addition de chaux vive que Loriot fixe entre le
quart et le tiers de la quantité de sable et de ciment employée dans la première préparation du mortier, absorbe
subitement l'eau contenue dans ce mélange, ce qui le fait
durcir presqu'aussi vite que le plâtre.

Ce mortier employé pour les ouvrages dans l'eau, paraît
produire l'effet le plus avantageux, et être supérieur au
mortier de pouzzolane à cause de la promptitude avec
laquelle il fait corps ; mais comme la quantité de chaux

est presque double de celle que l'usage et l'expérience ont
fixé pour former, avec le sable et le ciment, un corps
solide, il en résulte que le mortier Loriot perd, au bout
d'un certain tems, l'avantage qu'il présente lors de son
emploi, tandis que le mortier ordinaire acquiert, avec le
tems, une consistance et une dureté qui va toujours en
augmentant, et qui finit par être aussi grande que celle
des pierres dures et des briques cuites.

Ayant eu occasion d'examiner des enduits qui avaient
été faits depuis environ quinze mois, sous l'inspection de
Loriot, pour couvrir la terrasse de l'Observatoire, je re-
marquai que ces enduits présentaient à la surface une
superficie dure et lisse fort mince ; mais dès que cette
épiderme était entamée, on trouvait que le dessous avait
beaucoup moins de consistance et de dureté que le bon
mortier de ciment.

Cette quantité de chaux vive qu'on ajoute au mortier
Loriot, le rend trop aride pour les ouvrages en maçonnerie, et sur-tout pour les murs hors de terre, qui n'ont
pas beaucoup d'épaisseur. Cette chaux absorbe l'humide
nécessaire pour faciliter l'adhérence du mortier avec les
pierres, les briques ou moilons. Ce procédé, d'ailleurs,
devient très-coûteux, parce qu'il exige le double de chaux
du mortier ordinaire, et que la moitié de cette quantité
doit être réduite en poudre par des procédés dispendieux
et sujets à plusieurs inconvéniens.

On trouve dans le Journal de physique de l'abbé Rozier,
du mois de novembre 1774, un Mémoire de M. de
Morveau, sur un nouveau moyen de pulvériser et bluter
la chaux vive pour la composition du mortier Loriot, afin

d'éviter les dangers auxquels les ouvriers qui font ces opérations sont exposés.

Ce nouveau moyen consiste à laisser éteindre la chaux à l'air, pour la recalciner par le moyen d'un four imaginé pour cet usage, dont on voit la figure à la planche IX. Ce four est élevé sur un massif de maçonnerie en moilons, marqué A aux figures 1 et 2. Cette élévation met l'aire à la hauteur des fours ordinaires. Sa forme intérieure est une ellipse dont le grand diamètre a 4 pieds (13 décimètres), et le petit 2 pieds (6 décimètres ½). La voûte commence à 3 pouces (8 centimètres) au-dessus de l'aire. Le four n'a, dans son milieu, que 13 pouces (35 centimètres). La gueule du four marquée B dans les figures 1, 2, 3, forme une petite arcade de 8 pouces de large sur 10 pouces de haut (22 centimètres sur 27). A l'extrémité opposée est une autre petite arcade marquée C aux figures 1 et 2. Le bas de cette ouverture est élevé de 2 pouces (5 centimètres) au-dessus de l'aire, pour que le rable ne pousse pas les matières qu'on calcine dans le tisard. Cette ouverture sert pour faire entrer la flamme du tisard dans l'intérieur du four. Le tisard marqué D, aux figures 1 et 2, a sa grille de fer, 8 pouces (22 centimètres) au-dessous de l'aire du four, afin que le bois et les cendres ne puissent pas se mêler avec la chaux. Ce tisard a 3 pieds 1 pouce (1 mètre) dans sa plus grande longueur, sur 1 pied 6 pouces ½ (50 centimètres) de largeur. Il est terminé dans le fond par une voussure servant à conduire la flamme dans le four. La bouche de ce tisard, marquée E, est un demi-cercle de 2 pieds de diamètre (65 centimètres). L'ouverture du cendrier, pratiquée par le bas, a 1 pied ½ en carré (50 centimètres).

Voici la manière de procéder à la calcination, tirée d'une petite brochure ayant pour titre : *Instruction sur la nouvelle méthode de préparer le mortier Loriot*, extraite d'une lettre de M. de Morveau, imprimée chez Barbou en 1775.

« On jette dans le four deux pieds ou 68 décimètres $\frac{1}{2}$
» cubes de chaux éteinte à l'air, on l'étend sur l'aire et on
» met tout de suite le feu dans le tisard; il est très-im-
» portant de n'y brûler que du bois sec refendu, comme
» celui que l'on emploie pour les fours de verrerie. Le
» bois verd donnerait une fumée incommode qui retar-
» derait l'opération : on bouche la gueule du four par
» une brique faite en forme de triangle équilatéral, qui
» divise la flamme en trois parties, et l'abaisse sur la
» chaux. » Cette brique est marquée F, figure 4.

» Quand la chaux qui est touchée par la flamme, com-
» mence à rougir, on introduit dans le four un rable de
» fer à long manche, et l'on remue pour ramener à la
» surface celle qui est en-dessous, en observant de ne la
» pas jeter dans le tisard. Cette opération qui doit se
» répéter au moins de quart-d'heure en quart-d'heure,
» n'est ni pénible ni dangereuse; le même ouvrier peut
» aisément fournir à ce service, entretenir le feu, en-
» fourner la chaux éteinte d'avance, et défourner la
» chaux vive, quand il a eu la précaution de placer à
» sa portée tous les matériaux et les instrumens dont il a
» besoin : chaque fournée exige environ deux heures; la
» première quelque chose de plus pour échauffer le four.
» On met à chaque fois la chaux que l'on en tire, dans
» des brasières ou autres vaisseaux de fer battu; on les
» bouche exactement, sur-tout si la chaux ne doit être

» employée que quelques jours après ; mais il est plus
» avantageux de ne la préparer que la veille.

» Le point essentiel est de juger quand la calcination
» est parfaite ; la pratique apprendra en très-peu de tems
» aux ouvriers à ne pas s'y tromper ; mais voici une indica-
» tion pour assurer leur jugement : on remarque que quand
» la chaux est bien cuite également et entièrement revi-
» vifiée, lorsqu'on la ramène au-devant du four, comme
» pour l'en tirer, il s'en élève tout-à-coup une belle flamme
» blanche formée par le mélange subit de la vapeur de
» la chaux avec l'air extérieur. »

Il y a encore une autre méthode qui est encore moins
sujette à équivoque, et qu'il sera bon de suivre une ou
deux fois dans les commencemens ; elle n'exige ni calcul,
ni appareil d'instrumens.

« On pèse exactement une pierre de chaux vive, on
» la met à part pour la laisser éteindre à l'air, on me-
» sure le plus juste qu'il est possible le volume de la
» chaux en poussière que cette pierre a donné ; et si en
» sortant du four, un pareil volume n'a plus que le même
» poids qu'avait la pierre de chaux vive, il n'y a pas de
» doute que la nouvelle calcination l'a ramenée au même
» point où elle était avant l'extinction. »

Une pierre de chaux vive exposée à l'air peut acquérir
jusqu'à $\frac{35}{60}$ de son poids ; elle est déjà réduite en poudre
lorsqu'elle a augmenté de $\frac{16}{60}$.

Quant à la manière d'employer cette chaux revivifiée,
M. de Morveau indique la même que celle de Loriot,
seulement il observe que les proportions de mélange qui
lui ont paru les plus sûres, sont, *trois parties de sable
fin, trois parties de ciment de briques bien cuites, deux*

parties de chaux en pâte, et deux parties de chaux en poudre revivifiée. Il recommande sur-tout de mettre beaucoup de promptitude dans l'emploi et le mélange de la chaux en poudre ; c'est, selon lui, d'où dépend tout le succès, et pour en connaître l'importance, » il » n'y a qu'à verser la même augée en trois tems diffé- » rens, dans trois vases pareils de terre cuite : celui » rempli au premier tems éclatera, si la préparation est » bonne et d'une consistance assez ferme ; le mortier du » second vase deviendra dur et solide, si on ne le tour- » mente pas après coup avec la truelle, parce qu'il n'a » plus, lorsqu'on l'y met, que la force nécessaire pour » réagir sur lui-même dans l'espace qu'il occupe ; enfin, » le mortier employé dans le troisième instant, s'échauf- » fera à peine, n'acquerra guère que la dureté du mor- » tier commun, et sera comme lui sujet à gercer. »

Cette méthode de revivifier la chaux éteinte à l'air, qui rend la composition du mortier Loriot beaucoup plus facile et moins dangereuse, paraît préférable ; on doute cependant que cette chaux régénérée, soit aussi bonne que la chaux vive pulvérisée à la sortie du four- neau. Le four proposé pour cette révivification, serait encore fort utile pour tirer parti des poussières de chaux qui se perdent, et même pour torréfier des sables argi- leux et autres matières terreuses qui, par cette opéra- tion, deviendraient propres à faire d'excellent mortier.

Un des plus grands avantages du mortier Loriot est de produire son effet sur-le-champ ; c'est pourquoi il peut être employé avec succès dans une infinité de circons- tances où il est nécessaire que le mortier durcisse promp- tement,

Quant à la manière de faire ce mortier, j'ai éprouvé qu'on pouvait se passer de chaux fusée ou éteinte à l'eau, en mêlant la chaux vive en poudre avec le sable et le tuileau pilé assez humectés pour suffire à l'extinction de la chaux vive. On peut encore n'ajouter l'eau, qu'après avoir fait le mélange de la chaux et des autres matières à sec.

Cette dernière méthode pourrait être justifiée par ce passage du sixième chapitre du second livre de Vitruve où il dit, en parlant de la pouzzolane, du tuf et de la chaux :

Ergo cùm tres res consimili ratione, ignis vehementiâ formatæ, in unam pervenerint mixtionem, repente recepto liquore una coherescunt, et celeriter humore duratæ solidantur, neque eas fluctus, neque vis aquæ potest dissolvere.

Lorsque ces trois matières modifiées par la violence du feu, sont mêlées ensemble, elles forment corps sitôt qu'on y ajoute de l'eau, et acquièrent une si grande solidité, que ni le mouvement des flots de la mer, ni la force de l'eau ne peuvent le détruire.

Il résulte de ce passage, que si on voulait s'appuyer sur l'autorité des anciens auteurs, il conviendrait beaucoup mieux à la préparation du mortier Loriot que celui de Pline sur lequel il se fonde.

Méthode proposée par M. de la Faye.

M. de la Faye fonde son procédé sur plusieurs passages latins tirés de Vitruve et de Saint Augustin. Le premier est pris du vingt-unième livre de la Cité de Dieu, dans lequel, en parlant de la chaux, il s'exprime ainsi :

Traduction par M. de la Faye.

Propter quod eam calcem vivam loquimur velut ipse ignis latens anima sit invisibilis visibilis corporis. Jam vero quam mirum est quod cum extinguitur, tunc accenditur! ut enim occulto igne careat, aqua infunditur, aquave perfunditur; et cum ante sit frigida, inde fervescit, unde ferventia cuncta frigescunt. Velut expirante ergo illâ glebâ, discedens ignis qui latebat apparet, ac deinde tanquam morte sic frigida est, ut adjectâ undâ non sit arsura, et quam calcem vocabamus vivam vocemus extinctam. Quid est quod huic miraculo addi posse videatur! et tamen additur; nam si non adhibeas aquam, sed oleum, quod magis est fames ignis, nulla ejus perfusione vel infusione fervescit.

Nous disons que la chaux est vive, comme si le feu qu'elle contient était l'ame invisible d'un corps visible : mais ce qu'il y a d'étonnant, c'est qu'elle s'échauffe lorsqu'on l'éteint ; car, pour lui ôter ce feu caché, on la fait infuser dans l'eau, ou bien on l'y trempe ; et de froide qu'elle était auparavant, elle devient chaude, tandis que tous les corps enflammés sont refroidis par le même procédé ; et lorsque cette chaux se décompose, son feu caché se manifeste en la quittant ; et ensuite, comme un corps privé de la vie, elle devient si froide, qu'en y ajoutant de l'eau, elle ne peut plus s'échauffer ; alors, au lieu de la nommer *vive*, nous l'appelons *éteinte*. Il semblerait qu'on ne pourrait rien ajouter à ces effets merveilleux, et cependant on y ajoute encore ; car si, au lieu d'eau, vous prenez de l'huile, qui est le principal aliment du feu, vainement la chaux y sera trempée ou infusée, elle ne s'échauffera pas.

L'autre passage est tiré du chapitre V du second livre

de Vitruve, que nous avons ci-devant transcrit tout entier, dans lequel, en parlant de la chaux vive, il dit :

Traduction par M. de la Faye.

Intinctus in aquâ priusquam
exeat ignis, vim recipit, et humore penetrante in foraminum
raritates confervescit, et ita refrigeratus rejicit ex calcis corpore fervorem.

La chaux vive étant trempée
dans l'eau avant que ce feu in-
terne s'évapore, elle acquiert de
la force, et l'humidité venant
à pénétrer ses pores, elle s'é-
chauffe, et rejette ensuite, en
se refroidissant, le feu qu'elle
contenait.

M. de la Faye pense que par ces mots : *perfundere
calcem*, et *perfusio calcis*, Saint Augustin indique le
même procédé que Vitruve exprime par *intinctus in aquâ*.
C'est principalement sur ces deux expressions que M. de
la Faye fonde sa méthode de préparer le mortier pour
les constructions. Voici comment il s'explique, page 34 :

« Vous vous procurerez de la chaux de pierres dures,
» qui sera nouvellement cuite ; vous la ferez couvrir en
» route, afin que l'humidité de l'air ou la pluie ne puissent
» pas la pénétrer.

» Vous ferez déposer cette chaux sur un plancher ba-
» layé dans un endroit sec et couvert ; vous aurez dans
» le même lieu des tonneaux secs, et un grand baquet
» rempli jusqu'aux trois quarts d'eau de rivière, ou d'une
» eau qui ne soit ni crue ni minérale.

» Il suffira d'employer deux ouvriers pour l'opération.
» L'un, avec une hachette, brisera les pierres de chaux,
» jusqu'à ce qu'elles soient toutes réduites à-peu-près à
» la grosseur d'un œuf. L'autre prendra avec une pèle,

» cette chaux brisée, et en remplira, à ras seulement,
» un panier plat et à claire-voie, tel que les maçons en
» ont pour passer le plâtre. Il enfoncera ce panier dans
» l'eau, et l'y maintiendra jusqu'à ce que toute la super-
» ficie de l'eau commence à bouillonner; alors il retirera
» le panier, le laissera égoutter un instant, et renversera
» cette chaux trempée dans un tonneau. Il répétera sans
» relâche cette opération, jusqu'à ce que toute la chaux
» ait été trempée et mise dans les tonneaux, qu'il rem-
» plira à deux ou trois doigts des bords; alors cette chaux
» s'échauffera considérablement, rejetera en fumée la
» plus grande partie de l'eau dont elle s'est abreuvée,
» ouvrira ses pores en tombant en poudre, et perdra
» enfin sa chaleur; telle est la chaux que Vitruve nomme
» *calx extincta*.

» L'âcreté de cette fumée exige que l'opération soit faite
» dans un lieu où l'air passe librement, afin que les ou-
» vriers puissent se placer de manière à n'en pouvoir
» être incommodés.

» Aussi-tôt que la chaux cessera de fumer, on cou-
» vrira les tonneaux avec une grosse toile ou avec des
» paillassons.

» On jugera du tems que la chaux est cuite par le
» plus ou moins de promptitude qu'elle mettra à s'é-
» chauffer et à tomber en poudre: si elle est anciennne-
» ment cuite, ou si elle n'a pas eu au fourneau le degré
» de cuisson nécessaire, elle ne s'échauffera que lente-
» ment, et elle sera très-mal divisée. »

Du mélange de la chaux , avec les sables ou autres matières pour le mortier de construction.

« Si vous avez du sable de terre , rude au toucher , tel
» que celui que les Romains nommaient *fossitium* , vous
» mettrez dans un vaisseau quelconque trois mesures de
» ce sable et une mesure de chaux ; vous ferez de ces
» matières un mélange exact , que vous broyerez en-
» suite , en y ajoutant la quantité d'eau nécessaire pour
» en faire un mortier gras.

» Si c'est du sable de terre , blanc , jaune ou rouge , et
» qui soit fin et doux au toucher , vous en mêlerez deux
» mesures avec une de chaux , et vous observerez le
» même procédé qui vient d'être indiqué.

» Si c'est du sable de ravine , vous en mêlerez égale-
» ment deux mesures avec une de chaux , et vous sui-
» vrez le même procédé.

» Si c'est du sable de mer ou de rivière , fraîchement
» tiré de l'eau , vous en mêlerez deux mesures avec une
» de chaux , sans y ajouter de l'eau , attendu que ce sable
» en contiendra ce qu'il faut pour faire un mortier très-
» gras , en le broyant parfaitement.

» Si votre sable de mer ou de rivière est sec , vous le
» mêlerez de même avec un tiers de chaux , et vous don-
» nerez ensuite à ce mélange le volume d'eau nécessaire
» pour le bien broyer. »

Pour le mortier de ciment, il propose de mêler deux
tiers de sable avec un tiers de tuileau pilé , et de prendre
deux mesures de ce mélange et une mesure de chaux que
l'on mêlera bien ensemble , et que l'on broyera avec la
quantité d'eau nécessaire.

« Cette méthode est beaucoup plus simple, moins coûteuse et moins embarrassante que celle de Loriot; le
mortier qu'elle produit est moins aride et plus propre aux
ouvrages de maçonnerie, mais il n'a pas la propriété de
durcir aussi promptement que le mortier Loriot, sur-
tout dans l'eau.

Le mortier de M. de la Faye ne paraît avoir aucun
avantage sur celui fait avec de la chaux fraîchement
éteinte à l'ordinaire et avec les mêmes précautions.

Il est certain que ni l'une ni l'autre de ces méthodes
n'est celle dont se servaient les anciens Romains. Les
interprétations que Loriot et de la Faye donnent aux
passages des auteurs qu'ils citent, et sur lesquels ils se
fondent, paraissent plutôt faites d'après leurs méthodes,
que ces méthodes d'après le texte qui peut également
être appliqué à la manière ordinaire.

Par exemple, le passage du 36e. livre de Pline, chapitre 23, cité par Loriot: *Ruinarum urbis ea maximè
causa, quod furto calcis sine ferrumine suo cœmenta ponuntur*, peut être traduit ainsi: « La principale cause de
» la ruine des édifices de Rome, vient de ce que, par
» fraude, les maçons emploient de la chaux éventée ou
» noyée qui n'a plus aucune force pour lier les moilons. »
D'ailleurs Vitruve dit expressément, livre 2, chapitre 5,
en parlant de la chaux:

Cum ea erit extincta, tunc   Lorsqu'elle sera éteinte, alors
materiæ ita misceatur, ut si erit il faudra, pour faire le mortier,
fossitia, tres areæ et una calcis broyer ensemble trois parties de
confundantur.   sable, s'il est fossile, avec une
                                   partie de chaux.

Il est probable que si les anciens Romains eussent employé deux espèces de chaux dans la composition de leur mortier, Pline ou Vitruve en auraient parlé, surtout de la chaux en poudre qui demande une préparation particulière. Mais au lieu d'entrer dans de plus grandes discussions sur des passages qui peuvent recevoir des interprétations différentes, il vaut mieux indiquer les moyens de rectifier les abus que la négligence des ouvriers, leur ignorance ou leur cupidité peuvent avoir introduit dans la manière de préparer le mortier, en profitant de ce qu'il y a de bon dans les méthodes proposées par différens auteurs.

En examinant avec attention les procédés proposés par Loriot et de la Faye, on voit qu'ils se réduisent,

1°. A diviser la chaux vive le plus qu'il est possible, pour parvenir à la dissoudre plus facilement, plus également et avec une moindre quantité d'eau;

2°. A mêler cette chaux en poudre avec du mortier ordinaire, fait avec de la chaux en pâte, et broyé un peu clair, ou avec le sable ou le ciment, simplement mouillés, afin de profiter de l'espèce de fermentation qu'excite la dissolution de la chaux, pour faciliter une plus parfaite union et une plus forte adhérence du sable avec la chaux.

Dans la manière ordinaire de préparer le mortier, surtout à Paris, le premier abus vient de ce que la chaux n'est jamais assez cuite, parce que ceux qui la vendent étant obligés de la garder un certain tems, pour en avoir le débit, elle ne se conserverait pas, si elle avait le degré de cuisson convenable pour être employée tout de suite. Le second vice est d'éteindre la chaux avec une trop grande quantité d'eau, sous prétexte de la faire couler

du bassin dans lequel on l'éteint, dans celui où on la
conserve: mais ce procédé ne tend qu'à diminuer sa qualité et à la faire foisonner davantage. Au lieu de broyer
ces matières avec des instrumens de fer propres à cet
usage, comme ceux dont on se sert en Italie, et dans tous
les endroits où le procédé des anciens Romains paraît
s'être conservé, on les délaye avec des morceaux de bois
emmanchés au bout d'un bâton. Ce moyen qui exige plus
d'eau, ne produit qu'un mélange imparfait, fort long à
sécher, et qui n'acquiert qu'une faible consistance.

Il est bien essentiel d'observer que la bonté du mortier
dépend autant de la manière dont il est fait, que de la
qualité des matières qu'on y emploie. De sorte qu'avec de
très-bonnes matières, on peut faire un mortier médiocre.
Je suis très-persuadé que l'excellence du mortier des
anciens Romains, n'est due qu'aux précautions qu'ils prenaient pour le bien faire. Après avoir choisi et rassemblé
leurs matériaux, ils cuisaient eux-mêmes leur chaux pour
l'employer tout de suite. C'est pourquoi dans tous les pays
où ils ont bâti, leur mortier est également bon.

*Moyen de parvenir à faire le meilleur mortier possible
relativement aux matières qu'on peut y employer.*

Puisque la bonté du mortier dépend autant de la manière dont il est préparé, que de la qualité des matières
qui le composent, il est essentiel de faire cette opération
avec toutes les précautions qu'exigent les qualités de ces
matières.

Les procédés à suivre peuvent plutôt s'indiquer que se
prescrire d'une manière précise, comme l'ont fait plu-

sieurs auteurs, en indiquant les doses ou quantités, parce qu'elles dépendent des qualités des matières qui varient beaucoup.

Il y a de la chaux vive, telle que celle de Melun, qui absorbe en s'éteignant deux fois et demi son poids d'eau, pour former une pâte moyennement liquide, comme il faut qu'elle soit pour faire le mortier ordinaire, sans être obligé d'y ajouter de l'eau.

Il se trouve d'autre chaux qui ne consomme, pour former une pâte de même consistance, qu'une quantité d'eau égale à son poids. Il résulte de plusieurs expériences, que pour faire un bon mortier avec la première de ces pâtes, il faut mêler trois parties de sable de rivière avec une partie et demie de chaux, et qu'en faisant usage de la seconde pâte, il en faut deux parties pour trois du même sable. Ces deux mortiers étant également broyés acquièrent avec le tems à-peu-près la même consistance.

Il faut observer que dans le premier mortier, la quantité de chaux en pâte est moitié de celle du sable, et que dans le second, elle en est les deux tiers; cependant, depuis Vitruve, tous ceux qui ont écrit sur l'art de bâtir, ont répété que pour faire un bon mortier, il suffisait de mêler une partie de chaux éteinte avec deux parties de sable de rivière; mais il faut supposer une chaux d'une qualité supérieure à celle de Melun, qui passe cependant pour être très-bonne. Quant à la quantité de chaux vive qui entre dans ces deux mortiers, j'ai trouvé que dans le premier, elle n'est que la septième partie du sable, tandis que dans le second, elle en est le tiers. C'est cette dernière proportion qu'indique M. de la Faye. Pour réussir à faire dans tous les cas le mélange qui convient, il faut avoir un certaine expérience pour juger du degré de consistance que doit avoir la chaux bien fusée et le mortier suffisamment broyé ; c'est ce degré qui détermine la quantité d'eau pour éteindre la chaux, et la quantité de sable nécessaire pour faire un bon mortier.

Dans tous les pays de France et d'Italie que j'ai parcourus pour étudier la manière de bâtir, j'ai questionné les ouvriers qui me paraissaient les plus intelligens ; j'ai trouvé que leur savoir se réduisait à une connaissance pratique que l'usage et l'expérience rendent assez sûre. Il y a tant de différence dans les matériaux, qu'il n'est pas possible de prescrire des méthodes certaines, parce que toute règle suppose des qualités et des propriétés uniformes dans les matières ; ce qui n'est pas. Un ouvrier qui par une longue expérience, est accoutumé à juger si le mortier est assez gras, assez corroyé, et s'il a la consistance qu'il doit avoir, ne se trompe presque jamais ; il broie et mélange les différentes matières dont il se compose, jusqu'à ce qu'il ait attrapé le point qu'il connaît. C'est pourquoi il ne suffit pas de proposer des méthodes, il faudrait de plus dresser des ouvriers qui puissent les entendre et les modifier, en raison des matières et des ouvrages qu'il s'agit de faire. Il y a une infinité de choses qui ne peuvent ni se dire, ni se prescrire d'avance. On ne peut qu'indiquer les précautions générales à prendre pour les opérations les plus importantes, qui se réduisent à deux, c'est-à-dire, à la manière d'éteindre la chaux, et à celle de la broyer avec le sable ou ciment pour faire un bon mortier.

De toutes les manières que j'ai essayées pour éteindre la chaux, voici les deux qui ont réussi le mieux : la première est en partie la méthode proposée par M. de la Faye.

Nouveau procédé pour éteindre la chaux.

Après avoir préparé le bassin dans lequel la chaux doit être éteinte, on se procurera un grand baquet à trois quarts plein d'eau (comme il a été dit ci-devant pages 294, 295), et un panier plat à claire-voie. On le remplira de chaux vive, en réduisant, si l'on veut, les plus grosses pierres à la grosseur du poing ; on tiendra le panier plongé dans l'eau, jusqu'à ce que la surface de l'eau commence à bouillonner. Alors on retirera le panier, et on jetera dans le bassin les pierres qui commenceront à s'échauffer et à se fendre, en ayant soin de jeter de l'eau à mesure, et on laissera celles qui ne se seront ni échauffées ni fendues. On remplira de nouveau le panier, et on continuera l'opération, tant qu'il y aura de chaux vive à éteindre, et on mettra de côté les pierres qui n'auront pas pu se dissoudre.

La seconde manière consiste à écraser les pierres de chaux vive avec un cylindre de pierre dure ou de fonte, avant de la jeter dans le bassin. Tout ce qui résistera à l'action de ce cylindre, doit être rejeté, comme n'ayant pas le degré de cuisson convenable.

Ce second moyen, moins embarrassant que le premier, exige un aire en pierre dure qui servirait aussi à broyer le mortier. On voit à la planche IX ce cylindre ou rouleau indiqué par la lettre L. L'aire en pierre dure par K. Le bassin par G, et le tas de chaux par H. Les letttres I et M indiquent des broyoirs de fer dont l'usage sera expliqué ci-après.

Il faut avoir soin de remuer la chaux du bassin à mesure qu'elle se dissout, afin de faciliter la fusion, et d'obtenir une pâte d'une consistance uniforme.

Par cette méthode, on obvie aux inconvéniens qui résultent de la manière ordinaire, par rapport aux pierres à chaux qui sont toujours inégalement cuites, en sorte que les unes sont déjà fusées, tandis que d'autres à peine échauffées, se trouvent enveloppées dans la pâte des premières, ce qui rend leur fusion encore plus difficile, et exige une quantité d'eau surabondante.

On peut encore, dans certaines circonstances, faire usage de la méthode indiquée par Philibert Delorme, qui consiste à couvrir la chaux vive avec le sable ou ciment qui doit être employé. On mouille ce sable ou ciment au moyen d'un arrosoir, jusqu'à ce qu'on s'apperçoive qu'il ne boive plus l'eau. On obtient par ce procédé une très-bonne chaux pour les constructions à faire dans l'eau ou dans des lieux humides, sur-tout lorsqu'on profite de l'instant où elle est encore chaude pour la mêler avec le sable ou le ciment; mais il faut être sûr de la qualité de la chaux; car lorsqu'elle n'est pas bonne et également cuite, elle s'éteint mal.

La seconde opération consiste à mêler la chaux avec le sable ou autres matières qui doivent servir à former le mortier. Cette opération qui contribue beaucoup à la bonté du mortier, mérite d'être faite avec beaucoup de soin, afin d'opérer le mélange exact de ces matières et de faciliter l'entière dissolution de la chaux. Pour réussir, il ne suffit pas de se contenter de brouiller la chaux avec le sable, comme on le pratique à Paris et en plusieurs autres endroits; il faut que ces matières soient broyées sur une aire battue et dressée. Mais si l'on veut d'excellent mortier, il faut que cette aire soit formée par des dalles en pierre dure, et se servir, pour cette opération, des

broyoirs de fer, planche IX, dont on fait usage en Italie
et dans tous les pays où le procédé des anciens Romains
parait s'être perpétué. Cet instrument représenté par les
figures I et M, est beaucoup plus propre pour cette
opération que le morceau de bois appelé rabot, dont
on se sert à Paris; son usage exige moins d'eau, parce
qu'on peut presser et retourner le mélange comme avec
la truelle. Je me suis assuré, par un très-grand nombre
d'expériences, que plus le mortier est broyé, plus il
acquiert de force et de consistance, et même qu'il durcit
plus promptement.

Par ce procédé, beaucoup plus simple que ceux de
Loriot et de la Faye, je suis parvenu à faire faire avec
de la chaux de Paris, d'aussi bon mortier que celui des
anciens Romains, et qui acquiert avec le tems une plus
forte consistance que les mortiers Loriot et de la Faye,
comme on peut le voir par les expériences suivantes.

J'ai fait faire en 1783, avec de la chaux de Marly, différens essais pour parvenir à connaitre les matières les plus
propres à mêler avec la chaux pour faire un bon mortier,
telles que les sables, le ciment, les pouzzolanes, les poussières de pierres, etc. Je profitai de la circonstance où l'on
avait fait venir une grande quantité de chaux vive en pierre,
pour renouveler une des fosses de chaux en pâte qui servaient pour les constructions de la nouvelle église de Sainte
Géneviève, depuis Panthéon Français. J'employai, pour
éteindre les pierres à chaux dont je fis choix, le procédé que
j'ai ci-devant indiqué, qui tient de celui de M. de la Faye;
c'est-à-dire, que je fis mettre dans un panier à claire-voie
ces pierres de chaux vive, pour les plonger dans un baquet plein d'eau, afin d'éprouver celles qui avaient les

degrés de cuisson convenables; avant de les jeter dans le bassin où l'on finissait de les éteindre, en y ajoutant l'eau nécessaire pour former une pâte moyennement liquide, on avait soin de la remuer pour faciliter sa dissolution Lorsque cette chaux avait été broyée à plusieurs reprises, avec les sables, cimens ou pouzzolanes, etc., on en formait des espèces de briques de 15 centimètres de long, 10 centimètres de large, et 4 centimètres d'épaisseur. Ces briques, faites sur la fin d'avril et le commencement de mai, paraissaient avoir acquis, au bout de trois mois, le degré de consistance, de dureté et de pesanteur spécifique dont elles étaient susceptibles. Cependant elles n'ont été éprouvées avec la machine à écraser les pierres que dix-huit mois après avoir été faites, c'est-à-dire, dans le c urant d'octobre 1787. Les expériences ont été faites sur des parallélipipèdes à base carrée de quatre pouces de superficie. La table suivante indique l'espèce de brique dont ces parallélipipèdes ont été tirés, leur pesanteur spécifique, les poids sous lesquels ils se sont écrasés, exprimés en livres. On observe que ceux exprimés en kilogrammes, qui répondent aux parallélipipèdes de 25 centimètres de base, ont été déduits des précédens par le calcul, afin de présenter une table qui réponde à celle que nous avons donnée pour les pierres à la fin du livre précédent.

	Pesanteur spécifique.	Poids en kilogram. pour une superficie de 15 centimet.	Poids en livres pour une superficie de 4 pouces.
1re Expérience sur deux parallélipipèdes provenant d'une brique en mortier, composée de trois parties de sable de rivière et de deux parties de chaux en pâte........	1625	767	1866
2e Deux autres parallélipipèdes de mêmes dimensions, provenant d'une brique faite du même mortier, mais battue............	1893	1048	2552
3e Deux autres *idem*, provenant d'une brique en mortier, composée de trois parties de sable de fouille et deux parties de chaux, sans être battue.............	1588	1017	2475
4e Deux autres provenant d'une brique faite du même mortier, mais battue.................	1903	1406	3420
5e Deux autres pris dans une brique en mortier, composée de trois parties de ciment ou tuileaux pilés, et deux parties de chaux fusée, sans être battue........	1457	1191	2896
6e Deux autres *idem*, mais battus....	1663	1633	3970
7e Deux autres tirés d'une brique composée de deux parties de tuileaux pilés, une partie de sable de			

	Pesanteur spécifique.	Poids en kilogram. pour une superficie de 15 centimèt.	Poids en livres pour une superficie de 4 pouces.
fouille et deux parties de chaux éteinte , sans être battue.......	1503	1088	2645
8e Deux autres *idem*, mais battus....	1734	1547	3762
9e Deux autres en grès pilé et chaux ; savoir, trois parties de l'un et deux de l'autre, sans être battus.	1681	733	1782
10e Deux autres *idem*, mais battus...	1844	854	2094
11e Deux autres en chaux et poudre de pierre de Conflans.........	1408	1026	2483
12e Deux autres *idem*, mais battus...	1572	1316	3224
13e Deux autres en pierre de Conflans naturelle..................	1636	1102	2680
14e Deux autres en pouzzolane de Rome et chaux de Marly........	1320	859	2090
15e Deux autres *idem*, mais battus....	1442	1122	2728
16e Deux autres en pouzzolane de Naples et chaux de Marly.........	1284	758	1844
17e Deux autres *idem*, battus.......	1394	970	2360
18e Deux autres en pouzzolanes de Rome et de Naples, mêlées ensemble...................	1456	916	2228
19e Deux autres *idem*, battus.......	1676	1333	3240
20e Deux autres en pouzzolane blanche de Naples.................	1024	954	2320

	Pesanteur spécifique.	Poids en kilogram. pour une superficie de 45 centimèt.	Poids en livres pour une superficie de 4 pouces.
21ᵉ Deux autres *idem*, battus........	1177	1406	3420
22ᵉ Deux autres en pouzzolane d'Ecosse.	1754	1164	2830
23ᵉ Deux autres *idem*, battus.	1962	1628	3960
24ᵉ Deux autres en même pouzzolane mêlée avec un tiers de sable. . .	1645	737	1792
25ᵉ Deux autres *idem* battus.	1811	928	2258
26ᵉ Deux autres en pouzzolane du Vivarais.	1448	376	914
27ᵉ Deux autres *idem*, battus.	1649	555	1359
28ᵉ Deux autres en même pouzzolane mêlée avec un tiers de sable de fouille	1588	417	1015
29ᵉ Deux autres *idem*, battus.	1752	561	1364
30ᵉ Deux autres provenant d'une brique faite comme le lastrico dont on couvre les terrasses à Naples, fait avec du lapillo de Naples et chaux de Marly.	1091	1180	2869
31ᶜ Deux autres pris dans un morceau de lastrico apporté de Naples. . .	1000	1607	3908
32ᵉ Deux autres provenant d'un morceau d'enduit en ciment et pouzzolane d'une conserve antique d'eau ou réservoir des environs de Rome.	1549	1903	4664

	Pesanteur spé-cifique.	Poids en kilogram. pour une superficie de 23 centimet.	Poids en livres pour une superficie de 4 pouces.
33e Deux autres provenant d'une conserve antique d'eau de Lyon. . .	2028	1955	4738
34e Deux autres provenant de l'intérieur d'un mur antique de Rome.	1414	1770	4248
35e Deux autres provenant des arènes de Fréjus.	1644	1537	3782
36e Deux autres provenant de l'aqueduc du pont du Gard.	1500	1256	3090
37e Deux autres provenant d'un amphithéâtre antique de Lyon. . . .	1269	1036	2550
38e Deux autres provenant d'anciennes démolitions du collége de Boncours	1545	1391	3428
39e Deux autres provenant des démolitions de la Bastille.	1487	1368	3258
40e. Deux autres provenant des démolitions du grand Châtelet. . . .	1492	1367	3257
41e Deux autres faites avec de la chaux et du blanc d'Espagne, sans être battus.	1340	1449	3449
42e Deux autres *idem*, mais battus. . .	1426	1617	3854
43e Deux faites en mortier Loriot. . .	1472	684	1592
44e Deux autres faites en mortier selon M. de la Faye.	1592	699	1664
45e Deux en plâtre.	1227	1239	2972
46e Deux en plâtre gâché avec du lait de chaux	1115	1816	3242

Il résulte de cette table, 1°. que la massivation, c'est-à-dire l'action de battre le mortier, augmente sa densité et sa force ;

2°. Que ce ne sont pas les sables les plus arides qui forment le meilleur mortier, ainsi que le prouvent les expériences 1, 2, 9 et 10. Les cimens et les pouzzolanes, et même les poudres de pierre calcaire, moyennement dures et autres sont préférables, comme on le voit par les expériences 6, 12, 19, 23, 33, 34, 41 et 42 ;

3°. Que le mortier Loriot est moins fort que celui préparé à la manière de M. de la Faye ;

4°. Que le bon plâtre cuit et gâché à propos, a la force moyenne du mortier, et que ce même plâtre gâché avec du lait de chaux, acquiert une plus grande force.

Désirant savoir en combien de tems le mortier pouvait acquérir le degré de dureté dont il est susceptible, j'ai éprouvé dans le courant de thermidor an 10 (août 1802), des cubes pris dans des briques en mortier, semblables à celles dont les cubes des expériences précédentes ont été tirés, et qui avaient été faites dans le même tems, c'est-à-dire en avril et mai 1786.

Voici quels ont été les résultats des expériences faites sur ces différens mortiers plus de seize ans après leur préparation, comparés à ceux des expériences précédentes, faites sur des cubes provenant des mêmes briques fabriquées depuis dix-huit mois,

Numéros de la table précédente.	Poids portés par des cubes de 4 pouces de superficie, exprimés en livres.	
	Date des expériences.	
	Octobre 1787.	Août 1801.
1re Cube en mortier de chaux et sable de rivière battu.	2552	2864
6e Cube en mortier de ciment.	3970	4948
7e Cube en mortier avec sable et ciment. .	2645	2948
9e Cube en mortier de grès pilé.	1782	1801
12e Cube en mortier de poudre de pierre de Conflans.	3224	4580
15e Cube en pouzzolane de Rome.	2728	3112
17e Cube en pouzzolane de Naples.	2360	3100
21e Cube en pouzzolane blanche de Naples.	3420	4394
23e Cube en pouzzolane d'Ecosse.	3960	3982
30e Cube en mortier de lastrico.	2869	3428
41e Cube en mortier de blanc d'Espagne. .	3854	4032

On voit, par cette seconde table, que le mortier acquiert avec le tems une plus forte consistance, et qu'au bout de quinze ans, les restans de briques d'où les cubes des premières expériences avaient été tirés, étaient devenus plus forts, savoir, la brique en mortier de chaux et sable de rivière, de $\frac{1}{8}$.

Celle en ciment pur, de $\frac{1}{4}$.

Celle en ciment et sable, de $\frac{1}{9}$.

Celle en poudre de grès, de $\frac{1}{94}$.

Celle en poudre de pierre de Conflans, de $\frac{2}{5}$.

Celle en pouzzolane de Rome, de $\frac{1}{7}$.

Celle en pouzzolane grise de Naples , de $\frac{1}{3}$,

Celle en pouzzolane blanche, de $\frac{4}{7}$.

Celle en pouzzolane d'Ecosse , de $\frac{1}{180}$.

Le lastrico , de $\frac{1}{5}$,

Et la brique en blanc dit d'Espagne , de $\frac{1}{22}$,

Après avoir donné une idée de la force du mortier pour résister à la charge , et de l'augmentation qu'il acquiert avec le tems, il me reste à faire connaître la force avec laquelle il peut unir les pierres et les briques dans les ouvrages de maçonnerie,

Avec du mortier de chaux et sable fin, fait avec soin, j'ai scellé ensemble , deux à deux, des cubes de pierre de deux pouces en tous sens et quatre pouces de superficie de base : six mois après , j'ai trouvé que pour désunir les deux cubes en pierre de liais , dont les surfaces avaient été bien dressées et unies au grès ,

	livres.	kilog.	gr.
Il a fallu un poids de.	64	31	327
Deux autres , dont les superficies étaient moins unies, ont exigé.	70	34	264
Deux autres en pierre d'Arcueil.	72	35	243
Deux autres en pierre de Saint-Leu, ...	91	44	544
Deux en pierre de Vergelé.	95	46	502
Deux en pierre de Conflans.	108	52	865
Deux en pierre de meulière.	123	59	718
Deux en briques de Bourgogne.	138	67	550
Deux en tuileaux.	141	69	919

Pour connaître la différence de la force avec laquelle le plâtre et le mortier unissent les pierres , j'ai scellé

en plâtre des cubes semblables aux précédens, et après un
même espace de tems, j'ai trouvé que pour désunir les
deux cubes en pierre de liais,

	livres.	kilog.	gr.
Il a fallu.	124	60	697
Pour les deux en pierre dure d'Arcueil. . . .	127	62	166
Deux en pierre dure du faubourg St-Marceau.	90	44	054
Deux en pierre de Saint-Leu.	148	72	445
Deux en pierre de Conflans.	168	82	235
Deux en pierre de Vergelé.	144	70	487
Deux en meulière.	189	92	515
Deux en briques.	201	98	389

Les résultats de ces expériences indiquent qu'au bout
de six mois, le plâtre unit les pierres et les briques avec
un tiers plus de force que le mortier; mais il faut observer
que cette force d'union augmente avec le tems pour le
mortier, tandis qu'elle diminue pour le plâtre, sur-tout
lorsqu'il est exposé aux injures de l'air, ou à l'humidité.
Pour obtenir quelques notions ultérieures à ce sujet, j'ai
cherché d'abord par rapport au plâtre, quelle pouvait
être la proportion de l'adhérence avec la cohésion, c'est-
à-dire entre la force qu'il faudrait pour rompre un parallélipipède de plâtre ou de mortier tiré par les deux bouts,
et la force avec laquelle ces matières unissent les pierres.

Il faut remarquer, relativement à ce dernier cas, que
la force d'union dépend autant de la qualité du mortier ou
du plâtre que de celle des pierres, et de ce que leurs
surfaces sont plus ou moins lisses. Les expériences précédentes prouvent que le plâtre ou le mortier s'attachent

TOM. I.   R R

plus fortement à de certaines pierres qu'à d'autres, à une surface raboteuse qu'à une surface unie. Mais en prenant un résultat moyen, on trouve que cette force peut être évaluée pour le mortier à 105 livres pour 4 pouces de superficie, et 26 livres pour un pouce; et pour le plâtre à 148 livres pour 4 pouces, et 37 pour un pouce.

Un parallélipipède en mortier de chaux et sable, pris dans une brique faite depuis seize ans, dont la superficie de la base était d'un pouce, a soutenu avant de se rompre, étant tiré par les deux bouts, un poids de 53 livres.

Un semblable parallélipipède s'est écrasé sous un poids de 676, c'est-à-dire, qu'il a résisté à un effort douze fois plus grand que celui qu'il faudrait pour le rompre en le tirant par les deux bouts.

Un parallélipipède en plâtre de même base, étant tiré par les deux bouts, s'est rompu sous un poids de 76 livres.

Un semblable parallélipipède s'est écrasé sous un poids de 722 livres, en sorte qu'il a résisté à un poids neuf fois $\frac{1}{2}$ plus fort que celui sous lequel il se seroit rompu en le tirant par les deux bouts.

Dans les briques en ciment, le rapport de la force qu'il faut pour rompre les parallélipipèdes en les tirant par les deux bouts, est à celle nécessaire pour les écraser, comme 1 est à $7\frac{1}{2}$.

Dans les briques en pouzzolane, ce rapport est comme 1 est à 8 ou 9. Les expériences faites sur les mortiers antiques donnent le rapport de 1 à 8.

Quant à la force avec laquelle le mortier qui a acquis toute sa dureté, unit les pierres, le plus grand nombre des expériences que j'ai faites à ce sujet, donne cette force

plus grande que celle qu'il faut pour rompre le mortier en
le tirant par les deux bouts (1), c'est-à-dire que son adhérence est plus forte que sa cohésion. Par rapport au
plâtre, cette force est moindre (2).

Dans les constructions nouvellement faites, le plâtre
adhère aux pierres et aux briques avec une force égale à
la moitié de celle qu'il faut pour le rompre en le tirant par
les deux bouts, et dans les constructions en mortier, avec
une force égale au tiers.

De sorte que jusqu'à sept ou huit ans, la liaison du
plâtre est plus forte que celle du mortier ; mais après dix
ou douze ans, celle du mortier est plus grande. On peut
établir, en général, que par rapport au mortier, la force
avec laquelle il unit les pierres lorsqu'il a acquis toute sa
dureté, est égale à celle qu'il faudrait pour le rompre en
le tirant par les deux bouts, ou la huitième partie de celle
qu'il faudrait pour l'écraser.

Par rapport au plâtre, sa plus grande force pour unir
les pierres n'est que les deux tiers de celle qu'il faudrait
pour le rompre en le tirant par les deux bouts, et la quatorzième partie de la force qu'il faudrait pour l'écraser.

La force moyenne pour le mortier peut être évaluée à
75 livres par pouce superficiel, et à 60 pour le plâtre. Ce
qui revient pour le premier cas, à 501,735 kilogrammes
par décimètre, et à 401,388 kilogrammes pour le second
cas.

---

(1) Le mortier s'étant rompu dans le milieu de son épaisseur plutôt que de
se séparer des pierres.

(2) Le plâtre se désunit des surfaces.

A R T I C L E V.

Du plâtre.

LE plâtre peut être considéré comme une espèce de
chaux, qui n'a besoin du mélange d'aucune autre matière
que de l'eau, pour former un corps solide d'une dureté
moyenne. Par cette seule raison le plâtre serait préférable
au mortier, s'il pouvait résister plus long-tems aux intempéries de l'air et à l'humidité. Malgré cet inconvénient, le
plâtre est une matière fort commode pour la construction
des maisons ordinaires, sur-tout à Paris, où il est de bonne
qualité, lorsqu'il est employé convenablement. Comme
cette matière s'attache également aux pierres et aux bois,
on s'en sert avec avantage pour la construction des murs
des voûtes, pour les enduits. On en recouvre les cloisons,
les pans de bois, les planchers, etc. : en sorte que depuis
le sol du rez-de-chaussée jusqu'au toit, une maison peut
être recouverte en plâtre et paraître d'une seule pièce de
même matière.

Il y a cette différence essentielle à connaître, entre le
plâtre et le mortier, c'est que le plâtre gâché augmente de
volume en faisant corps, au lieu que le mortier diminue,
sur-tout lorsqu'il n'est pas massivé. C'est pourquoi il y a
des précautions à prendre, lorsqu'on se sert du plâtre pour
certains ouvrages, tels que les voûtes, les cheminées qu'on
adosse aux murs isolés, les plafonds et autres dont il sera
fait mention dans la suite.

Les anciens faisaient peu d'usage du plâtre dans leurs

constructions; il paraît qu'ils ne s'en servaient que pour
les enduits intérieurs, encore ils ne l'employaient pas pur.
Vitruve en blâme l'usage, parce que le plâtre faisant corps
plus promptement que le mortier avec lequel on le mêle,
l'enduit est sujet à gercer. Peut-être l'employaient-ils,
comme nous, dans la construction des maisons ordinaires
dans les pays où il était abondant.

Mais comme cette matière dure peu en comparaison
du mortier, il peut se faire que les constructions où ils
l'avaient employé sont détruites depuis long-tems.

Le plâtre, ainsi que les autres matières, varie selon les
pays et l'espèce de pierre ou de gypse dont il est formé.

Paris est environné de carrières à plâtre très-abon-
dantes, telles que celles de Montmartre, de Belleville,
de Charonne, Châtillon, et Anet-sur-Marne.

Le meilleur procédé pour cuire la pierre à plâtre,
consiste à lui communiquer d'abord une chaleur modérée
pour dessécher l'humidité qu'elle contient; on augmente
ensuite graduellement le feu pour lui donner le degré de
cuisson convenable, ce qui exige environ vingt-quatre
heures. Lorsque le plâtre n'est pas assez cuit, il est aride,
et ne forme pas un corps assez solide; lorsqu'il est trop
cuit, en le gâchant, on trouve qu'il n'a plus ce que les
ouvriers de Paris appellent *d'amour*, c'est-à-dire, qu'il
n'est pas assez gras. Quand le plâtre est cuit à propos,
l'ouvrier sent en le maniant qu'il est doux, et qu'il s'attache
aux doigts c'est à cette qualité que les ouvriers distinguent
le bon plâtre.

Le plâtre doit être réduit en poudre, aussi-tôt qu'il est
cuit, soit en le battant, soit en l'écrasant avec des meules
ou cylindres de pierre, parce qu'il perd de sa qualité pour

peu qu'il reste exposé à l'air ; le soleil en l'échauffant, le
fait fermenter, l'humidité diminue sa force , et l'air em-
porte la plus grande partie de ses sels. C'est ce qui lui
fait perdre son onctuosité et la faculté de durcir promptement, et de former un corps solide. Ce plâtre ne s'unit
que foiblement aux matières qu'il doit lier , et si l'on en
fait des enduits , ils gercent.

Lorsqu'on ne peut pas employer le plâtre aussi-tôt qu'il
est cuit et battu, dans les pays où il est rare , et où l'on est
obligé de le tirer de loin , il faut le faire venir en pierre
avant d'être cuit , ou le renfermer dans des tonneaux, le
placer dans des lieux secs à l'abri des ardeurs du soleil.

Quand on a des ouvrages précieux à faire , on choisit
les pierres les mieux cuites, on les fait écraser à part avant
que ceux qui le préparent l'aient mêlé.

Pour gâcher le plâtre de Paris , il faut environ autant
d'eau que de plâtre. On commence par mettre l'eau dans
l'auge, on ajoute ensuite le plâtre , en le semant jusqu'à
ce qu'il atteigne presque la surface de l'eau. Alors on le
remue avec la truelle pour qu'il forme une pâte d'une égale
consistance. Plus le plâtre est fort, plus il faut que cette
opération se fasse vite , pour avoir le tems de l'employer
avant qu'il commence à durcir.

On met plus ou moins d'eau pour gâcher le plâtre , en
raison des ouvrages que l'on a à faire. Si l'on a besoin de
toute sa force , on n'y met que la quantité d'eau nécessaire pour l'employer tout de suite ; c'est ce que les maçons appellent *gâcher serré* : lorsqu'on y met plus d'eau ,
ils disent *gâcher clair*, il donne plus de tems pour l'employer ; il y a des ouvrages où l'on est obligé de gâcher
encore plus clair lorsqu'il s'agit de l'étendre sur de grandes

surfaces, comme pour faire des enduits. Enfin, lorsqu'il s'agit de remplir des vides où la truelle, ni la main, ne peuvent pas atteindre, on forme ce qu'on désigne par *coulis*. Ce plâtre, qui est très-clair, se verse par des godets placés de manière à pouvoir remplir les cavités: il ne faut pas s'attendre que ce coulis puisse former un corps bien solide. On ne doit en faire usage que quand les parties à remplir n'ont pas de charge à soutenir, tels que les joints verticaux ou d'aplomb, et jamais pour les lits horizontaux. Ce procédé est un des abus qu'il est essentiel de réformer pour la pose des pierres de taille. Il en sera question dans le livre suivant.

ARTICLE VI.

Des briques en mortier; des carreaux de plâtre, et des petits moilons tendres à débiter à la scie.

LES briques en mortier proposées par M. de la Faye, peuvent être quelquefois d'une grande ressource, dans les endroits où il serait plus difficile de se procurer des briques cuites, et dans les circonstances où l'on voudrait éviter une trop grande charge. Ces briques, à cause de leur légèreté, seraient très-propres à faire des cloisons de distribution à l'intérieur, des tuyaux de cheminée et autres ouvrages où l'on voudrait éviter de faire usage du bois.

Pour faire de bonnes briques en mortier, il faudra se procurer la meilleure chaux qu'il sera possible, et après l'avoir éteinte, comme nous l'avons indiqué à la page 302, et qu'elle aura acquis une consistance qui permette de

la couper sans qu'elle coule, on la broyera à plusieurs
reprises avec du bon sable fin de fouille, ou plutôt avec de la
poudre de pierre tendre sur une aire de pierre dure avec
des broyoirs en fer, comme ceux que nous avons indiqués
dans la planche IX, par les lettres I et K; lorsque ce mortier commencera à prendre une consistance un peu ferme,
on fera faire, pour mouler les briques, des cadres de
charpente, comme celui représenté par la figure 2 de la
planche IV, qui puissent se démonter, afin de pouvoir
ôter les briques, lorsqu'elles seront moulées; pour faire
ces briques, on remplira les cases de ces cadres, de
mortier préparé, en faisant attention que tous les angles
soient bien fermés. Quand les cases seront bien pleines
jusqu'au-dessus du bord supérieur, on massivera ce mortier avec des battes de bois semblables à celle représentée
sur la figure 2. On aura soin, en massivant, de jeter à mesure du sable très-fin ou de la poudre de pierre passée au
tamis, afin d'absorber l'eau qui sort du mortier en le battant. Comme cette eau est imprégnée des sels de la chaux,
elle formera avec ces poudres une croûte d'une dureté
singulière. Pour bien massiver ces briques, il faut que les
cadres soient posés sur une aire en dalle de pierres dures,
bien unie, qu'on couvre d'une légère couche de sable fin
ou de poudre de pierre.

On peut encore imaginer d'autres dispositions plus
simples et plus commodes pour remplir l'objet essentiel,
qui est de les bien massiver, et de rendre les surfaces et
les arêtes bien nettes. Les dimensions de ces briques pourraient être de 10 à 12 pouc. pour la longueur, 5 à 6 pouc.
de largeur, et 3 à 4 pouces d'épaisseur (de 27 à 32 centimètres de long sur 13½ à 16 de largeur et 8 à 10 d'épaisseur),

Pour faire sécher ces briques, on les rangerait à claire-voie, comme l'indique la figure 3, sous des hangards. En moins de deux ans, elles deviendraient presqu'aussi dures que les pierres tendres, et avec le tems elles acquerraient une plus grande dureté, ainsi que le prouvent les briques sur lesquelles nous avons fait les expériences ci-devant citées. On pourrait même en faire d'aussi grandes que les demi-briques des anciens, indiquées dans la même planche par les lettres D et F, et dont il a été question à la page 225.

Des carreaux de plâtre.

Depuis environ dix ans, on a imaginé de fabriquer des carreaux de plâtre pour faire des cloisons; on ne les emploie que quand ils sont bien secs, pour former des cloisons de distribution dans les appartemens qu'on veut habiter tout de suite, afin d'éviter les effets dangereux qui résultent de l'évaporation de l'humide des plâtres frais. Ces carreaux ont 1 pied $\frac{1}{2}$ de long (50 centimètres) sur 1 pied de large (32 centimètres $\frac{1}{2}$), et 2 pouces $\frac{1}{2}$ (62 millimètres) d'épaisseur. On les pose de champ; les joints formant l'épaisseur, sont creusés dans le milieu pour recevoir le plâtre qui sert à les poser.

Moilons tendres en forme de briques, débités à la scie.

Dans les pays où il se trouve des pierres tendres ou des tufs de bonne qualité, on pourrait, à l'imitation des anciens, les débiter en petits moilons en forme de brique. Pour rendre cette opération moins coûteuse, il serait possible de former avec des moilons bruts, des massifs

TOM. I. S s

reliés avec un peu de plâtre. Ces moilons seraient disposés de manière à pouvoir, après avoir dressé des paremens du tour, être débités tous ensemble par le moyen d'une combinaison de plusieurs lames de scie à dents qui formeraient d'abord deux surfaces parallèles pour fixer la longueur de chaque brique. Retournant ensuite ces lames de scie d'un autre sens, on parviendrait à former deux autres surfaces parallèles, formant des angles droits avec les premières, pour déterminer leur largeur. En arrangeant de nouveau ces briques ébauchées, on formerait, par le même moyen, les deux surfaces renfermant leur épaisseur. Ces briques qui pourraient, en raison de la qualité de la pierre, être employées à l'extérieur, formeraient des surfaces qui n'auraient pas besoin d'enduit, et qui pourraient, comme la brique, résister à toutes les intempéries de l'air. Lorsqu'on les emploierait pour revêtement, on pourrait faire un trait de scie de moins, afin de laisser brut le côté fait pour entrer dans l'épaisseur de la maçonnerie. Nous reviendrons sur cet objet à l'article de la maçonnerie.

SECTION TROISIÈME.

Des différentes espèces de maçonnerie.

On entend, par maçonnerie, une construction en moilons ou en briques unis ensemble, pour former un corps solide par le moyen du mortier, ou du plâtre, ou de toute autre matière susceptible de produire le

même effet. L'art de la maçonnerie est très-ancien, puisqu'on trouve dans l'intérieur des pyramides d'Egypte, des
remplissages maçonnés en mortier de chaux et sable.

Les Grecs attribuent l'invention de cet art aux Tyrhéniens, dont il a déjà été question à l'occasion du mortier, pages 282 et 283. Le goût que ce peuple avait pour
la maçonnerie lui fit donner le nom de *Philotechnites.*

Avant d'entrer dans aucun détail sur cette partie de l'art
de bâtir, nous allons rapporter ce qu'en dit Vitruve,
livre II, chapitre VIII.

De generibus structuræ, et
earum qualitatibus, modis ac
locis.

Des différentes espèces de maçonnerie; de leurs qualités,
fabrication, et des lieux où
elles sont en usage.

Structurarum genera sunt hæc,
reticulatum, quo nunc omnes
utuntur, et antiquum, quod incertum dicitur. Ex his venus-
tius est reticulatum, sed ad rimas
faciendas ideo paratum, quod
in omnes partes dissoluta habet
cubicula et coagmenta.

Incerta vero cementa alia super alia sedentia, interseque
imbricata, non speciosam, sed
firmiorem quam reticulata, præs-
tant structuram.

Ces espèces de maçonnerie
sont le *reticulatum* qui est actuellement le plus employé, et
l'ancienne, appelée *incertum,*
fig. 1, 2, 4 et 7, planche VII.
Le *reticulatum* est plus agréable
à voir; mais il est sujet à se
lézarder, parce que les pierres
qui le composent ne forment
aucune liaison dans leurs lits
et joints, fig. 4 et 7.

La maçonnerie appelée *incer-*
tum, fig. 1 et 2, a, au contraire,
toutes ses pierres posées en liai-
sons, et enclavées les unes dans
les autres. Cette disposition ne
présente pas une aussi belle apparence; mais elle forme une cons-

Utraque autem ex minutissimis sunt instruenda, uti materia ex calce et arena crebriter parietes satiati, diutius contineantur. Molli enim et rara potestate cum sint, exsicant sugendo è materiá *a* cum : cum autem superarit et abundarit copia calcis et arenæ, paries plus habens humoris, non cito fiet evanidus, sed ab his continebitur.

Simul autem humida potestas è materiá per cæmentorum raritatem fuerit exucta, tunc calx ab arená discedens dissolvitur: itemque cæmenta non possunt cum his cohærescere, sed in vetustatem parietes efficiunt ruinosos.

Id autem animadvertere etiam de non nullis monumentis, quæ circa urbem facta sunt è marmore seu lapidibus quadratis, intrinsecusque medio calcata farcturis vetustate evanida facta materia, cæmentorumque exucta

truction plus solide que le *reticulatum.*

L'une et l'autre de ces maçonneries doivent être faites en très-petites pierres posées à bain de mortier, pour procurer aux murs construits de cette manière une plus grande durée ; car, lorsqu'on épargne le mortier, les petites pierres tendres et poreuses qu'on y emploie absorbent tout l'humide qu'il contient avant qu'il fasse corps ; ce qui lui ôte toute sa force ; mais si la quantité de mortier est surabondante, les murs, contenant plus d'humide, ne se dessèchent pas sitôt, et le mortier a le tems d'acquérir une force suffisante pour en lier toutes les parties.

Aussi-tôt que l'humide du mortier aura été absorbé par l'aridité des moilons, la chaux se désunira d'avec le sable, et ne formera plus un corps capable de les lier, et les murs n'ayant plus de consistance, tomberont en ruine en très-peu de tems.

C'est ce qu'on peut remarquer dans quelques monumens des environs de Rome, dont l'extérieur est construit en marbre ou en pierres de taille, et le milieu en blocage battu. On voit que l'aridité des moilons ayant

raritate proruunt, et coagmentorum ab ruinâ dissolutis juncturis dissipantur.

Quod si quis noluerit in id vitium incidere, medio cavo servato secundum orthostatas intrinsecus ex rubro saxo quadrato, aut ex testa, aut silicibus ordinariis struat bipedales parietes, et cum ansis ferreis et plombo frontes vinctæ sint. Ita enim non acervatim, sed ordine structum opus poterit esse sine vitio sempiternum, quod cubilia et coagmenta eorum inter se sedentia et juncturis alligata non pro trudent opus, neque orthostatas interse religatos labi patientur.

Itaque non est contemnenda Græcorum structura : non enim utuntur è molli cemento polita, sed cum discesserunt à quadrato, ponunt de silice seu de lapide duro ordinariam et ita (uti lateritia struentes) alligant eorum alternis coriis coagmenta et sic maxime ad æternitatem

absorbé tout l'humide du mortier, avant qu'il ait fait corps, ces moilons s'écroulent, et causent la ruine des revêtemens par la désunion de leurs joints.

Pour éviter cet inconvénient, il faut, après avoir réservé un espace vide au milieu, construire, à l'intérieur des revêtemens, des murs de deux pieds d'épaisseur, en pierres rouges écarries, ou en tuileaux, ou en moilons durs ordinaires, et relier les pierres des revêtemens avec des crampons de fer scellés en plomb. Si ces constructions sont faites ainsi, au lieu d'être faites sans ordre, l'ouvrage pourra se conserver sans accidens un tems infini, parce que les joints étant bien reliés entr'eux, et les pierres bien posées sur leurs lits ne pousseront point, et les revêtemens, liés par des crampons, ne pourront pas être renversés.

C'est pourquoi il ne faut pas dédaigner la maçonnerie des Grecs ; ils ne se servent pas de moilons tendres pour les paremens ; mais quand ils manquent de pierres de taille, ils les forment avec des moilons durs qu'ils posent en liaison sur les deux paremens (comme

firmas perficiunt virtutes.

Hæc autem duobus generibus struuntur, ex his unum isodomum, alterum pseudisodomum appellatur. Isodomum dicitur, cum omnia coria æqua crassitudine fuerint structa. Pseudisodomum, cum impares et inequales ordines coriorum diriguntur. Eæ utraque sunt ideo firma, primum, quòd ipsa cæmenta sunt spissa et solida proprietate, neque de materia possunt exugere liquorem, sed conservant eam in suo humore ad summam vetustatem, ipsaque eorum cubilia primum plana et librata posita, non patiuntur ruere materiam, sed perpetua parietum crassitudine religata continent ad summam vetustatem.

Altera quam ϵμπλϵκτον appellant, quæ etiam nostri rustici utuntur. Quorum frontes polliuntur, reliqua ita uti sunt nata, cum materia collocata alternis colligant

dans les constructions en briques), et par ce procédé, ils procurent à l'ouvrage une durée éternelle.

Les Grecs construisent de deux manières différentes, dont l'une est appelée *isodomon*, et l'autre *pseudisodomon*. L'*isodomon* est ainsi nommée, parce que tous les rangs de pierres, ou les assises de chaque parement, sont de même hauteur, et l'autre *pseudisodomon*, parce que les assises sont de hauteur inégale, et les pierres de différentes grandeurs. Ces deux espèces de maçonnerie sont également solides, premièrement parce que les moilons étant durs et compactes, n'absorbent pas toute l'eau du mortier, et qu'ils lui conservent l'humide nécessaire pour former une masse durable. Ces moilons, ayant leurs lits bien dressés et posés de niveau, ne peuvent pas se détacher du mortier; mais étant reliés dans toute l'épaisseur du mur, ils forment une construction très-solide et durable.

Les Grecs ont encore une espèce de maçonnerie qu'ils appellent *emplecton*, dont les habitans de nos campagnes font usage. Les paremens sont de

coagmentis. Sed nostri celeritati studentes, erecta coria locantes, frontibus serviunt, et in medio farciunt fractis separatim cum materiá cæmentis, ita tres suscitantur in ea structurá crustæ, duæ frontium, et in una media farcturæ. Græci vero non ita, sed plana collocantes, et longitudines coriorum alternis coagmentis in crassitudinem instruentes non media farciunt, sed è suis frontatis perpetuam et in unam crassitudinem parietem consolidant, et præter cætera interponunt singulos perpetua crassitudine utraque parte frontatos, quos *διατονοι* appellant, qui maxime religando confirmant parietum soliditatem.

Itaque si quis voluerit ex his commentariis animadvertere et eligere genus structuræ, perpetuitatis, poterit rationem habere. Non enim quæ sunt è molli cæmento subtili facie venustatis, non æe possunt esse in vetustatem non ruinosæ. Itaque cum

pierres taillées, et le milieu est en pierres brutes maçonnées avec du mortier, et posées en liaison. Mais ceux qui ne cherchent qu'à faire vite, après avoir élevé les pierres qui forment les paremens, remplissent le milieu de moilons et de débris de pierres jetés sans ordre, d'où il résulte trois constructions différentes, deux qui forment les paremens, et l'autre le remplissage du milieu. Les Grecs n'agissent pas ainsi: après avoir placé les pierres des paremens, alternativement, selon leur longueur et leur largeur, pour former liaison dans l'épaisseur du mur, ils ne remplissent pas le milieu de moilons jetés sans ordre, mais avec des pierres de même hauteur; et de plus, ils en placent par intervalle d'assez grandes pour former les deux paremens. Ils nomment ces pierres *diatonous*, elles servent à relier les murs et à les rendre plus solides.

C'est pourquoi si quelqu'un veut consulter cet ouvrage pour faire des constructions durables, il fera bien de préférer celle qui vient d'être détaillée; car les ouvrages en moilons tendres, malgré leur belle apparence, sont de peu de durée. C'est pour cette

arbitria communiam parietum sumuntur , non æstimant eos quanti facti fuerint, sed cum ex tabulis inveniunt eorum locationes , pretio præteritorum annorum singulorum deducunt octogesimas , et ita ex reliquâ summâ, partem reddi jubent pro his parietibus , sententiamque pronuntiant eos non posse plus quam annos octoginta durare. De laterisiis verò dum modo ad perpendiculum sint stantes, nihil deducitur, sed quanti fuerint, olim facti, tanti esse semper æstimantur,

raison que les experts appelés pour estimer la valeur des murs mitoyens, ne les évaluent pas autant qu'ils ont coûté; mais ils déduisent, d'après les titres ou marchés, autant de quatre-vingtièmes qu'il y a d'années qu'ils sont faits, et ils n'ordonnent de payer que le surplus. Ils fondent leur décision sur ce que ces murs, selon eux, ne peuvent durer plus de quatre-vingts ans. Mais quant aux murs de briques, tant qu'ils se soutiennent bien d'à-plomb, ils ne déduisent rien de leur valeur, et les estiment autant qu'ils ont coûté.

Ce que nous venons de rapporter de Vitruve, comprend tout ce qui peut servir à l'explication des maçonneries antiques. Il paraît que de son tems les Grecs bâtissaient mieux que les Romains, et que toutes les espèces de maçonnerie des anciens se réduisaient à cinq, dont deux étaient en usage chez les Romains, et les trois autres chez les Grecs. Les deux premières étaient désignées par les mots d'*opus incertum* et d'*opus reticulatum*, qu'on peut traduire par maçonnerie à joints incertains, et maçonnerie réticulée.

ARTICLE PREMIER.

De la maçonnerie antique appelée opus incertum, *c'est-à-dire, à joints incertains.*

CETTE espèce de maçonnerie est formée de pierres ou moilons bruts et irréguliers posés les uns sur les autres sans ordre ni rangs d'assises, mais en liaison sur tous les sens, figure 1 et 2, planche VIII. Cette manière de construire qui remonte à la plus haute antiquité, est attribuée aux anciens Étrusques. Elle paraît avoir été imitée de certaines carrières où les pierres se trouvent ainsi disposées naturellement. Telle est celle qui se voit auprès du lac de Bolsena et de l'ancienne ville de *Volsinium*, capitale du pays des Volsques, où se tenaient les assemblées générales des douze peuples de l'ancienne Étrurie, dans le temple de la déesse Vulturna.

Ce genre de maçonnerie a été en usage jusqu'au règne des empereurs. Les plus anciennes ruines de Rome sont construites de cette manière; à Tivoli, le temple de Vesta, la villa de Mécènas, les restes de la maison de Quintilius Varus; le temple de la Fortune à Préneste; on trouve encore des constructions de ce genre à Terracine, à Fondi, à Pouzzol, à Pompéïa et en plusieurs autres endroits.

Perrault, qui n'avait pas été en Italie, a pensé que cette espèce de maçonnerie était semblable à celle que nous appelons limosinage, où les pierres sont rangées par rangs d'assises; il pensait qu'il fallait lire *insertum*

TOM. I,   T T

avec une *s* au lieu d'*incertum*. Il traduit *insertum* par le mot
entrelacé, mais il est évident que cette explication peut
également convenir à la maçonnerie à joints incertains,
puisque les pierres y sont encore plus entrelacées que
dans la maçonnerie ordinaire; de plus, le mot *incertum*
désigne mieux l'irrégularité des joints qui caractérise
cette espèce de maçonnerie. Il est probable que si Perrault
eût vu les ruines des anciens édifices que nous avons
cité, il aurait été d'une autre opinion; car il n'existe,
dans les ruines des édifices de Rome, bâtis avant les empereurs, que des constructions réticulées et à joints
incertains; il parait même, par ce que dit Vitruve,
qu'il n'y avait pas long-tems qu'on faisait usage de celle
qu'il appelle *reticulatum*. Les petites pierres et les tufs
des environs de Rome, sont plus propres par leur irrégularité, à former l'*incertum*, que la maçonnerie par
rangs d'assises; parce que cette dernière exige des pierres
ou moilons dont les lits soient naturellement formés.

Les angles et les extrémités des murs, construits à
joints incertains, ont besoin d'être consolidés par des
parties de maçonnerie ordinaire, disposées par rangs
d'assises horizontales. Dans plusieurs édifices antiques,
ces parties sont construites en briques. La figure 1 de la
planche VII, représente une encoignure de mur antique
de Pompéia, mais le moyen indiqué par la figure 2 est
le plus ordinaire.

Comme les murs ne peuvent avoir de véritable solidité
que lorsqu'ils sont formés de pierres ou moilons posés sur
leurs lits, et par rangs d'assises horizontales, on peut en
conclure que ce genre de construction, à conditions égales,
ne vaut pas celui en liaison.

ARTICLE II.

*De la maçonnerie antique appelée opus reticulatum,
c'est-à-dire, reticulée ou en forme de réseau.*

Ce genre de maçonnerie forme l'ouvrage le plus agréable
qu'on puisse faire en petites pierres. Il était fort en usage
vers les derniers tems de la république romaine. Une
grande partie des ruines qui sont aux environs de Rome
est construite en maçonnerie réticulée pour les paremens
extérieurs, et le milieu en blocage.

L'ouvrage réticulé est ordinairement formé de petites
pierres ou tufs dont la face présente un carré d'environ
3 pouces ou 8 centimètres en tous sens, disposées en
losanges ou échiquier, comme on le voit à la figure 4,
planche VII. Ces pierres ont une queue de 5 à 6 pouces
de longueur (13 ½ à 16 centimètres) qui va en diminuant
de grosseur, et qui s'enfonce plus ou moins dans l'épaisseur du mur, afin de se lier avec la maçonnerie en blocage
du milieu.

Cet ouvrage est encadré par des parties de maçonnerie
en liaison formée avec de petits moilons écarris en même
pierre, de 7 à 8 pouces de long (19 à 22 centimètres),
sur 3 pouces d'épaisseur environ (1 décimètre), et de 4
à 6 pouces de largeur (11 à 16 centimètres), afin de
former liaison dans l'épaisseur du mur. Souvent, au lieu
de petits moilons, ces encadremens sont faits en briques.

On a vu, par le texte de Vitruve que nous avons
rapporté, qu'il désapprouvait cette espèce de maçonnerie,

parce que les petites pierres dont ses paremens sont
formés, ne paraissent avoir ni assiette ni liaison, et que
les murailles construites de cette manière sont de peu de
durée et sujettes à se lézarder.

Pline, qui copie Vitruve pour tout ce qui a rapport à
l'art de bâtir, dit la même chose, livre XXXVI, chap. 23;
il ajoute que cette espèce de maçonnerie était appelée par
les Grecs *diamicton*. Il existe cependant à Rome, et en
plusieurs autres endroits d'Italie, des restes de construction de ce genre bien conservés, et qui ne forment plus
qu'une masse très-solide : telle est celle qui fait partie des
murs de Rome, entre la porte *Pinciana* et la porte du
Peuple. Cette masse, à demi-renversée par la poussée
des terres qu'elle soutient, a plus de 80 pieds de long
(26 mètres), sur environ 12 mètres ou 36 pieds de hauteur ; son épaisseur moyenne est de 20 pieds (6 mètres $\frac{1}{2}$).
L'opinion des antiquaires est qu'elle faisait partie d'un
ancien Bustum, bâti du tems d'Auguste, pour brûler le
corps de cet empereur. Cette masse était déjà renversée,
lorsque l'empereur Aurélien la fit servir pour cette partie
de mur qu'il fit reconstruire. Les restes du mausolée
d'Auguste sont construits de cette manière.

Les vastes ruines de la ville Adrienne, près de Tivoli,
sont en maçonnerie réticulée exécutée avec beaucoup
d'art. On y voit des parties si bien conservées, qu'elles
paraissent plutôt des constructions modernes interrom-
pues, que des ruines d'édifices qui ont plus de seize siècles
d'antiquité.

L'ouvrage le plus remarquable en ce genre, est un
mur d'un édifice qu'Adrien fit bâtir à l'imitation du
pecile d'Athènes ; sa longueur est de près de 200 mètres

(613 pieds), sur 8 mètres de haut (25 pieds), et 72 centimètres d'épaisseur (27 pouces). Ce mur, qui est isolé dans toute sa longueur, est encore en très - bon état et bien d'à - plomb ; on a percé dans la masse de grandes portes charretières de 4 mètres de largeur pour passer des voitures de foin, sans que ces percemens paraissent avoir endommagé le mur, et le dessus qui a environ 3 mètres de haut (8 à 10 pieds), se soutient en l'air par la seule force du mortier. Ce mur est divisé sur la hauteur par bandes horisontales de 13 à 14 décimètres de haut (4 pieds 2 pouces), par cinq rangs de briques formant ensemble des assises de 10 pouces de haut (27 centimètres).

Le milieu du mur est en maçonnerie de blocage de petits moilons irréguliers et de recoupes de pierres, posés à bain de mortier, et bien garni.

Auprès du stade, on voit des restes d'édifice dont les murs sont aussi en maçonnerie réticulée. Quelques-uns de ces murs ont 10 mètres de haut (31 pieds) sur 60 décimètres d'épaisseur (22 pouces) ; ils ne sont pas divisés par bandes, mais encadrés avec de petits moilons écarris. On apperçoit sur les faces de quelques-uns de ces murs qui sont encore en très-bon état, les trous des crampons ou agraffes qui retenaient les lambris de marbre dont ils étaient revêtus, et qui en indiquent les compartimens ; on y remarque à de certaines distances, des tasseaux de marbre scellés dans le mur, et qui paraissent avoir été destinés à soutenir les pièces les plus saillantes.

La combinaison des parties de maçonnerie réticulée, avec des encadremens de petits moilons écarris, et posés en liaison, est fort agréable. Je crois qu'on pourrait l'em-

ployer avec succès pour la construction de certains édifices, qui n'ont besoin d'autre décoration que la régula-
riité, comme des murs de terrasse, des grottes, des
serres et autres.

On pourrait débiter les losanges et les petits moilons à
la scie à dents, en y employant des pierres tendres de
bonne qualité, telles que le Vergelé fin, le Conflans, le
Saint-Leu, la lambourde de Saint-Maur, et autres.

Il serait facile de trouver des moyens simples et expé-
ditifs pour débiter toutes ces pierres. Cette construction
serait plus agréable que la brique, et pourrait devenir
moins coûteuse.

Ils pourraient se maçonner en plâtre ou en mortier,
et présenteraient à l'extérieur un aspect moins commun
que les constructions en moilons apparens, ou revêtus
d'enduits.

A R T I C L E   I I I.

Des maçonneries par rangs d'assises.

ON ne peut pas s'empêcher de convenir que cette manière forme des constructions plus solides que celles
dont nous venons de parler.

La maçonnerie appelée par les Grecs *isodomon*, était
la plus belle et la plus régulière, parce que tous les
rangs d'assises sont de même hauteur et les pierres de
même dimension; elle était formée de petits moilons
écarris, comme on le voit par les figures 1 et 7 de la
planche XIII, et par la planche X, représentant la ruine

d'un mur d'une ancienne fabrique près la tour de Métella. La longueur dans œuvre de ce mur est de 9 mètres ou 27 pieds, son épaisseur est de 20 pouces ou 54 centimètres. Les petits moilons écarris dont il est formé, sont tous de même grandeur, c'est-à-dire de 8 pouces de long sur 3 pouces de haut, ou 22 centimètres sur 8. L'intérieur de ce mur est en blocage, bien garni de mortier et battu. La représentation exacte de l'état où se trouve ce mur, dont les paremens sont encore bien droits et bien conservés, prouve combien le mortier ajoute de consistance et de solidité aux constructions en petites pierres, quelque puisse être, d'ailleurs, leur forme et leur arrangement.

La maçonnerie nommée par les Grecs *pseudisodomon* ou faux *isodomon*, parce que ni les rangs d'assises, ni les pierres qui les forment, n'ont leurs dimensions égales. Les figures 4, 6 et 8 de la planche XIV font voir différentes constructions de ce genre en pierre de taille dont il sera question au troisième livre, mais qui peuvent donner une idée des constructions de même genre en moilons.

On voit par les figures 4 et 6, que ce genre de construction peut avoir une certaine régularité, en la formant d'assises de deux différentes hauteurs, posées alternativement l'une sur l'autre.

Au reste, les rangs peuvent être d'inégales hauteurs et les pierres de grandeurs différentes, sans que, pour cela, les murs aient moins de solidité, si d'ailleurs, ils sont bien construits à bain de mortier, et si les pierres sont bien arrangées en raison de leur forme et de leur grandeur, et disposées en liaison, tant à l'intérieur qu'à l'extérieur.

A R T I C L E I V.

*Des maçonneries modernes qui répondent à l'*isodomon *et au* pseudisodomon *des Grecs.*

CES maçonneries sont celles en moilons piqués et le limc sinage ou maçonnerie ordinaire en moilons bruts qui do.. ent être recouverts d'enduits.

La maçonnerie en moilons piqués a lieu pour les revêtemens et murs extérieurs, tels que des murs de terrasse et autres auxquels on veut donner une certaine apparence sans enduits.

Pour construire ces murs d'une manière convenable, les moilons qui doivent former les paremens doivent être écarris, avoir leurs lits et leurs paremens bien dressés; il faut qu'ils soient posés par rangs d'assises en liaison les uns sur les autres. Cet ouvrage est agréable en raison de ce que les rangs sont d'égale hauteur et les moilons de même grandeur; quant à la solidité, elle dépend de la manière dont les moilons sont posés, reliés et garnis à l'intérieur à bain de mortier ou de plâtre.

La maçonnerie en moilons bruts, appelée *limosinage*, ne doit différer pour la façon, de celle en *moilons piqués*, que par les paremens et les joints montans. Les lits des moilons doivent être aussi bien dressés que pour la maçonnerie en moilons piqués; ils doivent être, de même, posés en liaison les uns sur les autres, par rangs de niveau, le milieu bien garni en mortier ou en plâtre. Pour former une liaison plus parfaite, et par conséquent une plus grande solidité, il serait à propos que les moilons des paremens fussent à-peu-près triangulaires en plan, comme on le voit, en b, figure 1, planche XI, et situés de manière que la pointe soit dans l'intérieur du mur, afin de pouvoir placer dans les espaces d, qu'ils laissent entr'eux, d'autres moilons, qui relieraient le milieu avec les paremens. Cette forme triangulaire doit être préférée à la rectangulaire c, fig. 2, toutes les fois que les murs ont une épaisseur plus grande que le double de la longueur des moilons, comme dans les murs de 15 à 18 pouces : lorsqu'on n'a pas soin de relier ces murs de distance en distance avec des pierres qui forment leur épaisseur, ils sont sujets à se désunir dans le milieu.

Lorsqu'on veut avoir de bonne construction en maçonnerie, semblable à celle des anciens Romains, il faut de plus avoir soin de recommander aux ouvriers de poser leurs moilons sur un bon lit de mortier, de les battre pour les assujettir en place et les faire bien joindre, et après avoir bien garni le milieu du mur et tous les vides entre les moilons avec de petites pierres, et des recoupes broyées avec le mortier, arraser le mur à chaque rang d'assise avec une bonne couche de mortier. Enfin, pour que le mortier s'unisse mieux avec les moilons, il serait à propos que les ouvriers eussent auprès d'eux une grande auge ou baquet plein d'eau, dans lequel ils tremperaient leurs moilons avant de les poser, et un panier à claire-voie pour les recoupes où garnis qu'on tremperait de même avant de les broyer avec le mortier. Ce procédé que j'ai vu pratiquer en plusieurs endroits d'Italie, est excellent pour les ouvrages qui doivent contenir de l'eau, tels que des bassins, des réservoirs, des aqueducs, et pour les ouvrages qui exigent une grande solidité, même pour ceux qui doivent être maçonnés en plâtre.

En comparant ce que nous venons de dire sur les moyens et les précautions à prendre pour faire de bonne maçonnerie, avec la manière dont la plupart des ouvriers opèrent, on ne doit plus être surpris du peu de durée des constructions modernes.

La plupart des ouvriers, après avoir posé les moilons des paremens en plâtre ou en mortier, se contentent de remplir le milieu avec des débris de pierrailles et de la poussière à sec, en sorte qu'ils n'emploient de mortier ou du plâtre que pour les paremens.

ARTICLE V.

Comparaison des constructions en plâtre avec celles en mortier.

A PARIS, où le plâtre a beaucoup de force, les maçons mettent encore moins de soin; ils ne daignent pas dresser les lits des moilons; souvent ils les posent tels qu'ils se trouvent, peu leur importe, parce qu'ils savent que le plâtre qui fait corps tout de suite, souffre tout. En voyant les murs qu'ils construisent, avant qu'ils soient recouverts d'enduits, on ne peut pas concevoir comment ils peuvent se soutenir. Cependant, il existe des murs de face, bâtis de cette manière, qui n'ont pas un demi-mètre d'épaisseur, ou 18 pouces, tous percés de croisées, et qui supportent six ou sept rangs de planchers et le comble au-dessus. La solidité précaire de ces murs ne dépend que

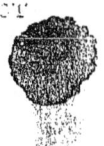

de la force du plâtre qui unit les pierres des paremens et des enduits de même matière dont ils sont recouverts.

Cette propriété du plâtre est cause que les ouvriers de Paris font ordinairement de mauvaises constructions en mortier, par le peu de soin qu'ils y mettent; car le mortier ne faisant pas corps tout de suite, il faut que l'arrangement des moilons soit assez bien fait, pour se soutenir pendant que la maçonnerie est encore fraîche.

Le plâtre est beaucoup plus commode pour les constructions des maisons ordinaires que le mortier, parce qu'il acquiert tout de suite la solidité dont il est susceptible, tandis qu'il faut plusieurs années au mortier; mais aussi il faut observer que la solidité des constructions en mortier va toujours en augmentant, au lieu que celle des ouvrages en plâtre va toujours en diminuant. Lorsque ces derniers sont exposés à l'humidité ou aux injures de l'air, ils ont besoin d'être renouvellés au bout de quinze à vingt ans.

Les ouvrages en mortier, en s'affaissant, prennent une consistance plus solide, par le rapprochement de leurs parties, tandis que ceux en plâtre changent de forme en augmentant de volume, se tourmentent et gauchissent par l'effet du renflement qui est toujours contrarié par quelqu'obstacle. C'est pour cette raison que dans les villes où l'on bâtit en mortier, les édifices ont un air de solidité qu'on n'apperçoit pas dans ceux qui sont construits en plâtre. Les murs de face maçonnés en mortier, se conservent droits et d'à-plomb, tandis que ceux en plâtre gauchissent et perdent leur à-plomb, quoiqu'originairement ils aient été bâtis aussi droits que ceux en mortier. On s'apperçoit sur-tout de cet effet, en parcourant les rues de Paris, et de l'effet contraire dans les villes où l'on construit en mortier, telles que Lyon, Bordeaux, Metz, Nancy, Lille, etc., et les grandes villes d'Italie, comme Turin, Florence, Rome, Naples, etc.

ARTICLE VI.

Maçonnerie avec remplissage en pierres brutes ou blocages.

La troisième espèce appelée par les Grecs *emplecton* (1), était une maçonnerie irrégulière en liaison sur tous les sens. C'est ainsi qu'ils construisaient les murs ou massifs qui avaient trop d'épaisseur pour que les moilons des paremens opposés pussent former ensemble l'épaisseur du mur. Le milieu était rempli par des moilons bruts posés à bain de mortier. Et pour donner plus de consistance et de solidité à ce genre de construction, ils avaient soin de relier les deux paremens par de grandes pierres qui formaient toute l'épaisseur du mur. Cette maçonnerie était fort en usage chez les Romains. Vitruve blâme avec raison ceux qui après avoir fait le parement en moilons écarris, en briques, ou en pierres de taille, remplissent le milieu de pierres jetées sans ordre avec le mortier. Ce défaut d'arrangement doit en effet rendre ces constructions moins solides. J'ai remarqué, dans les constructions antiques de cette espèce qui se sont le mieux conservées, que les remplissages en petits moilons ou blocages paraissent

(1) Le mot ἐμπλεκτον signifie fait d'une manière extravagante, sans règle.

avoir été arrangés avec un certain ordre , en sorte qu'ils sont tous enveloppés d'une quantité à-peu-près égale de mortier, et qu'aucuns ne se touchent à cru : cette quantité comparée au volume des petites pierres ou blocages , est un peu moins de la moitié. J'ai encore remarqué que la grosseur de ces blocages était proportionnée à la grandeur des masses qu'ils forment. Dans les murs de 2 pieds d'épaisseur et au-dessous, tels que ceux dont les paremens sont en petits moilons écarris ou en briques, les petites pierres des remplissages sont moindres que la grosseur du poing.

La maçonnerie de ces murs paraît avoir été faite (comme nous l'avons déjà dit), par encaissement dans des espèces de moules mobiles faits en planches, à-peu-près comme ceux dont on se sert pour le pisé. Les trous qu'on remarque dans les ruines de plusieurs murs antiques de Rome qui ont été dépouillés de leurs paremens, indiquent la position des traverses de bois qui servaient à ces encaissemens ; ces trous sont à-peu-près rangés comme ceux des murs de pisé qui n'ont pas été recouverts d'enduits.

Les figures 1, 2 et 4 , planche VII, font voir l'intérieur des murs construits à joints incertains et réticulés, et le remplissage du milieu en maçonnerie de blocages.

La figure 9 indique l'arrangement des revêtemens de briques triangulaires avec le remplissage du milieu et la manière dont ces briques se relient à l'intérieur du mur. On y voit aussi le rang de grandes briques carrées placé à 4 pieds et demi Romains les uns des autres, ou 4 pieds 1 pouce ½ du pied de Paris , répondant à 13 décimètres 41 millimètres. Ces briques, qui ont ordinairement deux pieds Romains, 22 pouces du pied

de Paris, ou 596 millimètres, formaient toute l'épaisseur des murs, afin de relier les deux paremens avec
le milieu ; elles répondaient aux pierres appelées par
les Grecs *diatonous*, et à celles que nous appelons
parpains.

La précaution que les anciens constructeurs romains
avaient d'arraser et de battre leur maçonnerie de 4
pieds ½ en 4 pieds ½, obviait au tassement considérable
dont ce genre de construction est susceptible ; aussi on
ne remarque, dans presqu'aucun des murs antiques
qui existent, de lézardes ni de désunions. Ces murs dépouillés de leurs paremens paraissent ne former qu'une
seule masse.

C'est à la bonté du mortier des anciens Romains et
à la propriété qu'il avait de former avec de très-petites
pierres, ou des briques, des constructions solides et
faciles à exécuter, qu'il faut attribuer le nombre considérable de grands édifices bâtis sous les règnes des empereurs. Ce genre simple, qui permettait d'employer des
milliers d'ouvriers à la fois, et qui se prêtait à l'exécution
de toutes sortes de formes, rendait possible ce qui aurait
été d'une difficulté insurmontable par les autres moyens.
Les formes circulaires et les voûtes, exigent dans les
constructions en pierres de taille, et même en bois, des
connaissances particulières, un travail extraordinaire, des
matériaux choisis, ou d'un volume considérable, difficile
à transporter et à mettre en place, occasionnent beaucoup
de déchet, de tems et de dépenses ; tandis que celles en
petits moilons deviennent des ouvrages ordinaires qui ne
demandent qu'un peu de soin.

On est étonné, lorsqu'on parcourt les ruines des anciens

édifices de Rome, de voir qu'ils ont presque tous été construits avec de petites pierres informes, qui n'excèdent pas la grosseur du poing, et que nous rebuterions pour nos constructions les plus communes. C'est cependant de cette manière qu'ont été bâtis le palais des empereurs, la maison Dorée de Néron, qui en faisait partie, le temple de la Paix, le panthéon d'Agrippa, les thermes, les cirques, les naumachies, et la plus grande partie des théâtres et des amphithéâtres.

Les murs et points d'appui de la plupart de ces édifices ont été construits en maçonnerie de blocage revêtue de briques ou de petits moilons de tuf. On peut les considérer comme ayant été moulés, et ne formant qu'une seule pièce. On voit qu'il a fallu la violence pour détruire les parties qui manquent, puisque celles dépouillées de leurs revêtemens existent dans cet état depuis près de deux siècles, et que les édifices, ou parties d'édifices antiques, construits dans le même genre, auxquels on a donné une destination, se sont conservés en aussi bon état que les édifices modernes construits à neuf, à l'époque de leur restauration.

Les modernes ont fait, dans plusieurs circonstances, des maçonneries par encaissement pour des fondemens, des ouvrages dans l'eau ou destinés à en contenir. Leur procédé a été de former, avec du gros gravier ou des recoupes de pierres et de la chaux nouvellement éteinte, une espèce de mortier ou beton. Dans les pays où la chaux est bonne, ce beton, bien fait et bien broyé, forme, par la suite, des masses d'une seule pièce. A Lyon on en fait usage pour fonder les puits, les murs de quai, les piles de pont : on en forme des bassins qui contiennent l'eau comme un pot de terre cuite.

Pour que cette maçonnerie sèche plus vite, et qu'elle acquière plus de consistance, il faut qu'elle soit battue.

On pourrait bâtir de cette manière des murs où l'on employerait toutes sortes de débris et de pierrailles, en faisant usage d'encaissemens mobiles à-peu-près semblables à ceux qu'on emploie pour le pisé dont nous avons ci-devant donné le détail et la figure de chaque pièce, planche V.

A R T I C L E   V I I.

Des maçonneries mixtes.

La figure 5 de la planche VII, représente une espèce de maçonnerie mixte qui a été employée au cirque de Caracalla, ou plutôt de Galien, comme le pense Fabretti. Ce qui me porte à le croire, indépendamment des raisons de cet auteur, c'est que ce genre de construction diffère beaucoup, tant par la forme que par la manière peu soignée dont il est exécuté, de celui en usage pour les édifices construits du tems de Caracalla, et entr'autres les magnifiques thermes qui portent son nom, qu'il fit bâtir sur le mont Cælio, dont les vastes ruines existent encore.

Cette maçonnerie dont le milieu est en blocage, a, comme on le voit, ses paremens formés alternativement par un rang de petits moilons de tufs écarris et par un rang de briques triangulaires. Ce genre de construction qui paraît plus économique que celui dont les paremens

sont tout en briques, s'est moins conservé que les constructions dont les revêtemens ne sont formés que de
petits moilons de tufs écarris.

La figure 8 indique une maçonnerie aussi en moilons
de tufs et briques, tirées des ruines de Pompéïa, mais
beaucoup mieux exécutée. Chaque assise est alternativement formée de trois rangs de briques et d'un rang
de petits moilons de tuf qui sont à-peu-près de même
hauteur. Cette construction, quoique plus ancienne, est
mieux conservée.

Dans les ruines d'un édifice de cette ancienne ville,
désigné sous le nom de quartier des soldats, on voit
des restes de murs d'un pied et demi romain d'épaisseur, ou 16 pouces ½ du pied de Paris, et 447 millimètres des nouvelles mesures. Ces murs n'ont que deux
rangs de briques sur un rang de moilons; mais ces briques
sont carrées, et forment toute l'épaisseur du mur, pour
relier l'assise en moilon qui est en deux rangs avec un
joint au milieu de l'épaisseur, c'est-à-dire un rang pour
chaque parement.

Le fameux aqueduc de Caserte, bâti en 1753, sous
la direction de Vanvitelli, architecte de Charles III, roi
de Naples, est construit dans ce genre. On y voit alternativement deux rangs de moilons de tufs d'environ 6
pouces de haut, sur moins d'un pied de long, et trois
rangs de briques formant ensemble la même épaisseur
que les moilons. Ces trois rangs de briques sont couverts d'un enduit de ciment fort dur. Les joints des
moilons sont faits avec le même ciment. Toute cette
construction paraît très-solide et s'est bien conservée.

ARTICLE VIII.

Maçonnerie en cailloux.

IL nous reste à parler de la maçonnerie en cailloux dont les anciens se sont servi quelquefois pour les murs et pour les pavés. Ce moyen a aussi été pratiqué par les modernes, dans plusieurs pays où les cailloux abondent.

Les constructeurs romains qui, d'après le précepte de Vitruve (1), savaient tirer un parti avantageux de tous les matériaux qui se trouvaient dans les pays où ils bâtissaient, ont adopté, pour cette espèce de maçonnerie, la disposition irrégulière de l'*opus incertum*, afin de relier l'ouvrage en tous sens, et que dans les paremens des murs en élévation, chaque caillou fût soutenu au moins par deux points, et qu'il se trouvât, pour ainsi dire, enclavé et soutenu par tous ceux dont il était environné, soit qu'il s'agit de pavé ou de mur, ainsi qu'on peut le voir par la fig. 3, planche VII.

Plusieurs constructeurs modernes ont fait cette maçonnerie par rangs d'assises, comme on le voit à la figure 6; mais cette disposition est vicieuse en ce que chaque caillou, considéré indépendamment du mortier, ne portant que sur un point, n'a pas une assiette suffisante,

(1) Livre I, chap. V. *Sed ubi sunt saxa quadrata, sive silex, sive cœmentum aut coctus later, sive crudus, his erit utendum.* C'est-à-dire : Il faudra se servir des matériaux qui se trouveront, tels que les pierres de taille, les cailloux, les moilons, les briques cuites ou les briques crues.

en sorte que ces murs n'ont presque pas de solidité, et sont sujets à se lézarder et à s'écrouler.

Nous renvoyons ce qui nous reste à dire sur la maçonnerie au troisième livre, où il sera question des constructions en pierres de taille, et au quatrième, où l'on traitera de la manière de fonder solidement les différentes parties des édifices; des constructions qui y ont rapport, et de la manière de déterminer les dimensions des murs et points d'appuis en raison de leur construction; des charges et des efforts qu'ils peuvent avoir à soutenir.

ARTICLE IX.

Des aires antiques.

CES aires sont des espèces de massifs de maçonnerie composés de plusieurs couches, dont les anciens Grecs et Romains formaient les pavés de leurs édifices, et même celui de leurs grandes routes. Vitruve en parle au premier chapitre du septième livre de son Traité d'architecture: voici le texte et la traduction de ce chapitre.

De ruderationibus commodè perficiendis.	*De la manière de faire les massifs pour les aires.*
Primumque incipiam de ruderatione, quæ principia tenet expolitionum, uti curiosius summaque providentia solidationis ratio habeatur.	Je vais commencer par le massif qui doit servir de base à l'aire, parce que plus on aura pris de précautions pour le bien faire, plus on pourra compter sur la solidité de l'ouvrage.

Et si plano pede erit ruderan-
dum, quæratur solum, si sit perpetuo solidum, et ita exæque-
tur, et inducatur cum statu-
mine rudus: si aut omnis, aut
ex parte, congestitius locus fuerit, fistucationibus cum magnâ
curâ solidetur.

In contignationibus verò diligenter est animadvertendum,
ne quis paries, qui non exeat
ad summum, sit extructus sub
pavimentum, sed potius relaxa-
tus supra se pendentem habeat
coaxationem. Cum enim solidus
exit, contignationibus arescenti-
bus, aut pandatione sidentibus,
permanente structuræ solidita-
te, dextra ac sinistra secundum
se facit in pavimentis necessario
rimas.

Item danda est opera, ne com-
misceantur axes esculini quernis, quod querni, simul ac humorem perceperunt, se tor-
quentes rimas faciunt in pavimentis. Sin autem esculus non
erit, et necessitas coegerit propter inopiam uti quernis, si vide-

Quand l'aire doit être au rez-
de-chaussée, on examinera d'a-
bord si le sol est par-tout également solide; dans ce cas, on
étendra dessus un premier lit
de maçonnerie en petites pierres; mais si le sol est formé, en
tout ou en partie, de terres rapportées, il faudra avoir grand
soin de le consolider en le battant.

Dans les aires, qui doivent
être faites sur des planchers, il
faut bien faire attention qu'il ne
se trouve aucun mur qui s'arrête sous sa portée; il vaut mieux
l'isoler tout-à-fait, en sorte qu'il
courbe en dessous : car si cette
partie résiste, et que le surplus
du plancher, en séchant, flé-
chisse ou éprouve un tassement,
il se fera nécessairement dans le
pavé des désunions à droite et à
gauche, dans l'endroit où porte
ce mur.

Il faut aussi avoir soin de ne
pas mêler aux planches de l'espèce de chêne appelé *esculus* (1),
des planches de chêne ordinaires, parce qu'elles se tourmentent lorsqu'elles sont pénétrées
par l'humide du mortier, et que
cet effet occasionne des désu-

(1) L'*esculus* était une espèce de chêne tendre dont le gland était bon à manger.

tur esse faciendum, ut secentur tenuiores: quo minus enim valuerint, eo facilius clavis fixi continebuntur. Deinde in singulis tignis extremis partibus axis, bini clavi fingantur, uti nullâ ex parte possint se torquendo anguli excitare. Namque de cerro, aut fago seu farno, nullus ad vetustatem potest permanere.

Coaxationibus factis, si erit, filex: si non palea substernatur, uti materies ab calcis vitiis defendatur. Tunc insuper statuminetur ne minore saxo, quàm quod possit manum implere: statuminibus inductis rudeftur. Rudus si novum erit, ad tres partes una calcis misceatur, si redivivum fuerit, quinque ad duum mixtionis habeant responsum. Deinde rudus inducatur, et vectibus ligneis decuriis inductis crebriter pinsatione solidetur; et id non minus pinsum absolutum crassitudine sit dodrantis.

nions dans les aires. Lorsqu'à défaut d'*esculus*, on est obligé de se servir de planches de chêne, il faut qu'elles soient très-minces, afin de pouvoir être contenues plus facilement par les clous. Il faudra, en conséquence, les arrêter sur chaque solive, et à leurs extrémités avec deux clous, afin qu'elles ne puissent se tourmenter d'aucune manière, en élevant leurs angles. Quant aux espèces de chênes désignés sous les noms de *cerrus* et de *farnus*, et au bois de hêtre, ils ne sont pas de longue durée.

Les planches étant posées, on les couvrira d'un lit de fougère, ou à son défaut, de paille, pour les garantir des effets caustiques de la chaux. On arrangera dessus une assise de petites pierres d'une grosseur à pouvoir être contenues dans la main; sur cette espèce de massif on étendra une couche de béton fait avec des recoupes de pierres. Si ces recoupes proviennent de pierres neuves, il suffira de les broyer avec un tiers de chaux; mais si ce sont des débris de vieilles pierres, il faudra deux parties de chaux sur cinq de recoupes. Lorsque cette couche, appelée *rudus*, aura été mise,

Insuper ex testa nucleus inducatur, mixtionem habens ad
tres partes unam calcis, uti ne
minore sit crassitudine pavimentum digitorum senum.

Supra nucleum, ad regulam
et libellam exacta, pavimenta
struantur, sive sectilibus, seu
tesseris.

Cum ea extructa fuerint, et
fastigia extructiones habuerint,
ita fricentur, uti si sectilia sunt,
nulli gradus in scutulis, aut tri-
gonis, aut quadratis, seu favis
extent. Sed coagmentorum com-
positio planam habeat inter se
directionem.

Si tesseris structum erit ut eæ
omnes angulos habeant æquales,
nullibique à frictura extantes.
Cum enim anguli non fuerint
omnes æqualiter plani, non erit
exacta, ut oportet fricatura.

Item testacea spicata tiburtina
sunt diligenter exigenda, ut non

il faudra la faire battre par une
dixaine d'hommes, avec des battes de bois, jusqu'à ce que l'ouvrage soit réduit à trois quarts
de pied d'épaisseur.

On étendra dessus le noyau,
formé d'une composition de trois
parties de tuileaux pilés, broyés
avec une partie de chaux; il
faut que cette couche ait au
moins six doigts.

Sur ce noyau on posera le
pavé à la règle et au niveau;
il peut être en carreaux ou en
mosaïque.

Lorsqu'il sera posé, il faudra
frotter sa superficie pour l'unir,
soit qu'elle soit formée de carreaux triangulaires, carrés, losanges ou exagones, de manière
qu'aucune de leurs parties n'ex-
cède la surface, et que l'assemblage de leurs joints se trouve
dans un même plan et une même
direction.

Si le pavé est formé de petits
cubes, il faut que tous leurs
angles soient égaux, et qu'aucuns
ne sortent de la superficie; car
quand les angles ne sont pas
égaux et dans le même plan,
l'ouvrage n'a pas le degré de
perfection qui lui convient.

De même les pavés en briques
disposées en épi, à la tiburtine,

habeant lacunas, nec extantes tumulos, sed sint extenta et ad regulam perfricata. Super fricaturam levigationibus et polituris cum fuerint perfecta, incernatur marmor, et supra loricæ ex calce et arenâ inducantur.

Sub dio vero maximè idonea facienda sunt pavimenta, quod contignationes humore, crescentes, aut siccitate decrescentes, seu pandationibus sidentes, movendo se, faciunt vitia pavimentis. Præterea gelicidia et pruinæ non patiantur ea integra permanere.

Itaque si necessitas coegerit ut minimè vitiosa fiant, sic erit faciendum. Cùm coaxatum fuerit, super altera coaxatio transversa sternatur, clavisque fixa duplicem præbeat contignationi loricationem : deinde ruderi novo tertiâ pars testæ tusæ admisceatur, calcisque duæ partes ad quinque mortarii mixtionibus præstent responsum.

doivent être faits avec beaucoup de soin, pour qu'ils n'aient ni enfoncement ni saillie, et que toutes ses parties soient bien dressées à la règle. Sur ce pavé on applique un enduit en mortier de chaux et sable, sur lequel on tamise de la poudre de marbre, et on lui donne le poli en le frottant.

C'est principalement les aires à découvert qui doivent être faites avec le plus de soin, parce que les planchers étant sujets à renfler par l'humidité, et à se retirer par la sécheresse, ou à s'affaiser en se courbant, causent, par ce mouvement alternatif, la ruine du pavé. Ce sont sur-tout les gelées et les bruines qui leur font le plus de tort.

C'est pourquoi si la nécessité contraignait d'en faire, voici comment il faudrait opérer pour qu'ils aient le moins de défauts. Après avoir cloué une première superficie de planches sur les solives, on en posera un second rang en travers qu'on arrêtera de même avec des clous, et qui formera une double couverture aux solives. On étendra ensuite une couche de blocage composé de deux tiers de petites pierres neuves, et d'un tiers de tuileaux

Statuminatione facta rudus
inducatur, idque pinsum absolutum ne minus pede sit cras-
sum. Tunc autem nucleo inducto (uti suprà scriptum est) pavimentum è tesserá grandi circiter binum digitum cæsa struatur, fastigium habens in pedes
denos, digitos binos : quod si
bene temperabitur, et recte fricatum fuerit, ab omnibus vitiis
erit tutum.

Uti autem inter coagmenta
materies ab gelicidiis ne laboret,
fracibus quotannis ante hyemem
saturetur, ita non patietur in
se recipere gelicidii pruinam.

Sin autem curiosius videbitur
fieri oportere, tegulæ bipedales
inter se coagmentatæ supra rudus, substrata materia collocen-
tur, habentes singulis coagmentorum frontibus excisos canicu-
los digitales ; quibus junctis im-
pleantur calce ex oleo subacta,
confricenturque inter se coagmenta compressa.

pilés ; sur cinq parties de ce
mélange on ajoutera deux parties de chaux.

Sur la première couche, appelée *statumen*, on en étendra
la seconde, nommée *rudus* ; il
faut que ces deux couches, après
avoir été battues, aient ensemble au moins un pied d'épaisseur. Ce massif achevé, on formera le noyau (comme nous
l'avons ci-devant expliqué), et
par-dessus, on posera de petits
pavés d'environ deux doigts sur
tous sens ; on donnera à ce pavé
deux doigts de pente sur dix
pieds. Si ce pavé est bien exécuté et bien dressé, il ne sera
sujet à aucune dégradation.

Pour que le mortier des joints
ne souffre pas de la gelée, il
faudra tous les ans, avant l'hiver, imbiber la superficie avec
de la crasse d'huile : ce moyen
simple suffira pour le garantir.

Si l'on est curieux de faire un
ouvrage encore plus solide, il
faudra au-dessus du *rudus* poser une assise de grandes briques
de deux pieds, dont on creusera les joints tout autour en
forme de canal d'un doigt de
largeur ; on remplira ces petits
canaux avec de la chaux broyée
avec de l'huile, et on joindra

ces tuiles en les frottant les unes contre les autres.

Ita calx, quæ erit hærens in canalibus, durescendo, non patietur aquam, neque aliam rem per coagmenta transire. Cum ergo fuerit hoc ita perstratum, supra nucleus inducatur, et virgis cædendo subigatur. Supra autem sive ex tesserâ grandi, sive ex spicâ testaceâ struuntur, fastigiis, quibus est suprà scriptum, et cum sic erunt facta, non cito vitiabuntur.

Lorsque cette chaux sera durcie, et qu'elle aura fait prise avec les briques, il ne sera plus possible à l'eau ni à autre chose de s'insinuer par les joints. Après avoir fait cette espèce de carrelage, on étendra le noyau dessus que l'on battra avec des bâtons fléxibles; sur ce noyau on posera des pavés ou de petites briques en épis, comme il a été dit ci-devant. Les aires des terrasses construits de cette manière seront d'une bonne durée.

On voit par le détail dans lequel Vitruve est entré relativement aux aires, combien les anciens prenaient de précautions pour faire des ouvrages solides. Il en résulte que ces aires étaient composées de trois couches.

La première, appelée *statumen*, était composée de petites pierres irrégulières à-peu-près de la grosseur du poing, lorsqu'il s'agissait d'aire au rez-de-chaussée, et de la grosseur d'un œuf lorsqu'elle devait être faite sur des planchers. Plusieurs auteurs ont prétendu que cette première couche était posée à sec. Cependant, en visitant les ruines des anciens édifices de Rome, de Pompéia et de la ville Adrienne, j'ai reconnu que cette première couche était formée de pierres irrégulières posées en mortier, comme la maçonnerie de blocage.

La seconde couche, appelée *rudus*, ne paraît différer de la première qu'en ce que les pierres sont beaucoup

plus petites : c'est une espèce de béton composé de recoupes ou de petits cailloux broyés avec de la chaux
nouvellement éteinte. La solidité de l'aire dépendait de
ces deux couches, qui devaient être battues et réduites aux
trois quarts environ de la hauteur des matières fraîches,
c'est-à-dire, à un *dodrans* ou ¾ du pied romain antique,
répondant à 8 pouces ¼ du pied de Paris ou 243 millimètres.

La troisième couche, désignée par le mot de *nucleus*,
c'est-à-dire noyau, était un mortier de ciment dont la
moindre épaisseur devait être de 6 doigts du pied romain,
répondant à 4 pouces ⅛ du pied de Paris ou 122 millimètres.
C'est sur cette couche qu'on posait le pavé en terre cuite,
en marbre, ou en mosaïque.

La disposition des aires était la même, soit qu'elles
dussent être faites sur la terre, sur des voûtes ou sur des
planchers de charpente.

On a représenté à la planche XII, figures 4 et 5, la
disposition des différentes couches qui formaient les aires
sur les planchers, d'après le texte que nous avons rapporté
de Vitruve, depuis la page 348 jusqu'à 353.

Dans ces deux figures, A indique les solives.

B, planches jointives de chêne arrêtées par deux clous
sur chaque solive.

C, second rang de planches posées et clouées en travers
sur le premier, pour les aires à découvert ou formant
terrasse.

D, lit de fougères qu'on étendait sur les planches pour
les garantir des effets caustiques de la chaux.

E, première couche de maçonnerie en petites pierres,
appelée *statumen*.

F, seconde couche en béton, ou mortier de chaux et pierrailles, appelée *rudus* .

G, troisième couche en mortier de chaux et tuileaux pilés, désignée sous le nom de *nucleus*.

K, carrelage en grandes briques, que Vitruve propose de placer entre le *rudus* et le *nucleus* pour les aires à faire sur les terrasses.

H, pavé en pierre, en marbre ou en terre cuite, pour former le dessus de l'aire.

La construction des aires antiques ne différait que par les opérations préliminaires convenables à chaque situation, et par l'épaisseur des couches qui étaient plus considérables pour celles faites au rez-de-chaussée.

La solidité et la consistance qu'on remarque dans les parties d'aires antiques qui se trouvent dans les ruines des anciens édifices, est due à deux précautions essentielles que les constructeurs romains ne négligeaient jamais. La première était de bien consolider le sol sur lequel elles devaient être établies, et la seconde était de les comprimer en les battant.

En plusieurs endroits de la ville Adrienne et de Pompéia, j'ai vu, dans des angles de mur, des parties d'aires faites sur des planchers dont tous les bois sont détruits, et qui se soutiennent comme des voûtes; on remarque en dessous les trous des solives, espacés de manière que les intervalles sont environ doubles de l'épaisseur des solives; on y voit les marques de l'épaisseur des planches, l'impression des fougères qu'on étendait dessus, et les différentes couches de maçonnerie dont l'aire était formée, disposées comme l'explique Vitruve, avec les pavés de petites briques en épis à la tiburtine; des

mosaïques, ou des pavés formés de petits dés d'environ
six lignes en carré de base.

Dans les ruines de la ville Adrienne, j'ai examiné une
terrasse dont le pavé établi sur une voûte était bien conservé. Par l'arrachement des parties qui tenaient aux
parties de bâtimens détruits , j'ai reconnu qu'elle est
composée d'un massif en blocage ou *statumen*, d'environ 8 pouces d'épaisseur, sur lequel était une couche
de mortier de pierrailles ou béton d'environ 4 pouces,
appelé *rudus ;* sur cette couche est posée une espèce de
pavé en petites briques de champ d'environ 4 pouces de
long sur 2 pouces de large et 8 lignes d'épaisseur, c'est-à-
dire, 108 millimètres de long sur 54 de large , et 18
d'épaisseur. Ces briques sont arrangées en épis ou points
d'Hongrie, comme les pavés à la tiburtine.

Sur ce pavé est une couche de mortier de ciment fin
d'environ 3 pouces , dans laquelle sont enfoncés de
petits parallélipipèdes de marbre à base carrée, de 10 à
12 lignes de longueur sur 3 lignes de grosseur, formant
la superficie supérieure du pavé. Le long du mur du fond
et des murs latéraux en retour , sont des espèces de
glacis en ciment pour rejeter l'eau vers le milieu de la
terrasse et garantir ces murs.

Par plusieurs restes de thermes de Caracalla, on peut
conjecturer qu'une grande partie du dessus de ces thermes
était couverte en terrasse dont le pavé était formé par des
parallélipipèdes à base carrée en pierre de *peperino ;*
leur longueur était d'environ 1 pouce ½ sur 8 lignes de
gros. J'ai remarqué dans l'épaisseur des aires de plusieurs
de ces terrasses, des arrachemens de grandes briques

de 2 pieds romains en carré, qui formaient un lit ou carrelage intérieur, comme le conseille Vitruve.

ARTICLE X.

Des aires ou pavés à la grecque.

VITRUVE, au chapitre IV du VIIe livre, parle de cette espèce d'aire dont les Grecs faisaient usage pour leurs appartemens d'hiver, et sur-tout pour les salles-à-manger situées au rez-de-chaussée. Il s'exprime ainsi :

Cum explicatæ fuerint cameræ puræ, et politæ, etiam pavimentorum non erit displicens (si quis animadvertere voluerit) Græcorum hibernaculorum usus, qui minimè sumptuosus est, sed utilis apparatus.

Foditur enim intra libramentum triclinii altitudo circiter pedum binum, et solo fistucato inducitur aut rudus, aut testaceum pavimentum, ita fastigatum, ut in canali habeat nares.

Deinde congestis et spisse cal-

Après avoir expliqué la manière de faire sur les voûtes des enduits nets et polis, j'ai cru qu'il serait intéressant de parler des pavés dont les Grecs font usage dans leurs appartemens d'hiver (dans le cas où quelqu'un voudrait les adopter) : ils ne sont pas d'une grande beauté, mais ils ont une propriété utile.

On creusera deux pieds au-dessous du niveau du pavé de la pièce, telle qu'une salle-à-manger, et après avoir bien comprimé le sol en le battant, on étendra dessus une couche de béton, ou un pavé en terre cuite, plus élevé dans le milieu, avec des pentes et des issues dans un canal ou égout.

Ensuite, après avoir jeté sur

catis carbonibus inducitur ex sabulone, et calce, et favilla mixta materies. Crassitudine semi-pedali ad regulam et libellam : et summo libramento cote despumato redditur species nigri pavimenti.

cette superficie un lit de charbons bien battu, sur lequel on appliquera une couche de mortier, composé de chaux, de sable fin et de braise ou charbon pilé. Cette couche, qui doit avoir un demi-pied d'épaisseur, sera dressée par-dessus au niveau et à la règle, et polie. Après avoir été lavée, elle aura l'apparence d'un pavé noir.

Ita convivis eorum et quod poculis et spumatismatis effunditur, simul atque cædit, siccessit : quique versantur ibi ministrantes, et si nudis pedibus fuerint, non recipiunt frigus ab ejusmodi genere pavimenti.

De cette manière, tout ce que les convives peuvent jeter de leurs vases ou de leurs coupes, s'imbibe tout de suite ; et si ceux qui servent ont les pieds nuds, ils n'éprouvent aucune fraîcheur de cette espèce de pavé.

Ce procédé est une nouvelle preuve des précautions que les anciens prenaient pour ne rien négliger de tout ce qui pouvait être utile. Il est certain que dans plusieurs circonstances, on pourrait encore faire usage de ce genre de pavé pour des salles-à-manger, des appartemens de bains, ou des laboratoires de chimie.

ARTICLE XI.

Des grands chemins, ou voies militaires des anciens Romains.

RELATIVEMENT à l'art de bâtir, les chemins peuvent être considérés comme des aires de différentes largeurs et d'une longueur indéfinie, consolidées de manière à former une superficie solide, et durable, afin de faciliter les transports et la communication dans toutes les parties d'un pays.

L'utilité des chemins ne saurait être contestée. On peut dire même que plus un Etat est grand, plus il est nécessaire qu'il soit traversé par de bonnes routes. C'est un des moyens dont les anciens Romains se sont servis pour agrandir et maintenir leur Empire.

L'étendue immense des grands chemins construits par les Romains, leur durée, leur solidité, les obstacles qu'ils ont surmonté pour continuer ces chemins au travers des marais, des lacs, des montagnes, ont excité, de tout tems, l'étonnement et l'admiration universelle. Nicolas Bergier, dans son *Histoire des grands chemins de l'Empire romain*, attribue leur cause finale à quatre motifs principaux.

Le premier était d'occuper les troupes en tems de paix, et les citoyens oisifs de chaque province, afin d'éviter les tumultes, les séditions, et autres mouvemens que l'oisiveté et la misère ont coutume de produire.

Le second était pour la célérité de la correspondance de la capitale avec toutes les parties de ce vaste Empire.

Le troisième était de faciliter les expéditions militaires et le transport des bagages des armées pendant toutes les saisons de l'année et dans toutes les provinces.

Le quatrième motif était la commodité des voyageurs et l'utilité du commerce.

Les Romains distinguaient les différentes espèces de chemins par les mots *via*, *actus*, *iter*, *semita*, *trames*, *diverticulum*, *divortium*, *callis*.

Via répond à notre mot chemin; sa largeur était de

huit pieds romains, afin que deux voitures, allant en sens contraire, pussent passer sans se heurter; sur quoi il faut observer que les voitures des anciens Romains n'avaient pas plus de trois pieds de voie. Cette largeur de 8 pieds romains, prescrite par les lois des douze tables, ne fait que 7 pieds 4 pouces du pied de Paris, ou 2 mètres 384 millimètres.

Ayant eu occasion de mesurer les traces des roues creusées dans le pavé de plusieurs restes des voies antiques, et sur-tout à Pompéia, j'ai reconnu qu'elles n'avaient pas plus de 3 pieds.

Actus était un chemin fait pour le passage d'une seule voiture; sa largeur était de 4 pieds romains. Ce nom lui venait d'une mesure de superficie qui servait à l'arpentage des terres, dont la largeur était de 4 pieds, et la longueur de 120.

Iter était un chemin pour les gens de pied et les cavaliers, dont la largeur n'était que de 3 pieds.

Celui appelé *Semita* ou sentier, n'avait que la moitié de la largeur de l'*iter*. Lorsqu'il traversait les champs, on lui donnait les noms de *trames*, *diverticulum*, *divortium*.

Callis était un chemin pratiqué dans les montagnes, pour mener paître les troupeaux.

Les chemins dont nous venons de parler étaient des chemins particuliers. Quant aux grands chemins, qui traversaient toutes les provinces de l'Empire, on les désignait sous les noms de voies militaires, consulaires et prétoriennes, ou sous les noms des Consuls, Empereurs qui les avaient fait faire, telles que les voies *Appia*, *Flaminia*, *Domitia*. Ils étaient encore désignés sous les noms des provinces, comme les voies *Latina*, *Tiburtina*, *Campania*, *Prænestina*.

Les grandes voies militaires des Romains étaient ordinairement divisées en trois parties distinctes. Celle du milieu, désignée sous le nom d'*Agger* ou chaussée, était la plus élevée; elle était bombée sur la largeur, et pavée quelquefois en grandes pierres de toutes sortes de formes, telle que la fameuse voie Appia, qui passait pour la plus belle et la plus solide des voies romaines.

Il résulte de plusieurs vestiges de voies antiques que j'ai mesuré dans les environs de Rome, telles que des voies *Appia*, *Latina*, *Labicana*, *Tiburtina* et *Prænestina*, que la largeur de la partie pavée devait être de 16 pieds romains (14 pieds 8 pouces du pied de Paris, ou 4 mètres 768 millimètres). Cette partie était séparée des deux autres, appelées *Margines*, par des rebords en pierre de 2 pieds romains de largeur sur 1 pied ½ de hauteur (22 pouces du pied de Paris, sur 16 pouces ½, ou 596 millimètres sur 447 millimètres), qui servaient de siéges aux voyageurs et de retraite aux gens de pied pour marcher dans les tems de pluie, et lorsque la chaussée et les marges étaient trop embarrassées de voitures et de troupes; la partie du milieu étant spécialement destinée pour l'infanterie, et les marges pour les chevaux et les voitures. La largeur de chaque marge était ordinairement la moitié de celle de la chaussée du milieu, en sorte que la largeur entière des plus grandes voies militaires n'était que de 36 à 40 pieds romains (de 30 à 36 pieds 8 pouces de Paris, ou de 10 mètres ¾ à 12 mètres).

Des matières dont les Romains formaient leurs
chemins, et de leur construction.

Les Romains employaient pour la construction de
leurs chemins, les pierres dures, les laves, les grès, les
cailloux, la chaux et le sable ; le gravier, la marne, la craie
et la terre franche. Le terrain sur lequel devait passer le
chemin fournissait quelquefois les matériaux nécessaires
à sa construction ; alors ils se contentaient de creuser à
droite et à gauche pour les extraire. Dans d'autres chemins
on est étonné de ne trouver dans le pays aucune des
matières dont ils sont composés, ce qui fait présumer
qu'elles y avaient été apportées de fort loin, ou que pour
les trouver on avait fait des fouilles très-profondes.

Pour établir leur chemin d'une manière solide et durable, leur premier soin, après avoir tracé la direction
de la route, était de niveler et de dresser le sol en raison
de la situation du pays qu'elle devait traverser ; ensuite ils
le battaient fortement avec des bâtons ferrés faits exprès,
pour lui procurer une fermeté uniforme. C'est sur ce sol,
bien nivelé et bien battu, qu'on étendait les différentes
couches qui devaient composer l'aire ou massif du chemin.
Ces couches étaient désignées, comme celles des aires,
par les mots de *statumen*, *rudus*, *nucleus*, et *summa*
crusta ou *summum dorsum*; c'est-à-dire, massif, blocage,
noyau et superficie supérieure. Ces quatre couches formaient ensemble une épaisseur de 3 pieds ou 1 mètre.

Dans les grandes voies militaires la première couche
ou *statumen*, était formée par un ou deux rangs de pierres
plates posées à bain de mortier. La seconde couche ou

rudus, était formée d'une maçonnerie de blocage bien battue : c'est sur cette couche bien dressée qu'on étendait la troisième appelée *nucleus*, qui était une espèce de béton composé de gravier broyé avec de la chaux nouvellement éteinte. Le pavé ou *summum dorsum*, était posé sur cette dernière dans laquelle on l'enfonçait en le battant.

Dans plusieurs voies antiques, telles que les voies Appia, Prænestina, Tiburtina, Valeria, le pavé est formé par de grandes pierres ou laves bleuâtres, taillées en poligones irréguliers de cinq, six ou sept côtés, dont quelques-unes ont 3 pieds ½ de diamètre, parfaitement bien jointes. Palladio pense qu'on se servait de lames de plomb pour prendre les angles et les contours justes des parties qui devaient se raccorder : telle était la construction de la partie des grands chemins pavée en grandes pierres.

Dans quelques chemins antiques on ne trouve pas la couche appelée *nucleus*; les grandes pierres qui forment le pavé sont immédiatement posées sur celle appelée *rudus*.

Les chemins antiques, dont la superficie n'était pas pavée en grandes pierres, étaient terminés par une couche de béton composée, comme il a été dit, de gravier broyé avec de la chaux. On réservait les cailloux les plus gros qu'on enfonçait dans ce béton pour former la surface supérieure appelée *summa crusta*.

C'était probablement de cette manière que les deux autres parties des grands chemins, désignées sous le nom de *margines*, étaient construites; peut-être était-ce le dessus de cette couche qui formait leur superficie, ainsi qu'on le voit par la figure 1, de la planche XIII, dans laquelle le chiffre 2 indique la première couche appelée *statumen;* 3, celle appelée *rudus;* 4, celle nommée *nucleus*, qui forme la superficie supérieure des parties de chemins, désignées sous le nom de *margines;* 5, l'épaisseur du pavé du milieu, disposé comme celui de la voie Appia.

Le savant Bergier, qui a rassemblé dans son ouvrage sur les grands chemins de l'Empire romain, tout ce que les anciens auteurs ont écrit sur cet objet, ayant appris qu'il existait à Rheims et dans les environs, des restes de voies antiques; curieux de connaître leur construction intérieure, il fit faire des fouilles pour découvrir trois de ces chemins. La première eut lieu dans le couvent des Capucins de Rheims, sur une partie de marais près la rivière de Vesle: à neuf pieds de profondeur il trouva le sol sur lequel le chemin avait été établi. Après avoir nivelé et battu ce sol, on avait étendu dessus, dans l'espace que devait occuper le chemin, une couche de mortier et de sable blanc d'environ un pouce d'épaisseur. Sur ce lit de mortier était un massif d'environ dix pouces d'épaisseur, formé de pierres larges et plates liées avec un mortier fort dur. Au-dessus de ce massif ou *statumen,* était une maçonnerie en blocages de huit pouces d'épaisseur, qui répondait à la couche que nous avons ci-devant désignée sous le nom de *rudus;* composée de petites pierres irrégulières de toutes sortes de formes, et de deux ou trois pouces de grosseur. Les pierres rondes qui s'y trouvaient étaient plus tendres que les cailloux ordinaires, et ne faisaient pas de feu avec l'acier. Cette couche était si dure et si bien liée, qu'un ouvrier ne pouvait en détacher en une heure qu'autant qu'il pouvait en porter.

La troisième couche, représentant celle appelée *nucleus*, avait environ un pied d'épaisseur ; elle était formée d'une espèce de marne craïeuse battue. La dernière couche, formant la superficie du chemin ou *summa crusta*, était composée d'une couche de béton de six pouces d'épaisseur. Ainsi le massif formé par ces quatre couches avait trois pieds d'épaisseur.

La seconde fouille fut faite à une demi-lieue de Rheims, sur un ancien chemin qui conduisait à Châlons. Il formait une chaussée élevée de quatre à cinq pieds au-dessus du sol du terrain. Il trouva qu'il était composé du même nombre de couches que le précédent, et construit de même.

La troisième fouille eut lieu à trois lieues de Rheims, sur un ancien chemin qui conduisait à Mouzon. Le massif ou *statumen* était formé de deux assises de pierres plates dont la première, de dix pouces de hauteur, était maçonnée à bain de mortier, et la seconde, qui avait onze pouces, était composée de pierres posées à sec sans mortier. Cette dernière était couverte d'une couche de quatre à cinq pouces d'épaisseur, d'une espèce de terre rousse battue. Sur cette couche en était une autre de dix pouces d'épaisseur, en béton, composée de petits cailloux ronds et lisses, dont la grosseur variait depuis celle d'un noyau de cerise jusqu'à celle d'une noix. Cette espèce de gravier, broyé avec de la chaux et du sable, formait une masse fort dure et très-solide.

La dernière couche, qui formait la superficie du chemin, était composée de cailloux plus gros, posés à bain de

mortier. L'épaisseur de toutes les couches qui formaient
ce chemin était de trois pieds et demi.

Je me souviens d'avoir vu, dans ma jeunesse, les débris
d'un chemin antique à Lyon, sous la porte de Saint-Clair.
Il était formé d'une couche de béton d'environ un pied
et demi d'épaisseur. Ces débris consistaient en de grandes
masses de douze à quinze pieds de longueur sur quatre
à cinq de largeur, composées de cailloux ronds, dont le
plus fort n'excédait pas la grosseur d'un œuf. Le mortier
qui les unissait était devenu si dur, qu'il était impossible
de les désunir, et que les masses qu'ils formaient étaient
plus difficiles à rompre que les pierres les plus dures.

C'est la couleur bleuâtre ou gris foncé des petits cailloux
employés dans le béton qui formait la superficie de plusieurs chemins antiques, qui leur a fait donner le nom
de chemins ferrés, qu'on a donné depuis à tous ceux qui
ne sont pas pavés, et qui sont couverts de graviers ou de
pierrailles.

Les Romains ont aussi fait des chemins où ils n'ont
employé ni chaux, ni mortier, ni ciment; ils y substi-
tuaient l'argile, la marne, la craie ou la terre franche;
mais ils ont observé dans leur construction les mêmes
couches que dans ceux en maçonnerie, qu'ils avaient
soin de bien massiver pour leur donner une plus forte
consistance.

Des différentes espèces de chemins, relativement à leur situation.

Les chemins peuvent être situés de quatre manières
différentes en raison du pays qu'ils traversent.

1º. Dans les pays plats ou qui ont peu de pente, la superficie peut être dressée et dirigée selon les lignes qui suivent les mouvemens du terrain à peu de distance du sol, c'est-à-dire, à un pied ou deux d'élévation, pour faciliter l'écoulement des eaux. C'est ainsi qu'on suppose qu'étaient situés ceux dont nous avons détaillé la construction.

2º. Dans les pays bas et marécageux qui exigent des préparations particulières, et une plus grande élévation au-dessus du sol.

3º. Dans les pays montueux où les routes ont besoin d'être alternativement creusées profondément dans le sol, ou soutenues à une grande élévation au-dessus des vallées, des précipices, des torrens ou des rivières, afin de maintenir leur niveau ou l'uniformité de leur pente.

4º. Lorsqu'ils sont situés à mi-côte sur le penchant des collines, des montagnes et le long des rochers escarpés.

On peut ajouter à ces quatre positions les chemins percés au travers des montagnes, comme les voies souterraines de l'ancienne Thèbes d'Egypte et de Babylone ; le percement que Vespasien fit faire sous l'Apennin, pour prolonger la voie *Flaminia* ; le chemin qui allait de Baïe à Cumes ; celui qui existe encore pour communiquer de Naples à Pouzzol, creusé sous le mont Pausilipe, dont la longueur est de 363 toises ou 707 mètres ½ environ, sur 6 mètres de largeur, et à-peu-près 16 de hauteur.

Les précautions à prendre pour établir les chemins, dépendent autant de la nature du sol que de leur situation ; on parvient à le consolider lorsqu'il n'a pas une fermeté suffisante, en le battant, ou par d'autres moyens, tels que les pilotis, les plate-formes ou radiers de charpente, les encaissemens, les murs de revêtement, les substructions, les contreforts, les voûtes, les arches de ponts, et autres ouvrages dont il sera question dans le troisième et quatrième livre.

On peut dire que les anciens Romains ont épuisé dans la construction de leurs chemins, toutes les ressources de l'art et de l'industrie; aucun obstacle ne les a arrêté. Ils sont parvenus à les conduire au travers des marais, des étangs, des lacs, des rivières, des vallées les plus profondes, des montagnes les plus élevées et les rochers les plus escarpés.

On admire en Italie, auprès d'Urbin, une partie de l'ancienne voie *Flaminia*, soutenue sur des arcades depuis l'église de Ste.-Marie-du-Pont, jusqu'à un endroit appelé Cailli, sous lesquelles passe le fleuve *Metaurus*. Les murs de soutenement, qui sont en pierres de taille, ont une hauteur surprenante.

Dans plusieurs endroits ils ont été obligés de creuser les chemins dans les rochers les plus durs, comme on le voit à Piperno et à Terracina, sur la route de Rome à Naples.

Auprès de Sisteron, dans le département des basses Alpes, on voit un reste de chemin antique que *Posthamus Dardanus* fit couper dans le roc, où il fit graver une inscription qui a fait donner à ce lieu le nom de *Petra scripta*.

Auguste fit ouvrir, par le même procédé, plusieurs chemins dans les Alpes. Mais le récit le plus merveilleux des travaux de ce genre, est celui que fait Tite-Live

en parlant des moyens qu'employa Annibal pour rompre
les rochers des Alpes, et y ouvrir une route pour son
armée. On a long-tems rejeté dans la classe des fables,
le procédé du feu et du vinaigre, dont parle Tite-Live
au XXIe livre de son *Histoire romaine*. Il s'explique
ainsi :

Inde ad rupem minuendam,
per quam unam via esse poterat,
milites ducti, quum cædendum
esset saxum, arboribus circa im-
manibus dejectis detruncatis-
que struem ingentem lignorum
faciunt, eamque (quum et vis
venti æptæ faciundo igni coorta
esset) succendunt, ardentiaque
saxa infuso aceto putrefaciunt.
Ita torridam incendio rupem
ferro pandunt molliuntque am-
fractibus modicis clivos, ut non
jumenta solum, sed elephanti
etiam deduci possent.

De-là on conduisit des soldats
pour abaisser le seul endroit où
il était possible de pratiquer un
chemin en coupant le rocher.
Ils commencèrent par faire un
grand abattis d'arbres; après
les avoir ébranchés, ils en for-
mèrent un immense bûcher auquel ils mirent le feu. Le vent
qui soufflait avec violence, eut
bientôt formé un brasier ardent
qui fit rougir la roche sur laquelle ayant jeté du vinaigre,
elle se brisa en mille pièces
qu'on vint à bout de déblayer
avec des instrumens de fer, et
à former des pentes douces sur
lesquelles on pût faire passer,
non-seulement les bêtes de charge, mais encore les éléphans.

La possibilité de cette opération qu'on avait regardée
comme une exagération ou un conte populaire, se trouve
justifiée par un fait que cite M. Gauthier architecte ingénieur des ponts et chaussées, auteur d'un ouvrage
estimé sur la construction des chemins. Il rapporte dans
cet ouvrage « qu'ayant été chargé par M. Arnon, inten-

» dant général de la marine, de faire une écluse au bout
» de la vallée d'Aure, sous le village d'Eget, près du
» fond de la rivière, pour y faire passer des mâts, il
» employa d'abord l'usage des mines pour couper les
» rochers, en les perçant avec des aiguilles et les char-
» geant de poudre, etc., ce qui produisait d'assez bons
» effets; mais il ajoute : Un paysan plus habile que moi,
» me dit que si je voulais le laisser faire, il enlèverait
» tous les rochers, que je faisais miner, avec très-peu
» de dépense et avec trois fois plus de diligence. Ayant
» accepté cette offre, ce paysan rassembla une douzaine
» de femmes auxquelles il fit faire des fagots de bois
» et de broussailles ; il les fit ranger autour des rochers
» qu'on avait commencé à miner, et y ayant fait mettre
» le feu, lorsque ces roches furent bien échauffées,
» il fit jeter de l'eau dessus, et elles se fendirent de
» toutes parts avec beaucoup de bruit aux endroits où
» elles avaient été échauffées, et on les séparait aisé-
» ment avec des pinces. » Ce moyen épargna beaucoup
de peine, et l'ouvrage fut fait plus promptement. Il ré-
compensa le paysan, et le chargea de continuer sa ma-
nœuvre. Mais il remarqua qu'il n'y avait qu'une sorte de
pierre que le feu et l'eau faisait ainsi éclater ; il la désigne sous le nom de pierre fondante ; elle est beaucoup
plus dure que les grès les plus compactes. L'application
du feu et de l'eau ne fait aucun effet sur les rochers
qu'il appelle ardoisés.

Il conclut de cette expérience que le vinaigre, qu'on
dit qu'Annibal employa pour dissoudre les rochers des
Alpes, après les avoir échauffés, pouvait être inutile,
et que l'eau simple aurait pu produire le même effet.

sur cette espèce de roche, dont les sommets des Alpes et des Pyrénées sont ordinairement couverts.

Du nombre et de l'étendue des grands chemins de l'Empire romain.

Il sortait de Rome vingt-neuf grandes voies militaires, dont quelques-unes s'étendaient jusqu'aux extrémités de l'Empire. Ces chemins étaient bordés jusqu'à la distance de cinquante milles romains, de temples, de palais, de bains, d'hippodromes, de sépulcres, et autres superbes édifices. On trouvait encore le long des grands chemins militaires, des bâtimens construits aux frais du public, désignés sous les noms de *mutationes* et *mansiones*, que l'on peut traduire par maisons de postes et logemens.

Les postes, ou *mutationes*, étaient éloignées les unes des autres de douze à quinze milles (18 à 22 kilomètres ou 4 à 5 lieues de 25 au degré). On y trouvait des chevaux pour les relais des couriers de l'Empire; des mulets, des ânes, des bœufs et des chariots pour le transport des bagages des armées. Ces maisons étaient ordinairement placées dans les villages et les bourgs non fermés, afin que de nuit comme de jour, le service pût se faire avec plus de facilité et de promptitude.

Les édifices appelés *mansiones* servaient pour le logement des troupes; leur éloignement était de trente à trente-six milles (45 à 54 kilomètres ou dix à 12 lieues).

Nicolas Bergier n'a pas donné une idée juste de l'étendue des grands chemins de l'Empire romain, en ne comptant que deux milles pour une lieue de France. Il fait les milles trop grands en ne comptant que 62 milles

$\frac{1}{2}$ pour un degré de grand cercle terrestre, tandis qu'il
en faut 75 ; et de plus, la quantité de milles qu'il donne
à plusieurs parties de chemins antiques, n'est pas exacte.
J'ai pensé qu'il était utile de corriger ces erreurs qui ne
diminuent rien du mérite de l'ouvrage, puisqu'elles dépendent de l'état où étaient parvenues les connaissances
géographiques dans son tems. La rectification de ces
erreurs est le résultat des progrès qu'on a faits dans cette
science depuis l'époque où il vivait, et sur-tout des recherches savantes de M. Danville, qui avait acquis, par
plus de soixante ans de travaux, des connaissances très-
étendues de la géographie ancienne et moderne, et des
m------es qui y ont rapport.

D'après la carte qu'il a dressée de l'Empire romain, qui
est jusqu'à présent la plus exacte, sa longueur mesurée
d'occident en orient sur le parallèle qui passe par le 40e
degré de latitude, est de deux mille neuf cent cinquante
deux milles romains ou 984 lieues de 25 au degré. Selon
Bergier, cette longueur serait de 3751 milles romains,
qu'il évalue à 1875 lieues $\frac{1}{2}$.

La largeur prise sur le méridien qui passe par la ville
de Rome, était de 1375 milles ou 458 lieues. Bergier
fait cette largeur de 2000 qu'il évalue à mille lieues.

Ce vaste Empire était divisé en onze grandes régions,
savoir ; l'Italie, l'Espagne, les Gaules, les Iles Britan-
niques, l'Illyrie, la Thrace, l'Asie mineure, le Pont,
l'Orient, l'Egypte et l'Afrique. Ces régions étaient subdivi-
sées en 113 provinces, traversées par 372 grands chemins,
formant ensemble, d'après l'Itinéraire d'Antonin, une
longueur de 52,964 milles romains ou 17,654 lieues de 25
au degré.

De l'importance que les Romains mettaient à la construction et à l'entretien des grands chemins.

Chez les Romains, le soin de surveiller les travaux publics, sur-tout les grands chemins, était un emploi fort estimé, et sollicité par les premiers magistrats de la république.

Jules César ayant été nommé *curator viárum*, c'est-à-dire directeur des grands chemins, fit continuer la voie Appia; outre les deniers publics, il y employa une très-grande somme de son argent : ce fut une des opérations qui lui acquit le plus de crédit et de réputation auprès du peuple à qui ces sortes d'ouvrages plaisaient beaucoup.

Auguste César s'étant chargé de la direction des grands chemins, nomma des préteurs pour veiller, sous ses ordres, à leurs constructions et à leur entretien. Ces préteurs avaient d'autres officiers sous eux pour la direction et la surveillance immédiate des travaux.

On peut diviser ceux qui travaillaient aux grands chemins en quatre classes ; la première était composée de soldats légionnaires, la seconde d'ouvriers, la troisième des habitans des pays par où ils passaient, et la quatrième était composée d'esclaves et de criminels.

Auguste César se voyant paisible possesseur de l'Empire, avec vingt-cinq légions que l'oisiveté pouvait corrompre, les employa à réparer les grands chemins déjà faits, et à en construire de nouveaux.

Les travailleurs et les gens du pays étaient commandés par les officiers des légions, et les ouvriers par des architectes et des inspecteurs. Ils étaient non-seulement chargés du pavé, massifs, revêtemens, subsiructions, voûtes et ponts, mais encore de la construction des bâtimens appelés *mutationes* ou relais, et de ceux qui servaient au logement des troupes, désignés par *mansiones*.

La quatrième classe, composée d'esclaves et de criminels, étaient assujettis à un travail double ; ces criminels étaient marqués au front, et employés aux travaux les plus pénibles et les plus périlleux.

Les dépenses des grands chemins se payaient par les questeurs, d'après les mandats et ordonnances des préteurs. Une partie de l'argent se tirait du trésor public, et l'autre était fournie par les empereurs et les particuliers.

Auguste fit fondre les statues d'argent qui lui avaient été données par ses amis, les particuliers et les peuples de l'Empire, à l'occasion de ses triomphes, pour en faire de la monnaie qu'il employa pour les chemins publics ; et de plus, il distribua des grands chemins à réparer à ceux qui avaient obtenu les honneurs du triomphe, afin d'y employer une partie des dépouilles des ennemis qu'ils avaient vaincu.

On trouve à Nîmes une inscription qui prouve que Tibère fit réparer, à ses frais, les chemins des Gaules et de l'Espagne.

Domitien fit construire un superbe chemin qui conduisait de Sinuesse à Pouzzol, dans une étendue de 26 milles romains ou 9 lieues, dont le pavé était formé en grandes pierres carrées et en marbre.

L'empereur Trajan fit réparer et améliorer par-tout les grands chemins, en les redressant et supprimant les trop grands détours qui s'y trouvaient, en relevant les parties trop basses, et abaissant celles qui étaient trop élevées. Il fit construire beaucoup de ponts, et faire un chemin qui traversait le lac Pontia. La chaussée, qui avait plus de 16 milles romains de longueur (environ 5 lieues $\frac{1}{2}$), était divisée par plusieurs arches de pont.

Les empereurs Adrien, Antonin et Marc-Aurelle ont aussi fait travailler beaucoup aux chemins.

Septime Sévère et ses fils firent faire, à leurs frais, un chemin pavé en grandes pierres auprès de Rome, et réparer les chemins d'Espagne.

Caracalla et Héliogabale continuèrent plusieurs grands chemins dans l'intérieur de l'Allemagne.

Tous les chemins de l'Empire ont continué d'être entretenus par les empereurs jusqu'à Théodose-le-Grand, où l'Empire fut envahi par plusieurs peuples du nord, qui pensaient plutôt à piller qu'à réparer les grands chemins.

Les contributions des particuliers pour la réparation des grands chemins, étaient de trois espèces; 1°. elles étaient levées par ordre des empereurs; 2°. ordonnées par les loix; 3°. elles étaient fournies volontairement.

Personne n'était exempt de contribuer à cette dépense. On distinguait ces contributions en deux classes; les unes viles et les autres honorables.

Les contributions viles consistaient dans le travail personnel, qu'on exigeait des paysans et des fermiers; d'abord ceux des sénateurs furent exceptés, mais dans la suite les empereurs Honorius et Arcadius, considérant l'immensité des grands chemins, et des dépenses qu'exigeait leur entretien, abolirent toutes sortes d'exemptions, et soumirent les biens et possessions des personnes les plus illustres, et même les leurs à la contribution des grands chemins.

Les contributions honorables se levaient en argent. Plusieurs citoyens riches et affectionnés au bien public, ne se contentaient pas de satisfaire aux contributions auxquelles ils étaient tenus par la loi, ils employaient de plus une grande partie de leur fortune à ces sortes d'ouvrages. Les curateurs des grands chemins ont souvent fait faire ou réparer de très-grandes parties de chemins à leurs frais, comme le prouvent plusieurs inscriptions antiques. Les communautés, les magistrats des villes en ont souvent fait autant. On a vu quelquefois plusieurs particuliers riches, se réunir pour faire des parties de chemins qu'ils construisaient eux-mêmes, ou pour la construction desquels ils donnaient de grandes sommes.

D'autres laissaient, en mourant, des legs considérables pour être employés à ces travaux, qu'on regardait comme des ouvrages nobles, auxquels les empereurs se faisaient une gloire de contribuer.

Les anciens Romains avaient la plus grande estime pour tous ceux qui contribuaient de leurs deniers à la réparation des chemins. Ils consacraient leur mémoire par des inscriptions, des médailles; ils leur élevaient des statues ou des arcs de triomphe.

Des chemins modernes.

Nous venons de voir combien les anciens Romains mettaient d'importance à la construction de leurs chemins, et qu'ils ne négligeaient rien pour les rendres fermes et solides. Ceux qui leur ont reproché de n'avoir pas assez de largeur, n'ont pas fait attention que leurs voitures avaient beaucoup moins de voie que les nôtres,

et que les moyeux de leurs roues n'avaient presque pas
de saillie. Deux de ces voitures pouvaient facilement passer, sans se heurter, dans un chemin de 8 pieds romains
de largeur (7 pieds 4 pouces ou 2 mètres 38 centimètres), parce que la voie des roues n'avait que 3 pieds
(89 centimètres), tandis que celle des nôtres a depuis
4 pieds jusqu'à 5 (13 jusqu'à 16 décimètres), indépendamment de la saillie des moyeux, qui, dans les grosses
voitures, ont jusqu'à 1 pied (32 centimètres $\frac{1}{2}$), en sorte
qu'il faut au moins 7 pieds $\frac{1}{2}$ (2 mètres 44 centimètres)
pour le passage d'une seule voiture, c'est-à-dire, plus du
double de ce qu'exigeaient celles des anciens. Ainsi les
grandes voies militaires des Romains, qui avaient 36 à
40 pieds de largeur, étaient, relativement à leurs voitures, ce que sont nos plus grandes routes modernes,
dont la largeur est de 60 à 72 pieds, puisqu'il pouvait y
passer le même nombre de voitures.

Nicolas Bergier s'est trompé lorsqu'il a dit, à la fin du
troisième livre de son Histoire des grands chemins de
l'Empire romain, que les grandes voies militaires avaient
60 pieds de largeur. Son erreur vient de ce qu'ayant découvert, en Champagne, des débris de chemins antiques
dont la superficie était formée par une couche de béton,
il a imaginé que ces chemins, qui avaient environ 20 pieds
de largeur, pouvaient être les marges de quelques grandes
voies dont le milieu était pavé. Alors, supposant la partie
pavée égale aux marges, il en serait résulté une largeur
de 60 pieds; mais c'est une supposition qui n'est appuyée
d'aucune preuve. Il est probable que la plus grande largeur des voies militaires devait plutôt être à la sortie de
Rome que dans les provinces; cependant nous avons déjà

TOM. I.   BBB

prouvé, d'après les restes des plus grandes voies romaines, que leur largeur n'était que de 36 à 40 pieds romains (33 ou 36 pieds 8 pouces de Paris), dont 16 pour le pavé du milieu, 4 pieds pour les deux bordures, et 8 à 10 pieds pour chaque marge.

Les grands chemins des anciens sont remarquables par la solidité de leur construction, et ceux des modernes par leur extrême largeur. Mais, quand on considère la charge énorme de nos voitures, comparée à celle des anciens, on convient que nos grandes routes devraient plutôt surpasser leurs grands chemins en solidité qu'en largeur. Pour faire voir la nécessité de donner à toutes les parties de nos routes une fermeté uniforme, capable de résister, dans tous les tems, au roulage des voitures, il suffit de dire que la charge d'une voiture à deux roues va jusqu'à six milliers, et que celle des voitures à quatre roues est au moins de douze; ainsi l'effort de chaque roue est d'environ trois milliers qui ne portent que sur une surface d'un demi-pied. Il n'est pas étonnant qu'un poids aussi considérable, agissant par secousses sur une si petite superficie, creuse, dans toute la longueur, des ornières dont la profondeur est proportionnée à la manière dont le chemin est fait, et aux matières dont il est formé.

Dans les chemins modernes, il n'y a de réellement solide que la partie pavée, sur-tout lorsqu'on peut se procurer, comme dans les environs de Paris, une matière aussi propre à cet usage que les grès durs qui se débitent facilement.

Les deux marges ou accôttemens ne sont ordinairement formés que des terres provenantes des fossés creusés le long des grands chemins, pour l'écoulement des eaux pluviales, et pour les séparer des propriétés particulières : on a beau couvrir la superficie de ces terres rapportées, de gravier ou de pierrailles, comme elles n'ont pas assez de fermeté, il s'y fait bientôt des ornières; et ces terres étant susceptibles de s'imbiber d'eau, lorsqu'elles en sont pénétrées, ces parties de chemin deviennent impraticables après les pluies, sur-tout en hiver, et fort incommodes en été à cause de la poussière.

Il vaudrait beaucoup mieux ne donner à ces marges ou accottemens que la moitié de la largeur de la partie pavée, ainsi que le pratiquaient les anciens, et les faire plus solides.

Il est certain que les grandes routes, bien faites et bien entretenues, n'auraient pas besoin d'avoir plus de largeur que les grandes rues de Paris; car il n'y a pas d'endroit où il se trouve un plus grand concours de voitures, de chevaux et de gens de pied. Les plus grandes et les plus passagères de ces rues n'ont cependant que cinq à six toises de largeur, tandis qu'il y a des routes qui ont jusqu'à dix et douze toises.

En réduisant la largeur des plus grandes routes à six toises ou douze mètres; lorsqu'elles seraient divisées en trois parties sur la largeur, celle du milieu, qui devrait toujours être pavée, soit en grès, en pierres ou en cailloux, aurait 15 à 18 pieds de largeur (5 ou 6 mètres), et le surplus serait pour les marges ou accottemens.

Il est évident que le véritable moyen de parvenir à former des routes solides qui puissent résister au roulage des plus fortes voitures, doit être de leur donner un degré de fermeté suffisant.

Il est encore évident que le moyen le plus sûr de réussir serait de former des massifs de maçonnerie, comme le pratiquaient les anciens Romains ; mais les dépenses excessives qu'exigerait ce moyen, le rendent actuellement impraticable. Il faut donc se borner à le suppléer de la manière la plus avantageuse par la combinaison et l'arrangement des matières qu'on peut avoir à sa disposition, pour former un massif ou aire qui ait une fermeté convenable.

Nous allons d'abord considérer la formation de ce massif, indépendamment de la nature du sol ou terrain sur lequel il doit être établi, que nous supposerons naturellement solide ou avoir été consolidé.

Les matières dont on peut faire les massifs des chemins, sont les terres, les marnes, les craies, l'argile, le sable, le gravier, les cailloux, les grès, les pierres dures ou tendres, les recoupes ou pierrailles et décombres.

Ces différentes matières arrangées d'une manière convenable, peuvent former, sans le secours du mortier, une aire assez ferme pour résister au roulage, quoique moins solide et moins durable que le massif en maçonnerie.

La fermeté dans ces sortes d'ouvrages dépend du rapprochement des parties qui les composent, de leur dureté, de leur forme et de leur volume. Ainsi des cubes de grès d'un certain volume, peuvent former, indépendamment du mortier, une surface solide, en les posant sur une forme de sable étendue sur un fond bien consolidé, et en garnissant bien les joints, ainsi que le prouve le pavé de Paris et des principales routes ; mais comme l'expérience a fait connaître que cette solidité diminuait en raison du

volume des pavés, on a fixé cette grandeur, pour les
rues et les grandes routes, à 8 à 9 pouces ou 22 à 25
centimètres.

Les pierres dures, plates et irrégulières, d'un volume
convenable, arrangées à la manière des anciens, produi-
raient encore une plus grande solidité, sur-tout pour les
pavés posés en sable, parce que, selon cette disposition,
indiquée par les figures 1 et 2 de la planche XIII, chaque
pierre est enclavée de manière qu'une étant ôtée, n'en-
traîne pas la désunion des autres, et que les angles obtus
résistent mieux que les angles droits.

Les pierres ou cailloux d'un petit volume ne sont pas
assez contenus par le sable ; quand on ne peut pas faire
autrement, il faut préférer, dans leur arrangement, celui
de l'*opus incertum*, même pour les cailloux, en imitant
les maçonneries indiquées par les figures 2 et 3 de la
planche VII.

Lorsqu'on emploie des pierrailles ou du gravier, on ne
peut espérer de former une superficie ferme et durable,
qu'en les broyant avec de la chaux nouvellement éteinte
pour faire une espèce de béton dont on étendra une
couche d'environ 16 centimètres qu'on aura soin de
bien massiver.

Lorsque les graviers ou pierrailles ne sont pas liés par
un mortier ou ciment quelconque, ils forment un chemin
pénible pour les chevaux, les voitures et les gens de
pied : les anciens, au lieu de chaux, ont quelquefois
fait usage, pour les réunir, d'une espèce de terre grasse
et marneuse.

Relativement aux marges ou accottemens, il faut qu'ils
soient soutenus du côté des fossés par des murs en ma-

çonnerie, ou plutôt en pierres sèches, pour donner issue aux eaux qui auraient pu les pénétrer, et rendre, par ce moyen, le dessus plus sec. Ces murs servent à contenir les matières qui doivent composer le chemin.

Après avoir égalisé et consolidé le sol sur lequel un chemin doit passer, on le formera de différentes couches. On choisira, pour la première, les pierres, cailloux ou pierrailles les plus gros qu'on arrangera de manière que cette couche soit d'égale épaisseur et bien garnie. Sur cette couche on étendra un lit de terre franche d'environ 4 à 5 pouces d'épaisseur (10 à 13 centimètres $\frac{1}{2}$), que l'on égalisera, et après l'avoir bien battu, on en formera une autre de pierres moins grosses, et ainsi de suite, en raison de l'épaisseur que l'on veut donner au chemin. Le nombre des couches ne doit pas être moindre de trois. Toutes ces couches, excepté la dernière, doivent s'étendre sous toute la largeur du chemin, et la dernière, qui se raccordera avec le pavé sur les deux marges seulement : cette dernière serait couverte de sable après avoir été battue.

Si, pour quelque raison particulière, on voulait faire un chemin aussi solide et aussi durable que ceux des anciens Romains, qui ne fût sujet ni à la boue ni à la poussière, après avoir fait la masse du chemin, comme on vient de le dire, on formera la superficie des marges en béton, et celle du milieu en pavé.

La méthode de construire les chemins par couches alternatives de pierre et de terre est celle qui convient le mieux, lorsqu'on ne peut employer à leur formation ni pavé ni massif de maçonnerie. Ces chemins, bien faits, seraient fermes, durables et sujets à peu d'entretien. On pourrait, à cet effet, faire usage d'une espèce de charriot proposé dans un journal anglais. Il est composé de deux rouleaux creux, en fer fondu, fortifié à l'intérieur par deux fortes planches de même métal, qui se croisent au centre à angles droits, où elles sont traversées par un axe ou essieu de fer ajusté dans un chassis qui forme le brancard du charriot. On peut mettre sur ce brancard telle charge que l'on veut. Pour diminuer le frottement, les bouts d'essieu tournent dans des crapaudines carrées. Ces rouleaux ont deux pieds de diamètre, et deux pieds et demi de longueur. En les faisant rouler de tems en tems sur les chemins qui ne sont pas pavés, après la pluie, et surtout après le dégel, il les applanit, les affermit, et détruit les ornières. Derrière chaque rouleau il y a un coutre fixe dont l'usage est de détacher les terres qui pourraient s'y attacher. Le corps du charriot n'étant élevé que de deux pieds et demi, est très-facile à charger. Il peut être traîné par des hommes ou des chevaux, selon la nécessité de le charger plus ou moins.

Si le chemin était trop maltraité, on ferait remplir les ornières de pierrailles recouvertes de sable.

Les ouvrages à faire pour consolider ou pour établir le sol sur lequel doit passer un chemin, comme dans les marais, les étangs, sur la pente des montagnes, les rochers escarpés, à travers les rivières, etc., étant de même nature que ceux qu'il faudrait pour fonder des édifices, on en trouvera le détail au quatrième livre.

Du lastrico.

On désigne à Naples, sous ce nom qui signifie pavé, une aire ou couche de mortier ou béton fait avec des débris de pierres ponces et de tuf brûlé qui se trouvent par veines aux environs de cette ville, à une certaine profondeur. Ces débris, qu'ils désignent sous le nom de *rapillo* ou plutôt *lapillo*, ou pierrailles, dont les plus gros morceaux sont moindres qu'une noix; on mêle ce *lapillo* avec de la chaux éteinte depuis huit jours, bien dissoute, et réduite à la consistance de lait un peu épais; on broye ce mélange à plusieurs reprises en l'arrosant avec cette chaux, les parties les plus fines tiennent lieu de sable. On laisse reposer cette espèce de mortier pendant vingt-quatre heures, après lesquelles on le rebroye de nouveau; pendant ce tems on remarque qu'il s'échauffe et fermente. On le rebroye une troisième fois en l'humectant avec du lait de chaux, s'il est devenu trop sec, et lorsqu'on s'apperçoit que le mélange n'a pas acquis le degré de consistance qu'il doit avoir, et qu'il fermente encore, on le rebroye une quatrième fois, après l'avoir laissé reposer.

Lorsqu'on veut faire usage de cette composition pour tenir lieu de carreau dans les appartemens, on commence par boucher tous les joints et fentes du plancher avec de la chaux en pâte un peu ferme, ensuite on étend dessus un lit de petites pierres à sec, bien arrangées, qui ne passe pas deux pouces d'épaisseur; elle répond au *statumen* des aires antiques.

Sur ce lit de pierres sèches on jette, en une seule fois, le lapillo bien broyé. Il doit former une couche d'environ 5 pouces d'épaisseur (13 centimètres $\frac{1}{2}$), pour être réduite à 3 pouces 9 lignes (10 centimètres) après avoir été battue. On ne commence à la battre que vingt-quatre heures après environ, afin qu'elle ait acquis assez de consistance et de fermeté pour qu'on puisse marcher dessus. On emploie d'abord, pour la massiver, de grosses battes de bois, en frappant toujours du même sens. Les ouvriers qui font cette opération se rangent le long d'un des côtés de la chambre, et vont, en se reculant, jusqu'à ce qu'ils soient arrivés au côté opposé; ils font la même opération avec des battes moins fortes, en partant d'un des côtés en retour, afin de croiser les coups; ils répètent cette opération jusqu'à ce qu'ils sentent, par la réaction de la batte, que le lastrico a la fermeté nécessaire. On le bat ordinairement jusqu'à trois fois, en mettant un jour d'intervalle entre chaque battue.

Lorsque le lastrico doit être fait sur des terrasses pour servir de couverture aux maisons, comme on le pratique à Naples et aux environs, on lui donne 7 à 8 pouces d'épaisseur (19 à 21 centimètres), indépendamment du lit de petites pierres posées à sec sur le plancher. On réduit cette épaisseur en le battant, comme nous venons de l'expliquer, à 5 pouces ½ environ (15 centimètres); après cette opération, on le couvre de 6 pouces de terre, afin de l'empêcher de gercer, jusqu'à ce qu'il soit assez sec pour ne pas craindre les impressions de l'air. Si c'est dans la belle saison, il faut à-peu-près deux mois; si c'est à la fin de l'automne, on le laisse couvert jusqu'au printems. Le lastrico bien fait ne forme qu'une seule pièce, et il devient si dur, qu'on peut, avec les débris des anciens, faire des marches d'escalier et des appuis de croisées. Au défaut de vieux lastrico, on en fait exprès qui sont bons à mettre en œuvre au bout de trois ou quatre mois.

Il résulte des expériences faites sur un morceau de lastrico apporté de Naples, rapportées à la page 308, que

TOM. I.   C C C

sa pesanteur spécifique n'est guère plus grande que celle
du bois de chêne, et que sa force et sa dureté sont égales
à celles de la lambourde de Saint-Maur et du Vergelé.

On fait aussi à Venise des aires à l'antique pour former
le pavé des terrasses et des appartemens. On les désigne sous
les noms de *composto*, *terrazzo*, *marmorino*. Ces aires
sont formées d'une couche de ciment d'environ 4 pouces
d'épaisseur (10 à 11 centimètres), composée d'un mélange de tuileaux et de briques bien cuites, grossièrement
écrasés et broyés avec de bonne chaux. On met ordinairement une partie de chaux éteinte sur trois parties et
demie de tuileaux et de briques mélangés. Il faut que cette
couche soit mise, en une seule fois, dans toute l'étendue
qu'elle doit avoir ; on l'étend avec des rateaux à pointes
de fer, comme celui marqué I, figure 3 de la planche XII.
Ceux qui veulent faire un ouvrage plus solide, n'emploient
que du tuileau : d'autres, par économie, forment cette
couche d'un tiers d'éclats de pierres, un tiers de gravats
et un tiers de chaux éteinte broyés ensemble ; mais ce procédé ne produit pas un ouvrage solide. La première couche
étant bien étendue et dressée de niveau, on la laisse
reposer pendant un jour ou deux, selon la saison. Au
bout de ce tems on la bat avec une barre de fer coudée à
manche, représentée par la figure M. La partie qui frappe
est méplate, un peu arrondie en forme de langue. On
commence à battre le long d'un des murs, et on continue
en se reculant parallèlement jusqu'au mur opposé, comme
pour le lastrico. On met un jour de distance entre cette
battue et la suivante, que l'on commence d'un des murs
en retour, afin de croiser les coups de la première.
On continue cette opération par intervalles jusqu'à ce

qu'on sente, par la réaction de la barre, que la couche a acquis la consistance et la fermeté convenables, en sorte que les coups ne forment presque plus de trace.

Après l'avoir laissé ressuyer pendant un jour, on étend une seconde couche d'environ 1 pouce ½ d'épaisseur (4 centimètres), composée de tuileau pulvérisé, broyé avec une quantité à-peu-près égale de chaux éteinte. On se sert, pour étendre cette couche, de truelles longues et étroites, dont le manche est fort haut. Sur cette couche, encore fraîche, on sème de petits morceaux de marbre de différentes couleurs qu'on fait entrer dans la couche en roulant dessus un cylindre de pierre d'environ 2 pieds ½ de long sur 11 pouces de diamètre (80 centimètres sur 30). Pour faire cette opération, les ouvriers marchent sur des planches ou s nattes. On bat ensuite cette seconde couche, comme la première, avec le même instrument, mais avec moins de force et plus de précautions, jusqu'à ce que les petits morceaux de marbre soient tout-à-fait enfoncés et recouverts par la partie fine qui monte à la surface : cette opération se fait par intervalles, c'est-à-dire, de deux jours l'un.

Ce n'est ordinairement qu'au bout de dix à douze jours qu'on commence à travailler la surface, c'est-à-dire, à la dégrossir avec un grès emmanché dans un morceau de bois à long manche, représenté par la figure L, où il est retenu avec des coins, afin de pouvoir le changer lorsque la superficie commence à se dresser, pour en substituer d'autres dont le grain soit plus fin, et de la pierre ponce. Comme cette opération exige de laver de tems en tems pour ôter la boue, afin de juger si le marbre est assez découvert, elle dégrade un peu les joints, on fait, avec des terres colorées et de la chaux, une pâte ou ciment fin qui tient de la teinte générale qui résulte du mélange des marbres. On se sert, pour l'appliquer, d'une pierre tendre qui sert de molette, figurée par la lettre P. On donne le lustre à ce ciment avec une espèce de truelle polie, un peu arrondie en dessous. On termine enfin ce pavé par une ou deux couches d'huile de lin très-chaude, qui, en le pénétrant jusqu'à une certaine profondeur, lui donne une consistance qui facilite le poli et le rend très-brillant.

La méthode que nous venons de détailler varie selon les ouvriers, dont quelques-uns prétendent avoir des secrets particuliers pour rendre l'ouvrage plus beau et plus durable.

On fait des pavés ou *terrazzi* avec des compartimens très-riches, ornés d'enroulemens, de rinceaux et de fleurons, comme des tapis. Pour cela, on dessine un quart en grand sur du papier un peu gros. Après avoir divisé l'aire en ciment, sur laquelle il doit être exécuté, en quatre parties égales, par deux lignes qui se croisent à angles droits, on applique le dessin piqué sur chacune, et on le ponce avec du charbon pilé, en le renversant, pour répéter les parties symétriques et opposées de chaque quart.

Pour opérer, on commence par disposer par tas séparés les petits morceaux de marbre de même couleur. Pour parvenir à les rendre à-peu-près de même grosseur, on les fait passer d'abord au travers d'un grillage de fil-de-fer fait exprès, dont les mailles, d'environ deux lignes, ne laissent passer que les morceaux trop petits, ensuite par un autre dont les mailles un peu plus grandes, ne laissent passer que ceux de grandeur convenable, et retiennent ceux qui sont trop gros, qu'on écrase de nouveau pour

les soumettre à la même épreuve. Il y a une certaine
dextérité, qui s'acquiert par l'usage, pour donner à ces
morceaux de marbre à-peu-près une même forme et une
même grosseur.

Pour appliquer ces morceaux de marbre dans la couche
de ciment à demi-ressuyée, on se sert de cartons découpés
qu'on applique sur le tracé, qui ne laisse paraître que ce
qui doit être d'une même couleur; on y sème à la main,
le plus également possible, les fragmens de marbre qu'on
enfonce dans l'enduit, en les frappant avec un morceau
de bois plat. Il faut également éviter d'en trop mettre,
parce qu'alors ils sont sujets à se détacher, et d'en mettre
trop peu, par la raison que les parties en ciment étant
toujours moins dures que les marbres, se creusent et
produisent un mauvais effet.

Quand tous les compartimens ont été garnis des marbres qui leur conviennent, on passe dessus le cylindre
de pierre N, à plusieurs reprises, pour applanir la superficie; on la bat ensuite par intervalles avec précaution,
jusqu'à ce qu'elle ait acquis la fermeté et la consistance
nécessaires pour pouvoir être dressée au grès, et polie,
comme il a été expliqué précédemment.

Quand l'opération est finie, afin de rendre les contours
plus nets, on les trace avec une pointe d'acier bien tran-
chante, et on remplit le trait avec du noir de fumée,
broyé à l'huile de noix.

Si l'on veut que ces compartimens se conservent long-
tems beaux, il faut avoir soin de choisir des marbres d'une
dureté à-peu-près égale, car les plus tendres s'usant plus
vite que les autres, forment des inégalités désagréables.

Lorsque ces aires ou *terrazzi* doivent être faites à rez-

de-chaussée ou sur des voûtes, on commence par former
un massif de maçonnerie de blocage battu et arasé bien
de niveau.

Si c'est sur des planchers, il faut que les solives soient
un peu plus fortes que pour les pavés ordinaires, c'est-
à-dire, que sur 12 pieds de long ou 4 mètres, elles
doivent avoir 7 à 8 pouces de gros, (19 à 21 centimètres)
espacées tant plein que vide. Sur ces solives on pose en
travers, des planches d'environ 1 pouce d'épaisseur, (27
millimètres) arrêtées sur chaque solive par deux clous ;
avant de jeter la première ccuche, on couvre la superficie des planches d'un lit de paille.

Dans les maisons particulières, on fait ces *terrazzi*
d'une seule couleur, ou de plusieurs, mêlées de manière
à former une espèce de granite.

Ceux qui veulent faire moins de dépense, se contentent
de l'enduit de ciment bien battu et dressé, peint en
rouge et frotté comme les carreaux en terre cuite à Paris.
Mais la surface est plus droite et plus unie ; on y trace
quelquefois des lignes pour imiter différens compartimens de carreaux.

Des aires en plâtre.

Les aires en plâtre ordinaire n'acquièrent pas assez de
dureté pour pouvoir servir de pavé comme celles en
ciment. On a cependant essayé d'en faire en gâchant d'excellent plâtre bien cuit avec de l'eau où l'on avait fait
détremper de la suie de cheminée, et un peu de colle
de Flandre ; on en formait une couche d'environ 1 pouce
d'épaisseur, sur laquelle on traçait des compartimens de

parquet. On leur donnait ensuite une couleur de bois
à l'encaustique que l'on frottait à l'ordinaire ; mais ces
aires, quoique bien faites, ne sont pas d'une longue
durée et sont sujettes à être rayées par les meubles qu'on
peut traîner dessus, et de plus ils craignent l'eau et l'humidité.

Les aires en plâtre ne peuvent servir que pour recevoir des carreaux de pierre, de terre cuite ou de
marbre.

On fait à Paris, en plâtre, les aires qu'on fait ailleurs
en mortier, telles que celles au rez-de-chaussée et sur
les voûtes ; on les recouvre de dalles, de carreaux de
pierre ou de terre cuite.

Lorsque ces aires se font sur des planchers, on ar-
range sur les solives de lattes jointives qu'on se dispense
souvent de clouer, sur lesquelles on étend une couche
de plâtre d'environ 2 pouces d'épaisseur. Les ouvriers
prétendent que cette couche suffit pour tenir les lattes,
mais il vaut mieux les clouer ; si la dépense est un peu
plus grande, les aires sont aussi plus solides, parce
qu'alors elles ne font plus qu'un même corps avec les
solives, et ne sont plus sujettes à s'en détacher et à
gauchir.

ARTICLE XII.

Des enduits et des stucs.

Les enduits sont des couches de mortier, de ciment,
de plâtre ou d'autres matières que l'on étend sur les murs,
en maçonnerie, les cloisons, les voûtes et les plafonds,

pour former les superficies unies, et quelquefois pour les mettre à l'abri de l'humidité et des intempéries de l'air.

Des enduits antiques.

Les Grecs et les Romains qui n'avaient pas, comme nous, l'usage des lambris en menuiserie, apportaient le plus grand soin à faire les enduits de l'intérieur de leurs appartemens.

Vitruve, après avoir traité des aires et des pavés, dans le premier chapitre du septième livre, emploie le surplus à expliquer la manière de faire les enduits, les stucs, les ornemens et les peintures dont ils décoraient leurs appartemens, les différentes matières qu'on y employait et leur préparation.

En parlant des enduits sur les murs, il dit au chapitre III :

De trullissatione et tectorio opere.

Coronis explicatis parietes quàm asperrime trullissentur, postea autem supra trullissatione subarescente deformentur directiones arenati, uti longitudines ad regulam et lineam, altitudines ad perpendiculum, anguli ad normam respondentes exigantur.

Des crépis et enduits.

Après avoir fait les corniches en stuc, comme nous l'avons expliqué, on commencera l'enduit sur les murs par un crépis très-rude, sur lequel on formera des *cueillies* ou bandes bien dressées à la règle et au cordeau, afin de faire l'enduit en mortier bien droit dans sa longueur, et d'à-plomb dans sa hauteur, et que les angles soient bien d'équerre.

Namque sic emendata tectoriorum in picturis erit species.

Subarescente iterum, ac tertio inducatur : ita quo fundatior erit ex arenato directurá, eo firmior erit ad vetustatem soliditas tectorii. Cum ab arená præter trullissationem non minus tribus coriis fuerit deformatum.

Tunc è marmoreo grano directiones sunt subigendæ, dum ita materies temperetur, ut cum subigitur non hæreat ad rutrúm, sed purum ferrum è mortario liberetur.

Grano inducto et inarescente, alterum corium mediocris dirigatur : id cum subactum fuerit, et bene fricatum subtilius inducatur,

Ita cum tribus coriis arenæ et item marmoris solidati parietes fuerint, neque rimas, neque aliud vitium in se recipere poterunt. Sed et baculorum sub actionibus fundatæ soliditates, marmorisque candore firmo levigatæ coloribus cum politioni-

TOM. I.

Car en prenant toutes ces précautions, les peintures qu'on fera dessus auront une plus belle apparence.

Ce premier enduit étant sec, on en mettra un second et même un troisième ; car plus les enduits sont épais, plus ils sont solides et durabl(. Il faut qu'ils soient composés au moins de trois couches, indépendamment du crépi.

Sur cette dernière couche on formera des bandes ou *cueillies* pour appliquer celle en poudre de marbre et de chaux : le mélange doit être préparé et broyé de manière qu'il ne s'attache pas au fer de la truelle, et qu'il s'en dégage net.

Sur cette couche, faite avec de la poudre de marbre un peu grosse, on en étendra une autre faite avec de la poudre moyenne, et après l'avoir battu et bien frotté, on en mettra une troisième en poudre très-fine.

Les enduits sur les murs faits ainsi, de trois couches de mortier de chaux et sable, et de trois autres de stuc bien consolidé, ne sont sujets ni aux fentes ni à aucun autre défaut ; et lorsque toutes les couches ont été bien comprimées avec des bâ-

DDD

bus inductis, nitidos exprimunt
splendores.

Colores autem udo tectorio
cum diligenter sunt inducti ,
ideo non remittunt , sed sunt
perpetuo permanentes , quod
calx in fornacibus excocto liquore et facta raritatibus evanida jejunitate coacta corripit
in se, quæ res forte eam conti-
gerunt : mixtionibusque ex aliis
potestatibus collatis seminibus
seu principiis, una solidescendo
in quibuscumque membris est
formata , cum fit arida , redigi-
tur, uti sui generis proprias videatur habere qualitates.

Itaque tectoria quæ recte sunt
facta, neque vetustatibus fiunt
horrida, neque cum extergen-
tur, remittunt colores , nisi si
parum diligenter , et in arido
fuerint inducti.

Cum ergo ita in parietibus tectoria facta fuerint (uti supra
scriptum est), et firmitatem et
splendorem et ad vetustatem
permanentem virtutem poterunt habere.

tons , la fermeté , la blancheur
et le poli de la surface de l'enduit de marbre , donne aux couleurs qu'on applique dessus beaucoup d'éclat et de fraîcheur.

Lorsque les couleurs sont mises avec attention sur un enduit
encore frais, elles y tiennent fortement, et ne s'en détachent
jamais, parce que la chaux ayant
perdu, par sa cuisson dans le
fourneau , son humide , n'est
plus qu'une matière aride et
poreuse qui s'attache fortement
à tout ce qu'elle touche ; et par
son mélange avec d'autres matières, elle en tire les substances
et les principes dont elle a besoin pour former avec elles un
corps solide, quelque soit leur
genre et leur qualité.

C'est pourquoi les enduits
qui sont bien faits ne deviennent
jamais laids en vieillissant ; et
s'ils sont peints , les couleurs ne
s'en vont pas quand on les lave ,
à moins qu'elles n'aient été mal
appliquées , ou lorsque l'enduit
était trop sec.

Lorsque les enduits auront
été faits (comme on vient de
l'expliquer), ils pourront conserver long tems leur éclat et
leur fermeté.

Cum vero unum corium are-
næ, et unum minuti marmoris
crit inductum, tenuitas ejus minus valendo faciliter rumpitur,
nec splendorem politionibus,
propter imbecillitatem crassitu-
dinis, proprium obtinebit.

Quemadmodum enim specu-
lum argenteum tenui lamella
ductum, incertos et sine viribus
habet remissiores splendores :
quod autem è solidâ tempera-
turâ fuerit factum, recipiens in
se firmis viribus politionem,
fulgentes in aspectu, certasque
considerantibus imagines reddit.

Sic tectoria, quí ex tenui sunt
ducta materia, non modo fiunt
rimosa, sed etiam celeriter eva-
nescunt. Quæ autem fundata
arenationis et marmoris solidi-
tate sunt crassitudine spissa,
cum sunt politionibus crebris
subacta, non modo fiunt niten-
tia, sed etiam imagines expressas
aspicientibus ex eo opere remittunt.

Græcorum vero tectores non
solum his rationibus utendo faciunt opera firma, sed etiam
mortario collocato calce et arena
ibi confusa, decuria hominum

Mais si on ne les compose que
d'une couche de mortier de
chaux et de sable, et d'une couche de stuc, ils se rompent facilement, à cause de leur peu de
consistance, et ils ne peuvent
pas recevoir le brillant et le poli
de ceux qui sont plus épais.

C'est ainsi qu'un miroir fait
d'une lame d'argent trop mince,
ne réfléchit que faiblement les
objets, tandis que celui qui a
la solidité convenable pour recevoir un beau poli, paraît res-
plendissant, et réfléchit avec
pureté les images de ceux qui
le regardent.

De même, les enduits qui ont
une trop faible épaisseur, sont
non-seulement sujets à se fendre, mais encore à se détruire
promptement ; tandis que ceux
qui sont formés de couches
épaisses de mortier de sable et
de stuc, ayant plus de force
pour résister à la massivation
et au poli, non-seulement deviennent brillans, mais réflé-
chissent les images des specta-
teurs.

Les stucateurs grecs, pour
faire des ouvrages solides, non-
seulement usent de ces moyens,
mais de plus, après avoir jeté
confusément dans un mortier

inducta ligneis vectibus pinsant materiam, et ita ad certamen subacta tunc utantur.

la chaux et le sable, ils font piler le mélange par une dixaine d'hommes armés de pilons de bois, et ne s'en servent qu'après qu'il a été bien battu et corroyé.

Itaque veteribus parietibus non nulli crustas excidentes pro abacis utuntur : ipsaque tectoria abacorum, et speculorum divisionibus, circa se prominentes habent expressiones.

Aussi il y en a qui coupent dans les enduits des vieilles murailles des pièces dont ils se servent pour faire des tables. On voit encore, sur ces enduits, des renfoncemens dont les bords saillans indiquent la figure ronde ou carrée des pièces qu'on y a coupées.

On peut juger, d'après tous les détails que Vitruve donne sur les enduits, de l'importance que les anciens y mettaient. On voit encore dans les ruines des édifices antiques de Rome, tels que les thermes de Caracalla, de Titus, de Dioclétien; dans celles appelées Ville des Empereurs, la Ville Adrienne et autres, des restes d'enduits où l'on distingue les différentes couches dont parle Vitruve. J'en ai mesuré dont l'épaisseur était de plus de 4 à 5 pouces; les moindres ont 15 à 18 lignes. Toutes ces couches vont en diminuant d'épaisseur. La première, appliquée sur les paremens en moilons ou en briques, est en mortier grossier; elle a jusqu'à 3 pouces d'épaisseur: pour lui donner plus de consistance, on y enfonçait des morceaux de briques à plat, ou des débris de sciage de marbre. La seconde couche n'a ordinairement que la moitié de l'épaisseur de la première; elle est en mortier

plus fin. L'épaisseur va toujours en diminuant de moitié
jusqu'à celle qui formait la superficie apparente en stuc,
qui n'a souvent pas une demi-ligne d'épaisseur. Dans les
enduits de 18 lignes d'épaisseur, la première couche n'a
pas plus de 9 à 10 lignes d'épaisseur, mais elle est en
mortier fin. J'ai observé que, dans les enduits fort épais,
les couches se détachent les unes des autres, et sur-tout
la seconde de la première.

J'ai vu, dans les ruines de la Ville des Empereurs, une
de ces parties d'enduit à moitié détachée qui avait plus de
15 pieds de long sur 10 pieds de haut et 16 lignes d'épaisseur. Cette couche, formée d'un mortier de tuileaux
écrasés et de pouzzolane rouge de Rome, paraissait avoir
été fortement comprimée, et avoir acquis la consistance
d'une dalle de pierre dure ou de marbre. J'enfonçai une
forte règle méplate, qui me servait à mesurer, dans l'endroit où elle était le plus éloignée du mur, et tout l'enduit
tomba et se brisa en grandes parties, dont quelques-unes
avaient 4 à 5 pieds de long sur 3 à 4 de largeur. J'en
emportai un morceau que je fis dresser, et qui a reçu le
poli comme du marbre; il a l'apparence d'un granite foncé.
Ce fait confirme ce que Vitruve dit des enduits grecs dont
on faisait des tables.

Pour former les enduits de stuc, que les anciens Romains appelaient *albarium opus* et *marmoratum*, ils se
servaient de chaux éteinte depuis long-tems, de craie
et de poudre de marbre blanc. Par rapport à la chaux, voici
comment s'exprime Vitruve au chapitre II du livre VII:

De maceratione calcis ad alba
opera et tectoria perficienda.

De la préparation de la chaux
pour les stucs et les enduits.

Cum à pavimentorum cura discessum fuerit, tunc de albariis operibus est explicandum. Id autem erit recte, si glebæ calcis optimæ ante multo tempore quam opus fuerit macerabuntur : uti si qua gleba parum fuerit in fornace cocta , in maceratione diuturna liquore de fervere coacta, uno tenore concoquatur.

Namque cum non penitus macerata , sed recens sumitur , cum fuerit inducta habens latentes crudos calculos, pustulas emittit : qui calculi in opere uno tenore cum permacerantur, dissolvunt et dissipant tectorii politiones.

Cum autem habita erit ratio macerationis , et id curiosius opere preparatum erit : sumatur ascia , et quemadmodum materia dolatur, sic calx in lacu macerata ascietur. Si ad asciam offenderint calculi, non erit temperata ; cumque siccum et purum ferrum educetur, indicabit eam evanidam et siticulosam, cum vero pinguis fuerit et recte

Après avoir expliqué la manière de faire les pavés, nous allons parler des stucs. Pour les bien faire, il faudra avoir de la chaux de la meilleure qualité, que l'on fera macérer après l'avoir éteinte, afin que si quelques pierres n'ont pas acquis dans le four le degré de cuisson nécessaire, elles puissent se dissoudre par une longue macération continuée.

Car lorsqu'on emploie la chaux aussi-tôt qu'elle est éteinte, ou avant que, par la macération, toutes ses parties soient entièrement dissoutes, les parties mal cuites venant à se dissoudre avec le tems, gâtent le poli de la superficie des enduits.

Pour s'assurer que la chaux a été suffisamment macérée, et qu'elle a été bien préparée, on prendra une doloire avec laquelle on hachera la chaux dans le bassin, comme si c'était du bois ; si, en faisant cette opération, on s'apperçoit que le tranchant de la doloire rencontre de petites pierres , ce sera une preuve qu'elle n'est pas encore

macerata, circa id ferramentum, uti glutinum hærens, omni ratione probabit se esse temperatam.

assez macérée. Lorsque le fer en sort net et sec, il indique que la chaux est aride et qu'elle n'a pas été assez abreuvée. Lorsqu'au contraire elle est suffisamment macérée, elle est grasse et s'attache au fer; ce qui prouve qu'elle a le degré convenable pour être employée.

La nécessité de n'employer pour les enduits et les stucs, que de la chaux éteinte bien macérée et parfaitement dissoute, a été reconnue par tous les bons ouvriers; mais il est bon d'observer que la difficulté que la chaux éprouve à se dissoudre, dépend autant de la nature de la pierre dont elle est formée, que de ce qu'elle n'a pas le degré de cuisson convenable. Car en supposant que la calcination est faite à propos, la chaux de marbre blanc, purement calcaire, se dissoudra mieux et en moins de tems que celle faite avec de la pierre à chaux ordinaire. On peut cependant accélérer la dissolution entière de la chaux de quelque pierre qu'elle soit faite, en la broyant à plusieurs reprises et par intervalles. Il faut avoir soin, en faisant cette opération, d'écraser ou de retirer les petites parties qui ne sont pas assez cuites. Ce moyen simple procure une chaux qui prend plus vite, et forme avec les matières avec lesquelles on la broye, un corps plus dur et plus durable.

Les matières, pour les enduits ordinaires, sont le sable de rivière, ou le sable de fouille un peu aride.

Pour les stucs, ce sont les craies, les marnes, les poudres de pierres, et sur-tout celle du marbre blanc

qui forme les plus beaux ouvrages en ce genre. Voici,
selon Vitruve, livre VII, chapitre VI, la manière dont
les anciens préparaient la poudre de marbre blanc:

De marmore quomodo paretur
ad tectoria.

Marmor non eodém genere ,
omnibus regionibus procreatur, sed quibusdam locis glebæ,
(ut salis) micas perlucidas habentes, nascuntur , quæ contusæ
et molitæ , prestant tectoriis et
coronariis operibus utilitatem.

Quibus autem locis hæ copiæ
non sunt, cæmenta marmorea ,
sive assulæ dicuntur , quæ mar-
morarii ex operibus dejiciunt,
pilis ferreis contunduntur , cri-
brisque excernuntur,

Eæ autem excretæ tribus generibus seponuntur , et quæ pars
grandior fuerit, quemadmodum
suprà scriptum est, arenato primum cum calce inducitur; deinde sequens, ac tertio, quæ sub-
tilior fuerit.

Quibus inductis et diligenti

De la manière de préparer le
marbre pour les enduits.

Tous les pays ne produisent
pas des marbres de même genre;
dans quelques endroits leur texture présente des paillettes brillantes comme du sel. Ce marbre, étant écrasé et réduit en
poudre, a la propriété de former
des enduits et des corniches
d'une belle apparence.

Dans les endroits où ce marbre ne se trouve pas en grande
quantité, on ramasse, chez les
marbriers, les débris et les recoupes qu'ils font en le travail-
lant, et qu'on nomme *écailles ;*
on les écrase avec des pilons de
fer, et on passe la poudre qui
en provient dans des tamis.

Cette poudre est séparée en
trois parties; la plus grosse es t
employée, comme il a été ci-
devant expliqué pour la première couche , mêlée avec du
sable et de la chaux; la poudre
moyenne sert pour la seconde
couche; la partie la plus fine est
réservée pour la troisième.

Ces différentes couches, appli-

tectoriorum fricatione levigatis, de coloribus ratio habeatur, uti in his perlucentes exprimant splendores, quorum hæc erit differentia et apparatio,

quées avec soin par les stucateurs, et la surface étant bien dressée et frottée, est prête à recevoir les couleurs; et pour qu'elles brillent de tout leur éclat, il faudra, en les préparant, avoir égard à leurs différentes propriétés.

La manière de préparer le marbre pour faire les stucs, est encore à-peu-près la même. On reconnaît dans les restes d'enduits antiques, les trois couches dont parle Vitruve. Relativement aux enduits colorés, on trouve encore dans les ruines des thermes de Titus, de la Ville Adrienne et du Palais des empereurs, des fragmens couverts des plus belles couleurs, qui ont conservé tout leur éclat, les unes d'un beau rouge de minium, d'autres bleu d'outre-mer, de vert, de pourpre et de jaune. Il sera question de ces peintures au sixième livre.

On formait avec le stuc des ornemens, des corniches, sur les murs, les plafonds, les voûtes en maçonnerie, comme on le voit par les ruines du Temple de la paix, de la Ville des empereurs et de la Ville Adrienne. On en recouvrait aussi des voûtes en bois pratiquées sous les planchers ou la charpente des combles. Vitruve parle de ces voûtes au commencement du troisième chapitre du septième livre, où il s'explique ainsi :

De camerarum dispositione et tectorio opere.

De la manière de former des voûtes en stuc dans les appartemens.

Cum ergo camerarum postulabitur ratio, sic erunt faciundæ.

Quand on désirera figurer des voûtes dans les appartemens ;

TOM. I.

EEE

Asseres directi disponantur inter se, ne plus spatium habentes pedes binos, et hi maxime cu; pressim, quod abiegni ab carie et ab vetustate celeriter vitiantur, hique asseres cum ad formam circinationis fuerint distributi, catenis dispositis, ad contignationes (sive tecta erunt) crebister clavis ferreis fixi, religentur : eæque catenæ ex ea materiâ comparentur, cui nec caries nec vetustas, nec humor possit nocere, id est buxo, junipero, olea, robore, cupresso cæterisque similibus, præter quercum, quod ea se torquendo rimas facit quibus inest operibus.

Asseribus dispositis, tum to· mice ex sparto Hispanico, arundines græcæ tusæ ad eos (uti forma postulat) religentur.

Item supra cameram materies eâ calce et arena mixta subinde inducatur, ut si quæ stillæ ex contignationibus aut tectis ceciderint, sustineantur.

Sin autem arundinis grecæ copiæ non erit, de paludibus tenues colligantur, et mataxæ tomicæ ad justam longitudinem

voici comment on s'y prendra : on formera avec des planches, des courbes qu'on placera debout, de manière qu'il ne se trouve pas plus de deux pieds de distance entre elles; on les arrêtera aux planchers, ou au toit, avec des liernes attachées avec un grand nombre de clous ou de chevilles de fer. Il faut que ces liernes soient d'une matière durable qui ne soit pas susceptible de se corrompre à l'humidité, telle que le buis, le genevrier, l'olivier, le rouvre, le cyprès et autres bois de ce genre, excepté le chêne, parce qu'il est sujet à se tourmenter, et à faire fendre ou gercer l'ouvrage.

Toutes les courbes étant mises en place et arrêtées, on y attachera, avec des cordes de jonc ou de sparte d'Espagne, des cannes grecques écrasées, pour former la superficie intérieure.

On fera ensuite au-dessus de la voûte un enduit en mortier de chaux et sable, pour la garantir des gouttes d'eau qui pourraient tomber des planchers ou des toits qui les soutiennent.

Si on ne peut pas se procurer une quantité sufisante de cannes grecques, on fera, avec de jeunes roseaux de marais,

unâ crassitudine alligationibus temperentur, dum ne plus inter duos nodos alligationibus binos pedes distent : et hæ ad asseres (uti suprà scriptum est) tomicæ religentur, cultellique lignei in eas configantur. Cætera omnia uti supra scriptum est expediantur.

Cameris dispositis et intextis, imum cœlum earum trallissetur, deinde arenâ dirigatur, post ea aut cretâ, aut marmore poliatur.

Cum cameræ politæ fuerint, sub eas coronæ sunt subjiciendæ, eæque quam maxime tenues et subtiles oportere fieri videntur. Cum enim grandes sunt, pondere deducuntur, nec possunt se sustinere, in his que minime gypsum debet admisceri, sed excreto marmore uno tenore perduci, uti ne præcipiendo nonpatiatur uno tenore opus inarescere.

des paquets de même grosseur et d'une longueur convenable, attachés avec des liens qui ne soient pas à plus de deux pieds de distance les uns des autres; on les arrêtera aux courbes avec des cordes de jonc et de chevilles de bois minces, comme il vient d'être dit.

Ces voûtes étant ainsi préparées et garnies de cannes ou de roseaux, on mettra un premier enduit de mortier rude, sur la surface intérieure, et un second, avec du sable plus fin, et enfin un de stuc fait de craie ou de marbre pulvérisé, que l'on polira.

Lorsque l'enduit intérieur de ces voûtes sera fini et poli, on placera au dessous, des corniches qui soient aussi legères qu'il sera possible de les faire : car lorsqu'elles sont trop lourdes, elles ne peuvent pas se soutenir, parce que leur poids les fait détacher. Pour les bien faire, il faut employer très-peu de plâtre, et les faire plutôt toutes en stuc de poudre de marbre, de peur que le plâtre venant à durcir plus promptement que le mortier ou le stuc, l'ouvrage n'en souffre et ne sèche pas également.

Etiamque cavendæ sunt, in cameris priscorum dispositiones, quod earum planitiæ coronarum gravi pondere impendentes, sunt periculosæ.

Coronarum autem aliæ sunt puræ, aliæ cælatæ. Conclavibus aut ubi ignis aut plura lumina sunt ponenda, puræ fieri debent, ut eæ facilius extergeantur.

In æstivis et exedris, ubi minime fumus est, nec fuligo potest nocere, ibi cælatæ sunt faciendæ.

Semper enim album opus, propter superbiam candoris, non modo ex propriis, sed etiam ex alienis ædificiis concipit fumum.

Il faut aussi éviter de faire, comme dans les chambres des anciens, des corniches trop fortes et trop saillantes, parce qu'elles sont dangereuses à cause de leur poids.

Quant aux corniches, les unes sont unies et les autres sont sculptées. Dans les chambres d'assemblées, où l'on allume du feu et plusieures lumières, elles doivent être unies, afin qu'on puisse les nettoyer plus facilement.

Mais dans les appartemens d'été et les cabinets, où il n'y a presque pas de fumée ni de suie qui puisse les gâter, on pourra les faire sculpter.

Au reste l'éclat et la beauté des stucs blancs peuvent être ternis non-seulement par la fumée intérieure, mais encore par celle des édifices voisins.

On voit par cet extrait, que les anciens Romains faisaient aussi des voûtes légères avec des planches posées de champ et découpées selon la courbe du ceintre. Il les entretenaient avec des liernes de bois durs, qui n'étaient sujets ni à se corrompre par les vers ou l'humidité, ni à se tourmenter. Pour recevoir l'enduit qui formait la surface intérieure de ces voûtes, au lieu de lattes ils se servaient de cannes grecques écrasées ou de roseaux, comme on le pratique encore à Rome, et en plusieurs autres endroits de l'Italie.

Des enduits sur les cloisons.

Les cloisons légères, que les Romains faisaient pour diviser les grandes pièces dans les étages supérieurs, étaient composées de montans d'huisserie et de traverses en bois écarris, espacés à une certaine distance. Les intervalles étaient remplis avec des cannes grecques attachées avec des clous comme l'on pose les lattes pour les cloisons de même genre, qui sont encore en usage. Les cloisons antiques étaient recouvertes avec des enduits de mortier et de stuc formés de plusieurs couches plus minces que pour les murs. Vitruve en parlant de ces cloisons, à la fin du huitième chapitre du second livre, dit :

De cratitiis.

Cratitiis verò velim quidem ne inventi essent. Quantum enim celeritate et loci laxamento prosunt, tanto majori et communi sunt calamitati : quod ad incendia (uti faces) sunt paroti.

Itaque satius esse videtur impensa testaceorum in sumptu, quàm compendio cratitiorum esse in periculo.

Etiam qui sunt in tectoriis ope-

Des cloisons en claie.

Je voudrais que les cloisons en claie n'eussent jamais été inventées. Car malgré l'avantage qu'elles ont d'être promptement faites, et d'occuper peu de place, on peut les regarder comme des torches toujours prêtes à contribuer au malheur public, en propageant les incendies.

C'est pourquoi il vaut beaucoup mieux dépenser un peu plus, en faisant ces cloisons en tuileaux, que de s'exposer à un danger évident, par des cloisons de claie.

De plus, les enduits que l'on

ribus, rimas ex iis faciunt arrec-
tariorum et transversariorum
dispositione. Cum enim linun-
tur, recipientes humorem tur-
gescunt, deinde siccescendo
contrahuntur, et ita extenuati
disrumpunt tectoriorum soliditatem.

Sed quoniam non nullos cele-
ritos, aut inopia, aut impendentis
loci deceptio cogit, sic erit faciendum. Solum substruatur
alte, ut sint intacti abrudere
et pavimento: obruti enim cum
sunt, vetustate marcidi fiunt,
deinde subsidentes proclinantur,
et disrumpunt speciem tectoriorum.

fait pour les recouvrir, sont
sujets à se fendre au droit
des montants et des traverses,
parce que l'humidité des couches fait d'abord renfler les bois,
qui venant à diminuer, en séchant, occasionnent des désunions qui détruisent la solidité
de l'enduit.

Cependant si l'on est obligé
d'en faire usage, soit par la
promptitude qu'exige l'ouvrage,
soit par défaut de place, ou pour
masquer quelqu'irrégularité,
voici comment il faudra faire:
si c'est au rez-de-chaussée, on
élévera les pièces du bas au-dessus du sol, car lorsqu'on les fait
entrer dans l'aire du pavé, elles
se pourrissent bientôt et se dé-
versent, ce qui détruit la beauté
des enduits.

Et à la fin du troisième Chapitre du septième livre,
il ajoute:

Tectoria in cratitiis.

Sin autem in cratitiis tectoria
erunt facienda, quibus necesse
est etiam in arrectariis et transversariis rimas fieri (ideo quod
luto cum liniuntur, necessario
recipiunt humorem, cum autem

Enduits sur les cloisons en claie.

Mais quand il s'agira de faire
des enduits sur des cloisons en
claie, si l'on veut éviter les désunions qui se font le long des
montans et des traverses qui en
forment l'assemblage, (causées,

arescunt extenuati, in tectoriis faciunt rimas) id ut non fiat hæc erit ratio: cum paries totus luto inquinatus fuerit, tunc in eo opere cannæ clavis muscariis perpetuæ figantur, deinde iterum luto inducto, si priores transversariis arundinibus fixæ sunt, secundæ erectis figantur: et ita, (uti suprà scriptum est) arenatum, et marmor, et omne tectorium inducatur. Ita cannarum duplex in parietibus ordinibus transversis fixà perpetuitas, nec segmina, nec rimam ullam fieri patietur.

comme il a été déjà dit, par le renflement de ces bois mouillés par les remplissages en mortier de terre, et par leur diminution lorsqu'ils sont ressuyés) après que ce remplissage sera fait, il faudra arrêter, sur les montans, des cannes posées en travers, avec des clous à têtes plates; et après avoir rempli les intervalles avec le même mortier, en poser d'autres qui croisent les premières, clouées sur les traverses; on fera ensuite les enduits en appliquant dessus les couches de mortier de chaux et sable, et de marbre, comme il a été ci-devant expliqué. Ce double rang de cannes, croisées sur les faces de ces cloisons, entretiendront toutes les parties à perpétuité, en sorte qu'il ne pourra s'y faire ni fente, ni lézarde.

La difficulté de faire, sur des cloisons, des enduits en mortier qui ne gercent ni ne fendent, vient de ce que le mortier, lorsqu'il n'est pas bien comprimé et lissé avant de faire corps, est sujet à une retraite ou diminution de volume, laquelle, ajoutée à celle des bois pénétrés de l'humide des remplissages, doit nécessairement causer des désunions aux endroits où les bois sont apparens ou couverts d'une superficie d'enduit de moindre épaisseur. Le renflement du plâtre obvie en partie à cet

inconvénient, parce qu'il se fait, pour ainsi dire, une
compensation avec la diminution qu'éprouve le bois en
séchant, et que d'ailleurs le plâtre prend plus vîte et s'y
attache plus fortement que le mortier ou autre composition où il entre de la chaux. Il n'y a guère que les
enduits en plâtre éventé ou noyé qui gercent. Il est certain
que Vitruve indique le moyen le plus sûr d'empêcher
ces effets, en clouant une double épaisseur de lattes sur
les montans et les traverses pour les contenir; il faut,
de plus, avoir soin de comprimer l'enduit à mesure qu'il
sèche.

Après avoir parlé des enduits en général sur les murs,
les voûtes et les cloisons, Vitruve indique, dans le chapitre IV du septième livre, les précautions à prendre
pour ceux à faire dans les endroits humides, afin qu'ils
soient solides et durables, et qu'ils garantissent même
ces endroits de l'humidité.

De politionibus in humidis locis.

Quibus rationibus siccis locis
tectoria oporteat fieri dixi, nunc
quemadmodum humidis locis politiones expediantur, ut permanere possint sine vitiis, expo-
nam. Et primum conclavibus,
quæ planopede fuerint ab imo
pavimento alte circiter pedibus
tribus, pro arenato testa trullissetur, et dirigatur, uti eæ partes tectoriorum ab humore ne vi-
tientur.

Des enduits dans les lieux humides.

J'ai expliqué dans les chapi-
tres précédens la manière de
faire les enduits dans les lieux
secs, je vais actuellement indiquer comment il faut les faire
dans les endroits humides, pour
qu'ils puissent se maintenir long-
tems sans défaut. Premièrement
pour les salles d'assemblées situées au rez-de-chaussée, il faudra faire les deux premières
couches en ciment de tuileaux,

au lieu de mortier, jusqu'à environ trois pieds au-dessus du sol, pour que cette partie puisse résister à l'humidité.

Mais si quelques-uns de ces murs sont exposés à une humidité perpétuelle, il faudra en construire un plus mince (*), au devant, à la distance que le lieu pourra permettre ; on établira, entre ces deux murs, un canal qui soit plus bas que le pavé, avec des issues dans un lieu ouvert. On laissera aussi, en construisant le mur, des ouvertures dans la hauteur, pour donner passage à l'air; car si l'humidité n'avait pas des issues par le haut et par le bas, pour se dissiper, elle pénétrerait le nouveau mur comme l'ancien.

(*) Pl. XIV, fig. 4, 5, 6.

Ces constructions étant faites, on posera les deux premières couches de l'enduit, avec du ciment de tuileaux, et le surplus à l'ordinaire. Si le lieu ne permet pas d'élever un second mur, on se contentera de faire des canaux et des issues dans un lieu découvert. On prendra ensuite des briques de deux pieds en carré (*), que l'on posera d'un côté, sur le bord du canal, et de l'autre, sur de petits piliers formés avec des briques de

(*) Fig. 7, 8, 9.

Sin autem aliquis paries perpetuos habuerit humores, paulum ab eo recedatur, et struatur alter tenuis distans ab eo, quantum res patietur, et inter duos parietes canelis ducatur inferior quam libramentem conclavis fuerit, habens nares ad locum patentem. Item cum in altitudinem perstructus fuerit, reliquentur spiramenta. Si enim non per nares humor, et in imo, et in summo habuerit exitus, non minus in nová structurá se dissipabit.

His perfectis paries testa trullissetur, et dirigatur, et tunc tectorio poliatur. Si autem locus non patietur structuram fieri, canales fiant, et nares exeant ad locum patentem. Deinde tegulæ bipedales, ex una parte supra marginem canalis imponantur, ex altera parte bessalibus laterculis pilæ substruantur. In quibus duarum tegularum anguli sedere possint, et ita à pariete eæ distent, ut ne plus pateant palmum: deinde insuper erectæ ha-

matæ tegulæ ab imo ad summum
parietem figantur, quarum in-
teriores partes curiosius picen-
tur, ut ab se respuant liquorem.

Item in imo et in summo supra
cameram habeant spiramenta.
Tum autem calce ex aqua liquida
dealbentur, uti trullissationem
testaceam non respuant. Namque
propter jejunitatem quæ est à
fornicibus excocta, trullissationem non possunt recipere, nec
sustinere, nisi calx subjecta
utrasque res inter se conglutinet
et cogat coire. Trullissatione inducta pro arenato testa dirigatur, et cætera omnia (uti suprà
scripta sunt in tectoriorum rationibus) perficiantur.

huit onces, ou deux tiers de
pied en carré, en sorte que chacun soutiendra les angles de
deux grandes briques; ils seront placés de manière qu'ils se
trouvent à un palme de distance
du mur. On élevera ensuite au-
dessus, des espèces de tuyaux
encastrés du bas en haut du mur,
formés avec des tuiles à rebords,
dont la partie intérieure sera en-
duite de poix, pour que l'humidité ne s'y attache pas.

Ensuite on pratiquera dans le
bas et dans le haut du mur, au-
dessus de la chambre, des ouvertures; on blanchira avec du
lait de chaux l'extérieur de ces
tuiles, pour qu'elles ne rejet-
tent pas le premier enduit; car
à cause de l'aridité de cette matière cuite au fourneau, elle ne
s'y attacherait pas, et ne pourrait pas se soutenir, sans cette
précaution, la chaux servant
d'intermède pour faciliter leur
union. La première couche ou
trullisation étant faite, on se ser-
vira pour la seconde, de tuileaux
pilés, au lieu de sable, et on fera
les autres comme il a été ci-devant expliqué.

On trouve l'application du premier moyen qu'indique
Vitruve, à la Ville Adrienne dans un grand bâtiment appelé les cent chambres, appliqué au mur de substruction

qui soutient le terre-plein du Pécile; il en sera parlé au livre suivant, à l'article des murs de terrasse et de revê-temens. Quant au second moyen , la figure que Perrault en donne, d'après Rusconi, n'est pas propre à donner l'explication du texte. Il paraît qu'il n'avait aucune idée de la forme des tuiles des anciens Romains, qui est encore en usage. Ces tuiles sont de deux sortes; les unes plates avec des rebords, représentées par la figure 10, pl. XIV, étaient appelées *tegulæ hamatæ* , et les autres demi-rondes, en forme de canal, servent à recouvrir les joints montans des premières, comme on le voit à la figure 11.

Nous avons tâché de suppléer à ce défaut par les fig. 7, 8, 9, dans lesquelles A indique le canal; B les petits piliers en briques carrées de 8 onces ou $\frac{2}{3}$ de pied romain.

C. Les grandes briques de deux pieds en carré , po-sant d'une part sur le bord du canal, et de l'autre sur les petits piliers B qui soutenaient chacun les angles de deux de ces grandes briques, et qui étaient placés à un palme de distance du mur.

Des enduits pour les ouvrages de maçonnerie qui doivent contenir de l'eau.

Dans toutes les constructions antiques de ce genre , telles que les citernes , les réservoirs, les bassins , les aque-ducs et autres que j'ai visité et examiné avec la plus grande attention , j'ai remarqué que les enduits qui se sont le mieux conservés étaient fort épais. Ils sont ordinairement com-posés d'une première couche de mortier de pierraille ou béton de 3 ou 4 pouces d'épaisseur; d'une seconde couche formée de tuileaux écrasés ou de pouzzolane, et quelquefois de ces deux matières mélangées, d'environ un pouce d'épaisseur; enfin d'une dernière couche de tuileaux pulvérisés et passés au tamis.

Ces différentes couches étaient posées chacune d'un seul jet, ou sans interruption, afin d'éviter les soudures ou reprises. Elles étaient successivement bien égalisées et battues. On ne posait une nouvelle couche que lorsque la première était bien ressuyée. On prenait sur-tout un soin particulier de bien lisser la dernière couche, parce qu'ils avaient remarqué que cette opération rendait la superficie extrêmement dure et impénétrable à l'eau. Ils avaient encore la précaution d'effacer tous les angles rentrans par des arrondissemens de six pouces au moins de rayon.

Le fond est toujours concave, de manière que la plus grande profondeur est au milieu.

Ils garnissaient d'enduits même les ouvrages en pierre de taille. Ils avaient la précaution de ne les appliquer que sur des constructions bien sèches qui avaient éprouvé tous les effets dont elles étaient susceptibles.

J'ai remarqué dans plusieurs aqueducs antiques des désunions et des effets de tassement qui paraissent avoir eu lieu avant que l'enduit intérieur du canal ait été fait.

On voit que le nivellement n'a été établi que sur la première couche, qui est d'inégale épaisseur, parce qu'elle servait à corriger les défauts occasionnés par les inégalités de tassement, et à établir une pente uniforme.

Tout le secret des anciens Romains pour faire de beaux enduits, solides, durables et imperméables à l'eau, ne consiste que dans les précautions que nous avons indiquées. On peut y employer également du bon sable, de la pouzzolane, de la poudre de tuileaux, de marbre et de pierre, de la

craie , de la marne , de la terrasse de Hollande , de la
cendrée de Tournay, du trass d'Andernach, du plâtre-ci-
ment et autres matières ; mais il faut se méfier de celles
qui durcissent trop tôt, c'est-à-dire , avant qu'elles aient
rejeté l'eau surabondante employée à leur préparation ,
parce que les mortiers ou ciments qui en proviennent sont
sujets à se décomposer dans la suite , pour rejeter l'humidité superflue qu'ils contiennent à l'intérieur, et qui souvent n'a été retenue que par le durcissement prématuré
de la surface. Les anciens obviaient à cet inconvénient en
battant leurs enduits. Cette opération porte tout l'humide
à la superficie qui ne sèche qu'après le milieu.

Pour donner plus de consistance aux enduits , et les
garantir des premières impressions de l'air ou de l'eau , les
anciens avaient la précaution de les frotter avec du marc
d'huile, ou avec d'autres compositions, telles que celles
appelées *Maltha*, dont il est question dans le 24me. chap.
du 36me. liv. de Pline. Le passage de cet auteur n'ayant
pas été bien compris par ceux qui l'ont cité, nous en plaçons ici le texte et la traduction.

Matha è calce fit recenti. Gleba vino restinguitur : mox tunditur cum adipe suillo ficu , duplici linamento : quæ res omnium tenacissima , et duritiam lapidis antecedens. Quod malthatur , oleo perfricatur ante.	La maltha se fait avec de la chaux vive en pierre , que l'on éteint dans du vin ; on la broye ensuite avec du saindoux et des figues. Cette composition donne aux enduits sur lesquels elle est appliquée, une dureté et une consistance plus forte que la pierre ; mais auparavant il faut qu'ils ayent été frottés d'huile.

Il faut observer que la maltha seule ne formait pas un

ciment plus dur que la pierre, comme l'ont pensé tous
ceux qui ont cité ce passage : c'était un *liniment* qui
avait la propriété de durcir extraordinairement la surface des enduits que l'on frottait avec, comme le marc
d'huile dont parle Vitruve , et l'huile de lin bouillante
que l'on met sur la surface des *composti* ou *terrazzi* de
Venise. Il est probable que cette opération se faisait aussi
à chaud.

Le vin dans lequel on éteignait la chaux , facilitait par
le tartre qu'il contient, son mélange avec les parties grasses , comme le sel de tartre produit la dissolution de la
cire dans l'eau pour la peinture que nous appelons à l'encaustique , et le mélange de l'huile avec la chaux dans le
savon.

De la véritable signification du lapis politus de Pline.

M. de la Faye , qui prétendait que les anciens compo-
saient des marbres et des pierres factices , a voulu justifier
son opinion par un passage de Pline où il est question des
labyrinthes, et sur-tout de celui d'Égypte ; mais comme il
corrige ce passage et l'interprète à sa manière, nous allons
comparer le vrai texte et sa traduction avec celui qu'il subs-
titue, et l'interprétation qu'il en donne.

Plinius , *Lib. XXXVI.* *Cap.* 13.	*Pline* , *Livre XXXVI,* *Chapitre* 13.
Omnes lapide polito fornicibus tecti : Ægyptius (quod miror equidem) introitu lapide è Pario: columnis reliquis, è Syenite:	Ils étaient tous couverts par des voûtes en pierre polie ; mais ce que j'admire dans celui d'E- gypte , c'est que l'entrée était en

molibus compositis, quas dissolvere ne sæcula quidem possint,
adjuvantibus Heracleopolitis,
qui id opus invisum mire infestavere.

marbre de Paros, et le surplus,
ainsi que les colonnes, en marbre Syenite, formé de si grandes
masses, que plusieurs siècles,
joints aux efforts des Héracléopo-
litains à qui cet ouvrage déplai-
sait, ne sont pas venu à bout de
le détruire.

Voici comment M. de la Faye cite et corrige ce passage,
et comment il le traduit.

Omnes *labyrinthi* tecti lapide
polito fornicibus: Ægyptius *laby-
rinthus*, (quod miror equidem)
tectus lapide polito introitu, co-
lumnisque compositis reliquis è
molibus, quas ne sæcula quidem
possint dissolvere, adjuvantibus
Heracleopolitis, qui id opus invisum miré infestavere.

« Ces labyrinthes *étaient en-
» duits*, dans toutes leurs par-
» ties voûtées, avec *un mortier*
» *de chaux pure* ou de marbre,
» et qui était poli : quant à ce-
» lui d'Egypte, je vois avec éton-
» nement que son péristile était
» encore enduit d'un pareil mor-
» tier, de même que ses colon-
» nes, composées avec les re-
» coupes des pierres employées
» à cette énorme construction,
» et que les siècles même n'ont
» pu dissoudre, malgré tous les
» efforts du peuple d'Héracléo-
» polis, qui, de concert avec le
» tems, ne cherchait qu'à dé-
» truire cet ouvrage qui lui dé-
» plaisait. »

On ne trouve dans le texte latin, même dans celui
inutilement corrigé par M. de la Faye, aucune expression
qui puisse faire croire que le *lapis politus* était un enduit.

Celle de *tectus lapide polito* n'a aucun rapport avec les *recoupes de pierres employées à cette énorme construction* qui se trouvent dans la traduction de M. de la Faye. Il est constant, par le récit de tous les voyageurs, confirmé par celui des artistes français qui ont fait partie de l'expédition d'Egypte, que les anciens Egyptiens ne faisaient pas usage des voûtes, et qu'ils couvraient leurs édifices en grandes pierres qui posaient sur les murs opposés, ou sur des points d'appui intermédiaires, tels que des colonnes. Quelques-unes de ces pierres étaient en marbre ou en granite, polies et ornées d'hiéroglyphes ou de peintures.

Hérodote qui avait parcouru le labyrinthe dans un tems où il était encore entier et bien conservé, dit en parlant des chambres intérieures : « (1) Le toit de toutes ces pièces est
» de pierre, ainsi que les murs qui sont par-tout décorés
» de figures; autour de chaque cour règne une colonnade
» de pierres blanches parfaitement jointes ensemble ».

Il résulte de tout ce qui vient d'être rapporté, que le *lapis politus* ne peut exprimer qu'une pierre polie ou marbre, et que l'explication de M. de la Faye ne peut convenir, en aucune manière, à un enduit de chaux pure et de marbre pulvérisé, comme il le pense. J'ai cru qu'il était nécessaire de relever cette erreur, parce que tout ce que M. de la Faye a écrit à ce sujet dans son Mémoire imprimé

---

(1) Ὀροφὴ δὲ πάντων τούτων λιθίνη κατάπερ οἱ τοῖχοι· Οἱ δὲ τοῖχοι, τύπων ἐγγεγλυμμένων πλίοι· αὐλὴ δὲ ἑκάστη περίστυλος, λίθου λευκοῦ ἁρμοσμένου τὰ μάλιστα.

Ὀροφὴ indique un toit, un plancher, ayant une superficie plate, de niveau ou incliné; les voûtes qui ont leur superficie courbes sont exprimées par les mots Καμάρα, Καμάρωσις.

sur la préparation du mortier des Romains, a été répété dans le N°. 82 du journal des Bâtimens civils.

Le but de ce Mémoire est de faire croire que la plupart des grandes colonnes, obélisques et autres ouvrages d'une seule pièce d'un volume considérable, sont en pierre factice, ou comme dit le vulgaire, en pierre fondue. Mais on ne peut plus, d'après les progrès de la Physique et de l'Histoire naturelle, adopter une pareille assertion ; il suffit, pour en faire voir la fausseté, d'examiner et de comparer des fragmens d'enduits de stucs, et des compositions les mieux faites avec les pierres ou les marbres naturels. On verra qu'il y a une différence infinie entre les combinaisons de la nature et la manière d'opérer des plus habiles artistes en ce genre.

Des enduits modernes.

Dans les pays où l'on construit en mortier, les enduits sont formés de deux et quelquefois de trois couches. La première se pose immédiatement sur le parement, en moilon ou en brique du mur, après avoir bien nettoyé les joints et arrosé la superficie, pour donner plus de prise au mortier. Cette couche, que l'on appelle crépi, se fait avec du mortier de chaux vieille éteinte, bien broyé, un peu plus gras que pour la maçonnerie ordinaire, c'est-à-dire qu'on y met plus de chaux. On peut faire ce mortier avec de la chaux nouvellement éteinte, en le préparant long-tems d'avance, comme on le pratique à Lyon. Après avoir éteint la chaux avec précaution, on la broye avec du sable fin pour en faire un mortier moyennement gras, que l'on prépare dix à douze mois d'avance. On en forme des

tas considérables que l'on conserve dans des endroits frais,
ou en le couvrant de sable. Lorsqu'on veut s'en servir ,
on le rebroye en ajoutant de l'eau. Plus il est ancien et
plus il est broyé, plus il est propre à faire de beaux enduits
qui ne gercent , ni ne fendent , ni ne crevassent.

La première couche ou crépi se jette sur le mur avec
la truelle ; on l'étend en ôtant le superflu avec le tranchant
pour le rejeter où il en manque , ce qui produit une surface extrêmement rude.

Lorsque le crépi est bien sec , on applique la seconde
couche qu'on appelle enduit. Elle se fait avec un mortier
plus maigre que le précédent, c'est-à-dire qu'on y ajoute
du sable. On étend cette seconde couche avec le dos de
la truelle , en l'unissant le plus qu'on peut. Mais comme il
reste toujours des ondulations , on les efface avec une
plaque, ou instrument de bois d'environ six pouces en
carré , dressé d'un côté , et portant sur le dos un petit
tasseau cloué pour servir à le tenir. Celui qui se sert de
cet instrument qu'on appelle *épervier*, figure f , planche XIV , tient d'une main un pinceau , avec lequel il
arrose l'enduit à mesure qu'il frotte. Lorsque cet enduit
est presque sec , on le blanchit avec du lait de chaux qui
s'incorpore avec l'enduit, et ne s'efface jamais.

Lorsqu'on veut avoir un enduit bien lisse et bien beau ,
on étend sur le second enduit une couche de chaux et de
craie, ou blanc d'Espagne , bien broyés ensemble. Lorsque
cette couche est étendue également , et bien dressée avec
un instrument semblable à celui que nous venons d'indiquer, la surface devient presqu'aussi belle et aussi brillante que le stuc en poudre de marbre.

On emploie à Naples pour la dernière couche des en-

duits une espèce de terre ou pouzzolane blanche qui produit le même effet.

On fait des enduits en mortier sur des cloisons de planches de sapin, à claire voie, sur lesquelles on pose des
tringles ou lattes de même bois, des cannes ou des roseaux, le long desquels on fait des hachures pour donner
plus de prise à la première couche. On en fait aussi sur
des pans de bois et des voûtes en courbes de planches,
et même sur des plafonds. Indépendamment du lattis, on
plante quelquefois dans les intervalles ou dans les fonds
unis des clous à têtes plates et larges à demi enfoncés.

Des enduits en plâtre.

Ces enduits se font aussi en trois couches, distinguées
par les noms de gobetage, crépi et enduit.

Lorsqu'il s'agit d'enduire un mur en moilons ou en briques, on commence, comme pour les enduits en mortier,
par nettoyer la surface et les joints, ensuite après l'avoir bien
arrosé et bouché les grands joints avec du plâtre à la main,
on gâche du plâtre un peu clair que l'on jette dessus avec
un balai; c'est cette opération que l'on appele gobeter.

Lorsque le gobetage est fait, et que le plâtre a pris corps,
sur cette première couche on applique le crépi fait avec
du plâtre écrasé, passé au panier, et gâché plus serré. Ce
plâtre se jette à la main et s'étend avec le côté ou tranchant
de la truelle pour rendre la surface plus rude, et afin que
l'enduit ou troisième couche s'y attache mieux; cette dernière couche se fait en plâtre fin passé au *sas* ou tamis de
crin. On l'étend le mieux qu'il est possible avec le dos de la
truelle; mais comme il reste toujours des inégalités et des

ondulations, on se sert pour le dresser et l'applanir d'une
espèce de racloir à manche, représenté par la fig. c, pl. XIV.
Il a des dents d'un côté, et un taillant uni de l'autre. Les
maçons de Paris appellent cet instrument *truelle brettée*,
quoiqu'il n'en ait pas la forme, à cause des dents ou bre-
tures qui sont d'un côté, et parce qu'autrefois, au lieu de
cet outil, ils se servaient d'une truelle de fer.

La figure a représente la forme et les dimensions
des truelles dont on se sert à Paris pour les ouvrages en
plâtre ; la lame ou partie plate est en cuivre jaune, parce
que le plâtre s'y attache moins qu'à une truelle de fer,
qu'on l'étend mieux, et qu'elles ne sont pas sujettes à se
rouiller.

Les enduits sur les cloisons, les pans de bois, les plafonds, ou lambris sous les toits se font de même ; il n'y
a de différence que dans le lattis, qui se fait, ou jointif,
ou à claire voie. Dans le premier cas, les lattes se touchent
ou sont peu distantes les unes des autres ; dans le second,
elles sont éloignées de deux, trois et jusqu'à quatre pouces,
comme lorsqu'il s'agit de pans de bois, de cloisons ou de
planchers hourdés pleins, c'est-à-dire dont les intervalles
sont garnis en maçonnerie de plâtras.

Lorsque les intervalles entre les poteaux ou solives ne
sont pas remplis de maçonnerie, et que l'on veut, par
raison d'économie, ou pour éviter le poids, les laisser
vides, on pose les lattes jointives.

Les lattes dont on fait usage à Paris sont de cœur de chêne
refendues ; elles ont 4 pieds de long sur environ 2 pouces
de large, et 3 ou 4 lignes d'épaisseur. On les arrête avec
des clous à têtes plates sur chaque poteau ou solive ; il
faut avoir soin de les poser en liaison.

Du blanc en bourre.

Dans plusieurs endroits de France où le plâtre est rare, on se sert, pour faire des enduits et des plafonds, d'un mélange de terre blanche, de chaux et de bourre. On fait ces enduits en deux couches; la première s'applique sur un lattis fait comme pour les plafonds ou enduits en plâtre; on lui donne trois ou quatre lignes d'épaisseur. Cette couche est composée de la terre la moins fine, broyée avec de la bourre de tanneur et de la chaux. Lorsque la terre est moyennement grasse, on y met un sixième de chaux et autant de bourre de tanneur. Il faut que la chaux soit éteinte depuis six mois au moins, ou qu'elle ait été broyée à plusieurs fois pour la bien dissoudre.

La seconde couche se fait avec de la chaux, de la craie ou de la terre blanche passée au tamis, broyée avec de la bourre fine de tondeur de draps. Lorsque ces enduits ou plafonds ont été bien faits, on prétend qu'ils sont aussi beaux et plus durables que ceux en plâtre, et qu'ils résistent mieux à l'humidité; que si les plafonds se trouvent sous un toit où il y ait une gouttière, l'eau qui tombe ne fait que son trou. Ils ont encore l'avantage de pouvoir se réparer facilement quand ils sont endommagés.

Le blanc en bourre peut se faire avec de la chaux, du sable, de la terre franche, de la terre glaise, de la craie ou de la marne. La craie, le blanc d'Espagne, le blanc de Troyes forment les plus beaux enduits, plus lisses et plus unis que ceux en plâtre. On traîne avec des calibres des moulures aussi nettes qu'avec le plus beau plâtre.

Dans les endroits où l'on peut se procurer du plâtre,

on en méle avec le blanc en bourre pour faire la seconde
couche. Quant à moi, je pense que ces ouvrages qui exigent plus de précautions que ceux en plâtre, sont moins
solides, sur-tout pour les plafonds, et que le plâtre doit
être préféré toutes les fois qu'à dépense égale, on peut
s'en procurer.

Du stuc moderne et des différentes manières de le faire.

Le stuc est une composition de chaux ou de plâtre,
susceptible du poli comme le marbre, dont il a l'apparence.

Les meilleurs et les plus solides sont ceux faits avec de
la chaux, comme le pratiquaient les anciens. On trouve
dans les ruines de plusieurs édifices antiques de Rome,
des parties de stuc encore bien conservées, quoiqu'exposées depuis dix ou douze siècles à l'humidité et à toutes les
intempéries de l'air.

Nous avons déjà rapporté ce que dit Vitruve à l'occasion
de ces stucs. Nous allons, pour compléter ce qui peut être
relatif à cet objet, expliquer la manière dont ils se font
encore actuellement en Italie, où leur usage s'est conservé.
Les procédés que nous allons indiquer sont ceux que nous
avons vu pratiquer par les plus fameux artistes en ce genre,
et sur-tout par les frères Giocondo et Grato Albertoli,
dont le premier est professeur d'ornement à l'académie
des Beaux-Arts de Milan, et l'autre était premier stucateur
du grand-duc de Florence en 1783 ; l'un et l'autre ont eu
la complaisance de faire devant moi toutes ces opérations,
et m'ont donné des notes dont j'ai fait usage, ainsi que

de celles que j'ai prises moi-même en voyant opérer d'autres artistes qui m'ont aussi donné des renseignemens.

Stuc pour les ornemens et les moulures d'architecture.

Lorsque les ouvrages en stuc doivent avoir beaucoup de relief, comme des chapiteaux, des trophées, des corniches, on commence par faire l'ébauche ou l'ossature de la manière suivante. On fiche dans les murs plafonds, ou voûtes, sur lesquels l'ouvrage doit être exécuté, des clous plus ou moins grands ou d'autres ferremens, à proportion de la saillie. On prépare ensuite du mortier de chaux et sable fin, bien broyé, comme celui dont on fait la dernière couche des enduits dans les endroits où l'on ne se sert pas de plâtre. Il faut aussi se procurer autant de bon plâtre en poudre que de mortier, c'est-à-dire, en raison de l'ouvrage.

Toutes ces choses étant prêtes, on commence par mouiller avec un pinceau, l'endroit où l'on a attaché les clous ou ferremens, en faisant attention de les épargner. On gâche ensuite une certaine quantité de plâtre dont on couvre, le plus promptement possible, tous les clous et ferremens, en donnant à l'ouvrage l'ébauche de la forme qu'il doit avoir.

Cette première opération étant faite, on continue avec du plâtre et mortier mêlés ensemble de la manière suivante.

On prend une certaine quantité de mortier, qu'on met sur une petite planche ou palette, fig. e, pl. XIV; on en forme une espèce de bassin assez grand pour contenir une quantité de plâtre gâché, qui soit double du mortier.

Après avoir rempli d'eau cette espèce de bassin, on y sème du plâtre avec la main, jusqu'à qu'il ait absorbé l'eau, et on empâte tout de suite les matières, en les broyant ensemble pour les employer le plus promptement possible. On se sert, pour cela, de truelles de différentes grandeurs ou de spatules, selon que le travail est plus ou moins délicat.

Pour la troisième couche, on diminue la dose de plâtre de manière que pour la dernière façon de l'ébauche, il ne faut qu'une partie de plâtre sur trois de mortier.

L'ébauche étant finie, tandis qu'elle est encore fraîche, on commence à donner les principales formes et les évidemens qui doivent donner des noirs pour l'effet de l'ouvrage. Enfin on ôte tout ce qu'on a pu faire de trop en faisant l'ébauche, ce qui est presque inévitable, à cause de la promptitude avec laquelle on est obligé d'opérer : on se sert pour cela de spatules dentées et courbées, et de râpes.

En faisant l'ébauche, il faut toujours avoir le compas à la main pour mesurer chaque partie et ne pas mettre de matière plus qu'il n'en faut, ou plus d'un côté que d'autre, quand les objets sont symétriques. Il faut tenir toutes les mesures faibles de l'épaisseur du stuc.

L'ébauche ainsi préparée, on la laisse sécher jusqu'à qu'il ne reste plus d'humidité à l'intérieur : alors on la recouvre de stuc que l'on prépare de la manière suivante,

Manière de préparer le stuc, tant pour les enduits et les corniches, que pour les ornemens.

On prendra de la meilleure chaux en pierre qu'on pourra

se procurer; il faut qu'elle soit blanche et bien cuite à propos, ce que l'on connaîtra, si en la frappant elle rend un son clair. On l'éteindra avec beaucoup de précautions, en la trempant d'abord dans l'eau, avant de la mettre dans le bassin, et ne lui donnant de l'eau que lorsqu'elle commence à fumer. Il faut n'en verser qu'à mesure qu'elle commence à se dissoudre, et avoir soin de la remuer à mesure pour faciliter sa fusion.

Après que cette chaux est éteinte, il y a des stucateurs qui la délayent avec de l'eau pour la faire passer dans un tamis, afin d'en ôter toutes les parties graveleuses : d'autres l'épluchent en la broyant sur une dalle de marbre. Cette seconde manière me paraît préférable, parce qu'elle ne l'affaiblit pas.

La chaux étant ainsi tamisée ou épluchée, on la laisse reposer pendant quatre, cinq mois et quelquefois davantage, parce que plus il y a long-tems qu'elle est éteinte, mieux elle vaut pour le stuc, tant pour la dureté et l'économie, que pour la facilité de le travailler.

La chaux nouvellement éteinte réussit mal, à moins qu'on ait la précaution de la rebroyer à plusieurs reprises pour faciliter son entière dissolution. On peut, par ce moyen, accélérer, pour ainsi dire, le moment favorable de la mettre en œuvre.

La meilleure matière qu'on puisse mêler avec la chaux ainsi préparée pour faire un beau stuc, solide et durable, est la poudre provenante des écailles du marbre de Carrare, parce qu'il est le plus blanc et le plus brillant. A son défaut on peut se servir d'autres marbres blancs. On pourrait encore faire usage de certaines pierres blanches dont le grain est très-fin, comme la pierre de Tonnerre, la craie de Champagne ; mais le stuc n'est pas si beau.

Il y a des stucateurs qui ont employé avec succès de la poudre d'albâtre gypseux crud, ou de beau plâtre, tel que celui que les Italiens appellent *scagliola*, semblable au talc de Paris : mais ce stuc ne résiste pas à l'humidité.

On ne prépare le stuc pour les ornemens, que lorsqu'on est prêt à l'employer. Il faut avoir assez d'usage pour prévoir la quantité nécessaire pour couvrir l'ouvrage ébauché. On le formera d'une quantité égale de poudre de marbre et de chaux que l'on broyera bien sans y mettre de l'eau. Lorsqu'au lieu de poudre de marbre on se sert de quelqu'autre, la quantité de chaux peut varier, selon que la poudre est plus ou moins grasse et absorbante. On ne cessera pas de broyer que le mélange ne soit parfaitement opéré.

Plusieurs stucateurs et Vitruve même pensent que le mélange est assez broyé, et que les doses sont en proportion, lorsque la truelle ou quelqu'autre instrument de fer en sort net : mais le coup-d'œil exercé d'un habile artiste est beaucoup plus sûr, parce que le stuc ne s'attache au fer que lorsqu'il est gras : il en sortirait toujours net, s'il était trop maigre, c'est-à-dire s'il ne contenait pas la quantité de chaux suffisante.

Pour mettre le stuc en œuvre, on commence par bien mouiller l'ebauche jusqu'à ce qu'elle n'absorbe plus l'eau ; alors on détrempe un peu de stuc dans un vase, dont on couvrira avec un pinceau la partie que l'on veut finir. On étendra tout de suite par-dessus, avec une spatule, une couche de stuc dur, et on continuera jusqu'à ce qu'on s'aperçoive que le premier posé commence à sécher. On

lui donnera alors la dernière façon ; en le polissant avec
des ébauchoirs d'acier et des linges mouillés un peu rudes
enveloppés autour du doigt, comme pour modeler en
terre glaise : il faut même quelquefois passer le doigt sans
linge. Il y a des ouvrages qu'on ne peut finir que par ce
moyen, pour leur donner un moëlleux que l'ébauchoir ni
la spatule ne peuvent pas leur procurer. Ces instrumens
ne sont bons que pour des ouvrages terminés par des
lignes continues, comme les enroulemens des volutes
des chapiteaux.

On unit les grandes superficies avec des linges mouillés
un peu rudes ; il faut sur-tout avoir attention de rendre
les arêtes bien nettes et franches, autrement le travail,
quoique bon et solide, ne plaît pas.

Pour des ornemens en bas-reliefs dans des encadremens,
comme des grotesques, des entrelas, des rinceaux, des
lauriers, qui doivent avoir peu de saillie, il est inutile
de faire l'ébauche en plâtre et mortier ; il suffit de bien
mouiller le fond, qui doit être un peu rude, afin que le
stuc s'y attache mieux. On étendra dessus une couche de
stuc d'environ deux lignes, que l'on unira bien avec le dos
de la truelle, afin de le comprimer et de lui donner plus
de fermeté ; on l'unira ensuite avec un linge mouillé un
peu rude, afin d'enlever toutes les traces de la truelle.
C'est aussi de cette manière qu'on étend le stuc sur les
surfaces lisses des murs et des voûtes.

Le fond étant bien uni, on appliquera dessus le dessin
en grand de l'ouvrage, et après en avoir piqué les contours, on le poncera sur place avec du charbon.

Tous les contours étant marqués, on commencera à
masser l'ouvrage sur le fond avec du stuc dur ; et dans

les endroits où il se trouvera de trop grandes saillies, on plantera quelques petits clous à têtes larges, pour leur donner plus de soutien.

Pendant qu'on modèle ce stuc, il faut avoir la précaution de mouiller de tems en tems pour l'empêcher de durcir trop vite, afin que le tout ne fasse qu'un même corps.

Stuc pour les ouvrages d'architecture.

Pour les ouvrages d'architecture, comme les moulures, les corniches, les colonnes, les pilastres, panneaux, caissons et autres, on prépare les grandes masses en maçonnerie : sur ces grandes masses, on fait l'ébauche en plâtre et mortier, comme nous l'avons expliqué. Ensuite on se sert de calibre pour les moulures et les corniches, et même pour les colonnes, à-peu-près comme pour les ouvrages en plâtre, en observant qu'il faut deux calibres, l'un pour ébaucher doit être plus faible que le second d'environ une ligne, pour laisser la place de la dernière couche de stuc. Ces calibres doivent être garnis d'une lame de fer découpée comme le bois, afin de rendre les moulures plus nettes, plus franches et les arêtes plus vives.

Il faut, pour les dernières couches, que le stuc soit plus liquide que pour des ornemens, et qu'il soit aussi plus gras. Il doit être composé de deux parties de chaux et une de poudre de marbre.

En 1783 j'ai vu des ouvrages de stuc supérieurement exécutés par les frères Albertoli, à Milan, dans le palais de l'archiduc et dans celui du prince Belgioso, du comte Grepy, et à Florence, dans le palais Pitti.

Lorsqu'on veut faire des stucs sur des façades extérieures, ou dans des endroits exposés à l'humidité, il faut bien se garder d'y employer du plâtre, parce qu'il n'y résisterait pas.

Dans ces circonstances, si l'on peut se procurer de la pouzzolane, il faudra s'en servir pour l'ébauche, et à son défaut de tuileaux pilés : on y pourra mêler quelques terres absorbantes, comme de la craie ou de la chaux en poudre, pour qu'elle fasse corps plus promptement.

Quelques stucateurs font un mélange de six parties de chaux, trois de sable, deux de mâchefer, une de tuileaux pilés et une de tartre de vin : on broye bien le tout à plusieurs reprises, et l'on s'en sert pour l'ébauche des ouvrages exposés à l'humidité ou aux intempéries de l'air. On couvre cette ébauche avec du stuc préparé, comme nous l'avons dit. Il faut avoir attention de ne laisser sur le dessus des parties exposées à l'air, aucuns trous ni inégalités, et au contraire de les bien lisser, afin que la pluie ni les neiges n'y puissent pas séjourner. Cette opération a encore l'avantage de rendre la surface plus dure.

Stuc en plâtre.

On est parvenu à faire, avec le plâtre, un autre espèce de stuc ou marbre factice, qui a le brillant et l'apparence des marbres les plus précieux, par les différentes couleurs qu'on y mêle et le poli qu'on lui donne ; mais il n'est pas comparable, pour la durée, au stuc fait avec de la chaux et de la poudre de marbre. Le stuc en plâtre ne

peut résister à l'air ni à l'humidité ; il ne peut se maintenir
qu'à l'intérieur et dans des endroits secs.

Pour faire du beau stuc, il faut choisir le meilleur
plâtre, le plus blanc ; on le casse par petits morceaux de
la grosseur d'un œuf. Il faut que le stucateur le fasse cuire
lui-même, parce que la beauté et la dureté du stuc dépendent du degré de cuisson qu'on lui donne. Pour y
parvenir, on met tous ces morceaux dans un four très-
chaud, comme celui de la planche IX., ou un four ordinaire dont on bouche exactement l'ouverture. Il faut être
attentif à guetter l'instant où ce plâtre aura acquis le degré
de cuisson convenable : pour cela, on retirera de tems
en tems quelques morceaux pour les rompre, afin de
connaître s'il est au point désiré. Si en les rompant on voit
qu'ils sont trop remplis de particules brillantes, c'est une
preuve qu'il n'est pas assez calciné ; si au contraire il est
par-tout d'un blanc mat sans particules brillantes, il est
trop calciné : pour qu'il soit au degré convenable, il faut
qu'il reste encore quelques particules brillantes au centre ;
alors on le retire promptement du four.

Pour l'employer, on le pile dans un mortier de fonte,
et on le passe dans des tamis de soie très-fins. Pour le gâcher, on fait dissoudre dans de l'eau de la colle de Flandres,
qui ne doit être ni trop forte ni trop faible, parce que, dans
le premier cas, elle éloigne trop les particules du plâtre, et
ne forme pas un corps assez dur et compacte pour recevoir
un beau poli ; et dans le second, elle ne les réunit pas assez :
c'est l'usage qui apprend le degré de force qui convient à
chaque espèce de plâtre, de gypse, de talc ou de scagliole,
ainsi que son degré de cuisson ; c'est en quoi consiste le
prétendu secret de chaque stucateur, auquel chacun peut

parvenir par des essais. J'ai entendu dire à un fameux stucateur, que la colle faite avec des oreilles de veau est celle
qui faisait le plus beau stuc.

Pour imiter les différentes nuances du marbre, on se sert
des mêmes couleurs que pour peindre à fresque ; on détrempe ces couleurs avec de l'eau et de la colle ; on en
forme des galettes de différentes couleurs ; on prend avec
un couteau à palette un peu de chacune de ces couleurs
qu'on délaie dans la main avec de l'eau et un peu de plâtre,
en les mélangeant s'il est nécessaire, pour avoir la nuance
que l'on veut imiter. On introduit ces couleurs dans le
plâtre frais, à mesure qu'on l'étend, pour lui donner la
forme de l'ouvrage qu'on se propose de faire.

Lorsque le stuc est sec, on commence à le polir avec
de la pierre ponce et une espèce de pierre à aiguiser,
dont les ouvriers se servent pour donner le fil à leurs outils ; on continue avec du tripoli et un morceau de chapeau,
et on finit par lui donner le lustre avec de l'eau de savon,
et enfin de l'huile seule. Cette dernière ternit souvent
l'éclat quand on n'a pas la précaution de bien frotter.

Chaque partie de stuc se travaille à part et se monte en
place où on les finit ; on se sert pour cela de moules de
calibres et autres instrumens en usage pour les ouvrages
en plâtre.

On est parvenu à faire avec du stuc des espèces de tableaux sur des fonds bruns et noirs, représentant des
fleurs, des fruits, des oiseaux, des ornemens, des ara-
besques, et même des sujets en figures. J'ai vu des tableaux de ce genre dans les appartemens du palais Pitti
à Florence, à Bologne, et à Lyon dans l'église de Saint
Nizier, et celle des Picpus de la Guillotière. Ces derniers

avaient été fait par un stucateur français, nommé Laplante.
Pour exécuter ces ouvrages, on fait un dessin en grand
colorié, dont on pique tous les contours, on l'applique sur
le stuc, formant la teinte de fond que l'on veut donner au
tableau avant de le polir. On le ponce en blanc ou en noir,
selon la couleur du fond, ensuite on creuse selon les contours pour appliquer les stucs colorés qui conviennent à
chaque partie du dessin colorié, comme il a été dit ci-
devant pour l'imitation des accidens et variations des marbres ordinaires.

FIN DU LIVRE SECOND.

SOMMAIRE,

Ou Table des objets dont il est question dans le second livre de l'Art de Bâtir.

Avant tout, je dois prévenir mes lecteurs, que j'ai fait pour le Dictionnaire d'Architecture de la nouvelle Encyclopédie par ordre de matières, plusieurs articles qui ont été extraits du manuscrit de cet ouvrage. Ces articles sont distingués par le mot *construction* placé entre deux parenthèses ; quoique j'y aie fait, depuis, plusieurs changemens et augmentations, on ne sera pas étonné de trouver des passages tout-à-fait semblables.

SECTION PREMIÈRE.

observations à ce sujet ; forme des briques grecques et ro=
maines ; leurs dimensions, 220 — 226.

Briques crues dont on fait usage dans le Levant ; manière
de les fabriquer ; leurs dimensions, modicité de leur prix ;
manière de les employer, 227, 228.

ARTICLE II. Du pisé ; pays où ce genre de construction est
en usage ; passage de Pline à ce sujet, 228 — 230.

Manière de fabriquer le pisé ; espèce de terre propre à ce
genre de construction ; encaissement portatif, avec le détail
de toutes ses parties, 230 — 235.

Maison de pisé, pour faire voir la manière de former les
bayes de portes et croisées, en pierre, en briques, en bois :
ouvrage du citoyen Cointeraux, professeur d'architecture
rurale.

Moyen simple de faire du bon pisé avec toutes sortes de
terres, et de lui donner plus de consistance. Briques en pisé,
à l'exemple des briques crues des anciens ; leurs formes, leurs
dimensions, 235 — 239.

ARTICLE III. Des briques cuites, leur antiquité. Briques des
ruines de Babylone. Briques en usage chez les Grecs et les
Romains. Explication des mots latins *later crudus* et *coctus*, et des mots grecs *plinthos*, *omos* et *opteos*. De ce
qu'on doit entendre par *lateritii*, 239 — 243.

Des briques cuites des anciens Romains ; de l'époque à
laquelle ils ont commencé à en fabriquer, et de leurs formes,
243 — 245.

Des briques cuites modernes ; de leurs formes, de leurs
dimensions, de leur arrangement pour former des cloisons,
des murs ou des massifs, 245 — 247.

SECTION II.

Du mortier.

Des carreaux de plâtre pour former des cloisons; des moilons tendres qu'on pourrait débiter en forme de brique; moyen de le faire avec économie et promptitude, 321—322.

SECTION III.

Des différentes espèces de maçonneries; définition de ce qu'on entend par ce mot. Quel est le peuple qui passe pour l'avoir inventé, 322 — 323.

CHAPITRE VIII. Du IIe. livre de Vitruve cité à ce sujet, avec la traduction et des observations, 323 — 328.

ARTICLE Ier. De la maçonnerie antique, appelée *opus incertum*. Carrières qui peuvent avoir donné l'idée de cet arrangement en usage chez les anciens Etrusques et chez les premiers Romains. Fausse interprétation de Perrault. Figures de plusieurs constructions de ce genre. Observation, 329 — 330.

ARTICLE II. De la maçonnerie appelée par les Romains *opus reticulatum*. Dans quel tems elle a été en usage; de la forme et des dimensions des pierres dont elle est formée; de la manière dont elle était encadrée en petits moilons ou en briques. Citation de Pline; comment appelée chez les Grecs; ouvrages construits de cette manière; dans quelles circonstances on pourrait l'imiter, 330 — 334.

ARTICLE III. Maçonnerie en liaison par rangs d'assises, appelée *isodomon* par les Grecs. Ruine qui prouve combien cette maçonnerie, bien faite, a de consistance. De celle appelée *pseudisodomon*, 334 — 335.

ARTICLE IV. Des maçonneries modernes qui répondent à l'*isodomon* et au *pseudisodomon* des Grecs; de celle

438

mensions de chacune. Manière dont les Romains construisaient leurs chemins; matériaux qu'ils y employaient; noms des différentes couches dont ils étaient formés; détail de ces couches. Chemins antiques découverts en Champagne; leurs descriptions; fragmens auprès de Lyon; origine des chemins ferrés. Précautions que les Romains prenaient pour la formation des chemins où ils n'employaient pas de mortier, 362 — 366.

Des différentes espèces de chemins, relativement à leur situation; dans des pays plats, planche XIII, fig. 1; marécageux, montueux, même planche, fig. 2 et 3, ou souterrains. Les précautions à prendre pour les établir. De la voie *Flaminia*, chemins creusés dans le roc, fig. 2, à Piperno, Terracine; auprès de Sisteron. Explication de la route ouverte par Annibal, au travers des Alpes. Citation et traduction d'un passage de Tite-Live. Anecdote rapportée à ce sujet, par Gauthier, dans son Traité des chemins. Observations, 366 — 371.

Du nombre et de l'étendue des grands chemins de l'empire Romain. Des bâtimens appelés *mutationes* et *mansiones*. Erreur de Bergier relevée. De l'importance que les Romains mettaient à la construction et à l'entretien de leurs chemins. Jules-César et Auguste nommés *Curator viarum*. Chemin des Gaules réparé par Tibère. Chemin de Domitien, réparations par Trajan. Autres par Adrien, Antonin et Marc-Aurelle. Chemin pavé fait par Septime-Sévère et ses fils; chemins d'Espagne réparés. Chemins dans l'intérieur de l'Allemagne, par Caracalla et Héliogable. a

Contributions pour les réparations des chemins; distinctions de celles appelées honorables, de celles nommées viles; estime que les Romains avaient pour ceux qui contribuaient

de leurs deniers à la réparation des chemins. Pag. 371 —
376.

Des chemins modernes, comparés à ceux des anciens; la
largeur de leurs chemins était proportionnée à celle de
leurs voitures. Erreur de Bergier sur la largeur des voies
militaires; cause de cette erreur. Les chemins antiques remarquables par leur solidité, et les modernes par leur largeur.
Charge considérable de nos voitures; pression qu'il en résulte. Il n'y a que le pavé qui puisse y résister. Des marges
ou accottemens indiqués par les lettres A et a, planche XIII,
fig. 4 et 5. Manière dont ils sont formés. Leur peu de solidité les rend souvent impraticables. Il vaudrait mieux leur
donner moins de largeur, fig. 5, et les faire plus solides.
Les grandes routes n'ont pas besoin d'être plus larges que
les grandes rues de Paris. Il suffit de leur donner six toises
ou douze mètres, la partie pavée auroit 15 à 18 pieds ou
5 à 6 mètres. Moyen de leur donner la fermeté et la solidité
nécessaires, sans y employer du mortier. Des pavés en
grès, en pierres plates, en cailloux, en béton. Manière de
former les chemins de plusieurs couches de pierres, de terre,
de sable battus. Chariot proposé pour applanir les chemins
ferrés ou accottemens, pour consolider leur surface,
379 — 383. Il sera encore question des grands chemins au
quatrième livre, relativement aux différens moyens de consolider le sol sur lequel ils doivent être établis; et au sixième
livre, lorsqu'il sera question du pavé.

Du *lastrico* avec lequel on forme le pavé des appartemens et on couvre les terrasses des maisons à Naples. Matières dont il est formé. Procédés qu'on emploie pour le
faire. Sa dureté et sa consistance, 383 — 386.

Des aires appelées à Venise, *Composto*, *Terrazzo*,

Marmorino; de leur composition. Explication de la manière de les faire; instrumens dont on fait usage.

Manière de les battre, de les dresser, de les polir; de ceux en compartimens, en petits morceaux de marbres irréguliers. Précautions à prendre pour les établir à rez-de-chaussée, sur des voûtes ou sur des planchers. Du composto ordinaire, 386 — 390.

Fin du premier Tome.

LISTE

DES SOUSCRIPTEURS,

Avec les numéros de leur inscription sur le registre.
Les Libraires ne sont pas compris dans cette Liste,
parce qu'ils continueront à être regardés comme
souscripteurs.

Le Ministre de l'Intérieur, depuis le n°. 1 , jusqu'à 125.
Le Ministre de la Guerre, de 125 à 175.
186 M. Gondoin, architecte, et membre de l'Institut national.
187 M. Chalgrin, architecte, et membre de l'Institut national.
188 M. Raimond, architecte, et membre de l'Institut national.
189 M. Poyet, architecte des Travaux publics.
190 M. Legrand, architecte, *idem.*
191 M. Peyre, architecte, et membre de l'Institut national.
192 M. Peyre, neveu, architecte des Travaux publics.
193 M. Petit-Radel, architecte, membre du conseil des Bâtimens
     civils.
194 M. Mouchelet, architecte, *idem.*
195 M. Molinos, architecte du Département de la Seine.
196 M. Le Loir, entrepreneur.
197 M. Serre, vérificateur.
199 M. Haurtant, architecte, inspecteur du Palais des Tuileries.
201 M. Duchêne, architecte.
204 M. Gauger, architecte.
205 M. Mermet, secrétaire du conseil des Bâtimens civils.
206 M. Poulain, architecte.
207 M. Barthélemi Vignon, architecte.
208 M. Duhameau, architecte.
210 M. Durand, architecte, professeur à l'Ecole Polytechnique.

212 M. Gaucher, artiste.

214 M. Clavareau, architecte des Hôpitaux.

215 M. Louis Duval, ingénieur des Ponts et Chaussées, à Verdun.

216 M. Benard, inspecteur général des Ponts et Chaussées.

217 M. Rasteau, employé chez le Ministre de l'Intérieur.

218 M. Duverdy, entrepreneur.

219 Ecole des Ponts et Chaussées.

220 M. Lesage, inspecteur de ladite Ecole.

221 M. Caron, architecte, inspecteur de l'Opéra.

223 M. Mogel, architecte.

224 M. Bralle, ingénieur hydraulique en chef du Département de la Seine.

225 M. Régnard, ingénieur des Ponts et Chaussées, à Lyon.

226 M. Deschamps, architecte.

227 M. Lannoi, architecte de l'Opéra.

228 M. Couvreux, architecte.

229 M. Paris, architecte et ingénieur.

230 M. André, architecte.

231 M. Mandar, architecte et ingénieur des Ponts et Chaussées.

232 M. Bruyere, ingénieur des Ponts et Chaussées.

234 M. Catel, architecte de Berlin.

235 M. Masson, ingénieur en chef des Ponts et Chaussées.

236 M. Bouillette, entrepreneur.

239 M. Renand, architecte.

240 M. De la Gardette, architecte des Travaux publics, à Montpellier.

241 M. Lasserre, entrepreneur.

242 M. Jaillier, architecte des Travaux publics.

243 M. Vavin, vérificateur.

244 M. Garré, architecte voyer.

245 M. D'Herbouville, préfet du département des Deux-Nethes.

247 M. Besins, ingénieur des Ponts et Chaussées, à Soissons.

248 M. Senchlt, architecte, à Nantes.

250 M. Thibieres, architecte, à Lyon.

251 M. Bienaimé, architecte.

252 M. Vaudoyer, architecte des Travaux publics.

253 M. Morisot, vérificateur.

254 M. Ducamp Bussi, architecte.

255 M. Brachet, entrepreneur, à Compiègne, pour 3.

258 M. Bonfin, architecte, à Bordeaux.

259 M. Bonnard, architecte.

261 M. Thibaut, architecte.

262 M. Dubut, architecte.

264 M. Antolini, architecte, à Milan.

265 M. Didier, ingénieur en chef des Ponts et Chaussées, à Tulles.

266 M. Dhimnisdal.

267 M. Lallier, ingénieur en chef des Ponts et Chaussées.

268 M. Ledru, architecte.

269 M. Abel, architecte.

270 M. Gervais, architecte.

271 M. Verly, architecte, à Bruxelles.

272 M. Viguier, architecte.

274 M. Giocondo Albertolli, professeur à l'académie des Beaux-Arts, à Milan.

275 M. Babin, architecte.

276 M. Joly, architecte.

277 M. Hersant, architecte.

278 M. Sgansin, ingénieur en chef des Ponts et Chaussées, directeur des Travaux maritimes.

279 M. Prony, directeur de l'école des Ponts et Chaussées.

282 M. Auguste, orfévre.

284 M. Desmarets, charpentier, à Douay.

285 M. Veron, architecte, à St.-Servant, près St.-Malo.

286 M. Emy, école du Génie, à Metz, pour 2.

287 M. Emon, capitaine du Génie, pour 4.

288 M. Lost, à l'école des Ponts et Chaussées.

290 M. Eustache, ingénieur des Ponts et Chaussées, à Cherbourg.

292 M. Cardon, architecte.

293 M. Clémence, ingénieur des Ponts et Chaussées.

294 Boissonnet, officier du Génie.

295 M. Morel, capitaine du Génie, à Bruxelles.

296 M. Le baron de Volzogen, Grand-Maître de la cour de Saxe-Veimar.

297 M. Faujas de St.-Fond, professeur de géologie, au Jardin des Plantes.

298 M. Duchanoi, ingénieur des Ponts et Chaussées.

299 M. Bidaut, entrepreneur.

300 M. Brongnart, architecte, membre du conseil des Bâtimens civils. -

301 M. Guillaumot, architecte et directeur des Gobelins.

302 M. Renard, architecte du Ministre des Relations Extérieures.

303 M. Moline, ingénieur des Ponts et Chaussées.

304 M. Heurtier, architecte, membre de l'Institut national.

305 M. Cramail, ingénieur.

306 M. Houel, peintre.

307 M. Perrin, entrepreneur.

309 M. Guillé, entrepreneur.

310 M. Dembarere, général de division.

311 M. Campredon, général de division.

312 M. Eynard, chef de Bataillon du génie.

313 M. Eismann, professeur à l'école des Ponts et Chaussées.

314 M. Lesage, capitaine du Génie, à Metz.

315 M. Ducret, ingénieur des Ponts et Chaussées, à Amiens.

317 M. Godde, vérificateur.

318 M. Grandin, fils.

319 M. Letellier, ingénieur, à Soissons, pour 2.

321 M. Sedaine, architecte.

322 M. Dedeban, architecte.

323 M. Blanchon, architecte.

324 M. Lesueur, architecte.

325 M. Messier, ingénieur des Ponts et Chaussées, à Colmar.

326 M. Guilliard, architecte.

327 M. Ménager, architecte.

328 M. Cretet, conseiller d'Etat.

329 M. Kermingaut, à l'école des Ponts et Chaussées.

330 M. Bellanger, architecte.

331 M. Nepveu, architecte.

332 M. Lacassaigne, architecte.

335 M. Villot, architecte.

336 M. Baraguay, architecte, contrôleur des bâtimens du Sénat.

337 M. Macq, architecte.

338 M. Legrand.

339 M. Moreau, jeune, professeur de Dessin.

340 M. Pobochemm, négociant.

341 M. Dutaillis, vérificateur.

342 M. Coïc, ingénieur.

343 M. Latombe, ingénieur des Ponts et Chaussées.

344 M. Turmeau, architect.

346 M. Faucheux, receveur o Domaines nationaux.

347 M. Chantron, ingénieur des Ponts et Chaussées, à Roanne.

349 M. Chasseloup Laubat, général de division, commandant en chef en Italie.

350 M. le général de brigade, Saint-Paul, directeur des fortifications, à Boulogne.

351 M. le chef de brigade, Vincent, directeur des fortifications, à Milan, pour 4.

355 M. le chef du Génie, à Alexandrie, en Piemont.

356 M. Bret, employé au dépôt des Fortifications.

357 M. Poidevin, architecte.

358 M. Beaumont, architecte du Palais du Tribunat.

361 M. Ozane, ingénieur de la Marine.

362 M. Cavane, ingénieur en chef des Ponts et Chaussées.

363 M. Peuchot, dessinateur du conseil des Bâtimens civils.

364 M. David, officier du Génie, à Juliers.

365 M. Quenette.

366 M. Pisson, architecte, à Gand.

369 M. Menault.

570 M. Hamon, ingénieur.

371 M. Contant, employé au dépôt des Fortifications.

572 M. d'Abran, ingénieur militaire.

375 M. Alboui, entrepreneur.

376 M. Krafft, architecte, pour 2.

378 M. de la Palme, officier du Génie, à Rouen.

579 M. Gatte, officier du Génie, à Rouen.

580 M. Cambault, entrepreneur.

581 M. Lebrun, ingénieur à l'école Polytechnique.

582 M. Lebrun, ingénieur des Ponts et Chaussées.

585 M. Guedée, garde du Génie, à Namur.

586 M. Mallet, ingénieur des Ponts et Chaussées, à Senlis.

587 M. Paganel, architecte.

588 M. Michaut, entrepreneur.

589 M. Tanevot, architecte, à Provins.

590 M. Celerier, architecte.

392 M. Lemaitre, capitaine du Génie.

594 M. Lemaitre, architecte.

594 M. Laclote, fils aîné, architecte, à Bordeaux.

596 M. Delard, capitaine du Génie, à Milan.

599 M. Préville, ingénieur, à Brest.

401 M. Dauvergne, architecte.

402 M. d'Hermand, chef de division du Ministre des Relations Extérieures.

405 M. Gerbet, sous-directeur des Fortifications.

406 M. Dentzel, architecte.

407 M. Patural, ingénieur des Ponts et Chaussées, à Grenoble.

410 M. Duval, ingénieur des Ponts et Chaussées.

411 M. Coussin, architecte, pensionnaire à Rome.

412 M. Thierry, graveur.

415 M. André Gabriel, architecte.

415 M. Siret, ingénieur des Ponts et Chaussées.

416 M. Poussier.

417 M. Regnard, ingénieur des Ponts et Chaussées.

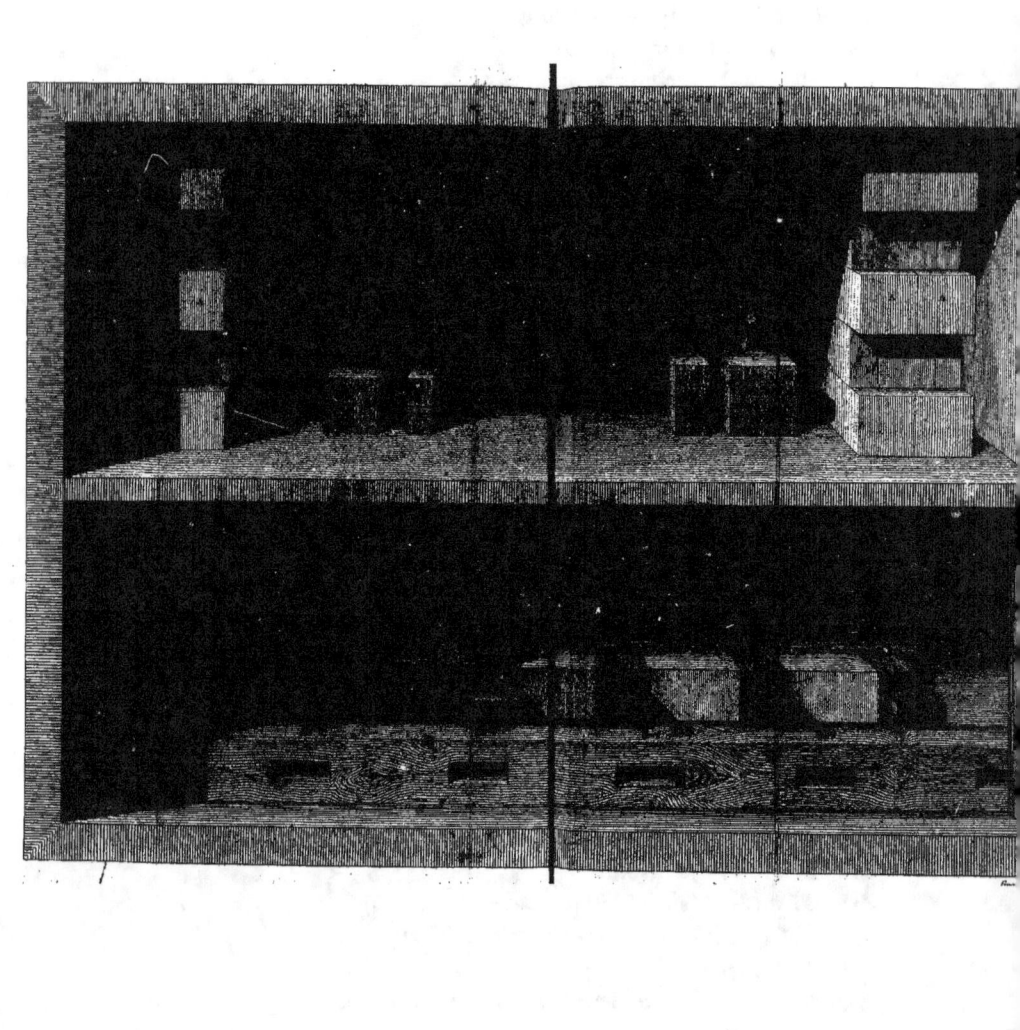

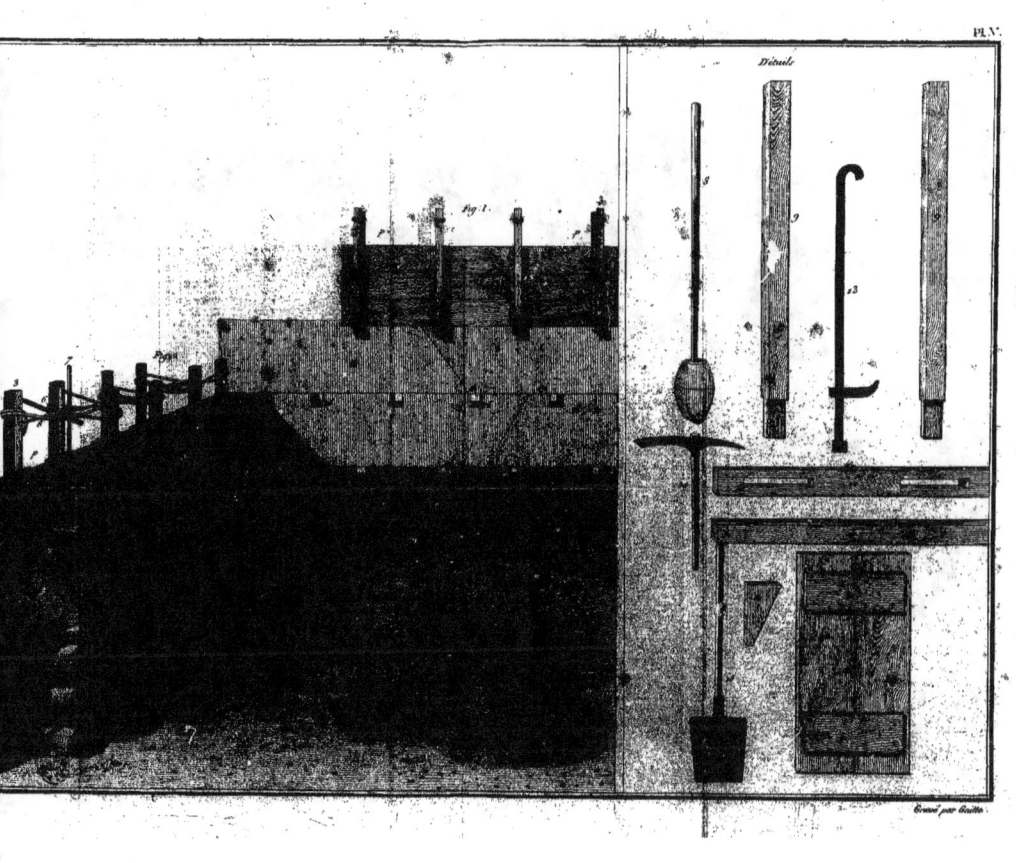

Détails

Fig. 1.

Gravé par Giolitte.

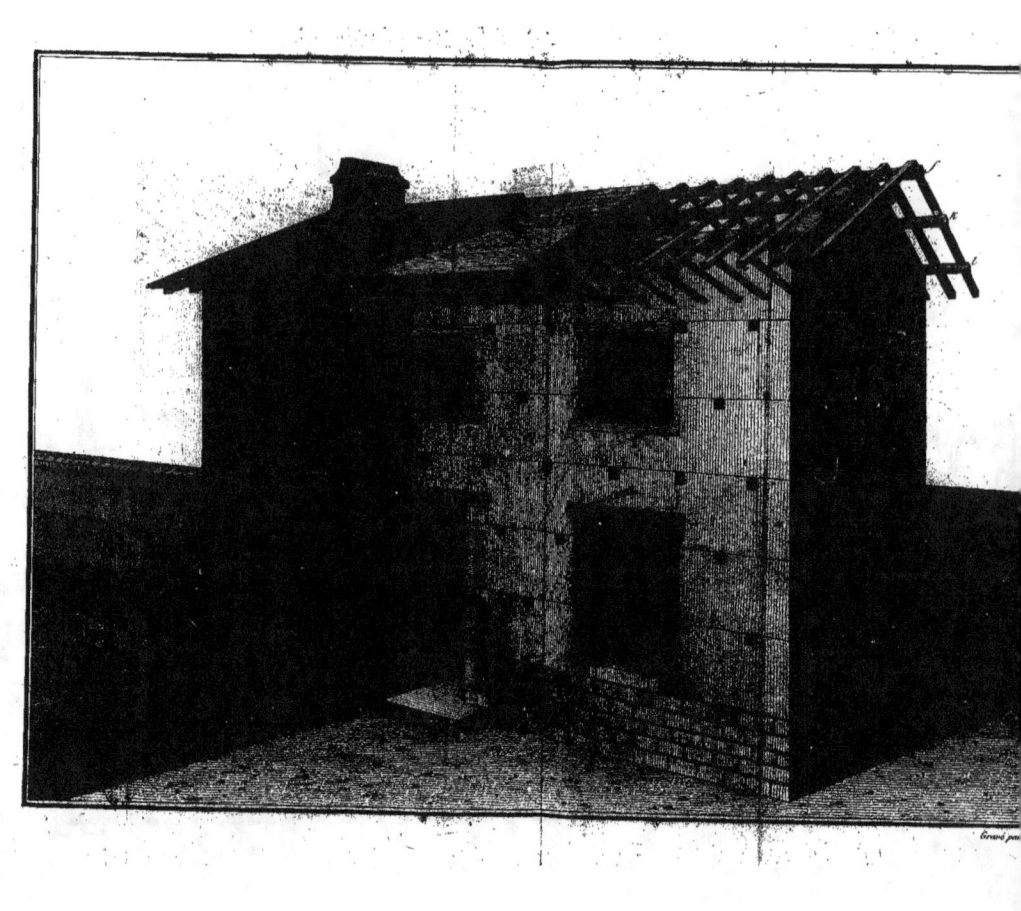

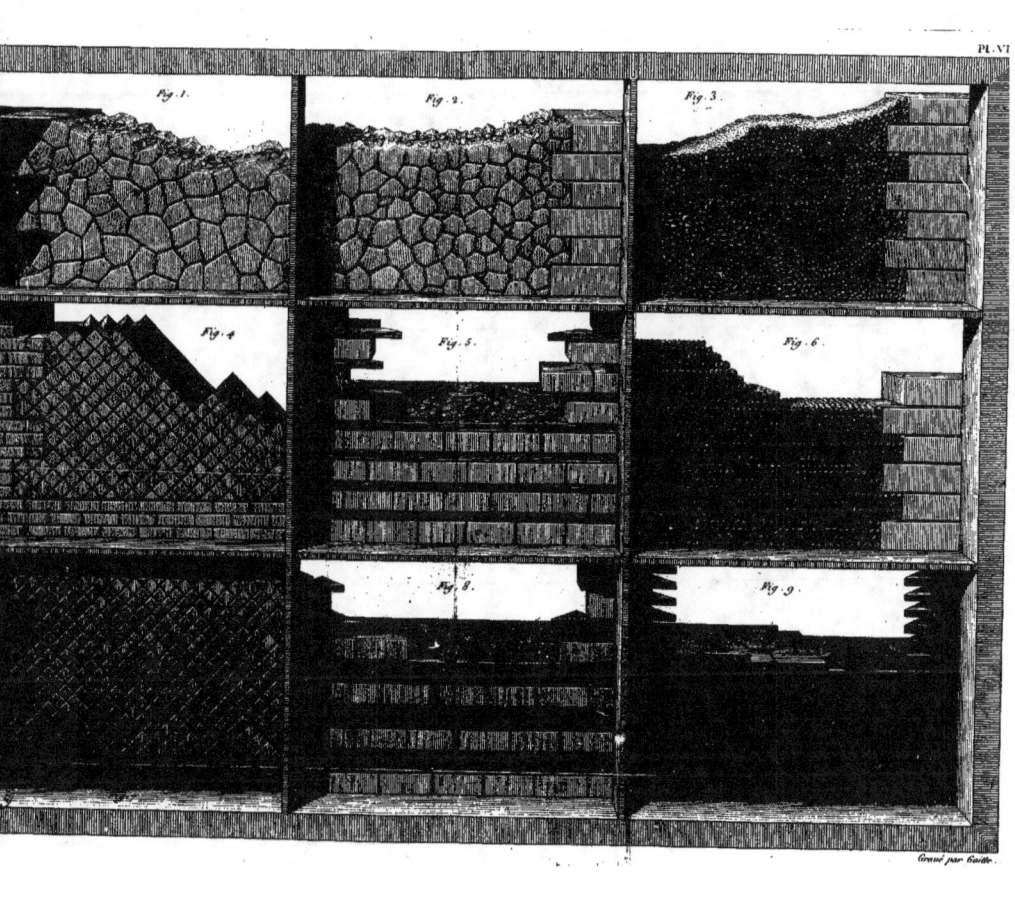

Pl. VI

Fig. 1. Fig. 2. Fig. 3.

Fig. 4. Fig. 5. Fig. 6.

Fig. 8. Fig. 9.

Gravé par Gaitte.

Pl. VIII

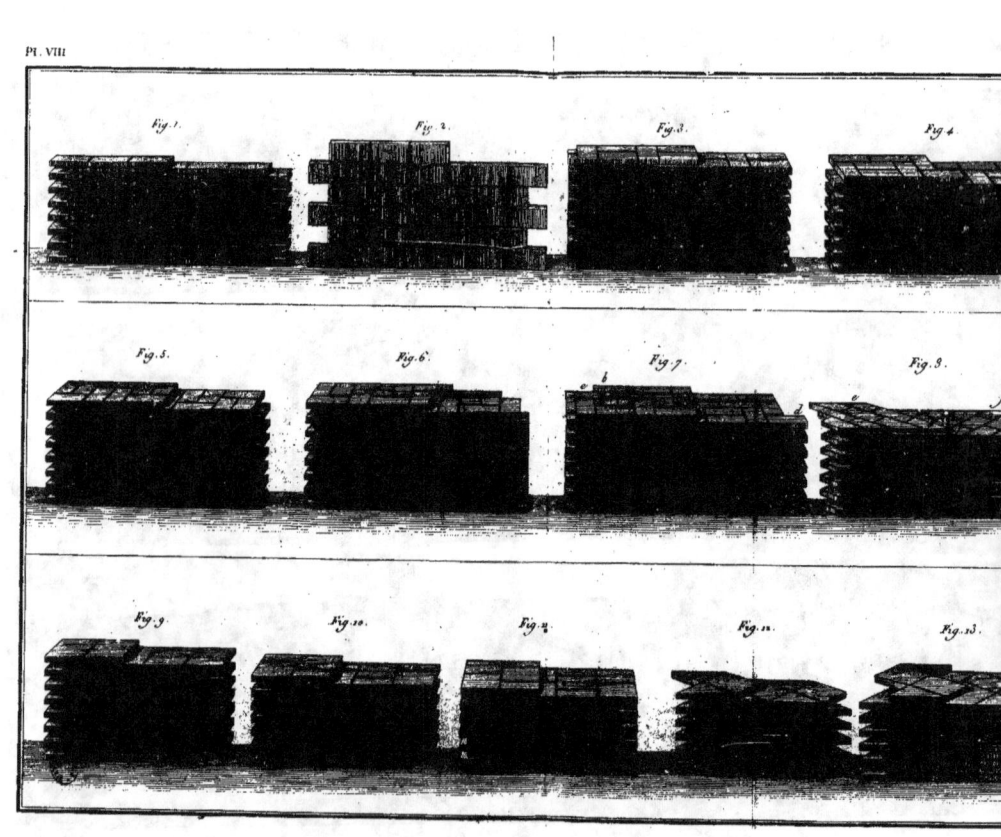

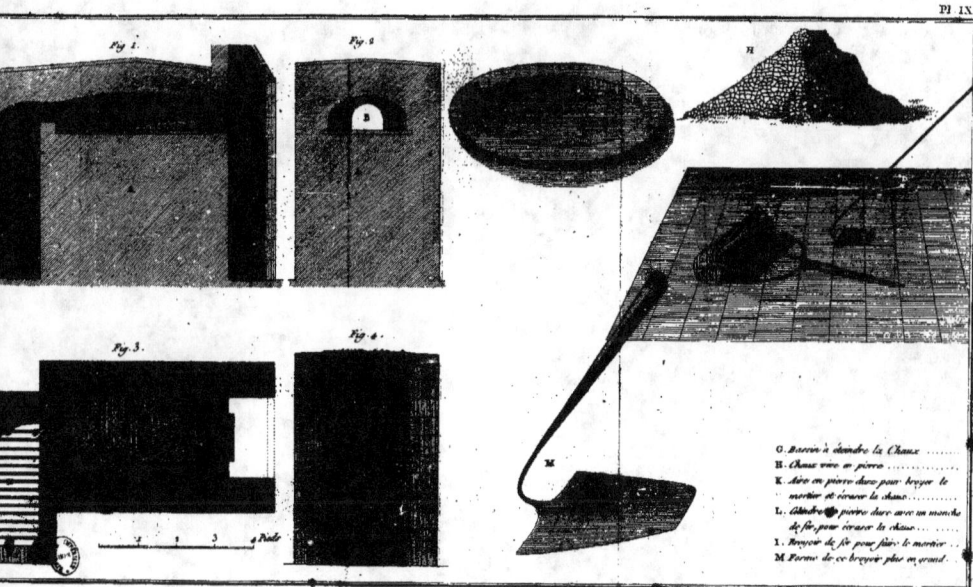

Pl. IX.

Fig. 1.   *Fig. 2.*

Fig. 3.   *Fig. 4.*

G . *Bassin à éteindre la Chaux* ....

H . *Chaux vive en pierre* ....

K . *Aire en pierre dure pour broyer le*
     mortier et écraser la chaux ....

L . *Cilindre de pierre dure avec un manche*
     de fer, pour écraser la chaux ....

I . *Broyoir de fer pour faire le mortier* .

M . *Forme de ce broyoir plus en grand* .

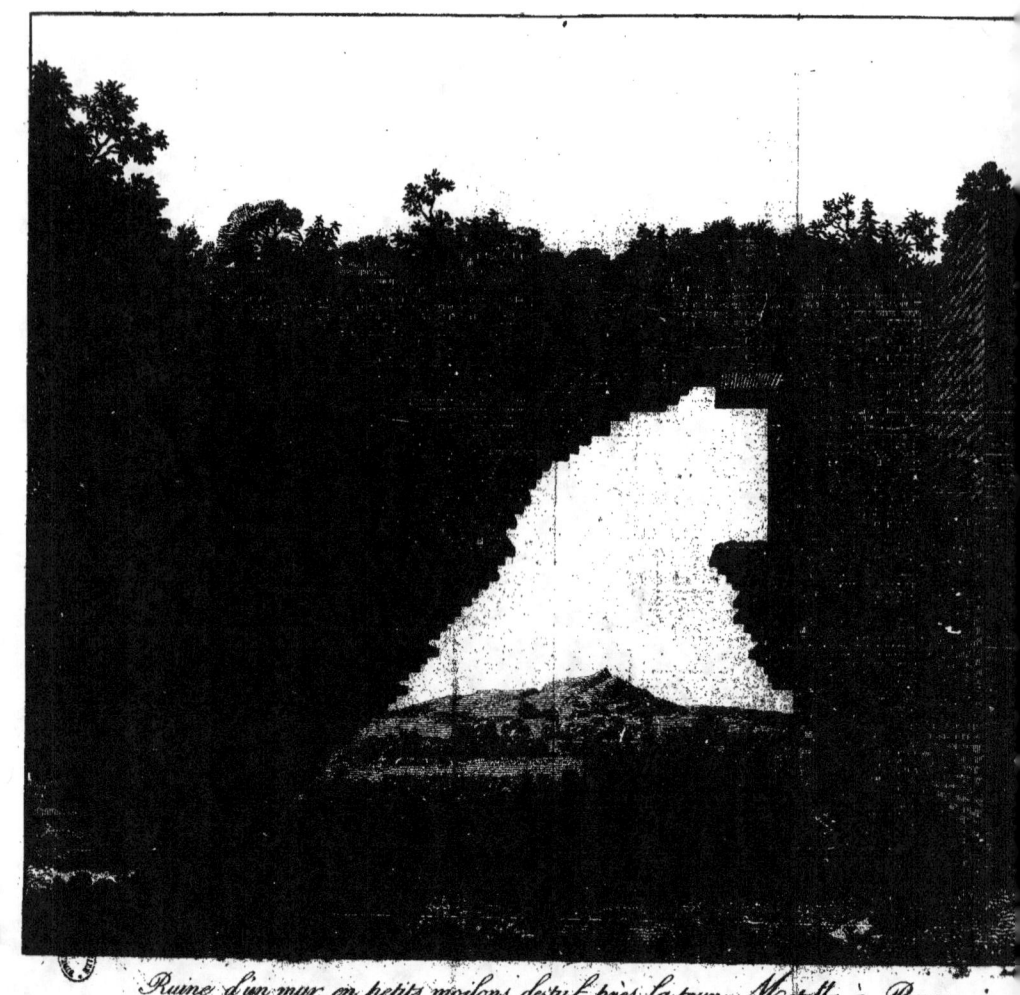

Ruine d'un mur en petits moilons de tuf, près la tour Metella à Rome.

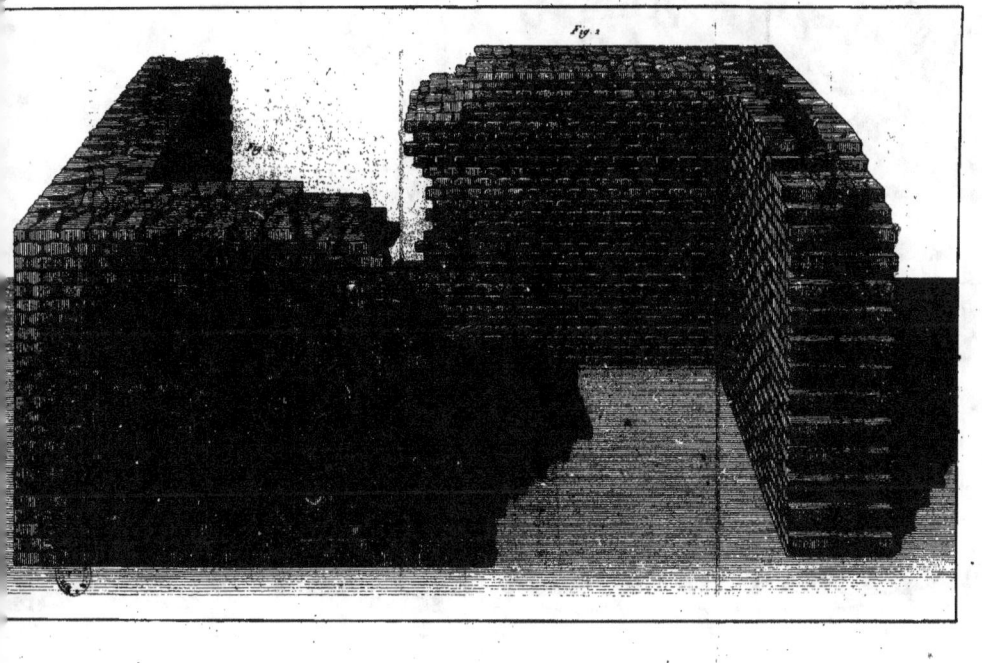

Fig. 1

Fig. 1

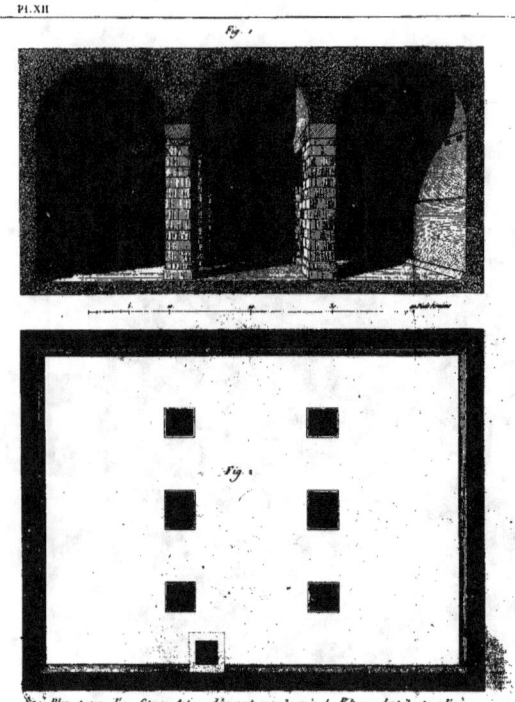

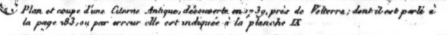

Fig. 2

Fig. 3

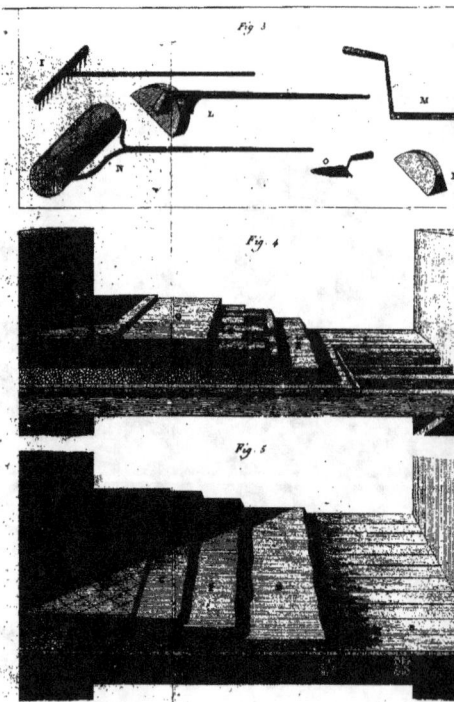

Fig. 4

Fig. 5

Plan et coupe d'une Citerne Antique, découverte en 1739, près de Volterra; dont il est parlé à la page 183, ou par erreur elle est indiquée à la planche IX

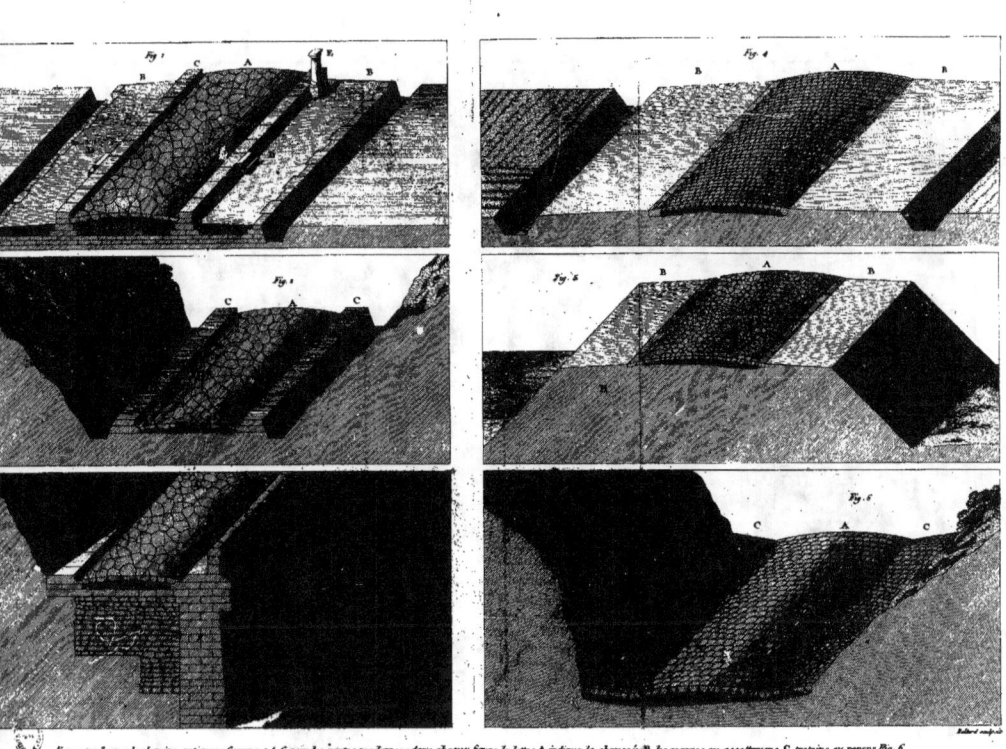

Figures 1. 2. 3. grands chemins antiques ; figures 4. 5. 6. grandes routes modernes ; dans chaque figure la lettre A. indique la chaussée ; B. les marges ou accottemens. C. trotoirs ou revers Fig. 6.
D. fig. 1. marchepiede pour monter à cheval. E. Colonne Milliaire. F. Substruction. n. Arcades. H. Levée en terre. L. Rochers coupés. i. Parapet. m. Massif de maçonnerie

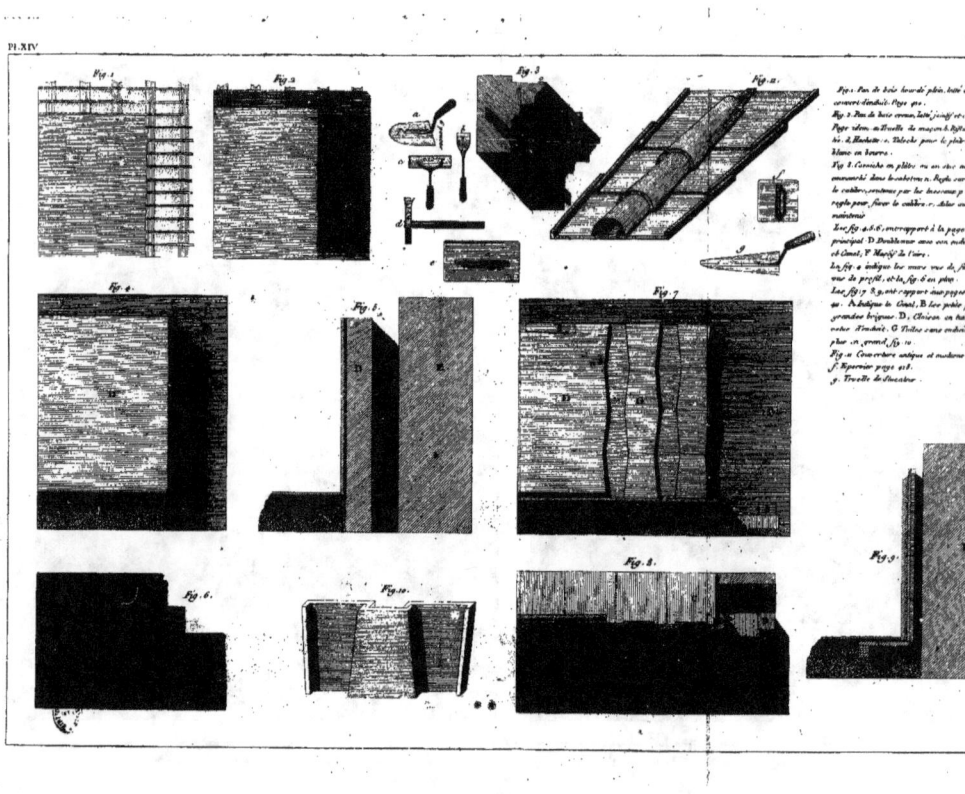

www.ingramcontent.com/pod-product-compliance
Lightning Source LLC
Chambersburg PA
CBHW051345220526
45469CB00001B/116